멈춘 시간 속의 그리움들

멈춘 시간 속의 그리움들

초판 1쇄 발행 2025년 1월 10일

지은이 권순표
펴낸이 장길수
펴낸곳 지식과감성#
출판등록 제2012-000081호

교정 김지원
디자인 이현
편집 이현
검수 주경민
마케팅 김윤길, 정은혜

주소 서울시 금천구 벚꽃로298 대륭포스트타워6차 1212호
전화 070-4651-3730~4
팩스 070-4325-7006
이메일 ksbookup@naver.com
홈페이지 www.knsbookup.com

ISBN 979-11-392-2297-5(03810)
값 20,000원

- 이 책의 판권은 지은이에게 있습니다.
- 이 책 내용의 전부 또는 일부를 재사용하려면 반드시 지은이의 서면 동의를 받아야 합니다.
- 잘못된 책은 구입하신 곳에서 바꾸어 드립니다.

지식과감성#
홈페이지 바로가기

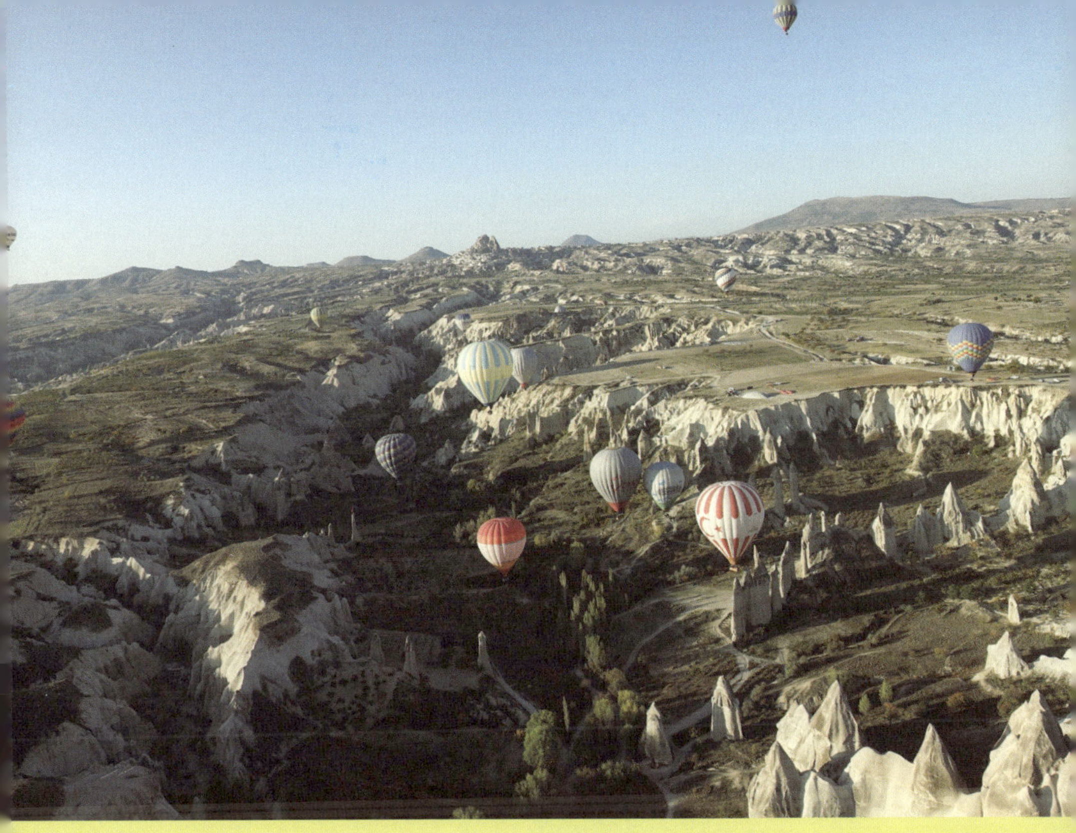

멈춘 시간 속의 그리움들

권순표 지음

이제 온 길을 돌아보고 갈 길을 굽어보니,
그야말로 일모도원(日暮途遠),
할 일은 여전히 남아 있으나 시간이 그리 많지 않음이
안타까울 따름입니다.

지식과감성#

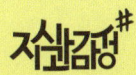

목차

추천사   8
책을 발간하며   20

1. 외로운 섬 소년

1) 내 그리운 고향, 교동   24
2) 외로웠던 유년 시절   30
3) 외로움을 딛고서   35

2. 소년, 꿈을 꾸기 시작하다

1) 숨 가빴던 소년 시절   39
2) 꿈과 현실 사이에서   42
3) 가난했으나 치열했던 나의 대학 시절   50
4) 짝사랑 이야기   69

3. 개인적 소망과 사명의 길목에서

1) 직장 생활   73
2) 처음으로 집을 장만하다   79
3) 회사 퇴직과 국회의원 선거 캠프   80

4. 다시 법전을 책상 앞에 펼쳐 놓으며

1) 선배의 부탁과 고민	90
2) 잊지 못할 소송 사례들	99

5. 세상에 말 걸기

1) 교사들에 대한 비난과 비판	123
2) 담합(Kartell)이 사회에 미치는 영향	138
3) 고소와 고발의 차이점과 문제들	150
4) 성폭력 문제와 법률관계	159
5) 기부와 애경사에 관한 단상	162
6) 간통죄 폐지와 불법행위인 불륜으로 인한 손해배상청구에 대한 단상	168
7) 형법 제328조 친족상도례(親族相盜例) 규정에 대한 위헌 결정에 대하여	177
8) 맹목적 믿음의 폐해와 과학적 사고의 필요성	183

6. 평범한 일상 속 비범한 즐거움

1) 어느 이방인과의 인연①	191
2) 어느 이방인과의 인연②	201
3) 아파트 산책로에서 발견한 실종된 양심	222
4) 운동에 관한 단상	231
5) 음악 그리고 색소폰 이야기	238
6) 내가 사는 곳, 아름다운 청라 자이 아파트	252
7) 77세에 다시 권투를 시작하다	270
8) 등산과 산악회 이야기	277
9) 술에 대한 이야기	293

7. 여행의 발견

1) 여행하는 인간, Homo traveler ... 298
2) 처음 경험한 해외여행 ... 301
3) 여행지에서 종교의 본질을 생각하다 ... 306
4) 사돈(査頓)들과의 해외여행 ... 313
5) 하와이 여행 ... 320
6) 튀르키예 여행 ... 323
7) 그리스(Greece) 여행 ... 339
8) 세 번째 미국 여행 ... 347
9) 스페인과 아드리아해 연안 여행 ... 351
10) 헝가리의 대표 여행지 부다페스트와 다뉴브강의 야경 ... 353
11) 체코의 '프라하(Praha)의 봄' 현장을 가다 ... 356
12) 헬싱키에서 상트페테르부르크와 모스크바의 붉은 광장까지 ... 358
13) 길 위의 사색가가 되어 ... 365

8. 밤을 잊은 날들의 사색과 문화 산책

1) 소설 『테스』를 읽고 나서 ... 372
2) 영화 「Gloomy Sunday(우울한 일요일)」 ... 373
3) 법의 본질과 사명 ... 375
4) 소크라테스의 죽음이 남긴 교훈 ... 387
5) 적벽가 관람 ... 397
6) 윤흥길 소설 속 '완장'이 던지는 메시지 ... 401

9. 사랑하는 나의 친구 이야기

1) 미국에 사는 치과의사 이영재	405
2) 시카고에 살던 짱구, 이웅섭	408
3) 법대 홍일점 이야기	412
4) 대학 친구 이강천, 주신(酒神) 예찬	419
5) 초등 동창회와 밀주(密酒) 이야기	425

10. 평생의 동반자, 사랑하는 가족들

1) 나의 딸 지현이	432
2) 나의 사랑스러운 손자 손녀들	442
3) 손자 구성이와 함께한 말레이시아와 싱가포르 여행	445

책을 마무리하며 – 인연을 생각하다   463

추천사

   작가는 철부지가 되기도 전에 어린 시절부터 견디기 힘든 고통을 겪으며 힘들게 성장하였습니다. 이 책은 작가의 유소년 시절부터 대학 졸업까지, 그리고 사회에 첫발을 내딛으면서 산전수전을 겪는 과정을 보여 줍니다. 또 모교 사랑과 산에 대한 남다른 애정, 그리고 친구들을 얼마나 진지하게 사랑하고 있는지를 이야기합니다. 작가는 무엇보다 친구와의 소중한 인연, 자신이 졸업한 모교(母校)에 대한 발전을 위한 염원을 말이 아닌 행동으로 보여 주고 있습니다.

   생각하건대, 인간은 동물과는 달리 언어(言語)로 상상하며 생각하고 시공간(時空間)을 넘어 소통합니다. 그런데 자신(自身)의 인생(人生)이 모진 풍파와 파란만장한 삶을 살아왔다 하더라도 글로 남기는 것이 없다면 결국은 모두 사라지고 남는 것은 하나도 없을 겁니다. 인간은 언젠가는 예외 없이 한 줌의 재가 되어 세상을 떠나게 됩니다. 죽음 앞에서는 계급도 없고 권력자, 부자, 그리고 소시민 모두가 평등합니다. 그러나 곧 인생의 졸업장을 받게 되더라도 서로를 잊지 않는 별이 될 수 있음을 이 책에서 발견하게 됩니다.

   사랑하고 아끼는 법대 후배의 정성 깃든 진솔한 고백들로 가득 채워진 이 책이 독자들에게 조그마한 위안과 깨달음이 될 수 있기를 바라면서 이 책을 추천합니다. 끝으로 그간 이 책을 쓰느라 피

말리는 산통을 이겨 낸 사랑하는 후배에게 수고가 많았고, 진심으로 축하한다는 말을 전하고자 합니다.

추천인 **이상경**
전) 인천법원장, 부산 고등법원장
전) 헌법재판관(장관급)

추천사

저의 벗님 권순표 자전 문예집 발간을 경하(敬賀)하며

금번 저의 중앙대학교 법과대학 동기 동창생이자, 덕망 있는 자별한 벗 권순표 님께서 그동안 팔십을 바라보는 인생길을 걸어오시면서 정리한 자전적 문예지 발간을 경하합니다.

작가는 저와 중앙대학교 법과대학 재학 시절 전공인 법학 분야에 대한 논의로부터 젊은 시절의 인생관에 대한 다양한 견지(見地) 문제 등에 이르기까지 진지한 고민을 하며 각별한 소통을 하여 왔습니다. 대학 졸업 이후 작가와 저 또한 각자 전공 분야인 법률 분야 업종에 종사해 오는 동안, 수시로 최선의 해결 방안을 위하여 긴밀히 소통을 해 왔었습니다. 나아가 저는 특히 작가의 인생 행로가 보통 사람이 따를 수 없는, 각별한 이타적 인생길을 걸어오신다는 것을 목도해 왔습니다. 작가는 모교 중앙대학교에 억 원대에 이르는 발전기금을 남 모르게 희사하신 것을 비롯하여, 불우 이웃 돕기를 실천하고, 각별히 재인천 중앙대 산악회장직을 맡아 오시면서 그야말로 멸사봉공의 희생을 기울이며 전국 방방곡곡의 명산들을 두루 섭렵, 등반하며 대학 동문들 간의 우정을 돈후하게 조성하여 왔습니다.

이처럼 작가의 인생길은 참으로 누구도 쉽게 따를 수 없는 이타적 모습 그 자체였습니다. 게다가 색소폰 연주에 일가견의 경지에 들어 인생 행로에 참으로 여유로움을 향수할 줄 아시는 풍류객이기도 합니다. 이러한 작가의 여러 모습들이야말로 아름다움 그 자체였습니다. 작가의 금번 자서전은 그처럼 아름다운 인생길을 걸어오시는 동안 기록한 자전 문예집으로, 내면적 아름다움이 행간 속에 은은하게 스며들어 있지만 이를 직접 드러내시지 않고 감춘 글입니다.

벗님이여, 아름다움은 영원하다네.
그런 만큼, 벗님의 아름다움 역시 영원하리!

독자들 역시 그처럼 아름다운 이타적 인생길, 내면적 여유로운 인생길을 걸어오신 작가의 자전 문예집을 통하여, 인생길의 아름다움이란 어떤 것인가를 알아차리게 될 것입니다. 또 작가와의 내면적 소통 속에서 함께 은은한 군자풍의 즐거움을 누리는 경지인 여인락(與人樂)을 향수할 것입니다.

추천사 **이강천**
전) 인천검찰청 고등검찰관
전) 청주검찰청 영동지청장
전) 부장검사, 변호사

추천사

   칠십 중반을 넘어 팔십을 바라보는 나이가 되니 문득문득 지나간 세월에 대한 회한에 젖어 들게 마련입니다. 학창 시절과 친구들과의 추억, 사회생활과 직업, 특히 전문 분야에 얽힌 사연들, 그리고 맺어진 여러 인연들과의 관계, 은퇴 후의 취미 생활, 여러 여행 경험, 자기 수양 등 다양한 과정을 반추해 보며 추억에 잠기곤 합니다.

   이번에 작가의 회고록을 보며 그 성실함과 용기에 감탄하며 부러움의 찬사를 보내는 바입니다. 작가는 다양한 법조 경험과 은퇴 후 여러 취미 생활, 등산, 색소폰 연주, 독서 등에 열성을 다한 것으로 알고 있습니다. 예전에 본인과도 여러 번 등산을 한 기억이 새롭습니다. 듣자 하니 그동안 여행도 많이 다니고 꾸준히 운동하여 체력도 잘 유지하신다더군요. 특히 최근 논어 공부를 열심히 하여 동문들에게 많은 깨우침을 주는 것에 감탄할 따름입니다.

   본 회고록에는 열정적으로 살아온 작가의 인생 경험이 여실히 녹아 있어 감탄사가 절로 나옵니다. 회고록 출판에 즈음하여 그 노고와 열정에 찬사를 보내며 남은 인생 여정에도 건강과 행복이 깃들기를 바랍니다.

추천인 **권순대**
연세대학교 의과대학 졸업
외과 전문의, 의학박사
연세대학교 인천 총동문회장

추천사

작가와는 30여 년 전 인천의 같은 동네에 살며 같은 연배로서 단체 등산을 자주 다니며 교분을 쌓아 온 관계인데, 인생을 참으로 풍요롭게 살고 있다는 생각이 듭니다. 보통 현업에서 손을 떼면 의기소침하고 무료한 일상생활을 보내며 매너리즘에 빠지기 쉬운데 작가는 다양한 취미 생활, 특히 색소폰을 비롯한 각종 음악 활동에 진심인 것 같습니다. 그리고 자주 국내 및 각국을 여행하며 여생을 만끽하는 것 같습니다. 그리고 법조 및 다양한 분야에 종사하며 그간 겪었던 수많은 경험과 그 과정에서 느꼈던 단상을 회고록 형식의 책으로 펴내 세상에 선보인다고 하니 그 열정과 용기에 새삼 부러운 생각마저 듭니다.

우리 연배가 겪어 온 삶은 6.25 사변 이후 극심한 가난으로부터 출발하여 산업화, 민주화, 정보화 사회를 거치며 그야말로 파노라마와 같은 삶의 연속이었습니다. 이러한 과정에서 겪은 각종 경험과 사유는 실로 다른 세대와는 다를 수밖에 없습니다. 모쪼록 이번에 발간되는 책이 한 인간이 인생을 살아오면서 어떤 경험을 했으며 그 과정 내지 고비에서 어떤 것을 느꼈는지 공감, 곱씹는 기회가 되었으면 좋을 것 같습니다.

작가가 제시하는 우리 삶의 지표는 결국 어떠한 고난과 영광도 "이 또한 지나가리라", 과거나 미래가 아닌 "지금 이 순간을 즐겨라", 그리고 자신의 "운명을 사랑하라"일 것입니다. 마지막으로 작가의 이번 책 발간을 진심으로 축하하며 여생도 더욱 연부역강하며 순항하기를 기원합니다.

추천인 **안철규**

성균관대 법대 졸업, 변호사
전) 대법원 재판연구관
전) 청주지방법원 공주지원장
전) 인천지방법원 형사합의부 부장판사

추천사

작가와 본인이 친구 사이로 지낸 지도 어언 60년이 가까워집니다. 그동안 작가와는 수시로 경주와 포항, 인천을 오가면서 깊은 우정을 쌓아 왔습니다. 왜냐하면 본인의 근무처가 가톨릭의과대학 포항성모병원 비뇨기과장에 있었기 때문입니다.

작가는 누구보다 의협심이 강하고 정직하였으며 늘 약자를 배려하고 보호하고자 하였습니다. 또한 작가는 남몰래 고아원을 돕기도 하고 법적으로 번민하는 불우한 이웃을 도와주고자 자비로 무료법률상담소를 운영하였습니다.

한편, 작가는 극진히 자연을 사랑하고 산을 좋아하여 전국의 명산을 두루두루 섭렵하고 호연지기의 마음을 키워 왔음을 확인할 수 있습니다.

이 책에서 저자가 친구들과의 아름다운 우정을 어떻게 이어 가고 고독한 순례자가 되어 세상과 소통하는지도 엿볼 수 있습니다. 작가의 참모습을 담은 이 책이 발간됨을 먼 포항에서 응원하며 아낌없는 박수를 보냅니다. 책이 세상에 나오는 날 함께 막걸리를 마시며 축배의 잔을 들겠습니다.

추천인 **신창식**
고려대학교 의과대학 졸업
비뇨기과 전문의 의학박사

추천사

권순표 선배님의 회고록 출간을 진심으로 축하드립니다.

안녕하십니까. 인천광역시 교육감 도성훈입니다. 권순표 선배님의 회고록 『멈춘 시간 속의 그리움들』의 출간을 진심으로 축하드립니다. 이번 회고록에는 누구보다 강직하고 또 누구보다 감수성이 예민하신 작가만의 삶의 철학과 세상과 인간, 심지어 길가의 꽃들과 나무, 돌과 새들에게조차 열린 마음을 보여 주신 섬세한 감수성이 잘 드러나 있었습니다. 특히 가난하고 불우했던 어린 시절의 외로움을 극복하고 스스로 자기 길을 올곧게 열어 왔던 작가의 인생행로와 그 속에서 겪은 희로애락의 전사(前史)에는 눈시울을 붉히게 하는 감동적인 장면이 많았습니다.

무엇보다 80을 바라보는 나이에도 늘 폭넓은 독서와 다양한 여행을 통해 삶의 지혜를 얻고, 그것을 꼼꼼하게 기록으로 남겨 마음의 양식을 삼으시는 작가의 부지런한 글쓰기 습관은 최근 인천교육청의 역점 사업인 '읽걷쓰' 운동의 살아 있는 범례가 아닐 수 없습니다. 행복은 거창한 것이 아니라 생활과 관점의 변화를 통해 우리 주변의 소소한 것에서도 누구나 쉽게 얻을 수 있는 것이라는 작가의 지론은 안팎으로 힘든 시기를 겪고 있는 우리에게 정말 소중한 잠언이 아닐 수 없습니다. 따라서 다양한 인생 이야기가 펼쳐진 이번 회고록은 작가의 행복론이자 삶의 지침서로서 어려운 삶을 사는 모든 이에게 크나큰 위로와 공감의 글이 될 것임을 확신합니다.

인천교육을 책임지고 있는 교육감인 저 역시 우리 학생들에게 사랑과 위로의 교육, 절망을 딛고 일어서는 진취적인 희망의 교육, 작고 사소한 것을 소중히 여길 수 있는 인성 교육을 위해 최선을 다할 것을 약속드립니다.

다시 한번 회고록 출간을 축하드립니다. 늘 건강하시고 앞으로도 좋은 글과 가르침으로 주변 사람들에게 행복 전도사가 되어 주시길 진심으로 부탁드립니다. 고맙습니다.

추천인 **도성훈**
인천광역시 교육감

추천사

작가님의 출간을 축하드립니다.

중앙대학교 총장 박상규입니다. 존경하는 작가님의 『멈춘 시간 속의 그리움들』 수필집 출간을 진심으로 축하드립니다.

작가님은 평소에 인천동문회와 인천산악회 활동은 물론 각종 중앙대학교의 동문 모임에 적극적으로 참여하시면서 학교 발전에 많은 관심과 애정을 보여 주셨습니다. 총장이자 학교의 후배로서 많이 존경해 오던 작가님께서 쓰신 글을 읽다 보니 일상의 소중함을 더 느끼게 되면서 감동과 여운 그리고, 작가님이 걸어오신 인생 역정을 깊이 느낄 수 있었습니다. "책은 우리의 일부처럼 같이 성장하고 익어 간다"라는 말처럼 작가님의 글 전반에 스며들어 있는 삶의 경험과 생각들에 크게 공감되며, 우리가 평소에 쉽게 잊고 지냈던 소중한 가치들을 다시금 생각하게 됩니다.

작가님의 열정과 노력이 담긴 이 수필집이 많은 독자들에게 읽히면서 많은 사랑과 공감을 받기를 바랍니다. 더불어 앞으로도 계속해서 우리에게 감동을 주고 살아가는 지혜를 주시길 기대합니다. 또 계속적인 작품 활동이 활발하게 이어지기를 기원합니다.

건강 주의하시고 가족분들의 행복과 번영 또한 함께 기원합니다. 다시 한번 축하드립니다.

추천인 **박상규**
중앙대학교 총장

책을 발간하며

  인간은 평생을 여러 분야의 다양한 사람들과 어울려 생활하는 동안 때때로 크고 작은 갈등을 겪으며 살아갈 수밖에 없는 존재입니다. 그 과정에서 자신도 모르게 무수히 남에게 상처를 주기도 하고 받기도 하지요.

  상대와 갈등하는 이유는 대개 내 의도가 타인에게 정확히 전달되었을 거라 과신하거나, 갈등의 원인이 본인의 뜻을 이해하지 못하는 상대에게 있다고 생각하는 현실 인식의 오류에서 비롯됩니다. 즉 자신의 가치관, 신념, 판단의 기준에 부합하는 정보에만 주목하고 그 외의 정보는 무시하며, 믿고 싶은 것만 믿고 듣고 싶은 것만 듣는 확증 편향적 사고에서 기인하는 것입니다.

  그런데 정작 본인은 그것을 인식하지 못합니다. 그러고는 자신이 본 세상이 객관적인 현상이고 참이라 곧잘 믿습니다. 결국 내 안의 자기중심적 태도를 극복하려고 노력해야 하는데 그걸 외면하곤 합니다. 필자는 물론이고 사람들 대부분이 그런 것 같습니다.

  특히나 남녀노소를 불문하고, 서로 직접 만나서 상대를 마주하며 표정이나 말로 소통하기보다 인터넷 메일이나 SNS 문자를 통한 소통이 대세를 이루고 있는 현시점에서는 더욱 그 정도가 심해 보입니다.

하지만 그럼에도 우리는 소통해야 합니다. 말이든 글이든 노래든 표정이든 다양한 방법으로 자신의 마음을 전하고 상대의 마음을 이해하기 위해 노력해야 합니다. 특히 나이 든 세대일수록 더욱 세상과 사람을 이해하기 위해 노력해야 합니다. 그렇지 않으면 '꼰대'가 되기 십상이기 때문입니다. 여러모로 부족한 제가 늘그막에 이 책을 쓰고자 하는 이유도 바로 그 때문입니다.

필자는 세칭 부귀영화를 누려 본 적이 없고 똑똑하지도 못한 사람입니다. 사회적으로도 눈에 띌 만큼 성공한 사람이 아니며, 그저 평범한 소시민에 불과한 사람입니다. 또한 글을 잘 쓰는 재능 있는 작가도 아니요, 이야기를 재미있게 풀어 가는 이야기꾼도 아닙니다. 그러나 제가 살아온 이야기를 나보다 더 잘 아는 사람은 이 세상 어디에도 없다는 단순한 논리가 글 쓰는 두려움을 극복하게 해 주었습니다.

그리고 사회를 살아가는 한 사람으로서 책임과 권한을 공유하고자 합니다. 주체적인 삶을 살아가는 평범한 이웃과 가족들에게 필자의 이야기가 조금은 참고가 되지 않을까 싶습니다. 특히 아직은 어린 손주들이 성장하여 서로 다른 생각을 지닌 사람들과의 관계 속에서 조화로운 공동체의 삶을 살아가는 데 인생 선배인 이 할 아버지의 이야기가 도움이 되었으면 합니다. 비록 지극히 평범하게 살아온 이야기지만 기록으로 남겨 두는 것도 나쁠 게 없다는 생각에 감히 책을 쓸 용기를 내 봅니다.

이제 거칠고 투박하게나마 세월 속에 새겨진 역사를 살펴보려 합니다. 생명 있는 존재들은 물론이거니와 우리 주변의 모든 사물조차 자신의 역사를 지니게 마련입니다. 모든 존재는 각각이 마주한 시간 속에서 자신에게 닥친 다양한 어려움들을 자신만의 방식으로 대응해 왔을 것이고 그 대응의 결과들이 한 사람의 삶, 그 사람만의 역사를 만들어 내는 것이겠지요.

지난 일들을 떠올릴 때면 매번 회한과 쓸쓸한 감상에 젖어 눈시울이 뜨거워지곤 합니다. 또한 자신의 역사를 기술하는 일은 자주 부끄러움을 견뎌야 하는 일이기도 합니다. 하지만 그럼에도 제 삶의 편린(片鱗)을 세상에 내놓으려 하는 이유는 이 책을 통해 제 가족과 지인들, 저와 동시대를 살았던 모든 분께서 힘들었지만 최선을 다해 살아왔던 당시의 아름다운 순간을 저와 함께 되돌아볼 수 있길 바라는 마음에서입니다. 이 책이 저의 이러한 의도를 온전히 담아냈는지는 자신할 수 없지만, 그래도 솔직한 저의 마음을 표백하고자 노력했음을 혜량(惠諒)해 주셨으면 좋겠습니다.

앞으로 저는 지금껏 그래 왔듯이 더욱 겸손한 마음으로 제 몫의 삶에 최선을 다하며 살아가겠습니다. 고맙습니다.

2024년 가을, 간석동 작업실에서
권순표

1. 외로운 섬 소년

1) 내 그리운 고향, 교동

고향은 태어나서 자라고 살아온 곳 또는 마음속 깊이 간직한 그립고 정든 장소이지만 때로는 안타까움을 불러일으키는 말이기도 합니다. 즉 필자의 과거가 있고 정든 곳으로 시간, 공간, 마음이라는 세 가지 요소가 불가분의 관계로 이어진, 사람들의 복합된 심정을 담고 있는 하나의 세계입니다.

그래서 고향은 자연을 포함하여 고향 산천이라고도 하고, 생물학적 탄생과 일치시켜 어머니와 같이 보기도 합니다. 타향살이, 귀향, 낙향, 향수, 실향 등 고향과 관련한 많은 말들이 있는데, 이 단어들은 고향과 관련한 제각각의 복잡하고 복합적인 정서를 자아냅니다.
영어로 'Nostalgia(노스탤지어)'는 고대 그리스어에서 유래한 말로, 집으로 돌아간다는 의미의 'Nostos'와 고통을 의미하는 'Algos'로 이루어진 합성어입니다. 이는 고향을 그리워하는 '향수'와 유사한 맥락을 가지고 있습니다.

필자는 대한민국 정부가 수립된 해인 1948년, 인천 강화군 최북단인 교동면에서 출생했습니다. 강화군 교동면은 민간인 출입 통제선 즉, 민통선 안의 섬입니다. 그래서 지금도 교동에 들어가려면 교동대교 못미처의 해병대 초소에 신고하고 허락을 받아야 하지요.

초소에 이르면 초소병이 방문자의 신분증을 확인하고 방문 목적을 묻고는 합니다.

지리적으로, 동쪽으로 바다를 건너면 양사면과 내가면이 있고, 남쪽으로는 눈썹바위로 유명한 사찰 보문사가 있는 강화군 삼산면 석모도가 있습니다. 북쪽으로는 불과 2~3km의 바다를 끼고 황해군 연백군이 보입니다.

맑은 날에는 예성강 하구와 개성 송악산도 바라볼 수 있으며 교동에서 가장 높은 해발 260m의 화개산정은 북쪽을 바라보면서 실향민들이 망향제를 지내는 곳이기도 합니다. 서면 쪽으로는 난정초등학교(지금은 아동의 급감으로 폐교)가 있는 교동에서 두 번째 높은 해발 75m의 수정산이 있습니다. 이 초등학교의 학생은 동산리, 서한리, 무학리, 양갑리, 난정 1, 2리 등 6개 리에서 거주하는 아동으로 이루어졌습니다.

교동의 지형은 낮은 고도의 평야 지대가 많은 곳이어서 주민들의 주 수입원인 쌀농사에 크게 의존하고 있습니다. 교동 인구는 필자가 고교를 졸업할 무렵인 1966년을 기준으로 1만 2천여 명이었습니다. 그런데 1977년부터는 농업사회에서 산업사회가 되면서 인구가 감소하기 시작하여 2019년 기준으로 인구 3천 명, 가구 수 1,380호 세대가 거주하고 있었습니다. 현재는 더 감소되었을 것으로 추정됩니다.

섬 속의 섬, 오지의 섬, 유배지의 섬, 교동도 1970년도 초부터는 고 박정희 대통령의 농촌개혁 정책으로 새마을 운동이 들불처럼 번지면서 하루가 다르게 달라지고 있었습니다. 오늘 본 교동이 어제의 그 교동이 맞나 싶을 정도로요.

초가지붕은 슬레이트와 양철지붕으로 개량되고, 좁은 농로와 마을 길은 확장되고, 하천도 정비되었습니다. 그 과정에서 내 아버지 소유의 밭 350평이 무상으로 없어지기도 했습니다. 흙먼지 날리던 도로를 넓히고 시멘트 콘크리트로 포장하는 데 소요되는 비용이 턱없이 부족해서 도로로 편입되는 것에 대한 손실 보상은 해 줄 수 없다는 이유에서였지요. 요즘 같으면 말도 안 되는 일이었지만 당시는 그게 가능하던 시대였습니다.

지금도 기억나는 건 매일 이른 아침마다 「잘살아 보세」라는 새마을 노래가 동네 이장 집 스피커에서 울려 퍼지고, 그 노랫소리에 맞춰 새마을 체조가 시작되었다는 것입니다. 생각해 보면 우리나라 농촌은 잘살아 본 적이 없이 늘 배고팠고 헐벗었고 부족한 것 천지였지요. 새마을 운동은 가난의 대물림에서 벗어나고자 농민들 스스로가 참여하여 성공을 거둘 수 있었던 운동이었습니다.

형식은 종종 내용을 지배한다고 합니다. 둥근 초가지붕이 각진 슬레이트와 양철지붕으로, 구불구불하던 마을 길이 반듯한 지름길로 바뀌자 농민들의 마음에도 자신감이 들기 시작했습니다.

하지만 그동안 잘살아 보려고 열심히 변화를 추구한 결과 50년이 지난 지금의 우리 농촌은 잘살게 되었건만, 아이러니하게도 농촌의 젊은이들은 하나둘씩 도시로 떠났으며, 한번 떠난 젊은이들은 고향으로 돌아오지 않게 되었습니다.

필자가 초등학교를 다니던 시절에는 교동면에 13개, 리에 4개의 초등학교(교동초등, 난정초등, 지석초등, 화동초등)가 있었는데 지금은 아동 감소로 대룡리 읍내에 있는 교동초등학교 외에는 모두 폐교되었습니다. 우리의 농촌은 경제적으로는 잘살게 되었지만 아이러니하게도 점점 농촌이 축소되고 소멸해 가고 있다는 걱정이 곳곳에서 들려옵니다.

솔직한 심정으로 나 역시 고향에 돌아가고 싶지 않고 고향이 낯설게 느껴질 때가 종종 있습니다. 그래서 생각해 봅니다. 이제는 잘산다는 의미가 무엇인지 다시 짚어 봐야 하지 않을까요? 즉, 기꺼이 살고 싶은 농촌을 만들기 위한 '제2의 새로운 새마을 운동'이 필요한 시점이라고 생각합니다. 농촌을 떠나는 이유가 도시와 농촌 간의 소득 격차도 있겠지만, 교육 환경과 문화시설의 미비가 가장 큰 것이 아닌가 하는 생각도 들고요.

필자가 대학을 졸업할 때까지는 인천 연안부두에서 교동까지 무려 7시간씩 걸리는 여객선이 있었습니다. 그 이후로는 강화군 하점면 창후리 창후항에서 차를 배에 싣는 카페리로 1시간 30분을 운행하여 교동면 월산 포구로 가는 교통편이 있었고요. 그러나 2014

년 7월 1일에 개통된 교동대교(2.1km, 왕복 2차선)가 놓여 있어 이제는 인천에서 2시간이면 충분합니다.

교동에는 고려 후기의 세 학자를 일컫는 삼은(三隱)의 한 사람인 '목은 이색'이 유배를 와서 독서를 즐겼다는, 해발 259.6m의 화개산 중턱에 대한불교조계종 화개사가 있습니다. 또 교동에는 지금도 공장과 축산농가가 없어 맑고 깨끗한 농업용수로 농사를 짓고 쌀을 생산하고 있어서 청정 쌀로 명성을 얻고 있습니다.

교동이라는 명칭은 신라 경덕왕 때부터이고, 고구려 때에는 고목근현이라 불렸습니다. 고려 인종 1127년에 유교 성현 공자의 위패를 모시고 제사를 지내며 백성의 교육을 담당하기 위해서 국가에서 세운 지방 교육기관인 향교가 최초로 세워진 곳이기도 합니다. 이처럼 교동은 유교 사상이 뿌리 깊은 곳입니다. 모두가 알다시피 유교는 중국의 상고시대 공자가 당시의 문화와 사상을 종합하고 체계화하여 유교 사상으로 탄생시킨 것입니다. 그 중심사상은 이타심의 인(仁), 인의 기본적인 덕목으로 효(孝)와 충(忠)을, 그리고 예(禮)를 중시한 정신인데 이러한 정신들이 교동에 전통적으로 이어져 왔던 것입니다.

또한 교동은 육지와 격리된 섬인 까닭에 고려 중엽부터 조선 말기까지 유배지로 이용되었고 지리적 위치상 외세의 침범을 빈번히 받기도 했지요. 교동은 많은 대학교수와 교육자 그리고 의사, 육군과 해군에서 장성급 출신의 군인을 배출하였지만 유독 정치인은 한 명도 배출한 적이 없습니다. 아마 그 이유가 고려 말부터 조선 말까지 수많은 왕과 정치인이 유배당한 곳이어서 그 영향을 받은 것이 아니었을까 추측해 봅니다.

이처럼 교동이 유배지가 된 이유는 강화 해협이 간만의 차가 심하고 물살이 급하여 외부인이 접근하기 어려운 지리적 조건 때문입니다. 몽골이 침입했을 때 강화도로 천도했고, 병자호란 때 강화도로 피난을 갔을 정도였으니 본도에서 떨어진 교동은 더욱 감시하기가 좋았고 도주의 우려가 없었기 때문에 유배지로서는 안성맞춤인 곳이었지요.

그래서 조선 10대 왕이자 성종의 맏아들인 이융(연산군), 15대 왕인 광해군을 비롯해 조선의 4대 왕인 세종의 3남 안평대군, 조선의 16대 왕인 선조의 첫째 서자 임해군, 인조의 동생 능창대군, 인조의 5남 숭선군 등이 모두 교동으로 유배를 온 것입니다.

모두가 주지하듯 연산군은 조선 시대의 대표 폭군으로 일컬어지는 왕입니다. 그는 재위 중, 신진 세력인 사림파를 제거하려는 훈구파의 모의와 어머니 폐비 윤 씨의 죽음에 대한 상처로 무오사화, 갑자사화를 일으켜 그 과정에서 많은 인물을 처형해 조선 시대의 대표 폭군으로 기록되고 있습니다. 그러나 그도 즉위 초기에는 빈민구제 정책, 서적 간행, 국방 강화 정책 등 선정을 시행하였습니다.

어머니가 억울하게 폐비가 되어 사약을 받아 돌아가셨다는 사실을 알게 된 후 복수심에 폭군으로 변한 것이지요. 교동에는 중종반정으로 폐위된 바로 그 연산군 묘가 있습니다.

하지만 사실 교동은 높은 산이 있어 계곡이 흐르거나 경치가 화려한 곳도 아니고, 백사장도 없고 해수욕장도 없기에 관광객이 들어올 매력적인 관광 여건이 없는 관광 불모지나 다름없는 곳이었습니다. 내 고향이지만 필자가 느낀 교동은 그런 곳이었습니다. 그럼에도 역사적인 이야기들이 고스란히 녹아 있는 매력 있는 곳이 바로 교동입니다.

2) 외로웠던 유년 시절

| 아, 그리운 나의 어머니!

필자는 병적이라 할 만큼 부끄럼을 잘 타고 자신감이 매우 부족했던 내성적인 성격의 소유자였습니다. 그리고 그러한 성격은 평생토록 스스로를 괴롭혀 왔습니다. 필자의 이런 트라우마의 발원(發源)은 6.25 전쟁 중인 4살 때, 어머니가 장티푸스에 걸려 치료 한번 받아 보지 못하고 홀로 돌아가신 충격적인 일과 그로 인해 방치되어 처절하게 외로움의 삶을 산 것에 기인합니다.

내 아버지께서는 전쟁 참전 중에 휴전협정이 조인되어 군을 제대해 귀가하시고는 어머니가 혼자 고통 속에 몸부림치며 애처롭게 돌아가셨다는 청천벽력 같은 사실을 뒤늦게 알게 되었습니다. 아버지께서 어머니의 소식을 몰랐던 것은 생과 사가 교차하는 전쟁 중에 통신이 전면 통제되었기 때문입니다. 아버지는 곧 만나게 될 어머니와 가족들을 생각하며 전장의 힘겨움을 견디셨던 것입니다.

하지만 제대 후 이런 비참하고 어이없는 현실에 직면한 아버지는 마치 실성한 사람처럼 만취한 채 이 산 저 산을 헤매고 다니셨습니다. 삶의 목적을 잃었다고 생각하셨을지도 모를 일입니다.

타인 같았던 아버지와 새어머니

필자는 초등학교에 입학하기도 전에 아버지께서 매일 폭음하고 산짐승처럼 울부짖는 모습을 보았습니다. 그런 아버지의 모습이 한편으로는 가엾고 또 한편으로는 무섭기도 했습니다. 연일 삶을 포기하듯 무질서한 생활을 하다가 아버지는 어머니가 돌아가신 지 불과 1년이 지난 무렵에 중매로 재혼하셨습니다. 그때 아버지는 아직 젊은 20대였고, 2대 독자 집안이었으며 주업이 농사여서 재혼하지 않을 수 없었을 것입니다.

아버지의 재혼 상대는 갓 20세를 넘긴 교동면 지석리의 여자분이었습니다. 그분은 초등학교 문턱도 가 보지 못한 무학자였고 게다가 나이도 어려 성숙한 이성(理性)보다는 본능이 앞서 나보다는 오직 자신의 출산과 핏줄에만 충실한 여자였습니다. 그래도 새어머니인데 '여자'라고 표현하는 게 옳지 않다는 걸 알지만, 제 외로웠던 유년 시절에 그분은 그저 한 명의 낯선 타인일 뿐이었습니다.

　가장 사랑이 필요한 시기에 필자는 가장 외로운 시절을 보내야 했던 것입니다. 심지어 줄곧 생일이 언제인지도 모르고 지내다가 대학 졸업 후 결혼까지 하고서야 비로소 아버지에게 물어서 생일을 알게 되었습니다. 다시 말해서 출생하고 성장하여 결혼하기 전까지는 생일날이라고 해서 그 흔한 미역국조차 먹어 본 적도 없었다는 것이지요.

　필자는 3대 독자로 형제자매가 없어 대화할 상대가 없었습니다. 그래서 어린 시절부터 숨죽이며 늘 벙어리가 된 듯 유소년 시절을 보내야 했고, 그때 극히 내성적인 성격이 고착되었습니다. 또한 초등학교 때부터 대학을 졸업할 때까지 졸업식에서 흔히 보는 꽃다발을 받아 본 적도 없었고 늘 고립된 상태에서 살아왔습니다.

　이런 까닭으로 남들 앞에서 말한다는 게 제게는 매우 두렵고 힘든 일이었습니다. 타인 앞에서 말하는 일이 제게는 큰 용기가 필요한 일이었지요. 말을 한마디라도 하려면 버벅거리기 일쑤였고 목소리는 빈약했습니다. 빈약한 목소리조차 밖으로 잘 나오지도 않았습니다.

　초등학교 저학년 어느 날, 지금 정확한 내용은 기억나지 않지만, 당시 새엄마가 하신 말씀에 대답하지 않았거나 퉁명스럽게 대답을 한 적이 있습니다. 계모는 그걸로 기분이 나빠져서 필자가 매우 불손하게 대들었다는 식으로 과장해서 아버지에게 고자질했는데, 저는 그 일로 아버지로부터 심한 꾸지람을 듣고 종아리에 회초리를 맞아야 했습니다. 어린 마음이지만 당시에 너무 억울하고 서러워서 펑펑 울었던 기억이 있습니다.

당시 무엇보다 억울하다고 생각했던 것은, 만약 계모로부터 제가 무례하게 대들었다는 말을 들으셨다면, 아버지께서는 먼저 사실관계부터 파악했어야 한다고 생각했기 때문입니다. 제가 새어머니의 말씀처럼 무례한 행동을 한 것이 사실인지, 만약 그랬다면 왜 그랬는지, 그 이유를 마땅히 아들에게도 직접 물어야 했던 것이지요.

그런데 아버지는 무조건 새어머니의 말씀이 사실이라고 철석같이 믿고 제 얘기는 들어 보지도 않은 채 야단부터 치셨던 것이지요. 당시 필자의 심정은 마치 전래동화 『콩쥐팥쥐』의 콩쥐가 된 기분이었습니다. 너무 억울하다는 생각이 들어 한참을 소리도 못 내고 울었습니다. 적어도 아버지는 내 편이 되어 줄 거라 믿었던 것이었지요. 그래서 한동안 아버지와 계모를 원망하며 그분들로부터 마음이 멀어졌던 적도 있습니다.

| 숙명인지 운명인지

그 사건 이후 새어머니를 어머니라고 불러 본 적이 없고, 어머니라는 말이 차마 입에서 떨어지지도 않았습니다. 역지사지의 마음으

로 생각해 보면, 미움을 받을 만한 행동일 수도 있었을 겁니다. 저는 새엄마를 처음 본 게 고작 5살 때였습니다. 사리를 분별하고 판단하기에는 턱없이 어린 나이였지요.

　만약 그때 계모가 친아들처럼 저를 사랑으로 품어 주었다면 새엄마를 친엄마라 생각하며 아픈 상처 없이 성장할 수 있었을지도 모를 일입니다. 비록 생모는 아닐지언정 어머니의 사랑을 느낄 수도 있었을 거예요. 또한 그토록 자신감을 잃고 용기 없는 사람으로 살아오면서 자괴감을 느끼지 않았을 겁니다. 저로서는 참으로 아쉽고 또 아쉬운 시절이 아닐 수 없습니다.

　동화에서 묘사된 것처럼 모든 계모가 나쁜 사람인 건 아닙니다. 그분 역시 20대 초반의 처녀 신분으로 사회적 경험이 부족하고 미성숙한 상태에서 자식 딸린 홀아비한테 시집을 오신 거니까요. 그분도 시대를 잘못 만나 교육이라고는 전혀 받아 보지 못했고 철없는 무지한 상태여서 그저 본능이 시키는 대로 별 의식 없이 행동했을 겁니다. 다시 말해서 자신이 낳은 자식이 아니라고 해서 저를 미워하거나 고의로 구박하기 위해 과장된 고자질을 한 것은 아니었을 거라고 믿고 싶습니다.

　음양이론에 근거한 주역에 빗대어 생각해 보면, 나의 처지가 태어나기 이전부터 결정되어 이미 정해져 있는 숙명이라고 해야 할지, 내가 결정하고 선택하는 것에 바로 변화가 일어난다고 보는 운명이라고 해야 할지 분간하기 참 어렵습니다.

3) 외로움을 딛고서

│ 아픈 기억뿐인 고향

제 어린 시절 교동은 그저 삭막하고 외로운 고도(孤島)였을 뿐이었고 그 감정은 지금도 변함이 없습니다. 앞서도 말했지만, 어머니는 6.25 전쟁 중에 오염된 물속에서 활동하는 살모넬라 장 박테리아로 전염되는 법정감염병에 해당하는 장티푸스에 감염되어 고열에 시달린 끝에 치료 한번 받아 보지 못하고 20대에 돌아가셨습니다. 당시 교동에는 병원이 없었기 때문에 병원에 가려면 강화 본도로 배를 타고 가야 했습니다. 그러나 전쟁 중이어서 병원에 갈 생각은 엄두도 못 내고 저절로 호전되기만을 속절없이 기다리다가 고통의 신음을 내며 몸부림치던 끝에 슬하에 자식이라고는 저 하나만을 세상에 남겨 둔 채 가엽게 병마에 쓰러지게 된 것입니다.

더구나 남편으로부터 보호받아야 했지만, 어머니는 남편이 동족상잔의 전쟁에 참전 중이어서 혼자 고통을 겪다가 보살핌도 받아 보지 못한 채 쓸쓸히 돌아가셨고, 아버지는 그 사실을 정전협정으로 전쟁이 종료되어 군에서 제대한 후 비로소 알게 되었습니다. 이런 사실을 뒤늦게 아신 아버지가 어머니가 묻힌 묘지를 찾아가 목 놓아 통곡하던 모습이, 그리고 수시로 술에 만취하여 헛소리하다 길에서 쓰러져 할아버지가 동네 사람과 함께 힘겹게 집으로 질질

끌고 들어오던 모습이 눈에 선합니다. 저에게 고향은 그런 슬픈 이미지만 떠오르게 합니다. 그러다 보니 고향에 대한 그리움이 저에게는 없습니다. 어릴 때 이미 마음속에서 고향을 지워 버렸는지도 모르겠습니다.

| 외로운 내 유년을 보듬어 준 김옥순 선생님

새어머니가 들어오신 후부터 필자는 더욱 말이 없고 반항적인 성격으로 변했습니다. 그 이후 심정적으로 아버지와 거리가 멀어졌고 성인이 되고 나서도 새어머니와는 일체 말도 섞지 않고 타인처럼 지냈습니다. 그날 이후로 세상에 나 혼자 있다는 지독한 외로움을 느끼며 세상과 단절된 채 억지의 삶을 살아야 했습니다.

이처럼 유소년기를 지독한 고독감, 소외감을 느끼며 홀로 뚝 떨어진 이방인처럼 아무런 희망 없이 우울하게 지낼 때, 저를 그 지긋지긋한 외로움과 절망의 시간에서 빠져나오도록 따뜻하게 손을 내밀어 준 선생님을 만났습니다. 그분은 바로 초등학교 담임이었던 김옥순 선생님이십니다.

선생님을 만나면서 잠시나마 저에게는 마음의 위로와 평화가 찾아왔습니다. 당시 외로움에 사무쳤던 저는 다정한 형이나 엄마처럼 마음의 치마폭이 넓은 누나가 있었으면 얼마나 좋을까 하는 이루어질 수 없는 공상을 수시로 해 보고는 했었습니다. 그러한 때에 엄마같이 따뜻하고 누나처럼 다정한 김옥순 선생님을 만난 것입니다.

김옥순 선생님은 인천 사범 고등학교를 졸업하고 바로 18세에 난정초등학교로 부임하였고, 1학년 때부터 3학년까지 내리 3년 동안 제 담임을 맡으셨습니다. 정말이지 그 3년이 제게는 꿈같은 시절이었습니다.

지금도 기억나는 것은 초등학교 1학년 때 심한 감기에 걸려 숨을 헐떡이며 아파할 때 선생님께서 업어 주었던 기억, 그리고 가을 운동회 때 눈깔사탕을 사 주었던 기억입니다. 그 고맙고 따뜻했던 기억을 필자는 보물처럼 간직하며 힘들 때마다 떠올리며 힘을 얻고합니다.

당시 시골 초등학교의 가을 운동회는 학생들만의 축제를 넘어서온 동네의 축제와 같은 날이었습니다. 학부모와 형, 누나들이 참가하는 각 리(동네) 대항 축구 시합과 계주 달리기 종목이 있었고, 학부모들은 집에서 떡과 과일 등 먹을 음식들을 운동장으로 가져와 학생들과 함께 먹고 마시고 한바탕 떠들썩거리며 노는 축제 같은 즐거운 행사였습니다. 그러나 저는 먹을 것은 고사하고 학교 운동장으로 찾아와 격려해 주는 단 한 사람도 없었습니다. 그래서 축제가 다 끝날 때까지 외롭게 견뎌야 했습니다. 옆에서 가족들과 단란하게 음식을 먹는 같은 반 친구들의 모습을 바라보는 일은 정말이지 참기 힘든 고문이나 다름없었습니다.

이렇게 혼자 외로움을 견뎌야 했던 건 비단 초등학교 운동회 때만이 아닙니다. 초등학교 졸업 때부터 중고등학교와 대학 졸업할 때까지 단 한 번도 가족의 따듯한 격려의 말과 축하 꽃다발을 받아 본 적 없습니다.

　김옥순 선생님은 몇 년 후 교동에 주둔하고 있던 해병대 중사와 혼인하였고, 다음 해에 인천으로 발령받아 떠나시게 되었습니다. 당시 저는 다시 한번 엄마를 잃은 슬픔을, 첫 연인과 헤어지는 것 같은 가슴 아픔을 겪어야 했습니다. 어린 나이였지만 김옥순 선생님께 최초로 엄마와 누나 같은 사랑을 느꼈기에, 제 인생 전부가 무너져 버린 것 같아 그 슬픔과 괴로움을 무엇이라 표현할지 모를 정도로 낙담이 컸습니다. 지금도 그때를 생각하면 가슴이 먹먹해집니다. 김옥순 선생님은 작고하셨지만, 여전히 제 가슴속에서 영원히 살아계십니다.

2. 소년, 꿈을 꾸기 시작하다

1) 숨 가빴던 소년 시절

| 단칸방에서 칼잠을 자며

　유소년기에는 꿈이라는 것이 없었습니다. 그날그날 사는 것에 숨이 가빠서 꿈을 꾸는 것이 사치스럽게 느껴지기도 했습니다.

　필자는 찢어지게 가난한 사람들이 모여 사는 인천 동구 송림동 전도관 근처 달동네에 살던 둘째 고모 집에서 중학교를 다니게 되었습니다. 당시 서민들이 사는 집의 모양새는 겨우 안방과 건년방, 두 개의 방이 있을 뿐이었습니다. 그래서 안방에는 고모의 시어머니, 시동생 2명, 시누이 1명 그리고 나, 이렇게 5명이 칼잠을 자야 했고 건년방은 고모 부부와 아들 한 명이 사용하였습니다.

　그중 저와는 사돈 격인 고모의 막내 시동생이 있었는데 성격이 못되어서 저는 수시로 꿀밤을 맞거나 짜증을 받았습니다. 심지어는 아침에 이불을 개고 방 청소를 도맡아 해야 했습니다. 때로는 50m 이상 떨어진 공동 수도가 있는 곳까지 물지게를 지고 물을 날라야 하기도 했습니다.

　그때는 우리나라가 세계 빈곤국 중 꼴찌에서 두 번째로 가난한 나라였기 때문에 지금처럼 가가호호마다 수도시설이 없어 동네 공동 수돗가에서 한참 줄 서 기다리다가 지게로 양쪽에 매달린 양동이 물통에 물을 가득 싣고 뒤뚱거리며 조심스럽게 물을 길어 날라야 했습니다.

그리고 밤 12가 되면 전력 부족으로 어김없이 전기 공급이 끊어졌고, 그 중간에도 수시로 전깃불이 나가곤 해서 전기로 가동하는 냉장고, 선풍기 등 생활가전은 구경조차 못 하는 원시적인 생활을 할 때였습니다.

그런데도 정치인들은 민생은 팽개치고 정쟁에만 몰두하였습니다. 자유당 정권 때 3.15 부정선거가 도화선이 되어 4.19 학생 의거가 일어났고, 급기야 이승만 대통령이 대통령직에서 하야하고 하와이 망명길에 오르게 되었습니다.

그 후 장면 정권이 들어섰으나 정치적, 사회적 혼돈은 계속 극심하여 나라의 장래가 극도로 암울할 때 육군 소장 신분이던 박정희라는 걸출한 인물이 5.16 혁명을 일으켜 오늘날 한강의 기적을 일으키게 된 것입니다. 물론 사람마다 평가는 조금씩 다르겠지만, 우리 세대에게는 박정희 대통령이 굶주림과 추위에서 벗어나게 해 준 걸출한 대통령으로 인식되고 있는 게 사실입니다.

| 소년의 가슴에 싹튼 꿈

　제가 고등학교를 다니던 시절은 1차 산업인 농업 국가에서, 2차 산업인 산업화를 맞이할 때였습니다. 때마침 경제계에는 삼성의 이병철, 현대의 정주영이라는 뛰어난 인물이 나왔고 박정희 대통령과 함께 정치를 안정시키고 산업을 부흥시켜 고용을 창출하고 수출하게 되어 비로소 지긋지긋한 가난에서 벗어나게 된 것입니다. 그건 분명한 기적이 아닐 수 없었습니다.

　특히 고 박정희 대통령은 희망을 잃고 좌절해 있던 국민을 향하여 "하면 된다. 불가능은 없다."라는 구호를 외치며 자신감을 불어넣었습니다. 또한 자원이 없는 국가임을 강조하며 최고지도자부터 근검절약을 주야로 솔선수범하도록 격려하였습니다. 이에 부응한 국민이 모두 하나같이 산업 일꾼이 되어 지금의 한국이 있게 되었다는 역사적 사실을 젊은 사람들은 결코 잊으면 안 될 것입니다.

　당시는 급속한 산업화가 이루어지던 때라서 대학의 여러 학과 중 가장 인기를 끈 전공학과는 기술자가 필요한 공과대학, 그리고 회사를 경영하고 수출입을 하는 데 필요한 지식을 습득하는 상과대학이었습니다.

　물론 조선 시대로부터 내려오는 관료의식이 강한 탓에 각종 범죄를 수사하고 기소하는 권력기관에 종사하는 검사직과 공소 사실을 판단하는 법관이 되기 위한 법과대학, 그리고 인간 생명과 병을 고쳐 주는 의사를 길러 내는 의과대학 또한 그때나 이제나 인기 학과였습니다.

저 역시 대학에 입학해야 할 시점에 무슨 과에 진학해야 할지 많이 고민했습니다. 대학 학비나 경제적인 상황, 졸업 후의 전망 등 다양한 측면을 고려해야 했기 때문입니다.

2) 꿈과 현실 사이에서

| 영화의 한 장면과 법대 진학

고교 시절 때 인천 동구 송림동에 있던 현대극장에서 「검사와 여선생」이라는 영화를 본 적 있습니다. 주인공 영애의 역은 자연미를 자랑하는 미인 배우 김지미였는데, 이 영화 속의 영애가 제 영원한 스승 김옥순 선생님의 모습과 너무 닮아 충격을 받았고, 그때 검사가 되고 싶다는 꿈을 갖게 된 것으로 기억합니다.

이 영화에서 주인공 영애의 남편은 마도로스로 원양어선을 타고 멀리 대서양으로 나가 있었습니다. 그런데 어느 날 갑자기 경찰에 쫓기던 탈옥수가 도망쳐 우연히 영애의 집으로 피신하게 됩니다. 영애는 순수한 마음으로 그 탈옥수를 집 안에 숨겨 주었는데, 때마침 귀향해서 집에 돌아온 남편은 자기 집에 숨어 있던 탈옥수를 발견하고 그 탈옥수 역시 남편을 보자마자 황급히 도주합니다.

도주하는 탈옥수를 본 남편은 자신이 원양어선을 타고 해양에 있는 동안 영애가 그 탈옥수 사내와 불륜의 관계를 맺어 온 것으로 의

심하여 자백할 것을 강요하며 거칠게 추궁합니다. 극도로 흥분한 남편은 술을 마시고 취한 상태에서 부엌에 있던 칼을 들고 영애에게 사실을 고백하라고 계속 추궁하였고, 영애는 그런 사실이 없다며 부인하는 가운데 남편이 영애를 칼로 찔러 죽이려다가 실수로 자신이 들고 있던 칼에 찔려 죽고 맙니다. 결국 영애는 살인죄로 기소돼 법정에 서게 됩니다.

그런데 이 사건의 담당 검사는 공교롭게도 자신이 가난하여 도시락도 없이 굶고 있던 초등학교 시절에 대신 도시락을 주고 따뜻한 애정으로 보살펴 준 스승이 영애라는 사실을 알게 됩니다. 그래서 검사는 스승이었던 영애의 살인사건을 꼼꼼히 조사한 끝에 영애가 살인을 범한 것이 아니라 남편이 아내를 죽이려다가 자신이 쥐고 있던 칼에 스스로 찔려 죽게 된 것임을 밝혀냅니다.

영화 속의 영애는 자신을 조사한 검사가 어렸을 때의 제자임을 모르고 있었습니다. 검사는 스승 영애를 변론하기로 결심하고 검사직을 사직한 후, 변호사가 되어 영애를 변호합니다. 마침내 영애는 무죄로 석방되고, 검사는 옛날 은사에게 받았던 애정을 생각하며 마음속으로 눈물을 흘립니다.

그러나 사실 이 영화의 법정 장면들은 형사소송법상 절차나 사리에 맞지 않습니다. 우선 검사가 영애를 조사한 끝에 무죄임을 밝혀냈다면 무혐의 처분을 하고 석방하면 되는 것인데 기소하였다는 것은 이해할 수 없는 장면입니다. 그리고 검찰에서 피의자를 직접 조사한 검사는 비록 검사를 사직하고 변호사가 되었다고 해도 자신이 담당했던 사건을 변론할 수는 없습니다. 제척(除斥)사유인 이해당사자이기 때문입니다. 물론 영화니까 재미를 더하기 위해 그렇게 각색되었을 겁니다.

제가 법대에 진학하게 된 이유는 영화 속 피고인 영애를 볼 때, 내 스승이었던 김옥순 선생의 이미지가 떠올랐기 때문이기도 했고, 사회 속의 거악들과 싸우며 정의로움을 추구하는 검사의 모습이 좋아 보여서이기도 합니다.

| 치열했던 사법고시

당시 총무처에서 주관한 사법시험은 명칭과는 달리 실상은 판사와 검사의 임용시험이었습니다. 왜냐하면 매년 법관과 검사를 임용할 인원만을 선발하였기 때문입니다. 이때에는 사법시험에 합격하면 서울대에 설치된 사법대학원(추후, 사법연수원으로 변경) 2년을 수료한 후, 전원이 희망에 따라 법원의 판사직과 검찰의 검사직에 임명되었습니다.

원래 사법시험은 해방 이듬해인 1949년부터 처음으로 제1회 고등고시 사법과, 행정과로 분류되어 선발하여 오다가 1963년부터는 고등 고시제도가 폐지되고 '사법시험'이라 명칭이 변경되었습니다.

다시 노무현 정권 때인 2016년부터 기존의 사법시험 제도가 폐지되고, 로스쿨(법학전문대학원)로 바뀌면서 3년 과정을 수료한 후 변호사 자격시험제도로 또다시 변경되었습니다.

고등고시가 처음으로 실시되던 해인 1949년 제1회 때에는 16명을, 1953년 제5회 때에는 12명을, 이어 매년 소수의 인원을 선발하여 오다가 1962년 제16회를 마지막으로 고등고시 제도는 폐지되고 1963년부터 사법시험으로 바뀌었습니다.

사법시험 제1회 때는 31명을, 1963년 제2회 때는 41명을, 이듬해 제3회 때는 10명을, 필자가 법대를 졸업한 1973년에는 52명을 선발하였고, 1974년과 1975년, 1977년에 각 60명씩을 선발하다가 판사와 검사 정원이 늘어남에 따라 1978년과 1979년에 각 150명을, 그다음 해인 1981년과 1982년부터는 다시 배수에 해당하는 각 300명씩을 선발하였습니다.

한편, 중앙대 법대에서는 60명 선 이하를 선발하는 사법시험에서 어느 해는 한 명도 합격자를 못 낼 때도 있었고, 또는 해를 건너 겨우 한두 명씩의 합격자를 냈을 뿐이었습니다. 150명을 선발할 때부터는 매해 한두 명씩 합격자를 내기 시작하더니 300명 선 이상 선발할 때부터는 여러 명의 합격자를 내었습니다.

법대가 폐지되고 로스쿨로 변경됨에 따라 사법고시도 폐지되었습니다. 사법시험에서 변호사 자격시험으로 전환되면서부터는 다행히 입학정원 수료자 전원이 합격하는 좋은 성적을 내고 있습니다. 판사와 검사 임용에서도 입학정원 대비 서울대에 이어 2위로, 때로는 전 로스쿨 중 5위를 기록하고 있는 것으로 알고 있습니다. 법조의 길이 워낙 좁았던 과거에 비하면 이런 걸 두고 타고난 시운(時運)이라고 해야 하는 건지 모르겠습니다.

이렇듯 고시 합격자 수가 워낙 소수이다 보니 그중에서 많은 고시 합격자를 낸 대학은 서울법대가 압도적입니다. 그러나 서울법대생들도 법학과 150명, 행정학과 150명, 총 300명에 이르는 입학정원에 비하면 합격률과 합격자 수는 턱없이 적다고 하겠습니다. 그래서 낙방한 서울법대 출신들이 가장 많이 진출한 곳이 대학교수와 언론사 기자 분야입니다. 이들이 교수, 기자 또는 판사와 검사를 거쳐 다시 정치권에 몸담아 국회의원이 되고 장관이 되며 고위관직의 통로를 밟게 되는 것입니다. 그래서 역설적으로 우리나라를 발전시킨 사람도, 망치는 사람도 모두 서울법대 출신이라는 달갑지 않은 우스갯소리가 들리기도 합니다.

| 자랑스러운 나의 법학과 동창들

회고하자면, 중앙대학교 출신으로 고등고시 사법과에 합격한 동문에는 검사장을 지낸 강달수와 송병철, 그리고 최락구 선배가 있습니다.

그 후 사법시험으로 전환된 후 실시한 1969년 제10회 사법시험에서는 35명의 합격자 중 선배는 경북사대 부고 출신 법학과 64학번 이상경 선배 혼자뿐이었습니다. 제11회 사법시험에는 33명을 선발했는데 전멸을 했고, 제12회 때에는 48명을 선발하였는데 경북고 출신 백정현과 중동고 출신 임성제 선배가 합격했습니다. 백정현 선배는 중앙대에 법대가 개설된 이후 유일하게 4학년 재학 중에 합격이 되어 크나큰 인기를 얻기도 했습니다.

이렇게 사법시험 합격자는 판사와 검사가 정원에 비례하여 최대 50명 내지 60명을 초과하여 선발한 적이 없었습니다. 이후 인구가 늘어나고 산업이 발달하면서 사회가 복잡해지고 법률 수요가 확대되면서 변호사 수요가 늘어나자 점차 합격자 수도 확대되었습니다.

사법고시 인원은 필자가 대학을 졸업한 지 5년이 지난 1978년(사법시험 제20회)에 이르러 150명으로 늘어났고, 그때 법대 동기 충남 보령 출신 이봉희가 합격하였습니다. 이듬해인 1979년 제21회 사법시험에는 충남 서산농고 출신 이강천이 합격하였습니다.

이봉희는 첫 발령으로 부산검찰청을 거쳐 경주지청, 전주 검찰청, 부천지청 등 여러 검찰청을 거쳐 수원지방검찰청 성남지청장에서 마지막으로 활동했습니다. 이강천은 서울 남부지청과 인천검찰청, 영동지청장을 거쳐 대전검찰청 형사1부장 검사를 끝으로 20년 이상을 검사로 재직하다가 퇴직하고 변호사로 활동해 오고 있습니다.

대학 동기이지만 농촌 출신이었던 이들의 놀라운 집중력과 끈질긴 노력에 존경을 표하지 않을 수 없습니다.

그 후 산업이 급속히 발달됨에 따라 더욱 사회가 나날이 복잡해지고, 이에 따른 개인 또는 기업 사이의 분쟁도 증가해 1981년부터 재야 법조계 변호사 수요가 폭발적으로 늘어나게 되었습니다. 그래서 고위 공무원 3급에 해당하는 판사와 검사 임용 숫자와는 상관없이 사법시험 합격자 수를 300명으로 늘려 선발하게 되었습니다. 합격자 중, 희망에 따라 성적순으로 150명은 판사와 검사로 임용하고, 나머지는 변호사로 활동하도록 하였는데 만시지탄이나마 잘한 정책이 아닐 수 없습니다. 이때부터 사법시험 합격자 수는 법관과 검사 임용 정원과는 별개로 늘어나게 된 것입니다.

| 로스쿨 제도 도입의 명암

법조인을 양성하는 사법시험 제도는 노무현 정권 시절인 2009년 3월에 일명 로스쿨이라는 법학전문대학원으로 전환되었습니다. 이때 사법시험이 일시에 중단되면 법대생이나 사법시험을 준비하는 타 수험생들이 큰 혼란을 겪을 걸 염려해 기존 사법시험 제도를 병행해 합격자를 내 오다가, 2016년에 완전히 폐지됩니다. 당시 사법시험 합격자 수와 로스쿨 수료자의 변호사 자격시험 합격자를 합치면 2천 명이 넘는 엄청난 숫자의 법조인들이 쏟아져 나왔습니다.

정작 노 대통령 자신은 상업고 출신으로 사법시험 합격을 발판 삼아 국회의원과 대통령까지 된 사람인데, 서민이 개천에서 용 될 수 있는 유일한 사다리를 원천적으로 끊어 놓은 셈입니다. 참으로 이 역시 아이러니한 일이 아닐 수 없습니다.

로스쿨 입학 제도는 미국식 제도를 도입한 것인데, 4년제 일반 대학 졸업자로 한정하여 입학 자격을 주고, 그 수료 연한은 3년입니다. 그러므로 7년이 소요됩니다. 그래서 사법시험 폐지 직전의 마지막 응시자는 41:1이라는 치열한 경쟁률을 보였습니다.

현재 로스쿨 입학정원은 2천 명입니다. 정부는 서울 12개 대학에 1천 명, 지방 13개 대학에 1천 명을 배정하며 로스쿨 설립을 인가했습니다. 이 정원 2천 명이 변호사 자격시험을 거쳐 매년 1,800명에 달하는 합격자 수를 내고 있습니다. 그래서 지금은 변호사 3만 명 시대가 되었습니다.

그런데 언젠가부터 그 부작용으로 굶는 변호사가 속출하고 있다는 소문이 들립니다. "굶주린 변호사는 굶주린 사자보다 무섭다."라는 말이 있습니다. 당초 정부 생각으로는 변호사를 많이 배출하면 법률 서비스 질이 높아지고 서민들의 법률사무소 이용 문턱이 그만큼 낮아질 것으로 보았습니다. 즉, 시장이 작동되는 수요와 공급의 원리를 도입한 것입니다. 그러나 실상은 서비스 질은 낮아졌고, 문턱은 그대로 높다는 것입니다. 앞서 미국식 모델을 도입한 일본에서도 인가된 지방 대학의 로스쿨은 입학정원보다 응시자가 미달되어 인가취소 조치가 속출했으며 이는 법률 시장 질서 차원에서도 실패한 정책이 되었습니다.

3) 가난했으나 치열했던 나의 대학 시절

| 농부의 아들 대학생이 되다

제가 대학에 다니던 시절인 1960년대와 1970년대에는 산업화 이전이라 인구의 60%가 소작 형태의 농경제하에 있었습니다. 당시 농촌 살림이 더욱 어려웠던 이유는 한반도의 지형 중 약 70%가 임야여서 평야로 된 농지가 워낙 적다 보니 영세성을 면치 못했기 때문입니다. 더구나 수리 시설이 열악하고 기계화가 되기 훨씬 이전이어서 거의 천수답이었습니다. 천수답(天水畓)이란 저수지나 지하수 펌프 등의 관개 시설이 없어, 곡식 재배에 필요한 물을 오로지 하늘에서 내려 주는 빗물에만 의존하는 형태의 농경지를 일컫습니다. 즉, 적기에 적당량의 비가 내리지 않으면 농사를 망칠 수밖에 없는 구조였습니다.

그런데 어떤 해에는 내리 3년 동안 농사짓는 데 필요한 비가 내리지 않을 때도 있었습니다. 이럴 때는 농촌의 주업인 벼와 보리 같은 곡식을 수확할 수가 없어 곡식 대신 산과 들에서 확보할 수 있는 냉이와 같은 산나물이나 풀뿌리를 캐어 먹거나 나무껍질인 송기를 벗겨 식량으로 삼는 그야말로 초근목피(草根木皮)로 연명하는 삶을 살아야 했습니다. 그래서 농민 대부분은 늘 주림과 허기를 채우기 위해 먹는 구황작물에 의존하는 비참한 생활을 해야 했습니다.

그러니 농가마다 빚을 지게 되고, 이에 농촌의 청년들은 막노동이라도 하려고 모두 도시로 이사하여 어느덧 농촌에서는 청년을 보기 힘든 세상이 되었습니다. 그 자리를 메꾸는 인력이 조선족이나 베트남인들입니다.

실정이 이렇다 보니 농촌 총각이나 도시의 막노동자는 한국의 여자와 혼인하기도 어려워 돈을 주고서 외국 여자와 결혼하는 경우가 많아졌습니다. 그런데 서로 간의 문화 차이와 사물에 대한 인식의 차이가 심하여 혼인 생활이 파탄 나거나, 외국인 여자가 말없이 가출하고 행방을 감추는 일이 발생하여 법률사무소를 찾아와 딱한 사정을 호소하기도 합니다.

최근에 인구 감소로 정부와 지자체에서는 골머리를 앓고 있습니다. 인구 절벽이 되어 한국도 외국인 이민을 받아들여야 하는 시대가 온 것입니다. 농촌의 경제적 사정이 어떤지 가늠할 수가 있는 것입니다. 대부분의 농촌 지역에서는 매년 봄이 되면 식량이 떨어져 가을 추수가 끝날 때까지 배를 곯는 춘궁기를 견뎌야 했습니다. 그러니 하루도 굶지 않고 삼시세끼 해결하기도 쉬운 일이 아니었습니다.

가난한 농부의 아들로 태어난 필자도 예외는 아니었습니다. 그래서 등록금을 낼 때가 되면, 동네의 여유 있는 이에게 고리 이자로 돈을 빌리기도 했습니다. 대학도 가난한 때여서 장학금을 지급할 여력이 없었습니다. 그래도 다행스럽게 부친의 결단으로 대학에 입학할 수 있었고, 부친은 매년 등록금도 어찌어찌 마련해 주셨습니다. 부친의 그 노고를 생각하면 지금도 고마운 마음에 가슴이 먹먹해지며 눈물이 차오르곤 합니다.

| 과외 지도

그러나 저 역시 평상시에는 돈이 없어 쩔쩔매는 대학 생활을 해야 하는 형편이어서 여학생과의 데이트는 꿈도 꿀 수 없는 처지였고 그 흔한 축제에도 참석하지 못했으며 연애도 한번 못 해 보고 졸업하였습니다. 대학 재학 중에 궁여지책으로 고교 입시생을 지도하는 입주 아르바이트를 하는가 하면, 때로는 자취방에서 초등생이나 중학생 몇 명을 모아 과외 공부를 시키기도 했습니다.

산업화가 되지 못한 당시의 한국 경제 사정은 정말 형편없었습니다. 한번은 누군가의 소개로 서울 마포구에 있는 공고 1학년생의 자택에 기거한 적도 있었는데, 당시 이 학생은 공고를 자퇴한 후 인문고 입학을 목적으로 재수하고 있었습니다.

당시 서울의 중상층에 해당하는 부유한 가정에서는 잠자리를 제공하고 세끼 밥만 먹여 주고는 모든 식사 준비와 청소, 빨래까지 시키던 가사 노동자 식모(지금은 가정부라 칭함)를 두고 있었습니다.

이 학생의 부친은 그때 당시에 대기업의 공장장으로 근무하고 있었는데, 집에 가정부까지 두었던 것으로 보아 경제적 여유가 있었던 모양입니다. 그래서 외아들을 대학에 보내고 싶어 했는데, 그런 아버지의 바람과는 달리 워낙 공부하기를 싫어하던 아들은 서울에 있는 인문고 입학시험에서 모두 낙방했던 것입니다. 그래서 결국 공고에 입학했습니다. 이 당시 필자는 이 학생의 집에 기거하며 학생 과외 공부 지도에 따른 보수도 못 받고 침식만을 제공받았을 뿐입니다.

| 대학 시절의 벗들

한편 서울 치대를 다니던 고향 친구는 그래도 부잣집 자식을 맡아 가정방문교사를 해서 용돈 정도는 받았다고 합니다. 서울대생이어서 값을 더 쳐주었을 것입니다. 하지만 그 친구 역시 어쩌나 벅는 점심값은 물론 변변한 안주도 없이 한 달에 한두 번씩 비정기적으로 친구들과 마시는 막소주, 막걸릿값이 없어 쩔쩔매는 대학 생활을 해야 했습니다.

그래도 다행스럽게도 법대 동기 중에 절친이었던 박정순이라는 친구의 부친이 당시 조흥은행 지점장이었던 관계로 비교적 경제적 여유가 있어 점심과 막걸리를 자주 얻어먹고는 했습니다. 그 친구는 서울의 명문인 경복중학교와 경복고등학교를 나와 중앙대 법대에 들어온 것입니다. 이 친구는 영어 실력이 뛰어났습니다. 그런데 수학 실력이 부족하여 고려대 농대에 입학하여 1년을 다니다가 자퇴하고 다시 중앙대 법대에 들어온 것입니다. 성격이 온화하고 배려심이 많은 친구였으며 조용한 성격으로 독서를 즐기고 시조를 쓰기도 했습니다. 젊은 시절에는 산을 좋아하는 이 친구와 주말마다 등산하고는 했습니다. 그러나 최근에 들어선 연로한 탓에 연간 3회 정도 만나 북한산을 오르곤 합니다.

| 사법시험과 취업의 갈림길에서

생각건대 평범한 학생에 불과하였던 저는 재학 중, 50명 선 합격자를 선발하던 사법시험 합격자 속에 들어가기에는 여러모로 역부족이었음을 솔직히 고백하지 않을 수 없습니다. 무엇보다 집중력이 부족하였기 때문에 충분한 시험 준비를 할 수 없었습니다. 굳이 자기변호를 하자면 대학 재학 중에는 가난으로 입주 가정교사를 하였고, 그 이후는 대학 졸업과 동시에 직장을 갖고 기본적인 의식주부터 해결하는 것이 급선무여서 부득이 공부가 아닌 취업을 선택했다는 것입니다.

사실 취업한 이후에도 고시에 대한 미련을 버리지 못해 내 나이 40세가 될 무렵, 사법시험 합격자 수가 300명 선으로 늘어났을 때인 제23회 때, 고교와 대학 후배가 사법시험에 합격하는 것에 자극받아 일을 잠시 중단하고 사법시험 준비를 결심한 적이 있습니다. 그래서 새로이 법률교재들을 구매했고 퇴근 후 저녁에는 집 근처 독서실에 나갔습니다. 그런데 막상 시험공부를 시작해 보니 1년 동안에는 공부량을 소화할 자신이 없어 최소한 2년 정도 조용한 절에라도 들어가 시험공부를 해 볼까 심각하게 고민한 적이 있습니다. 또 교재를 살펴보니 판례와 학설이 추가되어서 대학 시절에 공부했던 내용이 거의 배에 가까울 정도로 늘어나 있었습니다.

만일 공부를 위하여 일을 그만두게 되면 발생할 고정적인 생활비, 체력 저하 등 냉엄한 현실을 외면할 수 없었습니다. 그러한 현실적 상황은 나에게 큰 부담이었고 결국 용기를 잃게 되었습니다. 한 후배는 집념과 끈기가 대단하여 7전 8기 끝에 합격하였는데, 본인의 집중력이 뛰어나기도 했지만, 그때 그의 부인이 교사로 재직 중이어서 훌륭한 후원자 역할을 해 준 것이 크게 작용했을 겁니다.

흙수저들에게는 사법고시가 매력적인 것이 사실이었습니다. 하지만 1960년대와 1970년대에는 고시 합격자 선발 인원이 워낙 소수였고, 고시생들은 취업을 포기하고 재수한다손 치더라도 합격이 보장된다는 확신이 없는 가운데 회색빛 인생을 살아갈 수밖에 없었습니다. 즉, 청춘을 저당 잡히고 세상 사람들과는 단절된 상태에서 외로운 세월을 버텨 내야 하는 것이 바로 당시의 고단한 고시 준비생들의 모습이었습니다. 그러나 이런 온갖 고난을 극복하고 성공한 젊은이들이 있었기에 가난한 청년들의 롤 모델이 되기도 했던 것입니다.

해가 거듭될수록 선발 인원이 자꾸만 늘어남에 따라 자연히 모교 법대에서의 합격자 수도 늘어나 법조인 후배들과 마주할 기회가 빈번해지다 보니 아쉬움과 미련이 남는 것은 어쩔 수 없었습니다.

내 유일한 무기는 정직함뿐

돌이켜 보면, 나의 대학 시절은 아쉬움이 너무나 많습니다. 대학에서 흔히 경험해 보는 동호회 활동이나 축제의 낭만도, 한창 피 끓는 청춘 시절에 연애 한번 못 해 보고 어물어물 바보처럼 지내다가 세월에 떠밀려 대학 문을 나서게 된 것입니다.

정부에서 로스쿨 제도를 도입한 취지는 날로 치열해지는 물질, 발명, 특허, 국제간의 통상 문제 등에 대응하기 위함과 물리, 화학, 기계, 전자, 전기, 바이오 등 각 이공계 분야의 전문지식을 지닌 법조인들을 양성하여 국가 경쟁력에 이바지하고자 했던 것인데, 그 목적에 부합하지는 못하고 있는 것 같습니다.

최근 윤석열 정부에서 추진하는 의사 2천 명 증원 정책도 실제와는 괴리가 발생하여 의료 발전에 오히려 해가 되지 않을까 우려됩니다.

돌이켜 보건대, 저는 타고난 재능도 없고 그렇다고 남다른 집념과 집중력을 발휘할 정도로 뛰어난 것도 없는, 어리석고 게을렀던 철부지에 불과한 사람이었습니다. 다만, 일생을 살아오면서 양심에 기반을 두고 맡은 바 책임을 다하며 비교적 정직하고 착하게 살아오려 했다는 것만큼은 자신 있게 말할 수 있습니다.

뒤늦게 불러 보는 사부곡(思父曲)

제가 대학을 졸업하고 취업한 후 아버지는 환갑을 맞이하였습니다. 아버지는 새어머니와의 사이에서 5명의 딸을 두셨습니다. 즉, 저에게는 5명의 이복 여동생들이 생긴 것입니다. 그런데 옛말로 '사랑은 내리사랑'이라고 하지만, 이복 여동생들과 저와는 12년에서 20년까지 차이가 나서 형제 같은 기분이 전혀 들지 않았습니다.

이런 어정쩡한 분위기 속에서 환갑을 맞으신 아버지를 위해 어느 봄날, 자유공원에 자리 잡은 '한국회관'에서 환갑연을 베풀어 드린 것이 제가 아버지께 해 드린 전부입니다. 그런데 얼마 지나지 않은 같은 해 여름날, 아버지께서 별세하셨다는 비보가 들려왔습니다. 처음엔 그 비보가 사실일 거라 믿지 않았습니다. 왜냐하면 당시 아버지의 연세는 겨우 환갑의 나이였고, 평소 지병도 없으셨으며 체력이 나보다 훨씬 강하여 80kg 쌀가마니를 혼자서 번쩍 들어 나르실 정도로 건강에는 이상이 없었기 때문입니다.

아버지께서 별세하셨다는 소식이 오보라고 생각하면서도 초조하고 불안하고 무거운 마음으로 교동 집으로 향하였습니다. 집에 도착하여 아버지의 시신을 접하게 되었는데 이미 시신은 차갑고 뻣뻣하게 굳어 있었고 미동도 하지 않은 채 관 속에 누워 계셨습니다. 처음으로 죽음과 마주한 것입니다. 머리가 쭈뼛하면서 형용할 수 없는 이상한 감정이 들었습니다. 인생의 허망함, 산다는 것이 정말 별것 아니라는 생각이었습니다. 마치 머리가 백색 가루로 채워진 것처럼 멍했습니다. 아버지의 손과 얼굴을 직접 만져 보면서 별세 소식이 오보가 아닌 사실임을 비로소 깨닫게 되었습니다.

나중에 들어서 알게 되었지만 아버지께서는 평소 육식과 술을 즐기셨던 터라 비만 상태였는데, 여름날 대낮에 거실에서 선풍기를 켜 놓고 신문을 보시다가 잠든 채 심장마비로 돌아가신 것이었습니다. 아버지의 시신을 보는 순간 저도 모르게 펑펑 쏟아져 나오는 눈물로 범벅이 된 채 목 놓아 울었습니다.

돌이켜 보면, 평소 새어머니와 이복동생들만 편애한다는 사춘기적인 불만에 가득하여 성장 후에도 아버지의 은혜에 백분의 일도 보답하지 못하고 덜컥 아버지와 사별한 나는 아들로서 불효가 막심하다 하겠습니다.

늘 불만에 가득 차 아버지께 퉁명스럽고 냉정하게 대하였던 일들이 주마등처럼 스쳐 왔습니다. 동시에 미안함, 후회감, 송구스러움이 뒤섞여 한꺼번에 격정적인 감정으로 솟구쳐 한없이 울기만 했던 것입니다. 이처럼 목 놓아 울어 본 적은 난생처음이 아닌가 싶습니다. 나의 철부지 같은 지난 행동을 무한히 자책하고 후회해 보지만, 이제 아버지는 다시는 돌아올 수 없는 강을 건너 버렸습니다.

이튿날 아버지가 모셔진 관을 멘 상여가 동네 뒷산에 묻히기 위해 앞산과 동네의 좁은 길목을 돌 때, 신을 불러서 소원을 기원한다는 상여꾼들이 내는 처연한 상두가(喪頭歌)가 내 가슴을 쳤습니다. 상여가 동네를 지나 농로를 지날 때 서러움은 더욱 복받쳐 올랐습니다.

한 많은 인생을 살아오신 아버지께서는 6.25 전쟁 중 장티푸스로 돌아가신 뒷산의 엄마 바로 옆에 묻히셨습니다. 그 후 두 분의 묘지는 산소 관리에 어려움이 많아서, 20년 전 교동집 뒷산에서 바다가 보이고 북녘땅이 보이는 강화군 송해면 강화대로 879의 16 지상, '강화 파라다이스 추모원 납골당'으로 이장하여 조부모님과 함께 모셨습니다. 추모 공원까지는 인천 청라에서 출발하면 약 1시간 정도의 거리여서 매년 빠짐없이 추석과 구정에 다녀옵니다. 하지만 추모 공원에 다녀올 때마다 살아생전에 잘 못 모신 죄책감과 후회함이 가슴을 스치는 것은 어쩔 수 없습니다.

이래서 공자는 수욕정이풍부지(樹欲靜而風不止)하고 자욕양이친부대(子欲養而親不待) 즉, 나무는 가만히 있으려고 하나 바람이 그치지 않고 자식은 부모를 봉양하고자 하나 부모는 기다려 주지 않는다고 했을까요? 내 어머니 아버지가 그렇습니다. 너무 그립고 보고 싶고, 자식으로서 송구스럽기 그지없습니다.

또한 당나라 시인 나업(羅鄴) 역시 한시 「유수(流水)」에서, "사람들아, 꽃이 진다고 서러워 마라(人間莫漫惜花落), 꽃은 져도 내년이면 다시 피는 것을(花落明年依舊開), 슬프고도 슬픈 것은 흘러가는 물(却取璀悲流水), 인생처럼 한번 가면 오지 않네(使同人事去無回)."
라며 덧없는 인생을 노래했습니다. 아버지의 죽음을 생각할 때마다
인생이 참으로 덧없게 느껴집니다.

아버지는 초등학교 졸업 후 서당에서 『논어』와 『맹자』 등 동양고
전을 공부하였는데, 그 훈장 선생님이 어머니의 아버지이자 장인이
셨습니다. 서당에서 한문과 고전을 공부하다가 훈장 집 딸과 눈이
맞아 혼인한 것입니다. 돌아가신 이모님의 말씀에 의하면, 어머니께
서는 매우 총명하여 일본 사람들과 함께 공부하던 교동 국민학교에
서 일본인을 제치고 항상 1등을 하였고 반장을 하는 등 머리가 명
석하셨다고 합니다. 저는 명석한 머리도 아니고, 집중력도 부족한
것으로 보아 어머니를 닮지는 않았나 봅니다.

추모원 가는 길

매년 추석과 구정이면 인천, 강화군 송해면 강화대로 879-21 소
재 '파라다이스 추모원'을 다닙니다.

그곳에는 내 할아버지, 할머니, 아버지, 어머니, 알지 못하는 또
한 분의 할머니 동생(?) 등이 놓여 있습니다.
사전상의 성묘(省墓)란 조상의 묘를 되돌아 돌보는 행위라고 정의
하고 있는데, 모양자로 보면 작을 소(少), 눈 목(目)으로 무덤을 보는
것을 말하는 것입니다.

사람이 놀란 일에는 눈을 크게 뜨고, 자세히 보려면 눈을 가늘게 뜨고 조심하면서 살펴보게 됩니다.

봄 한식과 가을 추석에 성묘를 하게 되는데, 벌초는 주로 추석 전에 하게 됩니다. 벌초 후에 성묘를 하면서 무덤에 뱀이나 쥐, 개미, 그리고 아카시아나 잡나무들이 뿌리를 내려 무덤을 그늘지게 하지는 않는지를 자세히 살피는 것이 성묘입니다.

즉 세심하게 살필 성(省)이라는 한자의 뜻처럼 자세히 살피는 것이고, 반성(反省)이란 옛일에 대하여 되돌아 자세하게 본다는 뜻입니다. 그리고 죽은 자의 집을 묘(墓)라고 하며 택(宅), 가(家)는 살아 있는 자의 집을 말하는 것입니다.

원래는 조상의 묘지를 고향 교동 선산에 모셨으나 매년 무성한 잡초를 제거해 주고 무너져 가는 산소를 복원하는 등 묘지 관리를 하는 데 너무 어려움이 많았습니다. 젊었을 때에는 매년 봄철이 되면 직접 관리를 해 왔는데, 시간과 힘이 많이 들어 한때는 동네 친척 집 아저씨에게 위탁관리를 시키기도 했습니다. 하지만 그분도 늙고 병이 드는 바람에 부득이 위 강화군 송해면으로 이장하여 모시게 된 것입니다.

필자가 강화 송해면이 위치한 파라다이스 공원을 1999년경 처음 분양받을 때만 해도 60대 초반인지라 경사 상관없이 비교적 전망이 좋은 곳만 찾았습니다. 그래서 시원한 강화 평야 앞으로 바다와 북녘땅이 보이는 가족묘지 중, 가운데 위치한 '77단'이라는 곳에 분양 신청을 해서 원하는 자리를 받게 되었습니다.

  그런데 올해에는 그리 길지 않은 약 30° 경사진 언덕길을 오르는 것이 현저히 힘들었습니다. 매년 그 강도는 점점 강해질 텐데 과연 앞으로 몇 년이나 더 다녀올 수 있을지 걱정입니다. 최근엔 비로소 가족묘지의 위치를 주차장으로부터 가까운 곳에 선정하지 않은 것을 후회했습니다. 이래서 인간은 한 치 앞도 못 본다는 말이 나왔나 봅니다.

  청라 지역에서 이곳 추모원까지 오려면 평일에는 승용차로 평균 1시간 30분 정도 걸립니다. 처음 이장을 한 이후 수년 동안은 명절 전날이나 명절 당일에 다녀왔지만 이제는 오가는 길이 너무 막혀 일주일 전쯤 평일에 다녀오고는 합니다. 어느덧 이 파라다이스 추모원에는 이미 33,000분의 고인이 모셔져 있다고 합니다.

  금년 추석 명절 앞전인 2024년 9월 12일 목요일에 추모원에 도착하여 보니 주차장 앞과 옆으로 공사를 벌이고 있었습니다. 추모사업 확장을 위해서랍니다. 초고령화 사회로 접어든 것이 실감 났습니다. 출생아보다 사망하는 사람이 많다는 증거가 아닐까 싶습니다.

  필자는 당시 위 가족묘를 금 1,500만 원에 분양받았는데 지금은 분양가의 배로 인상되었다고 합니다. 또한 관리비 조로 매달 5만 원씩 낼 것을 일시불로 하여 5년 치에 달하는 2,800,000원을 냈습니다." 그리고 추모 공원 사업소에서는 위 관리비를 체납한 봉분은 파서 없앤다고 하는데, 그래서인지 이번에 가 보니 몇 곳의 비석과 비석 위에 씌어 있던 갓이 없어진 곳이 군데군데 보였습니다. 관리비 체납은 여러 사정들이 있겠지만, 자손이 끊겨 조상 묘를 방문할 사람이 없거나 이민이나 해외 거주 또는 개인 파산 등으로 추정해 보곤 합니다.

그래서 최근 들어 대체용으로 등장한 수목장이나 유골을 화장하여 강이나 바다, 산언덕에 뿌리는 장례 방식을 더 선호할지도 모릅니다. 이건 남의 일이 아니라 어쩌면 우리 모두가 생각해 볼 문제가 아닐까 싶습니다.

사실 추모 공원에 갈 때마다 얼굴을 볼 수 없는 엄마의 모습을 그려 보고는 하는데, 도무지 윤곽조차 그려지지 않았습니다. 얼굴이 동그란지, 길쭉한지, 뚱뚱한지, 홀쭉한지 말입니다. 유년 시절을 회고해 보건대, 필자는 "어머니" 또는 "엄마"라는 말을 해 본 기억이 전혀 없었습니다. '엄마'와 '어머니'라는 단어의 의미는 다 같이 나를 낳아 준 사람을 의미하는 것이지만, 왠지 '엄마'에서는 생물학적 존재, '어머니'에서는 가족의 위계질서적 내음이 나는 것 같습니다.

대개 자식이 어렸을 때에는 남녀를 불문하고 '엄마'라고 호칭하다가 철이 들면서 예의범절을 알아 갈 때쯤 되어서야 '어머니'라고 제법 의젓한 호칭을 씁니다. 그러나 딸들은 성장한 후에도, 심지어 결혼하고 자식을 낳아도 "어머니"라는 호칭보다는 "엄마"라는 호칭을 많이 사용하는 것 같습니다.

한자어 모(母)는 여성의 가슴 모양에서 나왔다고 합니다. '엄마'의 젖, 고향 같은 '돌아갈 곳'을 의미하고 있지요. 그래서 '엄마'라는 말은 낳아 준 '엄마'와 자신이 하나가 되는 느낌을 가질 수 있습니다. 노래의 가삿말이나 소설 속에서 어머니보다 엄마라는 단어가 압도적으로 많이 등장하는 것도 이 때문이 아닌가 싶습니다.

신경숙의 베스트셀러 소설 제목 『엄마를 부탁해』, 나훈아의 「울 엄마」 노래가 그렇습니다. 시인 정한모가 어머니를 소재로 쓴 「어머니」라는 연작시에서 "어머니는 눈물로 진주를 만드신다."라는 절창의 시구는 듣는 이로 하여금 누구나 어머니의 숭고하고 큰 사랑을 느끼게도 하지요.

'어머니'라는 단어는 주로 격식이나 존칭으로 사용되기 때문에 며느리들은 '어머니' 또는 '어머님'이라는 호칭을 사용합니다. 이와는 반대로 아무런 격식이나 형식에 구애받지 않고 자연스럽고 편하게 부르는 단어가 '엄마'라는 단어일 것입니다.

필자는 명절 때나 제삿날에는 의례히 "배우는 학생으로 인생을 살다 돌아가신 부모님의 신령이시여, 나타나서 자리에 임하소서!", '현고학생부군신위(顯考學生府君神位)'라고 돌아가신 조상의 지방을 창호지에 쓰고 그 앞에서 절을 하고 제사를 지내 오고 있습니다. 과거에는 신이 찾아온다는 새벽 1시경 상 앞에서 향을 피우고 청주를 잔치고 절을 했으나 이제는 일찍이 끝냅니다. 종종 가느다란 향 연기를 타고 머나먼 곳 어느 하늘 아래에서 조상의 영이 찾아와 음식을 드시는 것 같은 느낌을 받기도 했습니다. 문을 조금 열어 둔 채 우리는 무릎을 꿇고 앉아 고개를 숙이고 조상이 흠향하시도록 기다렸다가 마지막으로 지방문을 태워 그 재를 날리는 것입니다. 거기 담겼던 조상이 다시 밤하늘로 훨훨 날아가는 것이라 믿었고 이런 행위는 아주 오래된 유교적 풍습이기도 합니다.

그러나 이제는 술 대신 커피와 음료수로, 생화 대신 조화로 제사를 지내며 찬송가를 부릅니다. 처음에는 생화를 쓰다가 시든 생화의 뒤처리가 곤란해 조화로 바꾸어 화병에 꽂아 두는 것입니다. 그러니까 유교식과 기독교식이 혼재된 제사를 지내고 있는 것이지요.

만일 제가 죽고 나면 내 자식들은 가족묘지 유지를 하겠지만, 그 후에는 어떻게 될지 모를 일입니다. 그때는 손자와 증손자가 해외로 떠나 잡초 속에 버려질는지, 관리비 지급 못 하는 손자가 있어 흔적도 없이 어디론가 파헤쳐 버려질지 이 또한 모를 일입니다.

그런데 생각해 보면 묘지라는 것이 죽은 자에게 정녕 무슨 의미가 있을까 하는 생각이 듭니다. 그래서인지 언제부터인가 수목장이나 바다, 강, 또는 산에 유골을 뿌리는 분장으로 트렌드가 바뀌어 가는 것 같습니다.

필자는 저세상이 어떤 세상인지 아직 가 보지 않아서 모릅니다. 종교도 없으니 더욱 생소합니다. 그래서 제가 죽은 후 어떻게 시신 처리를 해 줄 것인지 지금 고민하고 어떤 방식이든 결론을 내야겠다는 생각이 듭니다. 나의 젊음과 늙음 그리고 죽음을 동영상이라도 만들어 자식들에게 추억으로 녹화하여 남겨 놓을까? 기술적으로 만만치 않을 것이라 해도 꽤 재미난 상상입니다.

올해 추석을 맞이한 추모 공원의 길은 여러모로 마음을 착잡하게 만듭니다. 왠지 가슴 저편에서 서늘한 바람이 불어오는 것만 같습니다. 한편으로는 저세상에는 과연 어떤 세상이 존재할지 궁금함이 일기도 합니다.

| 상강(霜降)의 날을 맞이하면서

오늘은(2024년 10월 23일, 음력 2월 21일) 24절기 중 열여덟 번째 가을의 마지막 절기로 서리가 내린다는 뜻의 '상강'입니다. 추운 날 새벽의 맑은 하늘에서 땅 표면의 열이 복사냉각으로 소실되고 온도가 내려감에 따라 발생하는 기상 현상을 말합니다.

서리는 땅 지표면 부근의 기온이 0℃ 이하의 저온이 되면 대기 중에 포함되어 있는 수증기가 지표면이나 물체 또는 설면 등에 붙어 고체 상태에서 기체 상태로 바뀌는 승화작용에 따라 생기는 결정체로 여러 형태의 모양을 하고 있습니다. 서리는 하늘에서 내린 것이 아니라 눈에 보이지 않는 공기 중의 수증기가 지표면 위에서 응결된 얼음인 것이지요.

서리의 종류에는 처음 내리는 '첫서리', 제철보다 빨리 내리는 '올서리', 늦가을에 처음 내리는 묽은 서리인 '무서리', 늦가을에 아주 되게 내리는 '된서리' 외에도 창문에 생기는 서리 등이 있습니다.

서리가 내리는 때가 되면 아침, 저녁으로 기온이 떨어져 쌀쌀해지고 하늘은 높고 맑아 어디라도 떠나고 싶어집니다. 그러나 아쉽게도 이 상쾌한 날씨는 가을이 얼마 남지 않았다는 신호이자, 나뭇잎이 푸른빛을 잃고 곧 낙엽이 뒹구는 만추에 이어 추운 겨울이 닥친다는 의미이기도 하지요.

서리가 내리는 쇠락의 계절이면 국화과에 속하는 여러해살이 가을 토종 들꽃인 구절초가 풍상을 견디며 꽃을 피워 내는 모습이 떠오릅니다. 곧 청초(淸楚)와 인고(忍苦)라는 단어가 금방 떠오르지요.

이날이 되면 새삼스레 고교 시절 국어 교과서에 실렸던, 고 서정주 시인이 지은 「국화 옆에서」가 떠오릅니다. 이 시는 계절적 배경과 함께 생명 탄생을 위한 고통과 시련의 과정 그리고 세월의 흐름과 변화에 따라 국화가 피는 과정을 잘 보여 주고 있습니다.

한 송이의 국화꽃을 피우기 위해
봄부터 소쩍새는 그렇게 울었나 보다

한 송이의 국화꽃을 피우기 위해
천둥은 먹구름 속에서
또 그렇게 울었나 보다

조선 후기 영조 때 도승지와 대제학을 지낸 이정보(1693~1766)는 이렇게 노래하기도 했습니다.

국화야, 너는 어이 삼월동풍 다 보내고, 낙목한천(落木寒天),
네 홀로 피었느냐? 아마도, 그건 너뿐인가 하노라, 오상고절(傲霜孤節)

한편, 중국 명나라 말기에 홍자성이 유교를 중심으로 불교와 도교를 가미하여 처세법을 가르친 채근담에서는 "남을 대할 때는 봄바람같이 부드럽게 하고, 자신을 대할 때에는 가을 서리처럼 엄격하게 하라."라는 뜻의 대인춘풍지기추상(待人春風持己秋霜)이라는 말이 있습니다.

그런데 오늘날의 세태를 보자면, 국정을 운영한다는 위정자들부터 남에게는 서릿발처럼 가혹하리만치 엄하게 대하면서, 자신에게는 봄바람처럼 대하는 위선자들이 대부분이 아닌가 싶습니다. 정치 지도자는 무릇 국화가 지닌 서릿발 속에서도 의연히 꽃을 피우는 군자와 절개의 상징을 닮은 자라야 할 것입니다.

해마다 돌아오는 절기와 자연의 섭리에서 배우는 교훈으로 정치지도자는 국민이 위임한 권한을 우월적 지위에 터 잡아 오만하지 말고 서릿발 닿듯이 신중하고 겸손하게 민의를 살피며 공복임을 명심하고, 우리 국민들도 어려운 이웃을 배려하며 살아야 하지 않을까 생각해 봅니다.

4) 짝사랑 이야기

| 어느 날 내 마음속으로 들어온 그녀

　필자는 대학 시절 짝사랑이라는 걸 해 본 적이 있습니다. 보통 짝사랑이란 자신을 사랑한다는 사실을 상대방이 모르는 채 혼자만 상대방을 사랑하는 것을 의미합니다.

　대학 4학년 때 거주지는 송림동이었습니다. 그래서 학교에 가려면 도보로 30분가량 걸어 규모가 작은 제물포역에서 승차하여 노량진역에서 하차한 후 동양 공고 언덕길을 30분쯤 걸어가야 했습니다. 당시에는 지금처럼 건강을 위해서 걸은 것이 아니라 어쩔 수 없이 매일 2시간을 걸어야 했습니다. 아마 그때 많이 걸었던 것이 나이 들어서까지 건강을 유지할 수 있었던 것은 아닌지 생각해 봅니다.

　아무튼 우연의 일치였을 것이었지만 도화동의 제물포역에서 기차에 타면 긴 생머리에 단정한 옷차림을 한 여대생이 한 손에는 책을, 다른 손에는 바이올린을 들고 앉아 있었고, 저는 자주 그녀와 같은 기차를 타게 되었습니다. 제가 제물포역에서 기차를 탔을 때 그 여학생은 매번 좌석에 앉아 있었던 것으로 보아 동인천 역전쯤에서 탄 걸로 추정됩니다. 같은 시간, 같은 전철 칸에서 만나는 여대생은 가슴에 단 배지로 보아 숙명여대 음대생임을 쉽게 알 수 있었습니다.

하지만 그렇다고 일부러 그 여학생을 발견하려고 기차(추후, 전철)를 옮겨 다닌 것은 아닙니다. 그저 습관처럼 전철 중간쯤에서 승차하였는데도 매번 만나게 된 것이지요. 그 여학생을 보면 가슴이 설레고 기분이 좋아졌습니다. 그런 감정은 태어나서 처음으로 느껴보는 감정이었습니다.

어느 날부터인가 도가 지나칠 정도로 때와 장소를 가리지 않고 수시로 그녀의 모습이 보였고, 어쩌다 전철에서 못 만나는 날에는 입술이 타고 불안하기까지 했습니다. 그 여학생과 조금이라도 더 함께하고 싶은 마음에 예정된 노량진역을 지나 용산역에서 하차하기도 했습니다.

심지어 그 후로는 그녀가 내리는 남영역을 지나 서울역까지 갔다가 되돌아 용산역에서 내리는 일도 자주 있었습니다. 지금 생각하면 남영역에서 내려 다시 용산으로 돌아오면 될 것을 부질없이 서울역까지 갔다는 사실이 우습기만 합니다.

이름도 성도 모르는 그녀

그녀와 필자는 경인선 기차 통학을 하면서 우연히 자주 마주치는 일이었는데, 어느 때부터인가 목을 까닥하며 가볍게 인사하고 살며시 눈웃음을 짓고는 아무 말 없이 가방을 받아 주기도 했습니다. 추정컨대, 그 여학생은 분명히 태어날 때부터 금수저를 물고 나와 어린 초등학교 시절부터 바이올린을 배우고 대학에서 음악을 전공하였을 것입니다.

당시 가난한 농촌 출신의 나로서는 원래 재능이 없기도 했으나 예술을 직업으로 갖는다는 것은 상상도 할 수 없는 일이었습니다. 그때는 엄청난 부자이거나 아주 탁월한 재능을 타고나지 않으면, 예체능을 한다는 것은 사치이고 예술 전공은 부자들만이 할 수 있는 놀이로 여기던 시절이었습니다.

그때 저는 '설사 내가 부잣집 음대 학생에게 데이트를 신청해도 신분 차이 때문에 아마 분명 거부당할 거야'라는 걱정에 말도 못 붙이고 애만 태웠습니다. 저에게는 치명적인 약점이 있었고, 그 약점은 팔십을 바라보는 나이인 지금에도 완전히 가시지 않고 있습니다. 그것은 바로 절대적으로 부족한 자신감과 용기입니다.

여하튼 그녀와 의도하지 않은 만남은 10개월이 지속되다가 대학을 졸업함으로 끝이 났습니다. 그동안 사랑의 고백은커녕 천하의 바보처럼 이름조차 묻지 못해 이름도 성도 모른 채 헤어지게 되었습니다. 생각하면 할수록 못난 자신에게 화가 치밉니다. 이런 신생아의 배냇짓 같은 행동이 오랜 세월 필자를 옥죄고 있는 근원은 제 어머니와 6.25라는 전쟁의 비극에서 온 것이라 할 수밖에 없습니다.

 이름도 성도 모르는 그녀는 지금 어디서 무엇을 하며 나처럼 늙어 가고 있는지 궁금합니다. 만약 기적적인 운명으로 재회의 기회가 온다면, 그때 당신의 감정은 어떠했는지 솔직한 심정을 묻고 싶습니다. 정말 '그것이 알고 싶습니다'.

 이렇듯 어렸을 때의 트라우마가 평생을 간다는 사실을 다 늙어서 깨닫습니다. 그러나 어찌하겠습니까, 모든 게 운명인 것을!

3. 개인적 소망과 사명의 길목에서

1) 직장 생활

MAR · 75

| 반도체 회사에서 첫 직장 생활을 시작하다

대학 졸업 후 어느 봄, 미국계 회사인 '대한 마이크로전자 주식회사(KMI)'에서 『중앙일보』에 낸 사원 모집 공고를 보고 그 회사에 응시하게 되었습니다. 시험과목은 영어와 논술이었고 합격자에 한하여 면접시험을 거쳐 최종 합격하는 것이었습니다. 이 회사에 취업하기로 결심한 동기는 거주 중이던 막내 고모네 집이 인천 남동구 만수동과 회사가 있는 부평공단과의 거리가 멀지 않을 뿐만이 아니라, 당시로는 매우 드물게 출근 시간대에 부평역 앞에서 회사까지 출근용 셔틀버스가 있었기에 출퇴근하기 편리해서입니다.

이 회사는 미국 AMI(America Micro System Incompany)의

자회사로 100% 미국 자본으로 반도체(半導體, Semiconductor) 칩을 생산하여 전량 수출하는 기업입니다. 반도체란 상온에서 전기 전도율이 좋은 도체와 애자, 유리처럼 전기가 통하지 않는 부도체의 중간 정도의 물질을 말합니다. 즉, 전기적으로 도체와 절연체 사이의 성질을 띠고 있는 물질을 의미하는 것입니다.

필자가 이 회사에 입사하여 직무훈련 교육을 받으면서 알게 된 것은 직원들 대부분이 소위 SKY 대학 출신과 한양공대 그리고 인하공대 출신이었다는 것입니다. 그리고 전공 분야는 한결같이 전자 및 전기, 물리, 화학, 컴퓨터 공학 및 전산 분야이고, 인문 사회 분야는 나 외에는 인사과에 이대 법대 출신 2명, 경리과에 서울 상대와 고대 상대 출신 각 1명씩, 그리고 한국외국어대 영문과 출신 등 고작 5명이 전부였습니다.

이 회사에는 생산직과 기술직, 사무직을 포함하여 전 부서에 약 1,200명에 달하는 직원이 있었다는 것에 비하면 인문, 사회계 직원의 수는 초라하다 할 것입니다. 이 회사를 비롯한 여타의 회사 대부분은 사원 모집 시 인문 사회 분야는 최소한의 인원만 있어도 업무가 충분하다는 입장이었습니다. 그만큼 인문 사회학과 출신들은 취업하기가 어렵다는 게 현실로 느껴졌습니다. 기술력이 있는 공대 출신 외에는 찬밥 신세인 듯싶었습니다.

이래서 해마다 대학 졸업자들로부터, "문과여서 죄송하다."라는 말이 나왔는지 모르겠습니다. 신입사원 연수 종료 후 연수생 전원을 대상으로, '회사에 대한 첫인상과 개선점에 대하여'라는 논제로 리포트를 작성하여 낼 것을 주문하였습니다. 그때 써낸 리포트가 최우수 리포트로 선정되어 주임급부터 과장급 이상 전 임원들에게 회람된 적이 있습니다.

이 회사의 시스템은 미국 모기업인 AMI 회사와 같습니다. 그리고 공장은 1970년대 초반에 세워졌는데 굴뚝이 없는 깨끗한 환경에 테니스코트, 배구장, 탁구장, 기숙사 등 첨단의 복지시설을 보유하고 있었습니다. 근로기준법도 철저히 지키고 있었기 때문에 노동부 소속의 근로감독관 공무원이 방문할 이유가 전혀 없는 회사였습니다.

박근혜 전 대통령도 대학 때 서강대에서 전자공학을 전공했다고 합니다. 여담이지만 박근혜 전(前) 대통령이 대학 4학년 재학 중일 때 이 회사로 견학을 오는 바람에 회사가 잠시 떠들썩했던 적도 있습니다. 상공의 날이나 수출의 날 행사에는 고 박정희 대통령, 고 김종필 국무총리 등 정부 인사들이 이 회사를 방문하여 언론에 자주 보도되었습니다.

이 회사는 미국의 모기업에서 웨이퍼(얇은 원형 모양) 상태의 반도체를 수입하고 이를 조립 가공하여 완제품이 아닌 부품의 상태로 전량 수출하는 기업이었습니다. 그래서 홍보할 필요성이 없었습니다.

당시에 선진국인 외국 회사들이 자국이 아닌 한국 내에 공장을 짓고 회사를 운영하였던 이유는, 오늘날 중국이나 베트남, 대만에서처럼 저임금이고, 원화의 가치가 낮았으며 무엇보다 골치 아픈 노동조합이 존재하지 않았기 때문이었습니다.

필자는 입사 시험에 합격 후 2개월 동안 체계적으로 현장 직무 교육훈련 OJT 교육을 받았습니다. 인사, 총무, 업무, 경리, 자재, 생산 등의 부서가 있었는데 생산부와 기술부를 지원하는 역할이어서 사무실 직원들이 현장의 업무를 어느 정도 알고 있어야 했습니다. 그리고 회사는 당시 24시간 풀가동을 하고 있었기 때문에 생산부와 기술부, 공무부 소속 직원들은 하루 3교대로 근무하게 하였습니다.

그래서 사무실 직원들은 오전 9시에 출근해서 오후 6시에 퇴근했고, 현장 근무자들은 주간 조(day shift 06:00~14:00), 오후 조(afternoon shift 14:00~22:00), 야간 조(night shift 22:00~06:00)로 운영하였습니다.

그런데 지금과는 달리 생산직 사원들을 비롯한 현장직 사원들은 야간 조에서 근무하기를 원하였습니다. 야간 조 근무자들은 밤 10시부터 이틀날 새벽 6시에 퇴근한 후, 낮에 잠을 자야 하는 부담이 컸습니다. 그럼에도 야간 조 근무를 선호한 이유는 근로기준법상 야간 수당으로 임금의 50%를 가산하여 지급하기 때문입니다. 아마도 요즘은 야간근무를 자청하는 사람들이 드물 것입니다.

그리고 생산관리와 품질관리도 체계적이었기 때문에 개인별 시간당 생산성(Unit per hour)과 불량률(Reject rate)이 시간별, 주간별, 월간별로 분석되어 이를 근거로 승진과 급여에 반영하고 있었습니다. 따라서 상사와의 개인적인 친소 관계 때문에 억울한 일을 당하지 않는 시스템이었습니다.

| 환경이 좋았던 아름다웠던 직장

회고하건대 이 회사의 환경은 1970년대 초에 설립된 회사치고는 공장 외곽부터 한국의 공장과는 근본적으로 달랐습니다. 완전히 미국의 첨단제조업체 공장과 같은 기준이 적용되었기에 청결하고 아름답기까지 하였습니다. 우선 연기 나는 긴 굴뚝이 없었고, 교도소의 담장을 연상시키는 답답한 높은 담장도 없었습니다. 그리고 실내는 언제나 일정한 온노와 습도, 공기 순환이 최적의 상태로 자동으로 유지되는 시스템이 갖추어져 있었습니다. 또한 공장과 사무실 정문이 없고 공장의 경계는 미국의 국화인 빨간색의 덩굴장미가 담장을 대신하였으며 넓은 터에는 푸른 잔디가 깔려 있었습니다. 철저히 근로기준법을 적용하였고 복지시설이 너무 잘되어 있었습니다.

회사창립기념 때에는 매년 야외 운동장을 빌려 부서 대항 체육대회, 장기 자랑 대회로 즐거운 행사를 하였습니다. 당시 부평 시내 음식점이나 술집에서는 돈이 없어도 이 회사 사원증을 보여 주기만 하면 얼마든지 외상으로 식사와 술을 주었습니다.

한편 이 회사는 제가 퇴사한 후 국내의 급격한 임금 상승과 노조 설립 등으로 한국에서의 회사 운영에 매력을 잃게 되어 사업을 접고자 했습니다. 그러자 삼성전자, 엘지전자, 현대전자 기업에서 KMI 직원들에 대해 직급을 한 단계씩 올려 서로 모셔 가려 했습니다. 왜냐하면 당시만 해도 한국에는 반도체산업이 불모지 상태여서 공장을 짓고 공정에 따른 기계 배치와 생산, 관리, 운영 등이 모두가 생소한 일이었고 국내에는 시대적으로 여건상 숙련된 인력이 없었기 때문이었습니다.

이 회사를 비롯한 미국, 유럽, 일본에서 한국에 투자하여 설립한 공장들은 2010년경에 이르러 철수하고 공장을 중국이나 베트남으로 이전하였습니다. 높은 인건비와 강성 노조가 결성되고 파업을 일삼으려 하는 우려 때문에 기업 처지에서는 한국에서 공장을 가동하는 것이 별반 이익이 없다고 판단하여 대부분 철수한 것입니다. 그만큼 고용 창출의 기회가 없어진 셈입니다.

다른 한편, 그때 이 회사의 대략 8백여 명에 달하는 생산직과 품질관리직 사원은 업무의 특성상 90% 이상 여자 사원들이었는데 고졸 출신 학력들이 대부분이어서 종종 관리직 사원과 생산직 여직원 사이에 사내 결혼이 이루어지기도 하였습니다.

2) 처음으로 집을 장만하다

필자는 회사에 입사한 지 3년 만에 그간 모았던 예금과 은행 대출금, 그리고 방 한 칸을 임대해 주고 그 보증금을 합한 돈 500만 원으로 인천 남구(현재 미추홀구) 주안동에 있는 인천고 교장 관사 앞에 자력으로 내 집을 장만했습니다. 그 당시 인천의 집값은 방 3개 기준으로 보통 500만 원부터 700만 원이면 집을 매수할 수 있었습니다. 집 없는 자의 설움을 너무 많이 겪었던 관계로 집부터 장만하는 것이 최대의 숙원 목표이자 꿈이었는데, 그 소망대로 30세가 되기 전에 집 장만을 한 것입니다. 이는 평소에 겪었던 간절함이 자양분이 되어 생각보다 일찍이 내 집 마련을 한 것입니다. 이렇게 절실히 원하고 노력하면 얻어지는 것이 아닌가 싶습니다.

처음으로 십 대문에 내 이름의 명패를 달고, 두 다리 뻗고 자리에 눕는 기쁨을 맛보았던 그때의 벅찬 감정을 지금도 잊지 못합니다. 당시에는 단독주택이 주를 이루고 있었고 우편배달을 위해서 모든 집 대문 앞에 명패를 걸었습니다. 그런데 요즘은 집값이 워낙 올라서 젊은 자식들은 스스로 노력하고 근검절약하며 번 돈으로 집을 장만하기 어려운 상태가 된 듯합니다. 그래서 부모의 지원으로 쉽게 집을 장만하고 있기에 그때 제가 느꼈던 감격을 백 퍼센트 이해할 수는 없을 겁니다.

지금도 집 없이 고생했던 그때를 생각하면 몸서리쳐집니다. 잠잘 곳이 없어 달동네에 있던 고모 집과 이모 집을 전전하면서 겨우 방 2칸짜리의 비좁고 낡은 가옥에서 좁디좁은 방 하나에 이종사촌, 고종사촌, 심지어는 고모부 형제들까지 포함한 3~5명의 식구와 콩나물시루처럼 비좁은 곳에서 칼잠을 자야 했으니까요.

그 당시 한국의 가옥 형태는 집 한 채에 방 2개가 보통이었는데, 고모 집도 마찬가지였습니다. 그중 안방은 고모 부부가 사용하고 나머지 건넌방 하나에는 평균 3~5명의 조카와 고모부 형제자매들이 섞여 잠을 잘 수밖에 없는 빈민 상태였습니다. 그때의 상황은 지금의 아프리카나 에티오피아, 방글라데시, 캄보디아 같은 후진국 수준이었습니다.

나로서는 대학 재학 중에도 가장 우선시하고 시급했던 것이 잠자고 먹는 문제 해결이었습니다. 독일의 통계학자 엥겔(Engel)은 총지출에서 식료품비 지출이 차지하는 비율을 계산한 수치인 '엥겔지수'라는 것을 발표했는데, 그 당시의 한국 경제는 죽지 않을 정도의 최소 식품비만 지출하고 있었습니다. 따라서 문화비 지출은 일반 국민에게는 환상이거나 사치스러운 그림의 떡이었습니다. 아마 문화를 누릴 수 있는 인구는 전체 상위 5%에도 미치지 못하였을 것입니다.

3) 회사 퇴직과 국회의원 선거 캠프

| 선배의 선거를 돕다

서구 유럽에서 시민혁명이 일어난 후 선거는 정치권력을 둘러싼 경쟁의 기본 규칙으로 자리 잡게 되었습니다. 다양한 선거제도가 고안되고 시도되었지만, 기본적으로는 서로 경쟁하는 후보 중에서 가장 많이 득표한 사람이 당선되도록 하는 것입니다. 이런 방식이 단순다수대표제입니다. 그러나 단순다수대표제의 선거 결과가 투표자들의 의사에 반드시 부합하는 것은 아닙니다.

이런 문제들은 고대 로마에서도 고민할 만큼 오래된 숙제였습니다. 근대 민주정치가 시작된 이후 투표자의 의사가 정확히 반영될 수 있는 선거제도를 만들기 위해 다양한 방안이 탐구되고 있습니다. 그러나 우리의 정치 풍토는 당리당략이 가장 우선시되고, 호남과 영남에서 지역감정만 우선하여 투표하는 현상이 해소되지 않고서는 어떠한 좋은 선거제도를 도입한다 해도 아무 소용이 없을 거라는 게 그간의 경험으로 본 제 판단입니다.

제8대 국회의원 선거제도는 지금처럼 소선거구제, 즉 한 선거구에서 단 한 명의 대표만을 선출하는 방식이 아닌 인천 전 지역을 한 선거구로 보고 4명의 대표를 선출하는 대선거구 제도였습니다. 대선거구제는 중선거구제보다 더 많은 대표를 선출하는 방식으로, 사표 발생이 적고 군소 정당의 의회 진출이 활발해지는 장점이 있습니다.

그러나 지역이 넓다 보니 선거 비용 증가와 선거 관리의 어려움이라는 단점이 존재합니다. 군소 정당은 소규모의 정당을 의미하는

데, 이는 의회에 의석이 없는 원외 정당이나 의석수가 적은 정당을 말하며, 대개 주요 정당에 비해서 상대적으로 영향력이 작습니다.

비례성을 높이기 위한 선거제도로 비례 대표제가 있습니다. 우리나라가 현재 채택하고 있는 비례 대표제는 정당명부식입니다. 즉 정당이 작성한 후보자 명부에 대해 투표하고, 그 결과 총득표수에 해당하는 비율에 따라 정당별 당선자 수를 결정하는 제도입니다. 이 제도를 처음 고안한 사람은 프랑스의 공상적 사회주의자 콩시데랑입니다.

하지만 아이러니하게도 우리나라 선거사에서 비례 대표제 도입 당시 의석 배분 방식은 전혀 비례적이지 않았다는 사실입니다. 우리의 비례 대표제는 1963년 제6대 국회의원 선거에서 처음으로 만들어진 제도입니다. 이때 비례 대표제의 이름은 '전국구'였습니다. 그 후 2000년 제16대 국회의원 선거를 앞두고 전국구라는 명칭을 비례 대표제로 바꾸었습니다.

원래 이 제도는 치열하고 거칠게 치러지는 지역선거를 거치지 않고 새롭고 참신한 각 분야의 인재들을 국회에 입성시키기 위해 도입된 취지였으나 각 정당에 정치자금을 많이 낸 사람들 또는 권력자와 가까운 사람들 위주로 후보를 선정하는 부작용이 끊임없이 나오고는 했습니다.

그런데 어느 날 갑자기 인천고와 중앙대학 선배인 검사 출신 최락구 변호사가 제가 일하고 있던 회사를 방문하였습니다. 선배는 당시 8대 국회의원 후보에 입후보하게 되었다면서 도와 달라고 요청하러 오신 것입니다. 회사 프런트로부터 저를 찾아온 방문객이 있다는 사내 연락을 받고 응접실로 나갔습니다.

응접실에서 선배님을 바라보면서, 다음과 같은 대화를 나눴습니다.

"선배님, 어쩐 일로 갑자기 이렇게 제 회사를 방문하셨나요?"
"응, 사실은 말이야. 내가 이번 국회의원 선거에 나가기로 했는데, 자네의 도움이 필요해서 왔네."
"아! 네. 그렇다면 제가 언제부터, 어떻게 도와드리면 되겠습니까?"
"이번 선거는 자네가 알고 있듯이 소선거구 제도하에 선거하는 것이 아니고, 인천의 전 지역에서 3명까지 다수 득표자 순으로 선출하게 되어 있지 않은가? 그래서 선거 지역이 너무 넓고, 더구나 내가 정당 후보가 아닌 무소속이라 어려운 싸움이야. 그러나 자네가 적극적으로 도와주면 불가능하진 않을 거야."
"선배님, 갑작스러운 일이라서 지금 당장 결정을 할 수가 없으니 며칠만 생각할 시간을 주세요."

그러자 선배는 "그렇지. 지금 당장 결정하기 곤란하지. 그럼, 모레쯤 시내에서 만나세. 비서를 통해 연락하겠네. 시간이 얼마 남지 않아서 하루가 급하네. 아무쪼록 긍정적으로 생각을 해 주게."라는 말을 남기고 응접실을 나갔습니다.

그로부터 이틀이 지난 후 선배님으로부터 시내 모처의 음식점에서 만나자는 연락을 받았습니다. 인천 중구 어느 음식점에서 선배와 마주 앉았습니다. 선배는 이렇게 말을 이어 갔습니다.

"자네가 생각하기에, 내가 여당인 공화당이나 제1야당인 민주당이 아닌 무소속 후보자라서 망설임이 들 거라 생각되네."
"네, 조금은 염려가 됩니다만……."

저는 약간 말끝을 흐렸습니다.

"그런데 말이야, 내가 호남향우회 회장직을 10년간이나 하였네. 그리고 호남향우회는 비록 정부 조직은 아니지만 인천 전역에 통반장 조직처럼 동마다 분회가 조직되어 있고, 인천에는 호남인구가 가장 많다네. 아마 순수한 인천 출생자보다 더 많을 걸세. 그러니 정당의 조직과 크게 다르지 않다고 보네. 그리고 나는 인천에서 검사 생활도 했고 변호사 생활을 오랫동안 해서 지명도가 높은 편이네."

선배는 자신감 있게 본인의 생각을 피력하였습니다. 선배님의 말씀을 들으면서 말없이 침묵을 지키자, 선배님은 다시 한번 강한 어조로 이렇게 말을 이어 갔습니다.

"자네도 알고 있지? 호남인들의 지역감정이 대단하다는 것을. 인천에 호남 출신 유권자들은 80% 이상 나를 지지할 것이고, 나머지 10%만 얻어도 당선은 틀림이 없어. 그리고 현역 국회의원 중에 중앙대 출신이자 호남 출신 국회의원으로 손주항, 강근호, 채영석, 최병도 등 동기들이 많은데 그들이 적극적으로 도와주기로 하였어."

"아, 그런가요? 강근호 선배님은 제가 법대 4학년 때 국제법을 가르치던 교수였는데, 국회의원이 되셨군요."

"자네가 인천고 동창회를 중심으로 선거운동에 나선다면, 세칭 '호남 열차'라는 타 지역인들이 갖고 있는 호남인들에 대한 부정적인 시각을 완화하는 데 큰 도움이 될 거야. 자네는 강화, 인천 출신이고 현재 부평산업공단에서 5년 가까이 인사 노무 일을 담당하고 있고, 더구나 부평 지역에서 예비군훈련까지 받고 있지 않은가?"

"네, 그렇기는 하죠."

"그러니 자네가 부평 지역을 도맡아 일을 해 주길 바라네. 만약 자네가 결심한다면 내일 당장이라도 운전기사를 붙여 선거가 끝날 때까지 선거용 승용차를 제공하겠네. 그리고 만약 내가 당선되면 국회사무처 4급에 해당하는 비서관이나 사무국장직을 보장할 것이네. 물론 필요한 선거자금도 제공이 될 것이네."

선배님의 의견을 청취하는 동안 저도 모르게 최 선배님이 무소속으로 출마하는 것이지만, 여러 여건을 종합해 볼 때 당선 가능성이 희박하다는 애초의 생각에서, 승산이 있을 수 있다는 긍정적인 생각으로 바뀌게 되었습니다.

인물보다 정당을 우선했던 선거

당시 인천 지역의 국회의원 후보자는 청와대 정부 수석 비서관과 인천시장을 역임한 바 있는 공화당의 현역 국회의원인 유승원 의원, 그리고 전통 야당 인사로 자리매김을 한, 인천 동산고와 동국대 출신의 현역의원인 김은하 의원이었습니다.

그리고 부평에 지역구를 둔, 일본 니혼대학 법정대 출신이자 인천에서 판사를 하였던 연로하신 1917년생 현역의원이자 변호사인 신현정 의원이 있습니다. 원외에는 제물포고와 연세대 출신이자 공인회계사 통일당 소속 민만기, 그 밖에 무명의 무소속 후보들입니다.

최락구 선배님은 원래 전주 출신인데, 그의 아버지를 따라 인천으로 이주하여 창영국민학교를 졸업하고 5년제 시절인 인천고등학교 3학년 재학 중에 다시 전주로 이주하게 되었습니다. 최종 전주고교를 졸업함으로써 공교롭게도 전주고와 인천고 양교 동창생이 되었습니다.

결국 최 선배님의 제안을 받아들이기로 하고 회사에는 사직서를 제출하였습니다. 그리고 일정한 직업이 없는 정치 지망생이 되어 국회의원 선거 캠프에 들어가 선거운동을 하게 되었습니다. 회사 대신 선거사무실로 출근하여 전략을 세우고, 매일 부평공단을 중심으로 많은 회사를 돌면서 최 선배를 알리는 데 주력하였습니다. 저녁때에는 선거 캠프 사람들과 그날그날 접촉한 시민들, 여러 단체에 대해 점검하고 자정이 될 무렵에서야 귀가하였습니다.

선거 캠프에는 매일 수십 통의 전화가 걸려 옵니다. 어느 음식점에 어느 회사 직원들이 몇 명가량 모이니 와 달라는 전화, 조기축구회, 초등, 고등, 대학 동창회, 무슨 향우회, 무슨 전우회, 여성 단체 등 수많은 단체와 동호회들이 음식점을 잡아 놓고 모였다며 방문을 독촉하고 있었습니다. 선거를 도와준다는 핑계로 음식을 공짜로 먹자는 수작인 줄은 알고 있지만 선거 풍토가 그랬습니다.

이런 전화를 받게 되면 선거 사무실에서는 그 단체 사람들과 가장 친한 사람을 최 후보자와 동행하게 하여 그 자리에 나가 선거공약을 발표하고 동행한 선거 캠프 관계자들이 음식값과 주류값을 계산하고 나오게 했습니다. 이런 일은 자주 반복되었는데, 부평 지역을 전적으로 담당하여 하루에도 10여 군데 이상씩을 돌면서 지지를 호소했습니다.

요즘의 선거운동에 비하면 참으로 원시적인 선거운동이었습니다. 지금처럼 유튜브나 SNS를 통한 유권자와의 소통 방법이 없었기 때문입니다. 물론 합동 유세에 대비한 선거 유세 연설 내용, 그리고 박수부대 동원 등은 예전과 그다지 변한 것이 없는 것 같습니다.

당시는 권력을 쥐고 있던 여당에 의해 은밀히 공공기관을 동원한 관권 선거와 금권 선거가 난무할 때고, 선거 후 공직선거법 위반죄로 처벌되는 경우는 거의 없을 때였습니다. 공직선거법은 1994년 3월 15일에 제정되었는데, 국민의 자유로운 의사와 민주적 절차에 의해 공정한 선거가 이루어지도록 했으며, 선거와 관련한 부정을 방지하여 민주정치에 도움을 주는 것이 목적이었습니다. 그 이전에는 대통령선거법, 국회의원선거법이 있었으나 법 준수는 엉망이었지요.

인천은 전통적으로 야당 세력이 강한 곳이었습니다. 당시에는 인터넷이 없을 때여서 정당 후보자와 무소속 후보자 간의 공정한 경쟁이 사실상 어려워 선거자금이 많이 들어갈 수밖에 없는 구조의 선거제도였습니다.

약 3개월간의 선거운동 기간이 종료되고 드디어 선거가 이루어졌습니다. 선거가 종료된 후 투표함은 선거관리위원회로 넘겨졌고, 필자는 입후보자 측 개표참관인이 되어 개표 결과를 지켜보게 되었습니다. 개표 결과는 실망스럽게 낙선이었습니다. 당선자는 현역의원 공화당 유승원, 민주당 김은하, 신현정 등 3인이었고, 최 선배님은 차석인 4등이 되었습니다. 낙선 후, 최 선배님은 아무도 연락이 되지 않는 제주도로 가서 휴식을 취하였습니다. 당시에는 지금처럼 휴대폰이 있었던 것이 아니어서 잠적하면 연락할 길이 막연했습니다.

또한 정부에서 지급하는 선거보조금 지급 규정이 없었기에 모든 비용은 정당과 개인이 부담할 수밖에 없었습니다. 특히 무소속은 정당에서 선거자금을 지급할 수가 없어 전적으로 개인이 부담하는 구조여서 낙선이 되면 개인파산까지 갈 수 있었습니다. 최 선배님은 그동안 변호사로 벌어 놓은 돈 대부분을 이번 선거에서 보람도 없이 날리게 되어 심적 부담감이 매우 컸을 것입니다.

| 선거 뒤에 남는 생각

　선거는 과연 민주주의의 꽃이 될 수가 있을까요? 지금처럼 지역주의가 만연하고 왜곡된 사실들이 여과 없이 선전 선동이 되고, 포퓰리즘과 과잉된 이념이 넘쳐 나는데 우리나라에 직선제가 유일한 답일까요?

　직선제는 당연히 선동적인 포퓰리즘에 취약할 수밖에 없습니다. 포퓰리즘에 취약하지 않으려면 그 주축인 무상분배의 유혹을 뿌리쳐야만 하고 국민의 정치 수준이 높아야 합니다. 개인의 노력에 따른 상대적 부(富)와 상대적 빈곤(貧困)을 인정하지 않고 다 같이 공평한 부를 누려야 한다는 생각 즉, 보편적 분배주의로는 인류의 발전을 가져올 수 없습니다.

　우리는 인류가 생긴 이래 노력의 차이로 생기는 차등 소득과 상대적 부를 인정하는 맥락에서 꾸준히 중산층이 형성되어 왔습니다. 또한 그래야만 올바른 근로 의식이 형성되고 자유민주주의 정치체제와 자본주의 시장경제 체제가 꽃필 것입니다.

　물론 무조건적인 능력주의는 민주주의 위기를 초래할 수 있습니다. 노력의 차이에서 오는 결과는 인정하되, 하버드 대학의 정치철학자 마이클 센델 교수의 주장처럼, 그 과정이 공정하고 기회가 균등하며 도덕적으로 공동선을 향한 것이어야 할 것입니다. 현장에서 선거를 경험해 보니 무엇이 제도의 문제이고 어떤 것이 민주주의의 과제인가를 정확하게 인식할 수 있게 되었습니다.

4. 다시 법전을 책상 앞에 펼쳐 놓으며

1) 선배의 부탁과 고민

| 다시 법률 앞으로

　국회의원 선거에서 낙선하고 상심한 최 선배님은 선거 후 잠적한 지 약 20일 만에 마음을 추스르고 제자리로 돌아오셨습니다. 재판에 계류 중인 형사사건 피고인 변론 때문에 더 이상 지체할 수 없었던 것입니다. 민사사건은 복대리를 통해 다른 변호사에게 임시로 법정에 나가 소송을 진행해 달라고 부탁할 수가 있으나 형사사건은 변호인이 직접 법정에 나가지 않으면 안 되기 때문입니다.

　그 무렵 최 선배는 차기 인천시장 선거를 염두에 두고 있었습니다. 그래서 나에게 법률사무소에서 소송 업무를 총괄하는 한편, 사단법인 '인천가정법률상담소'를 관리해 달라고 부탁했습니다. 필자는 이미 회사를 사직한 터라 다른 회사에 취업을 다시 하든지, 아니면 최 선배님의 제안을 받아들일 수밖에 없었습니다.

　많은 고민 끝에 최 선배님의 제안을 받아들이고, 즉시 소송 업무를 익히기 위해 잠시 멀리했던 기본법서들과 절차법인 소송법을 읽기 시작하였습니다. 그리고 무엇보다 중요한 실무를 해 본 적이 없어 당시 재판에 계류 중인 사건 기록 50건을 파악하기 위하여 석바위 소재 사무실 인근에 여관방을 얻어 밤새도록 재판 기록들을 살펴보았습니다.

　민사 사건 기록에서는 소장 작성에서부터, 답변서, 준비서면, 각종 증거, 증인 심문서, 판결문 등을 읽고 또 읽었습니다. 형사 사건 기록에서는 공소장을 비롯한 피의자 신문조서, 참고인 진술서, 변론요지서, 보석청구서, 구속적부심사 청구서를 읽고 법원과 검찰청을 출입하여 재판에 참여하는 참여 사무관들과도 원만한 관계를 유지하려 했습니다. 이때도 역시 인고와 중앙대 출신 선후배들의 도움이 컸습니다.
　한편 최 선배님의 인천시장 선거에 대비하여 장차 후원자가 되어 줄 중앙대학교 동창회, 고교 동기 동창회, 법대 동기 모임 등 여러 단체를 설립하는 데 힘을 기울였습니다.

　'인천가정법률상담소'는 서울 여의도에 소재한 '한국가정법률상담소'를 모태로 하였습니다. 원래 한국가정법률상담소는 서울법대 출신의 여성 1호 변호사이자 이화여대 법대학장이던 이태영 여사가 설립한 상담소입니다. 이 상담소의 설립 목적은 법률적으로 번민하는 서민들을 위하여 무료로 법률상담을 해 주고, 법리가 간단한 사건에 대해서는 서면 작성을 도와주는 무료 봉사 원칙의 사단법인입니다.

　이태영 씨의 남편은 거물 정치인 중 한 사람인 서울 중구 지역구를 둔 민주당 정일형 박사이고, 그의 아들도 유명 정치인 정대철입니다. 당시 변호사가 몇 명 되지 않을 때여서 변호사를 하였다면 큰 돈을 벌 수도 있었지만, 남편이 거물 정치인이라 그랬는지, 후학을 가르치는 학자의 길을 걷고자 이대 법대 학장직에 장기간 재직하던 분입니다.

또 다른 한편으로는 최 선배님과 함께 명동 소재에 있던 '한국 인권연맹' 총재를 만나 '한국 인권연맹 인천지부'를 두기로 합의하고 그 실무 책임을 제가 맡기로 하였습니다.

'인천 가정법률상담소'에서는 밀려드는 상담객을 나 혼자 감당할 수가 없어 이대 법대 출신 두 명을 상담원으로 채용하여 운영해 나갔습니다. 그리고 상담소를 개설한 지 6개월 만에 2,500건의 상담 실적이 쌓였습니다.

그런데 상담하러 온 사람 중에는 진실을 숨기고 거짓으로 상대방을 해할 목적으로 상담을 하는 사람이 있는가 하면, 채무 면탈 방법을 알려 달라는 염치 없는 사람도 있었고, 소송법상 시효가 지나 도움을 줄 수 없는 안타까운 사건도 있었습니다.

이혼 사건의 경우에, 자신의 비행이나 책임을 다하지 못한 잘못은 쏙 빼고, 상대방의 잘못만을 과장하여 이야기하는 사례도 있어 인간적인 실망감과 회의감이 들 때도 있었습니다. 그래도 살을 맞대고 수년을 살아온 부부인데 헤어질 결심을 할 때는 어찌 그리 원수처럼 대할 수가 있는 것인지 마음이 허전할 때도 많았습니다.

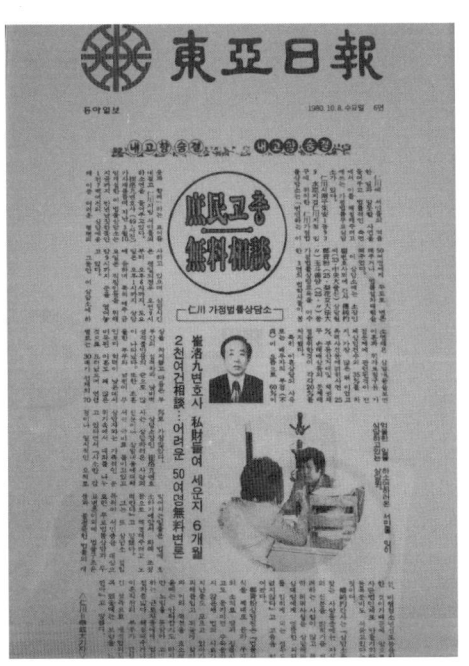

| 놀라운 인연

인천 가정법률상담소에서 상담을 시작한 지 6개월이 경과할 무렵인 1980년 10월 7일, 초가을 어느 아침 날에 동아일보 사회부 기자가 인터뷰하자며 방문한 적이 있었습니다. 그리고 그 이튿날 10월 8일 자 『동아일보』 '내 고향 숨결'이라는 6면에 필자가 상담하는 모습을 담은 사진과 최락구 선배님의 사진이 기사와 함께 상세히 게재되었습니다. 그때 제 나이는 33세, 한창 젊은 청년의 나이였습니다.

당시 신문보도를 읽은 많은 지인으로부터 축하 전화를 받는 영광을 누리기도 했습니다. 그런데 기적과도 같이 위 기사를 썼던 현재

기준 93세의 동아일보 신현대 기자가 부천시 송래구 범박동에 있는 현대아파트에 거주한다는 사실을 알게 되었습니다. 실상은 같은 아파트에서 15년 이상을 살아오면서도 전혀 알지 못했는데, 같은 아파트에 사는 법대 후배 정강영으로부터 소식을 전해 듣게 된 것입니다. 필자는 반가운 마음에 연락을 취해 점심을 대접해 드렸습니다.

다만 식사하면서 우리는 당시를 회상하며 대화를 나누게 되었는데, 신 기자님은 세월의 무게를 이기지 못하여 등이 굽고 다리도 건강치 못해 걷지 못하셨습니다. 영민했던 옛 기자의 모습은 간데없고 노인의 모습만 남았습니다. 필자도 제 세월이 다하는 날이 가까워질수록 이런 노쇠한 모습이 되겠지요? 이래서 북유럽에서처럼 존엄사 문제를 검토할 때가 아닌가 싶습니다.

| 합동법률사무소에서 일하다

최 선배님은 국회의원 선거에서 과다한 선거 비용만을 낭비한 채 낙선의 쓰라림을 맛본 것에 대해 설욕하려 하였으나 뜻대로 되지 않아서 선출직에 나서는 일을 포기하였습니다. 필자는 최 선배님이 운영하던 법률사무소와 가정법률상담소에서 법률이론과 실무를 익힌 다음 세칭 전관예우를 받는 부장검사와 검사장급 그리고 부장판사를 사직한 후 개설한 합동법률사무소에서 연이어 일하게 되었습니다.

소위 요직인 부장급(1급 공무원) 출신 변호사들이 운영하는 전관예우 법률사무소에서는 어느 지역을 막론하고 언론에 보도될 정도의 큰 사건들이 줄줄이 들어왔습니다. 그래서 전관 변호사들은 한가롭게 사무실에 앉아 있을 시간이 없었습니다. 선임한 사건의 관할 법원이나 검찰청이 인천에 한정된 게 아니라 서울을 비롯하여, 심지어 부산까지, 전국을 구분하지 않고 사건 의뢰가 들어오기 때문이었지요. 한 지역에서 재직하는 기간은 평균적으로 일반 검사와 판사는 2년, 부장급 이상은 1년 정도가 대부분이어서 보통 25년 이상을 재직하다가 퇴직하게 되면 전국에 산재한 여러 검찰청이나 법원에서 한 번씩은 함께 근무하는 경우가 허다하여 어느 지역을 막론하고 과거의 동료들이 있었습니다.

　낮이면 하루 종일 사무실 내에서 대표 변호사를 대리하여 의뢰인을 만나고 사건 내용을 듣고 그 내용을 요약하는 한편, 선임료까지도 의뢰인과 협의하고 결정하였습니다. 그리고 때로는 주말도 없이 사무실에 나와 기록을 검토하거나 문서 작성의 일을, 심지어 바쁠 때는 휴일에 내 집에서 의뢰인 또는 증인을 만나 변론에 필요한 서면 작성이나 '증인 신문 사항'을 작성할 때도 있었습니다. 그래서 내 집에는 컴퓨터와 팩스가 쉴 날이 없었습니다. 하지만 컴퓨터를 정식으로 배운 바가 없어 한글 작성과 저장 그리고 검색밖에 할 줄 몰랐습니다.

| 전관예우 관행의 빛과 그늘

　그동안 저와 대면하고 상담한 인사 중에는 과학기술처 장관을 두 번씩 지내다가 국책연구소장직에 있던 분, 'Buy Korea'라는 기치를 내세워 선풍적인 붐을 일으켰던 대기업 증권회사 사장을 지낸 분과 대기업 중역 되시는 분, 대학 학장, 시 의장과 시·구의원, 구청장 등이 있습니다.

　이런 유력한 인사들과 대면하고 대화를 나눌 수 있었던 것은 전적으로 전관 변호사 출신의 법률사무소에 근무하게 된 덕분입니다. 이분들의 명예를 생각하고 업무상 알게 된 비밀은 지켜야 할 법적 의무와 윤리가 있기에 실명은 밝히지 않겠습니다. 그분들이 얽힌 사건의 발단은 대부분이 내부 고발자들 때문이고 담당 검사와의 연줄을 찾아 사건을 의뢰한 것입니다. 가까이 있는 자를 조심해야 한다는 것도 이때 알게 되었습니다.

　그들이 혐의를 받는 죄명은 주로 업무상 배임죄와 횡령죄, 건설사의 경우는 건설 산업 안전법 위반, 그리고 국회의원 선거와 지방정부 단체장 선거, 시의원과 구의원 선거에 따른 공직선거법 위반 사건이었습니다.

　예컨대 건설사가 공사 중인 교량 사고로 인한 인명 사고가 발생하면 업무상과실치사상죄로 처벌을 받게 되는 형을 두려워하지는 않습니다. 최근에는 회사 대표자가 형사처벌을 받게 되는 중대 재해 처벌법 제정으로 꼭 그런 것만은 아닐 테지만, 오히려 그들은 벌점제 때문에 정부로부터 관급공사 입찰 기회가 배제되어 경제적으로 막대한 손해를 입게 되는 걸 더 큰 문제로 생각합니다. 그래서 적극적으로 대처하길 간절히 바라고 있고 탈세, 밀수 사건도 만만치 않은 사건들입니다.

만약 조세범처벌법 위반으로 유죄가 인정되면, 검찰에서는 그 결과를 세무 당국에 통보하게 되는데, 기업은 그에 따른 세금추징이 두려움이자 공포가 아닐 수 없습니다. 이런 대형 사건에 전관예우 변호사가 아닌 일반 변호사가 선임되는 경우는 거의 없다고 해도 과언이 아닙니다.

그래서 검찰 재직 시에 공위 공직자와 재벌 총수에 대한 부정부패 사건을 담당했던 특수통 검사, 경제사범을 다루었던 금융조사부 검사, 관세 사건, 위생 사건 수사, 선거사범을 다루었던 공안부 검사들이 차별화된 전문성으로 주목받는 것입니다. 사건 당사자들은 놀랍게도 모든 정보를 동원하여 담당 검사와 누가 가장 친밀한지 그 연줄을 상세히 조사한 후, 소통이 가능한 변호사를 선임하는 것입니다.

전관예우 변호사들과 일반 변호사 간의 선임료가 크게 차이가 나는 이유는 의뢰인의 신분이 어떤 혐의로 조사를 받느냐에 따라 달라지기 때문입니다. 상대적으로 사기, 절도, 교통사고, 폭력, 마약 등 소위 잡범을 다루던 생계형 범죄나 강도, 살인, 강간 등 강력범죄를 다루던 강력부 검사들은 선임료가 저렴할 수밖에 없습니다.

이는 단순히 개인적인 실력이 문제가 아니라 현직에서 어떤 부서에서 일을 했느냐 하는, 다시 말해 보직의 문제입니다. 그래서 검찰은 인사권자에게 약할 수밖에 없고, 정권의 눈치를 본다거나 하수인이라는 불명예를 뒤집어쓸 수밖에 없는 구조적인 측면이 있습니다.

사실 민사사건과 형사사건에서 법적인 이론의 실력 차이란 거의 없다고 해도 과언이 아닙니다. 그 근거로, 법률 문제는 과학처럼 깊은 연구를 통한 창조를 요하는 수준의 학문적 이론이 뒷받침되는 분야가 아니기 때문입니다. 법률 해석과 적용을 사람에 따라 달리 할 수 없습니다. 오히려 창조성을 발휘해 사람마다 달리 적용하는 것이 먹힌다면 그건 법의 안정성을 위협하는 것입니다.

그러므로 법률 문제는 이미 공포된 해당 법조문을 기본으로, 해당 사건에 어떻게 관련 법규 조항을 해석하고 적용하느냐에 달렸고, 이때 대법원의 판례에 어긋나는 판결이나 결정을 할 수 없는 것입니다. 일반인들의 생각처럼 학생 때 공부 잘한 서울법대 출신이라서 더 능력이 있거나 일을 잘하는 것은 아닙니다.

내 집을 짓는 것처럼 내 가족을 치료하는 심정으로 의뢰받은 사건에 대하여 얼마큼 성심을 다해 성실하게 사건을 대하느냐가 관건입니다. 법의 생명인 공정성과 안정성을 잃으면 안 됩니다. 법의 권위와 안정성은 사회의 질서와 균형을 유지하는 데 있어 핵심적인 역할을 하는 것입니다. 그러므로 사람에 따라 법 적용이 달라져서는 안 되는 것입니다.

그럼에도 전관예우 변호사가 1년~2년 안에 평생 먹고살 돈을 번다는 현상은 한국이 세계에서 유일한 나라가 아닌가 싶습니다. 변호사 보수 규정에도 다른 전문직 군에서의 서비스료처럼 사안에 따른 최저선 금액과 최고선 금액이 정해져야 하는 것은 아닌지 모르겠습니다.

그런데 이런 전관예우 풍조는 법조계에만 있는 것이 아니고 전 부처 곳곳에 알게 모르게 만연한 것이 현실이고 고질병입니다. 정치지도자들이 이것만 고쳐도 한국은 살기에 행복한 나라가 될 것입니다. 만약 국회의원들께서 자신들이 받는 많은 특권과 특혜를 내려놓고 이런 부조리한 현상들을 타파하는 데 앞장선다면 일반 서민들과의 괴리감은 많이 감소될 것이고, 보다 살기 좋은 나라가 될 거라 믿습니다.

2) 잊지 못할 소송 사례들

부자지간 소송

지금도 내 가슴을 아프게 하는 사건이 있습니다. 강화군의 어느 평범한 집안에서 아버지가 차남(4남매 중 막내)에게 전 재산을 증여했는데, 추후 세월이 흘러 이를 돌려받기 위한 소송에서 피고가 된 막내아들이 나에게 의뢰한 사건입니다. 지인의 소개로 알게 된 막내아들로부터 의뢰받은 이 사건은 1년이 넘는 장기간에 걸쳐 이루어진 소송이었습니다.

그 사건의 경위는 이렇습니다. 증여란 당사자의 어느 일방이 대가 없이 즉, 무상으로 재산을 상대방에게 준다는 의사 표시를 하고 상대방이 그것을 승낙함으로써 성립하는 계약을 말하는 것인데, 그 대상이 아버지와 작은아들이었습니다.

부자지간에 소송으로 가게 된 계기는 아버지가 막내아들에게 전 재산을 증여한 후 막내아들 내외의 태도가 증여 당시의 부모 봉양 약속을 꾸준히 지키지 않았고, 이런 태도에 불만을 품게 된 아버지가 때마침 전역한 큰아들(예비역 중령)의 조언을 받아들여서 발생한 것입니다. 아버지와 큰아들은 서울특별시 서초동의 모 법률사무소에서 상담을 받고 승소 가능성이 높다는 말을 듣고서는 원고 당사자가 되어 소송을 제기한 것입니다.

이 사건에서 가슴이 너무 아팠던 점은, 소송행위를 하다가 패소한 아버지가 그 충격으로 농약을 마시고 극단적인 선택을 했다는 사실입니다. 소송이 시작되자 한 지붕 아래에서 살고 있던 온 가족이(자식과 손자, 손녀 동거) 매일 보는 가운데, 부자지간에 송사를 벌이는 일이 면목이 없다고 생각한 아버지가 장남의 제안으로 막내아들과 함께 살고 있던 집에서 나와 읍내에 전세방을 얻어 홀로 생활하는 상태였습니다. 이 사건은 당시 『경인일보』와 『인천신문』에 대서특필되었고, 그 소송 실무를 총괄했던 저는 모든 의욕을 잃을 정도로 한참 동안 충격적인 소식이 뇌리에서 사라지지 않았습니다.

당시 시골의 사정이 거의 그러했듯이 작은(막내)아들은 가난으로 중학교만 졸업하고 부모를 모시며 농사를 지었고, 조상의 봉제사는 물론 중풍으로 쓰러진 어머니를 극진히 모셨던 효자였습니다. 그런데 그놈의 재산이 무엇인지 결코 있어서는 안 될 부자지간의 소송 다툼으로 이어지고 결국은 아버지를 죽음으로 몰아가게 된 비극적인 일이 발생한 것입니다.

반면, 그때 형은 직업군인 출신으로 전방 근무와 월남파병 등으로 집안에 소홀히 할 수밖에 없었던 사정이 있었기에 동생한테 미안한 마음에서 아버지가 재산을 막내아들에게 증여하는 것에 동의하였던 것인데, 세월이 흘러 부동산값이 상승하고 군에서 제대하면서 시간이 남아돌자 애초에 가졌던 마음이 변하게 된 것입니다.

원고와 피고가 각자의 주장하는 취지를 입증하려면 증서나 증언이 필요할 것인데 부자지간에 이루어진 일에 그런 것이 있을 턱이 없습니다. 그래서 장시간에 걸쳐 소송이 지연되었으나 증언할 나머지 형제들(2명의 딸)은 입장이 곤란하다며 증언 거부 입장을 표했었습니다. 그러나 그 주장 입증은 주로 원고 측에서 해야 할 처지여서 주장(사실)을 입증하지 못한 아버지가 패소하게 되었고 이에 따라 가족을 이룬 형제간의 애정은 풍비박산이 나게 된 것입니다.

이처럼 인간의 마음이란 환경의 변화에 따라 쉽게 변할 수밖에 없는 존재인 것 같습니다. 피고인 막내아들은 특전사 출신으로 술에 취하면 아무 때나 불쑥 전화를 걸어서는 재판 결과가 어떻게 될 것인지 묻고는 했습니다. 그뿐만이 아니라 만약에 소송에서 자신이 패하게 되면 동네 사람 보기에 창피해서 구차하게 목숨을 이어 갈 이유가 없다며 총으로 아버지와 형을 쏴 죽이고 자신의 인생도 끝장을 내겠다는 말을 자주 하고는 하였습니다. 긴 소송 기간에 막내로부터 재판 관련 전화를 받게 되면 부담이 되어 여간 스트레스가 아니었습니다. 승소에 대한 확신이 없었기도 하였지만, 천륜인 부자 지간의 사이가 무너지면 절대로 회복될 수 없겠다는 생각에 막내와 아버지가 화해하도록 여러 차례 권유했는데도 실패하고 말았습니다.

만약 막내를 다시 만날 기회가 된다면, 막내에게 지금 행복하게 잘 사느냐고 묻고 싶습니다.

| 형제지간 소송

이 사건은 명문 대학 출신 의사인 장남과 무역업을 하던 차남이 아버지가 물려준 부평 변화가의 토지에 얽힌 부친의 유훈 문제 때문에 벌인 소송입니다.

사건의 개요는 이렇습니다.

아버지가 생전에 부평 소재 상업지역에 약 250평의 토지를 장남 명의로 사들였습니다. 아버지의 전적인 부담으로 큰아들 명의로 토지를 사들일 무렵에, 큰아들은 종합병원에 근무하고 있었고 둘째 아들은 서울에서 무역업을 하고 있었습니다. 그래서 아버지가 큰아들에게 이르기를, "네가 차후에 페이 닥터를 그만두고 위 토지에 상가건물을 지어 병원을 개원할 때 동생에게 건물 중, 일정 평수의 공간을 무상으로 주어 동생이 살아가는 데 어려움을 겪지 않도록 해주어라."라고 유훈을 남겼습니다.

그런데 아버지가 돌아가신 후 수입 오퍼상을 하던 동생이 환율 변동이 심해서 크게 손해를 입는 바람에 하던 사업을 접게 되었고, 이에 동생은 형에게 아버지의 유훈에 따라 1층 상가건물 100평의 점포를 요구한 것입니다. 그런데 형은 건축 비용이 너무 많이 들었고 아버지가 생존하고 있을 때 드린 용돈도 만만치 않았을 뿐만 아니라 당시 1층을 동생한테 주라는 유훈은 아니었다고 주장하며, 2층에 있는 건물을 줄 터이니 더 이상 괴롭히지 말고 알아서 하라고 했다는 것입니다. 이에 화를 참지 못한 동생이 형을 상대로 소송을 제기한 사건입니다.

이 사건 역시 유훈 내용이 남겨진 문서가 없었고, 그런 유훈을 들었다는 증인도 마땅치 않았습니다. 필자는 동생으로부터 의뢰받은 사건을 진행하고 있었습니다. 이 사건의 쟁점은 아버지가 유훈으로 1층 상가 점포를 동생에게 주라고 했는지, 그리고 형이 그 유훈에 동의하였는지를 밝히는 것입니다. 그래서 고민 끝에 어머니를 증인으로 신청하였고, 재판에 앞서 법원에 미리 제출할 어머니에 대한 증인 신문 사항을 작성하여야 했습니다.

재판을 한 달 앞둔 어느 토요일, 법정에서 신문할 내용을 묻기 위해 어머니께 사무실로 방문해 달라고 요청을 드렸습니다. 약속한 날짜에 증인이 되실 어머니를 사무실에서 기다리고 있자니 출입문을 여는 소리와 함께 여자의 긴 한숨 소리가 들리더니 곧이어 대성통곡하는 소리가 들려왔습니다.

어머니께서는 작금의 형제지간 소송에 통탄하면서 이렇게 말씀하셨습니다.

"도대체 두 자식의 같은 어미로서 형과 아우 중, 누구의 편을 드는 증언을 할 수 있습니까? 세상에 자식놈들이 어찌 이토록 어미를 기구하게 만드는 겁니까? 나는 이 재판에서 절대로 증언대에 서고 싶지 않습니다. 그러므로 이 소송을 취하하도록 도와주세요." 하시며 절규하시다가 정작 사실관계는 말도 하지 않고 그냥 귀가하였습니다.

저는 이런 사정을 그 형에게 알리는 한편, 어머니를 생각해서 합의하라고 설득하고 종용하였습니다. 그 결과 형이 동생에게 양보하고 이 사건은 중간에 양자 사이의 합의로 소는 취하되었습니다.

이 외에도 영종도의 어부 출신이 고깃배를 운영하여 번 돈으로 영종도에 매입하였던 논 3,500평이 세월이 흘러 인천국제공항이 개항되는 등 땅값이 치솟아 오르면서 벌어진 부자와 형제지간의 재산 싸움 사건도 맡아 진행한 적이 있습니다. 이 역시 큰아들이 아버지로부터 토지를 증여받은 후 아버지 부양을 제대로 하지 않은 탓에 일어난 사건이었습니다. 여기서 가장 불쌍하고 안타까운 쪽은 재산을 잃고 건강까지 잃어버린 늙은 아버지의 모습입니다. 돈에 대한 집착은 고학력자일수록 더한 것 같다는 느낌입니다. 그 중심에는 피가 섞이지 않은 욕심 많은 배우자 몫도 컸습니다.

재판 날에 법정 밖에서 형제지간에 욕설을 주고받거나 심지어는 몸싸움을 벌이는 광경을 자주 목격했는데, 이는 세상이 돈을 제1의 가치로 여기는 황금만능주의 때문일 것입니다. 이럴 때마다 남의 일 같지 않아 가슴이 답답하고 우울감을 떨칠 수가 없습니다.

| 하나님의 계시와 형사재판

지금으로부터 10여 년 전에 70세가 넘어 보이는 원로 목사 한 분이 법률사무소를 방문하였습니다. 그분은 현관문을 조심스럽게 열면서 들어오셨습니다.

"어떻게 오셨습니까?" 하고 묻자 그분은 "네, 이 사무소의 변호사님께서 부장 검사직에서 사직하고 마~악 변호사 개업을 했다고 알리는 신문 광고를 보고 왔어요." 하더군요.

"그렇다면 사건의 내용이 무엇인가요?"

이렇게 묻자, 그 목사는 가방에서 1심 재판을 받으면서 소지하고 있던 서류들과 1심 판결문을 건네주었습니다.

판결문부터 살펴보니 죄명은 형법 제356조가 규정하고 있는 업무상 횡령과 배임죄였고, 1심에서는 징역 1년 형을 선고받았는데 법정 구속은 당하지 않은 사건이었습니다. 이런 경우 항소심에서는 새로운 증거가 나오지 않는다면 항소 기각이 되면서 법정 구속을 면할 길이 없는 것이 관례입니다. 다만, 피해자들과 원만한 합의를 하면 정상을 고려하여 집행유예나 벌금형도 가능하나 그렇다고 해서 무죄 선고는 턱도 없다고 봐야 하는 사건이었습니다.

그 목사는 정년퇴직을 앞두고 그가 담임 목사로 있는 교회의 일부 장로와 전도사들로부터 교회 돈으로 부동산을 매입하고 명의자를 교회가 아닌 목사 개인 명의로 등기를 마친 것이 발각되어 고소당한 것이었습니다. 판결문을 보니 이 사건의 1심 재판 때 변호인은 제 고교 후배이자 대학 후배 변호사가 맡았더군요. 후배 역시 유명 교회의 장로였고 성실하게 변론하였지만, 실형을 선고받은 것으로 보아 2심에서 무죄가 나올 확률은 매우 희박한 것으로 판단되었습니다.

다른 재판으로 법정에 갔다가 돌아온 대표 변호사에게 사건 개요를 설명하고 선임 여부를 의논했더니, 변호사는 부담스러워하면서 교회와 원만한 합의가 없으면 무죄는커녕 역시 법정 구속될 가능성이 높으므로 재판 중 합의하든지, 아니면 항소가 기각되어도 그 결과에 이의 제기하지 않을 걸 각서로 받지 않고서는 선임하지 말라고 하였습니다. 대표 변호사의 그런 판단은 당연한 일입니다.

이런 대표 변호사의 의견을 목사에게 전달하였는데, 그 목사는 검사직에서 사직한 지 불과 1개월도 안 된 변호사 외에는 더 믿을 곳이 없다며 그대로 변호인으로 선임하겠다며 각서를 작성하여 건네주었습니다.

당시만 해도 속칭 부장검사나 부장판사 출신의 전관 변호사 법률사무소에는 상상을 초월하는 사건들이 감당하기 어려울 정도로 몰려듭니다. 법률 시장에는 현직 때 무슨 부서에서 근무했느냐에 따라 또는 현직을 거쳤는지 아닌지에 따라 사건 수임 건 횟수와 수임료상에 엄청난 차등이 있습니다. 그야말로 빈익빈 부익부의 시장 원리가 법률 시장에도 그대로 작동하고 있는 것입니다.

세칭 전관 변호사 법률사무소에는 주말이나 일요일, 휴일 없이 일하는 곳이 많습니다. 왜냐하면 휴일에도 법원에서 구속 영장 심사는 하기 때문입니다. 법원에서 목사에 대한 공판 기록 일체를 복사하여 보니 분량이 700쪽이 넘는 방대한 기록이었습니다. 이 기록을 이틀에 걸쳐 살펴보니 (목사의) 범죄 사실을 증명할 증거가 너무 명백하여 어느 주말에 목사를 불러 교회와 합의할 것을 간곡히 권하였습니다.

그러자 목사는 교회가 어려울 때 자신이 수십 차례 다른 교회에서 열리는 부흥회에 가서 설교해 주고 번 돈을 모두 자신이 담임하고 있는 현재의 교회에 기부하였고, 그 결과 형편없던 교세를 대폭 확장하는 데 크게 공헌한 사람이 바로 자신이라는 점을 강조하였습니다.

그런 것들이 사실인지 아닌지는 알 수도 없거니와 설혹 사실이라도 무죄가 될 수 없음은 자명한 일인데도 아집과 자존심이 너무 큰 탓에 설득이 되지 않았습니다. 업무상 횡령, 배임죄는 형법 제355조가 규정하고 있는 일반의 횡령, 배임죄보다는 형량이 배가 되는 무거운 형에 해당한다는 사실을 설명하였으나 막무가내였습니다.

마침 고교 동창생 부친이 그 교회 장로여서 많은 금액을 기부하였고, 그 아들도 이 사건이 발생하기 전에는 장로로 그 교회에서 오랜 기간 출석한 적이 있었다고 하기에 이 친구에게 고소자들과 합의하도록 중재 역할을 부탁하였습니다. 왜냐하면 이 친구는 목사와 고소인 측을 모두 잘 알고 있었기 때문입니다. 그러나 결과적으로 그 친구의 중재 노력에도 합의는 되지 않았습니다.

그래서 걱정스러워 고심하고 있었는데, 그 목사가 어느 날 찾아와서 하는 말이 "내가 하나님께 기도를 드렸더니 하나님께서 응답하는 음성이 들려왔는데, 항소심에서는 무죄가 날 터이니 아무 걱정하지 말라."라고 하였다는 겁니다. 하지만 하나님의 응답을 받았다는 목사의 기대와는 달리 우리가 예상했던 대로 항소는 기각되었고 목사는 구속되었습니다.

당시 그 목사님이 하나님의 응답을 받았다는 생뚱맞은 말에 속으로는 실소를 금할 수 없었지만 아무 말 없이 듣기만 했습니다. 참으로 종교적 믿음이라는 것이 대단하다는 것을 또 한 번 경험하게 되었습니다. 그러한 믿음이 방향을 잃었을 때, 즉 왜곡된 신념의 형태로 나타날 때 그 결과가 얼마나 끔찍할 수 있는가를 우리는 오늘도 우리 주변에서 숱하게 보면서 살아가고 있지 않습니까?

정말로 하나님께 그렇게 응답해 주셨을까요? 그건 아무도 알 수 없습니다. 아니, 하나님과 목사 본인만이 알고 있겠지요. 응답대로 되지 않았으니 그렇다면 하나님이 거짓말을 한 것인가요? 목사가 거짓말을 한 것인가요? 종교계에는 의구심 나는 신기한 이야기들이 정말 많은데, 신앙인들 사이에서는 그 모든 게 서로 인정되는 모양입니다. 종교, 믿어야 하나 믿지 말아야 하나. 영원한 숙제가 아닐 수 없습니다.

서울고등법원에서의 원심파기, 무죄 판결선고

이 사건은 2000년 2월 1일, 서울동부지방법원에서 판결선고한 강도상해 사건에 대하여 같은 해 8월 28일, 피고인 B에 대하여 징역 5년을 선고한 원심판결을 파기하고 무죄를 선고한 사건입니다. 이 사건은 공범자가 7명씩이나 되고 참고인들도 많아서 원심에서는 10개월 이상의 긴 재판이 이루어졌던 사건입니다.

형사소송법 제92조가 규정하고 있는 구속 기간과 갱신에서는 구속 상태로 재판을 받을 때는 3개월을 넘지 말도록 하고 있으나 실제로는 사건에 따라 최소 6개월 이상의 기간이 소요됩니다.

재판절차는 보통 진술거부권을 고지하고 인정신문에 이어 검사의 모두 진술, 전 피고인들의 진술을 들은 후, 재판장의 쟁점 정리를 위한 질문과 입증계획진술, 이어서 증거조사와 피고인신문, 검사 구형, 최종진술, 변론 종결을 마치고 나면 판결선고를 하게 됩니다. 공판기일은 통상적으로 2~3주에 한 번씩 같은 요일에 열리게 됩니다. 만약 피고인들이 공소 사실을 자백하고 증거에 동의하게 되면 판결은 빨리 이루어집니다.

그러나 범죄 사실을 적극적으로 부인하는 경우와 공범자들이 여러 명일 때에는 최소 6개월에서 1년이 걸리는 수도 있습니다. 3심까지는 2년씩 걸리기도 합니다.

이 사건 개요는 다음과 같습니다.

피고인 B는 1998년 12월 초순, 대구시 동구 신천동의 상호불상 커피숍에서 피고인 A에게 범행에 필요한 경비를 제공할 테니 외아들로 재산이 많은 사촌 동생인 피해자 갑을 납치하여 협박해서 금 3억 원을 빼앗아 나누자고 제의했고, 피고인 A가 승낙하여 범행하게 되었다는 취지의 공소 사실입니다.

범행 과정에서 피고인 B는 공범 A에게 피해자의 인상착의, 직장 위치, 운행 차량 등의 정보를 알려 주었고, 같은 달 10일에 두 차례에 걸쳐 각 15만 원씩 30만 원을 범행 경비로 송금하는 등 피고인

A 및 그와 순차로 공모한 C, D와 공동 공모하여 이 사건 범죄를 범행하였다는 것입니다.

즉 C가 아반떼 승용차를 타고, 퇴근하는 피해자의 그랜저 승용차를 뒤따라갔으며, 우측 뒤쪽 범퍼를 일부러 들이받아 피해자가 승용차에서 내리게 했습니다. 피해자가 사고 내용을 따지자 C는 미리 준비한 흉기인 다용도 맥가이버 칼로 피해자의 가슴, 다리, 옆구리를 4회 찌르고, D는 주먹으로 피해자의 온몸을 수회 때리며 피해자를 그랜저 승용차에 강제로 태워 항거 불능케 한 뒤 피해자를 납치하여 돈을 강제로 빼앗으려 했다는 것입니다. 그런데 때마침 경찰관들이 출동하여 그 뜻을 이루지 못하고 미수에 그쳤다는 것이 핵심입니다.

그러나 이 사건은 피고인 B가 주범 격인 A에게 '사촌 동생이 가스충전소를 여러 개 운영하기 때문에 돈이 많은데, 집안 행사에도 참석하지 않고 평소 자신을 우습게 여기는 등 속된 말로 싸가지 없는 놈이어서 혼을 내 주고 싶다'는 말을 한 이후 금 30만 원을 공범자들에게 입금한 것은 사실이지만, 그 돈은 단순히 차용을 해 준 것이지 범행 비용으로 준 것이 아니라는 항변이 받아들여져 피고인 B는 원심에서의 무거운 징역형에서 무죄 판결을 받게 된 것입니다.

이 사건에는 공범자가 여러 명이 있고, 참고인 진술자, 많은 증거물이 있어 수사 기록이 약 1천 쪽이 넘는 방대한 분량이었습니다.

이 사건의 담당 변호사는 판사, 또는 검사 출신이 아니고 명문 법대 출신은 더욱 아닌 변방의 법대 출신이었습니다. 그 신출내기 변호사는 정말 사건 기록을 꼼꼼히 따져 보고 공범자 간의 진술이 상호 모순되는 점을 찾아내는 데 혼신을 기울였습니다.

공범자가 있는 사건에서는 서로 자신들이 형을 감형받기 위해서 범행의 동기와 범죄행위에 대해 다른 공범자들에게 그 책임을 전가하는 경우가 허다합니다. 이 사건에서도 공범자이자 주범 격인 A는 피고인 B가 사촌 동생을 혼내 주고 싶다고 한 말을 강도 모의 제안으로 받아들였다며 물고 들어간 사건입니다. 피고인 B는 사촌 동생을 불법 감금하고 강제로 돈을 갈취하려 하였다는 억울한 누명을 쓰고 6개월이 넘는 감옥살이를 했습니다.

저는 피고인 B의 친형으로부터 불법적으로 구속된 상당 기간의 손해배상청구를 해 달라는 요청을 받고 국가배상법에 따른 청구를 하여 배상금을 받게 해 주어 조금이나마 위로를 받게 해 준 것이 기억납니다.

30년이라는 긴 세월 동안 민형사 소송사건을 겪어 보았지만, 승소한 것은 사안이 이길 만해서 승소한 것이고, 소송에서 패소한 사건은 사안이 질 만해서 패소한 것들입니다. 즉 승소와 패소의 결과는 극소의 난해한 사건을 제외한 전체 사건의 90%는 누가 하더라도 같을 것이라는 생각입니다. 물론 사건을 대하는 자세가 성심성

의껏 집중해서 내 일처럼 기록을 검토하고 잘 살펴본다면 말입니다.

그런데 어쩌다가 정말 의외의 판결 결과를 맞는 경우가 없지는 않습니다. 특히 정치적인 사건은 더욱 그렇습니다. 이래서 법의 불신이 있는 것입니다.

이 사건에서 '담당 수사 검사는 전과가 있는 노련한 피고인 공범자 A의 기만적인 진술에 속아 피고인 B를 공동정범으로 여겨 기소한 것은 아닐까'라는 생각을 지울 수가 없습니다. 만에 하나 사실이라면, 그 검사는 한 사람의 인생을 망치는 심각한 인권침해를 한 것이라는 생각에 마음 한구석에 서늘함이 감도는 것 같습니다.

| 홍익무료상담소에서 경험한 잊지 못힐 소송 도우미 사건

어느 무더운 여름날 평소 잘 알고 지내던 대학 후배 부인이 그녀와 여고 동창 친구라는 분을 데리고 상담을 받으러 왔습니다. 그 내용은 친구인 여성 A가 미혼인 자신의 딸 소유의 외제 차를 운전하여 어느 주유소에서 주유를 마치고 운행하다가 엔진이 전소되는 사고를 당한 것이었습니다.

그 문제의 외제 차는 금융기관에 근무하는 딸의 소유였는데 그 딸이 휴가를 맞이하여 여행하게 되었고, 딸은 자신의 차를 엄마가 임시로 운행하는 것에 동의하여 차를 운전하게 된 것입니다. 그런데 고속도로를 운행하기 전에 집에서 나와 인근 주유소에 들러 주유하게 되었는데 그 주유가 셀프 주유소였던 것입니다. 그 무렵에는 많은 주유소가 인건비 절감 차원에서 한두 명 정도 최소한의 주유원을 두고 있었고 거의 셀프 주유로 전환하고 있을 때였습니다.

친구 A는 이전에 딸의 차를 운전해 본 경험이 없었고, 셀프 주유도 해 본 적이 없었던 터라 막상 주유하려니 어떻게 해야 할지 당황스러웠다고 했습니다. 그래서 주유기 앞에서 어쩔 줄 모르고 있는데, 여고를 갓 졸업한 것으로 보이는 여자 아르바이트 직원이 다가와서 도와주게 되었습니다. 그런데 그 알바 여직원은 차량의 주유구를 열더니 A에게 주유기를 들게 하고 그녀의 손목을 잡으며 카드를 넣고 주유하는 방법을 가르쳐 주었다고 합니다.

이때 무엇보다 중요한 것은 주유하고자 하는 차량이 가솔린 차량인지 경유용 차량인지를 확인부터 해야 하는데 이를 잊고 경유가 아닌 가솔린을 주입하였던 것입니다. 나중에 알게 된 사실이지만 그 알바생은 그 주유소에서 일한 지 불과 5일밖에 되지 않은 신참 초보자 주유원이었던 것입니다. 그래서 당연히 가솔린 차량으로 오인하고 가솔린 기름을 주유하는 실수를 하였던 것입니다.

그래서 후배의 친구인 A는 주유소 주인에게 차량 전소에 따른 손해배상으로 금 4천만 원을 요구하였는데, 그 주유소 주인은 셀프 주유소임을 내세워 A가 주유를 잘못한 것이어서 배상할 책임이 없다고 거부하고 있으니 어떻게 하면 좋겠느냐는 것이었습니다.

필자는 A의 말이 진정임을 전제로, 그녀의 도움 요청에 따라 민법 제756조가 정하고 있는 사용자의 손해배상책임 규정에 근거하여 그 주유소 사장에게는 사용자 책임을 묻고, 그 알바생에게는 불법행위 당사자로 하여 연대하여 금 4천만 원의 손해 금액을 지급하라는 소를 제기하였습니다.

　그런데 그 주유소 측에서는 변호사를 소송대리인으로 선임하고 원고의 청구취지와 청구원인을 전면 부인하는 답변서를 보내왔습니다. 그러고는 추가 준비서면을 통하여 예상했던 대로 원고의 주유소는 셀프 주유소이고, 그 증거로 주유소 사방 벽면에 붙어 있는 셀프 주유소임을 표시한 현판을 사진으로 제출하였습니다.

　아울러 당시 알바생이었던 직원이 A를 대신하여 주유를 해 준 적이 없었고, 단지 말로만 주유하는 방법을 설명하였을 뿐이라는 주장을 했습니다. 그 증거로 A가 직접 주유하였다는 '사실확인서'를 작성하여 제출하고 그 사고의 원인은 원고의 전적인 주의 태만에서 비롯된 것이라며 피고들의 손해배상책임은 당연히 면책되어야 한다는 취지의 주장을 하였습니다.

　그래서 A에게 그 주유소에 CCTV가 설치되었는지를 확인하라고 지시하였지요. A는 카메라가 아직 그대로 설치되어 있다고 대답했습니다. 필자는 즉시 법원에 원고의 주장 사실을 입증할 방법으로 주유소 대표자에게 주유일 날짜의 CCTV 필름을 제출하도록 하는 신청을 하였습니다.

  변호사는 무에서 유를 창조하는 예술가나 과학자가 아닙니다. 재판은 오직 법과 원칙, 그리고 증거에 의해 적법한 절차에 따라 이루어지는 행위입니다. 이 사건은 피고였던 주유소 측에서 CCTV가 공개되면 자신들에게 불리하게 작용할 것을 인식하고 타협할 것을 제안해 왔습니다. 원고인 A도 애초의 손해배상금 청구취지 금액에서 조금 양보하여 하향 조정하는 선에서 화해로 종결되었습니다.

  그동안 소송 실무 경험을 통하여 얻은 지식을 재능 기부 차원에서 법률적으로 번민하는 이웃과 서민들을 위해 봉사하기로 작정하고 상담과 소송 도우미 역할을 한 이래 가장 기억으로 남는 사건이었습니다. 현재 법원에 소송 중인 사건 중에는 굳이 변호사가 선임되어야 할 정도로 어려운 사건은 실상 20% 정도에 불과한 것입니다.

| 뒤끝이 개운치 않은 사건

  필자는 법률사무소에서 일하는 동안 양 당사자가 '부당이득금 반환 청구 사건'으로 대립하고 있는 피고에 대한 소송 업무를 수행한 적이 있습니다.

  원·피고는 중학교와 고등학교, 그리고 같은 대학, 같은 학과를 졸업한 절친한 친구 사이였습니다. 이들은 기계공학 전공자들로 대기업에 다니다가 50대 초반에 의기투합하여 공동으로 자금을 투자하여 산업기계류를 제작 생산하는 회사를 설립하고 공동 대표자가 되어 운영하였습니다.

그런데, 몇 년이 지나면서 이들 사이에 불신의 싹이 트기 시작하더니 급기야는 업무상 횡령, 배임을 논하며 다투었고 어느 날 갑자기 당사자 한 명이 소송을 제기하였습니다.

그 내용은 회삿돈을 횡령하여 호주머니 돈처럼 유용하여 부당하게 지출한 것이 명백하여 회사에 반환을 요구하였음에도 불응하여 제소하였다는 것입니다.

다툼이 있는 사건을 접하다 보면 사건의뢰 당사자는 자신이 잘못한 부분은 알게 모르게 축소하거나 은폐하려는 경향이 있어 상담 때에는 예단하기 어려울 경우가 종종 있습니다.

이 사건의 경우에도 사건을 의뢰할 때에는 자신의 주장이 사실과 틀림이 없으며, 증거도 확실히 존재한다며 큰소리를 치다가 막상 소송이 진행되자 증거도 증인도 세우지 못한 사건이었습니다.

오히려 소송이 중간 정도 진행되면서부터 상대방이 주장하는 내용과 그에 부합하는 증거가 속속들이 나오게 되어 반전되었는데 이런 경우는 매우 흔하게 일어나고 있습니다.

그래서 필자는 소송 중간에 의뢰인에게 승소가 어려우니 조금 양보하고 상대방과 합의할 것을 권고하였습니다. 더구나 상대방의 소송대리인이 필자의 대학 선배여서 직접 찾아가서 사정을 말씀드리고 합의하도록 설득해 달라는 부탁까지 한 적이 있었습니다.

그러나 감정의 골이 깊어서인지 상대방이 합의를 거부하여 판결 선고까지 갔으나 예상대로 패소하게 되었습니다.

그 후 의뢰인은 물론 승소한 당사자들은 어쩌다 필자와 마주치면 못 본 척 외면하였습니다. 그 이유는, 패소한 쪽에서는 소송에 지도록 최선을 다하지 않았다는 불만에서, 승소한 쪽에서는 소송 중 답변서와 준비서면을 통하여 억지 주장을 하며 자신의 주장을 기분 나쁘게 인정하지 않고 탄핵하였다는 것입니다.

이래서 아무리 친한 친구 사이더라도 동업은 신중에 신중을 기해야 하고, 돈 관리는 철저히 투명하게 하여 한 점의 의혹도 일어나지 않도록 해야 할 것입니다. 그렇지 않으면 자칫 좋았던 친구 사이가 원수로 바뀌게 되는 것입니다.

또 다른 사건은 행정기관에서 세무 담당을 하던 공무원의 뇌물 사건입니다. 이 사건은 신문에도 크게 보도된 사건인데 역시 의뢰인은 필자와 잘 아는 사이입니다. 마침, 담당 판사가 필자와 같은 아파트에 살고 있어 안면이 있는 판사였고, 더구나 대표 변호사와는 대학 선후배 사이였습니다.

초범인지라 1심에서 잘하면 집행유예 선고를 받을 수 있지 않을까 하는 생각에서 사건을 수임하게 되었는데 예상과는 달리 1심에서는 실형 선고를 받았습니다. 그렇게 되자 당사자 가족으로부터 시달림을 받게 되었고 위 사건을 수임한 것이 후회되었습니다.

나중에 그 판사를 만날 기회가 있어, "그때 그 뇌물 사건을 집행유예로 풀어 주지 기어코 실형을 선고했느냐."라고 물었더니, 그 판사 왈, "수사 기록상 도저히 1심에서부터 집행유예로 풀어 줄 수는 없는 사건이었다."라고 했습니다.

그 후, 그 친구는 2심에서 풀려나기는 했으나 영원히 필자와는 서먹서먹한 사이가 되었습니다.

이렇듯 법률사무소에는 환호와 애환이 뒤섞여 돌아가고 있습니다.

| 동창회비, 종중회 및 취미활동 목적의 각종 동호회비의 법적 성격

우리 민법 제31조는 "법인은 법률의 규정에 의해서만 성립할 수 있다."라고, 법정주의를 취하고 있고, 같은 법 제32조는 "비영리 법인의 성립은 주무관청의 허가를 얻어야 한다."라고 허가주의를 규정하고 있습니다.

그래서 동창회, 특히 기별동창회 및 각종 동호회의 등, 수많은 비영리 사단들은 여러 허가 조건을 충족시켜야 하는 번거로움과 설립 후 감독이 따르는 불편을 피하기 위해서 법인 명의를 취득하지 않는 '법인 아닌 사단'으로 남아 있습니다.

이래서 가끔은 돈이 있는 곳에서 종중의 종원들, 동창회원들, 동호회 구성원 사이에 분쟁이 발행하고, 심지어 고소, 고발로 이어지는 경우를 보게 됩니다.

그런데 찬조금 또는 회비 명목으로 모아진 돈은 각 구성원들의 공동소유에 해당하는 것이지 회장 또는 금원을 관리하는 총무나 재무의 명의로 통장이 개설되어 그들이 입출금을 자유롭게 할 수 있다고 해서 그들의 소유가 아닌 것은 자명한 일입니다.

그런데, 공동소유의 개념에는 공유(共有), 총유(總有), 합유(合有)라는 3가지 종류가 있는데, '법인 아닌 사단'의 돈은 총유에 속하는 것입니다.

원래 공동소유란 하나의 물건을 2인 이상의 다수인이 공동으로 소유하는 것을 말합니다.

그리고 총유란 '법인 아닌 사단' 구성원이 집합체로서 물건을 소유하는 공동소유의 형태로 물건을 관리하고 처분의 권한을 갖는 것으로 해당 단체에 속하는 것입니다.

또한 그 물건의 사용·수익하는 권한 역시 각 단체 구성원에 속하는 것인데, 그 공동 소유 형태 중 가장 개인적인 색채가 약한 형태가 총유입니다. 따라서 총유에 속하는 것으로는 이른바 동창회비, 종중회비, 동호회비, 협회비 등이 바로 여기에 속하는 것입니다.

한편, 총유물의 관리 및 처분은 사원들(구성원들)의 총회 결의에 따른다고 규정하고 있습니다(민법 267조 제 1항 참조).

그리고 "각 사원(구성원)은 정관이나 기타의 규약에 따라 총유물을 사용·수익할 수 있다."라고 규정하고 있습니다(같은 법 제276조 2항).

그러므로 단체 구성원들이 정관 또는 회칙에 정한 바에 따라 사정에 의해 단체를 해산할 것을 의결하고 보관 중인 재산에 대하여서는 특단의 사정이 없는 한 구성원 전원이 균등 배분하는 것으로 정리를 할 수도 있습니다.

또한 사원들(구성원들)의 사무를 처리하는 회장, 총무, 또는 재무가 그 업무상 임무에 위배하는 행위로 재산상의 손해를 입히게 되면, 그에 상응하는 민형사적 책임을 져야 하는 경우가 발생합니다.

그래서 오해가 없도록 가급적이면 행사를 마치거나 최소한 연 1회라도 감사의 회계감사를 거쳐 회장이 결산보고를 해야 합니다.

참고로 외부인이든 회장 또는 구성원 어느 누구로부터 찬조금 형태로 기부금을 받았다면 그 돈은 그날부터 총유 재산이 되는 것입니다.

우리의 주변에서 이런 돈 문제로 다툼이 벌어지는 경우를 종종 목격할 수가 있는데 그렇게 되면 구성원들 간의 화합과 친목은커녕, 예상하지 못하게 적이 될 수도 있음을 명심하고 경리 담당자와 단체의 수장은 투명하게 관리하여 불미스러운 일이 발생하지 않도록 미연에 방지할 의무가 있다 할 것입니다.

5. 세상에 말 걸기

1) 교사들에 대한 비난과 비판

| 한 젊은 여교사의 죽음과 교육 현실

서울 서이초등학교에서 근무하던 한 교사가 2023년 7월 18일 오전 10시 50분경에 교내에서 스스로 목숨을 끊은 사건이 발생한 바 있습니다. 언론매체들은 극단적 선택을 한 사회초년생이었던 교사의 49재 날, 전국의 교사들이 이날을 '공교육이 멈춘 날'로 정하고 학교에 연가, 병가 등을 낸 후 국회 앞 도로에서 여의도공원까지 검은 옷차림으로 시민들과 함께 시위를 벌였다고 일제히 보도했습니다. 이에 대한 반응도 여러 가지인 것 같습니다.

영국 BBC 방송은 교사들의 집단 시위에 관하여, "교사의 자살로 한국 학부모의 괴롭힘이 드러났다(Teacher suicide exposes parent bullying in S Korea)."라는 제목의 기사에서 한국 교사들의 집단적인 '분노의 물결'에 주목하면서 그 주된 원인은 무분별한 부모의 갑질 성향의 전화와 제멋대로인 학생 태도가 교사들을 벼랑 끝으로 밀어 내고 있다고 짚고 있습니다. 그러면서 자녀가 하나인 대부분의 한국 가정에서 성공 기회는 한 번뿐으로 인식되고 있기에 내 아이만 소중하다고 생각해 이기적으로 변하였기 때문이라 진단하고 있습니다.

밤에 기온이 이슬점 이하로 내려가 풀이나 물체에 이슬이 맺힌다는 절기상 백로였던 2023년 9월 8일에도 또 한 명의 교사가 극단적인 선택을 했다는 보도가 나왔습니다. 참으로 비통하고 안타까운 일입니다. 모든 사람은 천부적인 인권을 타고 태어났고 인간의 존엄성은 유지되어야 하는데 말입니다.

따라서 이번 기회에 그 원인부터 정확히 분석하여 국가의 백년대계인 교육 정책을 근본적으로 변화시켜야 할 것입니다.
이번 사건의 직접적인 발단은 학부모의 몰상식한 갑질로 교사가 모욕감과 수치심을 받게 된 것입니다. 교사로서의 존재 가치가 부정당하거나 격하될 때 갖게 되는 괴로운 감정을 사회초년생 교사가 감당하기에는 너무나 힘들었을 것입니다. 인간은 목숨을 부지하는 것 이상의 그 무엇을 원하고 있고, 그것이 존재감입니다. 그걸 오만하고 천박한 학부형이 짓밟은 것입니다.

| 과거 교사의 지위(1960~1970)

회고하건대, 필자가 고교를 다니던 60년대와 70년대 시절에는 교사의 권력이 대단하였습니다. 당시 학생들은 교사의 절대권력 앞에 언제나 꼼짝 못 하고 무엇이든지 시키는 대로 해야 했으며, 만약 조금이라도 어기면 주먹과 발로 얻어맞기 일쑤에다 엎드려뻗쳐는 다반사였습니다.

특히 체육 교사들이 맡고 있던 훈육 교사나 학생주임 앞에서는 고양이 앞 쥐 신세였습니다. 수업 중에 졸든지, 또는 옆줄 친구와 잠시라도 말하다가 걸리면 영락없이 분필 자루가 날아들었고 때로는 교단 앞으로 불려 나와 따귀나 꿀밤을 맞고 들어가야 했습니다. 복장 검사도 심해서 바지에 주름이 있거나 모자의 챙이 크거나 하면 예외 없이 훈육 선생 앞으로 불려 가 조인트를 까이고 반성문도 써야 했습니다.

그 시절에는 군주와 스승과 아버지는 같은 것이라 뜻의 송나라 학자 주자가 지었다는 『소학(小學)』의 한 대목이기도 한 군사부일체(君師父一體) 또는 "스승의 그림자도 밟지 않는다."라는 불문율이 통하던 시대였습니다. 그만큼 교사들이 존경받았으며 학생과 학부모에게는 절대적인 존재였지요.

이런 막강한 권위와 권력은 선생님만이 아니었습니다. 심지어 1년 선배에게도 예의를 지키지 않으면 끌려가서 혼나는 시절이었습니다. 그때에는 중고교를 시험으로 입학하던 시대였고, 고교 입학은 아주 드물기는 하지만 재수해서 들어온 학생들도 있었습니다. 중학교 때에는 동급생(同給生)이었음에도 재수(再修)하여 입학하면 공적인 자리에서는 반말을 하지 못하고 상급생 대우를 해 주던 시대이기도 했습니다.

더욱이 저는 인천에서 124년 전인 일제 강점기 때 일본인들이 일본인을 위해서 세운 전신 일본 관립 외국어학교(현, 인천고의 전신)에 다녔던 관계로 선배에 대하여 아직도 깍듯이 대하는 습관이 젖어 있습니다. 현재 시점에서 생각해 보면 어림없는 일이지만, 동문 사랑의 기준이라 할 수 있는 선후배 관계가 어느 고교보다는 끈끈한 것 같습니다.

한편, 이렇게 지나칠 정도의 권위적이고 폭력적인 장면이 종종 발생한 이유를 살펴보자면 경제적인 상황이 만들어 낸 결과가 아닌가 싶습니다. 물론 당시에는 선생님은 부모와 같은 존재이므로 절대복종해야 한다는 유교적인 관념이 심한 데다가, 학부모들의 학력이 교사들보다 절대적으로 낮았다는 점도 교사의 권위적인 모습을 강화하는 데 한몫했을 것입니다. 또 당시에는 전 국민의 60% 이상이 농업에 종사하였기에 하루하루 생계유지를 위해서 힘든 농사일을 해야 했습니다. 그래서 자식들한테 신경을 쓸 여유가 없었던 것도 또 하나의 이유일 것입니다.

그때는 빈약한 경제 상황으로 학부모의 학력이라고는 무료로 가르쳤던 초등학교만 겨우 졸업하거나, 또는 중학교만 졸업하고 대부분이 농업에 종사하였던 시기여서 그야말로 학부모의 '가방끈'이 교사보다 훨씬 짧을 수밖에 없었던 겁니다. 그러니 자연히 터득한 지식과 사회적인 경험이 부족하였고, 교사의 권위는 유지될 수가 있었던 것입니다.

| 교사 지위의 하락 원인

 그런데 이처럼 전통적으로 교사를 존중하던 문화가 교사를 우습게 보는 문화로 급격히 변한 것은 경제 성장으로 인해 과거와는 달리 많은 부모가 교사와 동등하게 고학력자가 되었기 때문일 것입니다. 아니, 오히려 학부모 중에도 유학파와 전문가가 많아 교사들보다 더욱 폭넓은 지식과 풍부한 경험을 소유하고 있는 분들이 많아졌다는 사실입니다.

 반면, 교사들은 우물 안 개구리처럼 좀처럼 변하지 못하고 구태의연한 방식으로 아이들을 가르치려 하는 데서 갈등이 생긴 것일 수도 있을 것입니다. 그래서 공교육장이라는 학교는 단지 거쳐 가는 하나의 형식적인 절차에 불과하고 실제로 공부하는 곳이 학원이 되면서부터 교사의 지위는 하락하기 시작하였다고 해도 과언은 아닐 것입니다.

 지금도 여전히 수많은 학생이 학교보다는 학원에 가서 공부하는 것이 훨씬 낫다고 여기는 것은, 역으로 생각하면 공교육을 담당하는 교사들의 실력이나 수업 방식이 학원보다 신뢰가 가지 않기 때문일 것입니다.

 사고가 연이어 터지자 교육 당국자와 국회의원들이 교권을 보장하고 교사의 지위를 보장하는 법률을 제정한다고 난리를 떱니다. 꼭 무슨 사고가 크게 터져야만 대비책을 마련하느라 부산을 떠는 거지요. 우리 국민이 '냄비 근성'을 갖고 있음을 증명하는 것입니다. 여태껏 손을 놓고 있던 정치권은 이제야 소 잃고 외양간을 고치겠다며 난리를 떱니다. 이래서 저질 국회의원을 솎아 내고 그 수를 줄일 필요성이 대두되는 것입니다.

그런데 국회에서 교사 지위법이 제정된다고 해서 근본적인 해결이 될 수 있을까요? 교사들에 대한 학생과 학부모의 불신을 제도만으로는 결코 풀 수는 없을 것이고, 또 다른 부작용이 따를 것이 분명할 것입니다.

그렇다면 교사와 학생 그리고 학부모가 머리를 맞대고 진지하게 충분한 논의를 한 후 대책을 마련해야지 지금처럼 냄비가 끓는 듯한 비등한 여론에 밀려 졸속으로 대책을 마련할 것이 아닙니다. 왜냐하면 교사의 수가 워낙 많다 보니 우리네의 경험칙상 질적으로 자격 미달의 교사도 분명히 있을 것입니다.

그 예로, 언젠가 방송 인터뷰에서 한 여성이 고교 때 부당하게 교사로부터 심하게 매를 맞아 40세가 넘어서도 트라우마에 시달리고 있어 정상적으로 생활하지 못하고 있다는 인터뷰를 본 적이 있습니다. 이런 걸 보면 자질 미달 교사가 적지 않았을 것으로 추정됩니다. 이 밖에 또 다른 피해자들도 분명히 존재하고 있을 겁니다. 당시 교사로부터 부당하게 피해를 당한 학생들이 지금 학생들처럼 역으로 미성숙한 교사나 질 낮은 교사의 부당한 대우를 신고했다면 아마도 엄청난 건수의 사건이 접수되었을 겁니다.

필자도 고교 시절, 옆 친구가 무심코 떠드는 소리를 들은 선생님이 자신을 비하하는 말을 한 것으로 오인을 하고서 친구를 교단 앞으로 불러 세우더니 사유도 물어보지 않고 신고 있던 고무 슬리퍼로 얼굴을 무려 10여 차례나 가격하는 충격적인 모습을 목격한 적이 있었습니다.

대학은 그나마 70년대의 대학 시절보다는 훨씬 나아진 것 같습니다. 그때에는 엉터리 교수도 많았습니다. 10년이 넘은 빛바랜 노트를 들고 매년 똑같은 내용을 강의하다가 종강하는 교수들이 있어, 과목에 따라 학생들은 차라리 독학할 때가 많았습니다.

하지만 그때도 연구 실적이 좋고 평판이 좋은 교수의 강의에는 학생들이 꽉 찼습니다. 그런 면에서 교사들도 연구를 열심히 하고 객관적이고 중립적인 기관으로부터 평가를 받아 양질의 교사임이 증명되면, 지금처럼 교사를 우습게 여기는 풍토는 저절로 없어지지 않을까 생각해 봅니다.

| 교육 혁신을 위한 과제

현재 공무원 숫자는 경찰과 교육공무원의 숫자가 가장 많을 것입니다. 오래전부터 출산율 저하로 지방에서는 폐교하는 학교가 늘어남에 따라 빈 학교 건물을 어떻게 사용할지를 두고 골머리를 앓고

있습니다. 심지어 폐교하는 현상은 지방뿐만이 아니라 서울 변두리에서도 발생하고 있는 것이 사실입니다.

한 학급의 숫자도 과거 60명 기준에서 이제는 25명 내외라고 합니다. 그런데도 교사의 수는 여전히 줄어들지 않고 있습니다. 교사들의 질적 향상을 위해 정부는 끝없이 재교육해서 유능한 교사가 될 수 있도록 도와줘야 하고 그래도 개선될 여지가 없는 교사들에 대해서는 직업 전환을 시키도록 해야 할 것입니다. 그 많은 공무원에게 일률적으로 혈세인 세금으로 균등하게 높은 급여를 지급할 수는 없을 것입니다.

그러므로 인사제도를 혁신적으로 개혁하여 연구하고 수업을 잘하는 교사에게는 보수와 승진에서 과감한 '인센티브(Incentive)'를 주어야 하고, 나태한 교사는 재교육해야 할 것입니다. 기업에서는 업무 성과가 좋지 않으면 40대에도 그만두는 사원들이 수두룩합니다. 그만큼 경쟁이 심합니다. 그런데 우리 공무원법상 공무원들은 한번 임용이 되면 정년이 보장되는 철밥통 직장이어서 좀처럼 선의의 경쟁심이 없는 것은 아닌지 되짚어 봐야 할 것입니다.

경쟁이 없는 사회는 발전할 수가 없다는 것은 역사가 증명하고 있습니다. 열심히 연구하고 열정을 다하여 아이들을 가르치려 노력하는 교사와 적당히 시간을 때우려는 교사를 구별하지 않은 채, 평등을 내세워 나누어 먹는 식의 성과금을 지급하거나 연공서열에 따른 보수적 인사 체계로는 아이들이 학원으로 몰리는 형상을 막을 수 없습니다.

초중등교육을 이끌어 가고 있는 교사 구성원들의 사고가 새롭게 바뀌지 않고, 정책이 바뀌지 않는 한 법적 제도만으로는 해결될 수 없는 문제입니다.

제가 듣기로는, 전교조 중심의 교사들은 교사를 서열화한다는 명분을 내세워 교원 평가를 거부하고 있다고 합니다. 그렇다면 교사의 질적 향상은 어떻게 이룰 것이고, 학생들이 양질의 수업을 받을 수 있는 학습권은 어떻게 담보될 수가 있을까요? 이에 대한 답을 제시해야 할 것입니다.

특정 사건을 계기로 일어난 여론에 따를 것이 아니라, 지금처럼 공교육이 불신받고 있는 현상을 어떻게 개선시킬 수 있다는 것인지, 그 대안도 필시 제시하여야 할 것입니다. 그런데 현재는 그 대안도, 자성하는 목소리도 없이 제도만을 탓하는 소리가 난무하는 것 같습니다.

국회에서는 여론에 떠밀려 교권 보호 4법을 제정하였다고 합니다. 즉 교원의 지위 향상 및 교육활동 보호를 위한 특별법(교원지위법), 초중등교육법, 유아교육법, 교육기본법이 개정되었습니다. 그리고 통과된 법안엔 교원이 아동학대로 신고됐더라도 정당한 사유가 없는 한 직위해제 처분을 금지하는 내용도 담겼습니다. 물론 학생 보호자가 교직원이나 학생의 인권을 침해하는 행위를 금지하는 내용도 포함되어 있습니다. 그리고 교사들의 수당도 대폭 인상을 한다고 합니다.

그런데 이런 교원지위법이 제정되었다고 해서, 교직 수당을 대폭 인상한다고 해서, 교사가 존경받고 공교육이 살아나고 인구 출산율이 살아나고 사교육이 줄어들 수가 있을까요? 아마 그 부작용도 만만치 않을 것입니다. 그렇게 되면 그다음에 또 무슨 법률을 제정할 것인가요? 그리고 그 돈은 누가 감당하는 겁니까?

결론적으로 우리 사회의 갑질 문화는 학부모든 교사든 그 대상을 불문하고 용납해서는 안 되고 반드시 근절해야 합니다. 더불어 교사에게는 공정한 평가를 받도록 제도적인 장치가 필요합니다. 분명 법률은 모든 걸 근본적으로 해결해 주는 만능의 열쇠가 아닙니다. 예컨대, 대한민국 최고의 엘리트 집합체라 할 수 있는 법원에서도 형식적이나마 법관재임용제도가 있습니다.

과거에는 지방법원의 판사들이 재판에 대한 공정성과 신속성, 시비 없는 법리에 따른 엄정한 법 적용 등, 법관 개개인에 대한 종합적인 평가 결과에 따라서 고등법원 부장 판사의 직으로 승진하였습니다. 이어 고등법원 부장판사들은 판사의 꽃이라고 불리는 선망의 지방법원장직(차관급)에 갈 수 있는 길이 있었습니다. 그래서 뜻있는 판사들이 재판 기록을 퇴근 시간이 넘어 늦은 야밤까지 검토하고 심지어 기록을 보따리에 싸서 집에까지 가져가 검토하였습니다.

그런데 문재인 정권에서 임명된 김명수 대법원장이 6년 전에 취임 이후 그런 경쟁에 따른 승진제도를 폐지하고 추천제로 바꾸었습니다. 그 이후부터 판사들은 자신들의 인사가 노력의 결과보다는 인기투표식으로 이루어지니 야근할 맛이 날 리 만무했던 것입니다. 그러니 시간이 되면 칼퇴근하고 재판 기록 검토도 열심히 하지 않아 사건 파악을 제대로 못 하게 된 것이지요. 그 결과 판결선고를 늦추는 부작용이 나타나고 자연히 재판은 지연되는 것입니다. 그리고 그 피해는 결국 신속한 재판을 받을 권리가 있는 국민 몫이 될 수밖에 없는 것입니다.

이제 신임 대법원장이 임명되었으니, 이런 불합리한 법원의 운영은 지양하고 인사제도도 대폭 바꿔 예전처럼 열심히 노력하여 좋은 성과를 내는 판사들이 우대받게 한다면 지금처럼 재판이 지연되는 일은 많이 개선될 것이라 기대합니다.

주지하는 바와 같이 사교육(私敎育)이 낳는 폐해는 국가적, 사회적으로 너무 큽니다. 우리나라의 출산율이 세계에서 가장 낮은 이유가 아이의 사교육비를 감당할 수 없기 때문이라는 말도 있습니다. 그래서 결혼과 출산을 기피하고 있다고 하는 것입니다. 교원 지위를 높이는 법률이 없어서 이렇게 된 것이 아닙니다.

바야흐로 세계는 아날로그에서 디지털 시대로, 다시 AI 즉 인공지능 시대로 넘어가는 초고도화 시대에서 살고 있습니다. 지금은 전 분야에서 국제적인 흐름에 따라 급속한 발전 속도를 늦추지 않고 있습니다. 이러한 때에 교사들에게 부단한 개혁과 쇄신을 수반하는 변화된 사고와 노력이 없으면 공교육이 외면당하는 일은 줄어들지 않을 것입니다.

전교조가 교사들을 평가하게 되면 서열화라는 부작용이 발생한다는 이유로 교원 평가를 거부하고 있지만 그런 주장은 명분에 불과한 억지 주장입니다. 실제로는 그들의 속마음은 경쟁에 자신이 없으며 공부하고 연구하기가 싫고 뒤처질 것이 두려워 학생보다는 자신을 위하여 억지 주장을 미화하고 포장한 것입니다.

교사와 교육 당국자들은, 학생 중에는 공교육이 대학 진학에 별반 도움이 되지 않는다는 생각에 학교를 자퇴하고 검정고시를 통하여 대학 진학을 하는 학생들의 숫자가 해마다 늘어나고 있다는 사실을 가볍게 보아서는 안 될 것입니다.

이런 문제들에 대하여 진지하게 함께 고민하고 의논해야 그 부작용을 줄이거나 막게 될 것입니다.

| 비난(Blame)과 비판(Criticism)의 메커니즘

이 사건이 터진 후 교육 당국을 비난하는 여론이 빗발치고 있습니다. 특히 그간 진보 교육감 출신들이 학생 인권만을 강조하며 만든 학생 인권 조례로 인해 교사들의 피해가 증가했다며 학생과 학부모에 대한 많은 비난과 비판이 난무하고 있습니다.

그런데 비난과 비판을 구별하지 못하여서인지 교육 당국과 학부모 및 학생들에 대한 질타는 연이어지고 있으나 개선을 위한 진정한 목소리는 잘 들리지 않습니다.

물론 비난과 비판은 둘 다 다른 사람이나 대상의 말과 행동, 특징, 결정, 정책 등을 평가하는 행위를 말합니다. 그런데 비난은 주로 대상을 공격하거나 모욕(侮辱)할 때 이루어지며, 대개는 매우 감정적이고 부적절한 언어를 사용합니다. 또한 대상을 비하(卑下)하거나 모욕하는 것이 목적인 듯 듣기에도 민망할 정도로 공격적이고 비방적인 태도로 상대를 규탄하고 공격하는 것들이 비난에 해당합니다. 이들은 대개 어깨너머로 주워들은 적은 지식이나 경험으로 본인의 생각만이 옳다며 오만과 편견에 사로잡혀 보고 싶은 것만 보고, 듣고 싶은 정보만 듣고, 믿고 싶은 것만 믿는 확증편향에 사로잡혀 있을 때가 많습니다. 이런 행동은 때에 따라서는 패악질에 가까운 아주 위험한 행위입니다.

그에 반하여 비판은 대상의 부족한 점이나 잘못된 점을 분석하여 지적하고 이에 대한 개선을 제안하는 것입니다. 즉 구체적인 개선 방안을 제시하는 것이 비판인데 이를 착각하는 사람들이 너무 많습니다.

그런데 이런 현상은 비단 이번 사건뿐만이 아니라 우리 사회에서 일상화된 듯싶습니다. 우리 사회에서 진정한 토론이나 토의가 어려운 이유는 전혀 훈련되어 있지를 않기 때문입니다. 우리 국민 중

80% 이상이 1년에 책을 한 권도 읽지 않는다는 설문조사가 있습니다. 그래서 동네 책방이 다 없어지고 대도시에 한두 곳의 대형 책방만 존재하는 것이 현실입니다. 하긴 신문조차 읽지를 않는데 말하면 무엇 하겠습니까?

생각건대, 일본인만 하더라도 전철 안이든 버스 안이든 휴식 공간이든 책을 읽는 국민을 흔하게 볼 수 있습니다. 그런데 우리는 어떠한가요? 목디스크를 염려할 정도로 고개 숙이고 하나같이 휴대전화만을 쳐다보고 있지 않습니까? 선진국 국민은 자신의 수입 중 10% 정도는 책값에 투자한다고 합니다.

반면 우리는 어떨지 모르겠습니다. 그러면서도 여기저기에 웬 평론가들이 그렇게 많은지 모르겠습니다. 모든 사람이 정치평론가요, 사회평론가요, 교육평론가요, 문화평론가입니다. 입으로 떠들어 댈 때의 모습을 보면 기가 막힐 정도입니다. 자기 생각을 합리적인 글로 표현하라고 하면 세 줄도 못 쓸 위인들이 입으로 나불대는 것은 선수급입니다.

글을 해석 못 하고 문언(文言)을 이해 못 하는 사람들이 너무 많아 소통이 어렵고 오해를 낳는 경우가 흔합니다. 문해력(文解力)이 심각하게 부족한 사람이 하는 말에 무슨 논리성(論理性)과 합리성(合理性), 보편성(普編性)이 있겠습니까?
이들은 휴대폰을 통하여 짤막한 토막 지식은 있을지언정 깊은 사고력이 있을 턱이 없습니다. 그럼에도 겸손은커녕 모르는 것이 없는 것처럼 부끄럼도 모르고 설쳐 대며 기고만장하기 일쑤입니다. 빈 깡통이 요란하다는 말은 그래서 생긴 말일지도 모르겠습니다.

필자도 일전에 모 동호회원으로부터 수치스러운 일을 당한 경험이 있습니다. 이럴 때는 그저 상대하지 않는 것이 더 큰 피해를 줄이는 길입니다. 말귀도 이해 못 하고 자만심으로 가득한 사람과의 대화는 답답해서 자칫 마음의 상처만 입을 뿐이기 때문입니다.

때때로 이해할 수 없는 일은 일부 여성과 남성들은 자신들이 마치 연예인급 미남 미녀라고 착각한다는 것입니다. 모든 사람이 자신을 주목하거나 관심 갖는다고 혼자만의 착각에 빠져 있는 것이지요. 이런 현상을 정신신경과적인 분야에서는 망상이라고 진단하지 않을까 싶습니다. 정작 남들은 전혀 관심이 없는데도 말입니다. 이런 웃기는 일은 왜 일어나는 걸까요? 아무리 봐도 외모, 교양, 매너, 학력 등 객관적으로 그럴 만한 요소들이 전혀 없는데도 말입니다. 도대체 이런 오만과 편견은 어디서 나오는 것일까요? 때로는 그 심리를 정녕 알고 싶습니다.

자신의 주장이 옳다고 상대방을 설득하려면, 당연히 합리성과 보편타당성이 있는 주장이라야 하고, 상대의 주장에도 귀를 기울여 잘 듣고 이해하는 자세가 되어야 합니다. 하지만 망상에 빠진 사람들은 본인의 뜻에 동조하지 않으면 화를 내고 짜증을 내며 목소리만 높이려 합니다. 이런 태도가 대화의 단절을 오게 하고 불신을 초래하며 기분을 잡치게 합니다. 그러니 화합과 단합이 잘될 리가 만무하지요. 이런 사람일수록 정당치 못하게 뒤에서 비난을 일삼기 일쑤입니다.

2) 담합(Kartell)이 사회에 미치는 영향

무너진 아파트

2023년 어느 여름날에 인천 서구 검단에서 대형 건설사인 GS 건설사가 지은 아파트가 입주를 앞두고 지하 주차장이 무너져 내렸다는 소식이 있었습니다. 그 외에도 어느 지방에서는 현대산업개발이 신축한 아파트가 역시 입주를 앞두고 갑자기 무너져 내렸다는 보도가 있었습니다.

주무 부처인 국토부에서는 주택 공사가 발주하여 건축한 아파트에 대한 부실 공사 여부를 전수 조사를 함은 물론 민간 건설사가 지은 아파트까지도 확대하여 실상을 파악하고 불법이 드러나는 대로 그에 합당한 처분을 하겠다고 야단법석을 떨고 있습니다.

언론매체에서는 이런 현상을 이른바, 원래의 시방서[1]에 명시한 철근과 콘크리트를, 여러 단계의 하청을 거치며 무려 30%~50%가량

---

1 시방서(specification, 示方書): 도면으로 나타낼 수 없는 사항들을 문서로 작성한 것. 사양서라고도 하며 재료의 질, 치수나 규격, 시공 방법, 제품의 성능, 제조 방법이나 공법, 기술적 요구 사항, 일반 총칙 등 설계나 제조, 시공 단계에서 필요한 사항들을 표시한다. 도면과 함께 설계의 중요한 부분이다.

빼먹는 바람에 무너진 '순살 아파트'라는 생소한 신조어를 사용하며 정치면 1면에 TOP 기사로 대서특필했습니다.

　방송에서도 이미 마피아가 된 한국토지공사를 맹비난하고 있고, 거기에 대통령은 건축 카르텔을 발본색원하겠다면서 엄포를 놓고 있는 상황입니다.

| 담합의 정의와 종류

　카르텔(Cartell, 또는 Kartell)이란 동일 업종의 기업들이 이윤의 극대화를 노리고 자유경쟁을 피하기 위한 수단으로 협정을 맺는 것으로 시장독점의 연합 형태를 의미합니다. 재언하자면, 동종 혹은 유사 산업에서 경쟁하는 기업들이 상호 간의 경쟁을 제한하고 부정한 담합 형태의 카르텔로 맺어진 기업들이 협약을 토대로 가격 결정과 생산량을 조절하여 더 많은 이익을 얻을 수 있도록 한 연합체를 말하는 것입니다.

　이렇게 되면 그 부작용이 나타나게 마련인데, 서로 경쟁할 필요가 없어지게 되어 그 결과 경제의 비효율성을 초래하고, 경제발전을 약화시켜 국민 경제에 미치는 악영향으로 폐해가 커지게 되는 것입니다.

　그러므로 담합행위는 일반적으로 금지 및 규제의 대상이 되는 것이고, 이를 바로잡기 위한 기구가 바로 '공정거래위원회'인데, 이곳에서는 부당한 카르텔의 존재 여부를 감시, 감독하고 있습니다.

카르텔의 종류로는 이권 카르텔, 부패 카르텔, 사교육 카르텔, 법조 카르텔, 학원 카르텔 등 여러 종류가 있으며 그것들은 국가의 청렴도를 깎아내리고 신용을 추락하게 만듭니다. 그런데 카르텔은 국내뿐만이 아니라, 국제 규모의 카르텔도 존재합니다. 예컨대, 중동 산유국(OPEC)이 주축이 된 석유 수출국 간에 카르텔을 맺고, 석유 가격을 조절하기 위해 감산을 할 것인지, 증산할 것인지를 결정하고 있는 것입니다. 주지하는 바와 같이 기름은 전기를 만드는 데 없어서는 아니 될 필수품이고 그 가격에 따라 국제 경제가 요동을 칠 수도 있는 사실을 우리네의 경험상 익히 알고 있습니다.

| 카르텔의 부작용

카르텔의 부작용으로는 부패의 온상이 되기 쉽고 곳곳에 존재한다는 사실입니다. 예를 들면, 비교적 권력과는 먼 기관처럼 여겨지는 산림청 소속 '국립공원공단'이라는 것이 있는데, 여기서 자연휴양림, 또는 생태 탐방원을 운영 관리하고 있고, 이곳에서도 카르텔은 존재합니다.

경치가 좋은 국립공원의 자연휴양림과 생태 탐방원은 모두가 국민의 세금으로 지어진 것이므로 국민은 이를 자유롭게 이용할 권리가 있습니다. 그러나 막상 예약하려면 그리 쉽지 않습니다. 그 이유는 공단 직원들이 그곳을 가족 펜션처럼 사용하고 있는 데다가 그들의 친인척에게는 물론 자신들의 지인들에게까지 무단으로 빌려주고 있어서 일반 국민은 쉽게 이용할 수가 없게 되는 것입니다.

건축 카르텔의 사례

건축카르텔은 어제오늘의 문제가 아니고, 아주 오래전부터 존재하여 왔는바, 1995년 6월 29일 삼풍백화점 붕괴(1,500명의 사상자 발생), 1994년 10월 21일 한강 성수대교 붕괴(32명의 사망자 발생), 현대산업개발이 공사한 광주 화정 아이파크 붕괴, 준공검사 과정에서 드러난 청라호수공원 부근에 지어진 대우푸르지오 아파트의 철근 누락, 인천 서구 소재의 GS 건설이 지은 아파트 지하 주차장 붕괴, 최근에 파주에서 발생한 주공 아파트에서의 '순살 아파트'[2] 사건 등 우리를 실망케 한 사건이 많습니다.

그런 차원에서, 제가 거주 중인 청라 자이 아파트도 GS 건설이 공사한 것 같은데 혹여 설계 도면대로, 즉 스펙 그대로 공사를 하고 감리가 되었는지 궁금한 마음을 금할 길이 없습니다.

이런 불안을 해소하려면, 뒤늦게라도 전문가에게 주차장을 비롯한 기둥에 철근은 누락시키지 않았는지 또는 시멘트 강도가 적합한지 등, 기술적인 판단을 받아 보아야 하는 건 아닌지 모르겠습니다.

이 모든 사태는 국민의 생명보다는 탐욕으로 가득한 건설업자들이 부당한 이익을 위하여 관련 법을 무시한 채 공사를 하다가 발생한 것입니다. 이는 발주자인 원청회사와 하도급자, 그리고 시공자,

---

2 순살 아파트: 철근 누락으로 지어진 아파트를 비꼬는 신조어.

감리자 등이 카르텔로 맺었기 때문입니다.

그 결과 한결같이 거의 모든 건축물에서 부실 공사와 부실 감리가 드러난 것입니다. 이와 같은 나비효과를 차단하기 위해서 만시지탄이나, 정부는 철저한 감독을 할 것이고 책임자에게는 엄격한 법적 책임을 묻겠다고 합니다. 그야말로 소 잃고 외양간을 고치겠다는 거지요.

부실 공사를 막기 위한 제도적인 장치로는 건축법뿐만이 아니라 건설공사와 건설법에 관하여 필요한 사항을 규정한 '건설산업기본법'이라는 것이 있습니다. 이 법에서는 건설공사의 조사, 설계, 시공, 감리, 유지관리, 기술 관리 등 상세한 사항을 규정하고 있습니다. 또한 공정거래위원회에서는 부실 공사를 유발하는 설계, 감리 담합과 부당한 하도급 거래에 대하여 직권으로 조사를 할 수도 있습니다.

소위 엘피아(LH 공사)라고 일컫는 주택 공사 소속 임직원들이 공사를 퇴직하고 나서는 주공과 연을 맺은 건설사, 감리회사에 고위직으로 재취업을 하여 연간 400억 또는 500억 원 이상의 공사를 따냅니다. 부실 공사를 방지할 책임이 있는 감리회사에 역시 고위직으로 취업하고 있으니 관련 법대로 공사했을 리 만무하고, 정확한 감리가 이루어질 수는 없었을 것입니다.

이는 마치 고양이에게 생선을 맡긴 거나 다름이 없습니다. 그러니 사고는 어찌 보면 당연한 결과가 아닐까요? 그들은 지금도 아마 양심의 가책을 느끼기보다는 과거에도 늘 그래 왔는데 마침 재수가 없어 사고가 난 것이라 원망하지 않을까 싶습니다.

그 밖에 그들의 일그러진 행위는 사업상 알게 된 비밀을 무기로 아파트가 지어질 땅을 미리 알고 그 부근에 땅 투기를 일삼아 오기도 했다는 사실입니다. 동시에 아파트 투기도 하여 왔는데, 이에 대한 특단의 대책이 없이는 건설 카르텔로 인한 부실 공사는 막을 길이 없을 것입니다.

대개 아파트의 경우, 일정 금액 이상의 공사를 발주하면 공고(公告)를 하고 입찰하게 되는데, 저가 입찰과 적격심사제, 제한 입찰 등 경쟁입찰을 통하여 기술력과 사업실적 등을 고려하여 점수를 주어 가장 높은 점수를 얻은 회사로 선정하고 있습니다. 이 역시 담합을 한 후 입찰에 응하면 이를 알아낼 방도가 없습니다.

그리고 동대표들이 각 분야 즉, 전기 전자, 토목, 방수 등에 전문성이 없는 데다가 그때마다 시장조사와 입찰에 응하는 업체의 실적을 파악할 길도 없어, 부득이 그들이 일방적으로 홍보 차원에서 만들어진 책자를 보고 판단을 해야 하므로 최적의 업체를 선정한다는 건 여간 어려운 일이 아닙니다.

법조 카르텔의 사례

당사자들의 다툼을 들어 가면서 쌍방의 주장들을 종합하여 종국적인 판단을 하는 사법부인 법원, 범죄 수사와 법 집행을 담당하는 행정부인 검찰과 경찰, 그리고 재야에서 활동하는 법률사무소는 불가분의 관계에 있습니다.

수년 전, 박근혜 전 대통령을 수사하고 기소한 바 있는, 당시 특별검사(特別檢事)로 활약했던 박영수 전 특검이 2023년에 비리로 구속되었다는 씁쓸한 소식이 있었는데, 이 역시 탐욕이 낳은 불행이라 아니 할 수 없습니다.

그리고 조국 신당의 비례 국회의원으로 당선된 모 부장 검사가 그의 남편이 윤 정부 때 검사장직을 그만두고 변호사로 개업한 지 6개월 만에 60억 원을 벌었다는 소식이 언론에 보도된 바 있습니다. 그러자 불과 몇 달 전까지만 해도 현직 부장검사 신분이었던 그의 부인이자 국회의원 당선자가 말하기를, "만약 내 남편이 전관예우를 받았더라면 60억 원이 아닌, 적어도 160억 원 이상을 벌었을 것입니다."라고 해명한 것이 화제가 되기도 했습니다. 일반인으로서는 전혀 납득이 안 되는 말일 것입니다. 그러니 국민의 법에 대한 불신이 클 수밖에 없겠지요.

일본을 비롯한 유럽, 일본, 미국 등 사법 선진 국가에서는 우리나라처럼 전관예우라는 말이 없습니다. 그리고 그들 나라에는 피의자가 검사, 판사와 잘 아는 사이라면 그 사건을 맡지 않고 기피를 하여 다른 사람이 담당하도록 하고 있습니다. 물론 우리나라에도 형식적이나마 소송법에 불공정한 재판이 우려될 때는 다른 법관으로 변경해 달라는 법관 회피, 기피신청 제도가 있기는 합니다.

즉, 법관이 소송 관계인과 특수한 관계(친인척, 학교 동기 동창, 선후배 등)에 있거나 어떠한 사정으로 불공정한 재판을 할 염려가 있으면 당사자는 다른 법관으로 바꾸어 달라는 기피신청을 할 수가 있습니다. 그러나 이는 재판을 받는 당사자 또는 변호인이 신청하는 것입니다.

하지만 우리나라는 기피 제도가 무색할 정도로 특별한 경우를 제외하고 실제로는 거의 활용되지 않습니다. 오히려 우리나라는 변호사 선임을 할 때, 담당 판사와 검사가 어느 만큼 친밀도를 유지하고 있는지를 최우선으로 살펴봅니다.

예컨대 담당하는 판검사와 고향이 같은지 지연을 따지고, 초등학교, 중고등학교, 대학은 같은지 학연을 따집니다. 현직 시절 같은 곳에서 근무하면서 절친한 사이였는지는 물론, 군 관계까지도 소상히 알아낸 후 그중에서 가장 사이가 좋을 것 같은 변호사에게 상상을 초월하는 고액의 비용을 주고 선임을 합니다.

사실상 법률 지식은 아주 특수한 사건을 경험해 본 극소수의 변호사 외에는 전관예우를 받는 변호사가 더 낫다고 할 수 없는데도 소비자 처지에서는 불안해서인지 불필요한 짓을 하는 것입니다.

  국민은 재판이 결코 과학처럼 무에서 유를 창조하거나 특별한 기술을 가질 수가 없는 것임에도 이를 믿으려 하지 않습니다. 즉 법은 이미 국회에서 만들어 공표한 것들이기 때문에 이를 해석하고, 사건 사례에 따른 대법원의 판결문을 읽어 보고, 구체적인 사건에 해당하는 법규를 적용할 수 있는 법규 해석력만 있다면 어느 누가 맡아도 그 결과는 비슷합니다. 그래서 법률 공부는 과학이나 의료계처럼 머리가 좋아야 하는 것이 아니고 평균보다 조금 높은 사고력만 있으면 누구라도 충분히 해낼 수 있는 분야이기도 합니다.

  그런데 드물기는 하지만 정치적이거나 경제범죄, 선거범죄, 공안범죄 또는 이념이 강한 사건 중에는 국민의 법 감정상 도저히 납득이 안 되거나 예상과 전혀 다른 판결이 나오는 경우가 있기는 합니다. 그럴 때는 담당 판사의 성향에 문제가 있거나, 이른바 전관예우의 힘이 작용한 것이 아닌가 싶을 때도 있습니다. 이런 것을 두고 '끼리끼리'라고 하는데, 전관예우의 폐단일 것입니다.

  이처럼 전관예우는 법조계뿐만이 아니라 민간 부분에도 널리 뿌리박고 있는 것이 한국의 현실입니다. 그러므로 21세기인 지금도 돈이 있는 자는 무죄요, 돈이 없는 자는 유죄(有錢無罪, 無錢有罪), 게다가 돈이 없어도 권력이 있는 자는 무죄(權力無罪)라는 말이 여전히 회자하고 있다는 것은 문명국가의 수치가 아닐 수 없습니다.

한편, 판사는 헌법상 법관 한 명 한 명이 독립기관으로 헌법상 탄핵이나 금고 이상의 형을 선고받지 않고는 파면이나 해임을 당하지 않는 특권을 가지고 있습니다. 즉, 법관은 헌법과 법률, 증거와 양심에 따라 누구로부터도 간섭받지 않고 독립적으로 소신껏 판결할 수가 있고 그 권한이 헌법상으로도 명시되어 있습니다.

그런데 판사도 사람인지라, 어느 부장 판사에 연이어 며칠 전에는 지방에 근무하는 젊은 판사가 서울로 출장을 왔다가 모텔에서 돈을 주고 성관계를 가진 사실이 잠복근무 중인 경찰관에게 적발당하여 언론에 보도되어 화제가 된 적이 있습니다. 판사라고 성적 본능이 없을 수가 없고 그 욕구를 쉽게 채우려는 욕망은 여느 사람과 같습니다. 그런 성적 해소를 한 행위가 크게 비난받고 사직해야 하는지는 생각해 보아야 할 것 같습니다. 그 판사가 담당하였던 사건은 당연히 재판이 지연되고 신속한 재판 결과를 기대하는 당사자에게는 피해를 주게 되는 셈입니다. 아마도 그 판사는 법복을 벗고 로펌으로 가서 고액의 연봉을 받고 일을 하게 될 것입니다.

또한 이미 다 알려진 일이지만, (대법원) 상고심은 사실관계를 따져 보고 증거를 살펴보는, 즉 1심과 2심에서처럼 법정에서 원고와 피고 간의 공방을 펴고 자기의 주장을 펴는 사실심이 아닙니다. 유사 사건에 대한 하급심을 기속(羈束)하는[3] 대법원 판례를 검토한 후, 상고이유서를 작성하면 되는 것입니다.

---

3 기속행위: 행정 기관이 행정 행위를 하거나 행위의 내용을 결정할 때, 기관의 자의적 판단을 배제하고 법규의 내용대로만 집행하는 행위.

여기서 기속은 법원이 일단 선고한 재판 즉, 판결, 결정, 명령을 법원이 취소, 변경, 철회할 수 없는 구속력을 말하는 것으로 자박성이라고도 부르는데, 하급심에서는 이를 뒤집는 판결을 할 수 없다는 뜻입니다.

그러므로 대법원에서는 하급심(下級審)에서 착오 없이 법규를 제대로 적용한 것인지의 여부만을 판단하는 것이므로 번거로운 변론 절차가 없음에도 상고이유서 한 장을 작성해 주는 대가로 통상적으로 착수금 조로 금 3천만 원을 지급한다는 것입니다. 물론 그 외에도 승소(勝訴) 여부에 따라 알파가 존재한다는 것이 공공연히 법조계에서는 알려진 사실인데, 과연 이것이 정상적인 국가라고 할 수 있을 것인지 모르겠습니다.

이처럼 타 분야에서 발생하는 전관예우의 폐단이 어느 분야보다 강한 분야는 법조 카르텔이라고 말할 수가 있는데, 이 분야를 정상화하기가 여간 어려운 일이 아닙니다. 법조계는 군대처럼 사법연수원 기수가 있고, 법원과 검찰의 인사 규정에 따라 일정 기간을 전국적으로 순환하면서 근무하는 관계로 같은 검찰청과 같은 법원에서 근무할 가능성이 매우 높고, 국회의 법사위원들 대부분이 법조인 출신이기 때문에 서로가 암묵적으로 동조하는 마음에서 벗어나기 어렵기 때문일 것입니다.

그러나 예전에 비하여 현직에서 퇴직 후 향후 2년간은 자신이 근무했던 검찰이나 법원의 사건 수임을 할 수 없도록 변호사법이 개정되어 요즘은 분위기가 많이 달라졌다고 하는데, 과연 실제적으로도 그런지는 검증된 바 없습니다.

단언컨대, 카르텔 형성이 가장 쉽게 이루어지는 곳은 전관예우로 맺어진 경우이고 그다음은 고향 선후배 그리고 학연이라고 할 수 있는데, 학연은 대학보다는 주로 고교 동창과 선후배가 압도적으로 많은 것 같습니다. 아무리 생각해 보아도 이런 나라는 한국이 유일하지 않을까 싶습니다. 정이 없다는 말을 들을지라도 최소한 공직자는 한국 특유의 온정적인 정서에서 벗어나야 할 것입니다.

전관예우, 카르텔이 어디 이것뿐이겠습니까? 아마 전국 방방곡곡 전 분야에 독버섯처럼 숨어 있을 것입니다.

대통령은 이권과 부패로 얼룩진 건축 카르텔, 노조 카르텔, 학원 카르텔을 발본색원하겠다고 천명한 적이 있습니다. 대통령의 말씀처럼 사회에 만연하고 있는 각종의 카르텔을 없애고 좀 더 깨끗하고 투명한 사회, 예측이 가능한 사회가 되길 바랍니다.

그런데 유감스럽게도 사법과 입법 카르텔에 대해서는 대통령도 법조인 출신이어서 그 사정을 누구보다 잘 알고 있을 것인데, 아무런 언급이 없어서 대단히 서운합니다. 왜냐하면 사법기관은 대통령 다음으로 막강한 권력으로 카르텔을 형성하여 법의 권위를 무너뜨리고 법 불신을 받는 기관이기 때문입니다.

　만약 현재의 대통령이 사회 전 분야에 걸친 카르텔을 혁파하고 부정부패를 일소한다면 그것만으로도 대단한 업적이고 역사에 길이 남을 위대한 대통령으로 기억될 것입니다. 생각해 보면, 이 모든 건 돈으로 인해 벌어지는 사건들입니다. 모든 가치가 돈으로 매겨지는 이 시대에 우리는 사람의 가치도 돈으로 따지는 셈법에 익숙해져 있습니다.

　우리가 겪는 치욕의 많은 부분이 따지고 보면 돈 때문입니다. 요즘 일어나는 범죄들 가운데 돈이 아니라면 일어나지 않았을 일이 대부분입니다. 그래서 윤리와 도덕이 강조되는 이유입니다.

3) 고소와 고발의 차이점과 문제들

| 고소(告訴)와 고발(告發)의 의미

　고소와 고발이란 용어는 둘 다 수사기관에 죄를 지은 사람을 처벌해 달라는 의사표시라는 점에서 유사한 의미를 지닙니다.
　고소는 범죄 피해를 당한 사람이 수사기관에 범죄 사실을 신고하고 처벌을 구하는 표시를 하는 것인데, 말보다는 주로 문서로 고소장을 작성하여 경찰이나 검찰에 제출하는 행위을 말합니다. 고소는 아무나 할 수 있는 것이 아니라, 형사소송법에서 정한 범죄로 인한 피해자를 고소권자로 규정하고 있습니다.

이때 고소권자의 범위는 피해자와 법정대리인(피해자가 미성년자일 때)이며 피해자가 사망하였을 때는 그 배우자와 직계존속 또는 형제자매 등이 됩니다.

그리고 고소 취소는 가능하지만 한번 취소 후에는 다시 고소할 수가 없으므로 신중을 기해야 합니다.

그런데 우리의 형사소송법은 자신 또는 배우자의 직계존속은 고소와 고발을 할 수 없도록 규정하고 있습니다. 직계존속은 혈연과 혼인으로 맺어지는 가족의 신분 관계이므로 이해와 사랑, 그리고 헌신이라는 가치를 유지하기 위해서입니다. 부모와 조부모를 고소하여 가족이 회복 불가능할 정도로 붕괴되는 것을 방지하기 위함이기도 합니다.

그렇다고 하여 모든 범죄에 대하여 고소하지 못하는 것은 아닙니다. 예외적으로 가정폭력과 성폭력 범죄는 가해자가 비록 자기 또는 배우자의 부모나 조부모일지라도 고소할 수가 있는 것입니다

반면, 고발은 범죄의 피해자가 아닌 제3자가 범죄행위라고 생각되는 사건을 수사기관에 신고하고 처벌을 구하는 의사표시를 하는 것을 의미합니다. 이는 고소와는 달리 취소 후에도 다시 고발할 수 있습니다.

고소는 민사사건이 아닌 형사사건에서 피해자(피해자가 미성년자

일 경우 법정대리인 친권자 부와 모)가 범죄로 인한 피해에 대해서 직접 하는 것이고(형사소송법 제223조), 고발은 범죄가 있다고 사료될 때 누구든지 할 수 있는 것입니다(형사소송법 제234조).

공무원은 공무 수행 중 발견된 범죄행위에 대해 반드시 고소 또는 고발해야 할 의무가 있습니다.

그러나 수사기관이 아닌 대통령실, 법원, 국민권익위원회, 국세청, 감사원 등 다른 기관에 억울하다며 처벌을 원한다는 진정이나 신고하는 행위 등은 고소나 고발이 아닙니다. 그리고 수사 단계에 있으면 범죄인으로 의심받는 자를 피의자로 하고, 검사가 기소하여 법원으로 넘어가면 그때부터는 피고인이라 합니다.

헌법상 형사피의자 또는 피고인은 묵비권을 가지며 유죄의 판결이 확정될 때까지는 무죄 추정 원칙에 의해 무죄로 간주합니다. (민사사건에서 소를 제기한 당사자를 원고, 소를 제기당하는 상대방을 피고라고 하는 것과는 그 명칭이 다릅니다.)

그런데 최근에는 정치권에서는 여야를 막론하고 대화보다는 상대 진영의 사람을 고소, 고발을 일삼고 이에 질세라 각종 시민단체에서도 고소, 고발을 남발하고 있어 마치 고소, 고발 공화국처럼 사회 분위기가 무겁고 썰렁합니다.

게다가 최근에는 국민을 편안하게 해 줄 책무를 가진 정치권과 시민 단체 중심으로 걸핏하면 명예훼손죄와 모욕죄에 대한 '묻지마식' 고소, 고발이 난무하고 있어 이를 보는 국민은 우울하기만 합니다. 소위 국가지도층, 또는 사회지도층이라는 사람들이 국민에게 희망과 편안함을 주기는커녕 오직 자신들의 권력 다툼에 눈이 멀어 진실을 외면하고 소리만 요란하여 정작 국민은 피곤하고 절망하고는 합니다.

| 명예훼손죄의 뜻과 사례

최근에 떠오른 고소, 고발의 주를 이루고 있는 명예훼손죄와 모욕죄에 대하여 알아보고자 합니다.

형법 제307조에 명예훼손죄를 규정하고 있는데, 제1항에는 "공연히 사실을 적시하여 사람의 명예를 훼손한 자는 2년 이하의 징역이나 금고 또는 500만 원 이하의 벌금에 처한나."라고 규정하고 있고, 같은 법 제2항에는 "공연히 허위의 사실을 적시하여 사람의 명예를 훼손한 자는 5년 이하의 징역, 10년 이하의 자격정지 또는 1천만원 이하의 벌금에 처한다."라고 규정하고 있습니다. 그리고 같은 법 제308조에는 허위 사실로 적시했을 때는 사자의 명예훼손죄를 구성하고 있는데, 형량은 매우 낮아서 같은 법 제1항과 같은 형량에 처하도록 규정하고 있습니다.

그런데 명예훼손죄가 성립하기 위해서는 사실의 적시가 있어야 하고 적시된 사실은 이로써 특정인의 사회적 가치나 평가가 침해될 정도로 구체적이야 합니다. 비록 허위의 사실을 적시하였더라도 그 허위의 사실이 특정인의 사회적 가치 내지 평가를 침해할 수 있는 내용이 아니라면 형법 제307조가 규정하고 있는 명예훼손죄는 성립될 수 없습니다.

국민은 누구든지 범죄가 있다는 생각이 들 때는 고소, 고발의 권리가 있습니다. 그러나 그 고발의 동기가 불순하거나 온당치 못하다는 등의 사정이 알려지면 오히려 피고발인의 명예가 침해될 가능성이 있고, 때로는 무고죄로 처벌을 받을 수도 있습니다. 고소, 고발은 상대방에게 마음의 상처를 입히게 됨은 물론 물적, 시간적 손해를 입히고 때로는 원수를 만들 수도 있는 큰 부작용이 수반되는 행위입니다.

특히 사이버 공간상에 게시한 어떠한 글이 명예훼손과 관련하여 문제가 되는 경우, 그 표현이 사실을 적시하는 것인지, 아니면 단순한 풍자에 불과한 것인지를 구별하는 일은 쉬운 일이 아닙니다. 풍자한 것이라면 그와 동시에 묵시적으로라도 그 전체가 되는 사실을 적시하고 있는지, 그렇지 않은지를 구별해야 합니다.

그뿐만이 아니라 해당 글의 객관적인 내용과 더불어 일반의 독자가 보통의 사람으로 그 글을 접하는 방법을 전제로 글에서 사용된 어휘의 통상적인 의미, 글의 전체적인 흐름, 문구의 연결 방법 등을 기준으로 판단해야 하는 것입니다. 마지막으로 해당 글이 게시된 보다 넓은 문맥이나 배경이 되는 사회적 흐름 등도 함께 고려하여야 합니다.

예컨대 어느 사람에게 귓속말로 그 사람만 들을 수 있도록 그 사람 본인의 사회적 가치 내지 평가를 떨어뜨릴 만한 사실을 이야기하였다면, 이와 같은 이야기가 불특정 또는 다수에게 전파될 가능성이 없어 명예훼손죄의 공연성을 충족하지 못하게 될 것입니다. 따라서 그 사람이 들은 말을 스스로 다른 사람에게 전파를 하였다고 해도 명예훼손죄의 성립은 될 수가 없습니다.

또한 명예훼손죄가 성립하려면 사실의 적시가 있어야 하는데, 여기서 '적시의 대상이 되는 사실'이란 현실적으로 발생하고 증명할 수 있는 과거나 현재의 사실을 말하는 것입니다. 장래의 일을 적시하더라도 그것이 과거나 현실을 기초로 하거나 이에 관한 주장을 포함할 때는 명예훼손죄가 성립된다고 할 것입니다.

그러나 장래의 일을 적시하는 것이 과거나 현재의 사실을 기초로 이에 관한 주장을 포함하는지 어떤지는 그 적시된 표현 자체는 물론 전체적인 취지나 내용, 적시에 이르게 된 경위와 전후 상황, 기타 제반 사정을 종합적으로 참작하여 판단하여야 하는 것입니다.

특히 사자(死者)의 명예훼손죄(제308조)는 허위, 허망으로써 그 명예가 훼손되었을 때만 위법행위라 볼 것입니다. 고의 또는 과실로 인하여 허위, 허망으로써 사자의 명예를 훼손하고 그로 인해 사자의 친척 또는 그 자손에 대해 정신적으로 피해를 주면 손해배상의 책임도 져야 하고 아울러 사자의 명예를 회복하기 위해 적당한 처분을 명할 수 있습니다.

모욕죄의 성립

형법 제311조는 "공연히 사람을 모욕한 자는 1년 이하의 징역이나 금고 또는 200만원 이하의 벌금에 처한다."라고 규정하고 있습니다. 그런데 모욕죄가 성립하려면 공연성과 특정성, 모욕성을 충족해야 합니다. 여기서 공연성이란 불특정 다수인에게 전파될 가능성을 의미하며, 모욕당한 사실을 제삼자가 목격했을 때 되는 것이고, 특정성은 욕설을 당한 사람이 누구인지 제삼자가 알 수 있어야 하는 것입니다. 이때 제삼자 목격자가 친구라면 공연성은 인정되지 않습니다.

예컨대, "부모가 그 모양이니 자식도 그런 것입니다."라는 표현으로 인하여 상대방의 기분이 다소 상할 수 있다고 하더라도 그 내용이 너무나 막연하여 그것만으로 곧 상대방의 명예 감정을 해치는 형법상 모욕죄는 성립할 수 없습니다.

*고소와 피해자의 의사

형법 제312조는 명예훼손죄와 모욕죄는 고소가 있어야만 검사가 공소를 제기할 수 있다고 규정하고 있으므로 고소 상태에서 고소를 취하하면 수사는 중단이 되고 공소 제기도 할 수가 없습니다.

한편 명예훼손죄(형법 제307조)와 출판물 등에 의한 명예훼손죄(형법 제309조)는 피해자가 명시한 의사에 반하여 공소를 제기할 수 없습니다. 즉, 피해자가 처벌을 원치 않는 경우는 상대를 처벌할 수 없는 것입니다.

주의할 점은 첫째, 인터넷상에서 1:1 대화나 쪽지 그리고 상대방만 볼 수 있는 인터넷 비밀글로 상대방을 비방했다고 할지라도 제삼자에게 전파될 가능성이 있을 때는 공연성이 인정될 수 있다는 점입니다. 둘째, 그리고 반드시 욕을 해야만 모욕죄가 성립하는 것이 아니고, 다른 사람의 사회적 평가를 저해할 만한 추상적인 판단이나 경멸적 표현을 할 때도 모욕성이 인정될 수 있다는 사실이므로 주의를 요합니다.

| 고소, 고발의 폐단

우리 사회는 대화와 타협보다 상대방을 수사기관에 고소하여 처벌받게 함으로써 소기의 목적을 쉽게 달성할 목적으로 고소, 고발 사건이 난무하고 있습니다. 허위로 하는 고소, 고발은 악의적인 것으로 상대방의 시간과 돈을 허비하게 하는 전문 사기꾼 고소인도 많습니다. 고소와 고발을 당한 서민은 경찰이나 검찰에 가서 심문과 취조를 당하는 수난을 겪을 수밖에 없는데, 그 정신적 고통과 물질적 손해는 상상을 초월하여 극단적 선택을 하는 사람들 있습니다. 더구나 사회지도층이 고소, 고발을 남발하게 되면 그 후유증은 더욱 크게 마련입니다.

지금은 몰라도 과거 우리의 법은 부끄럽게도 '거미줄 법'이라는 별칭이 붙기도 했습니다. 그 말이 유래하게 된 이유는 법이라는 거미줄은 힘센 독수리는 무사히 뚫고 지나갈 수가 있기에 힘 있는 권력자에겐 무용지물이 되고, 참새나 제비같이 약한 새들 즉, 일반 백성들만 거미줄에 걸린다는 비유에서 나온 말입니다.

이는 법규를 해석하고 적용, 집행하는 데 있어서 정의롭지도, 공정하지도 않다는 뜻이고, 이러다 보니 무전유죄, 유전무죄, 유권무죄, 무권유죄라는 말이 회자되고 있는 것입니다. 즉 돈이 없는 자는 유죄이고, 돈이 있는 자는 무죄, 권력이 있는 자는 무죄, 권력이 없는 자는 유죄라는 뜻으로 해석되는 말인데, 이 역시 후진국에서나 볼 수 있는 현상일 것입니다. 이렇게 되면 사회와 법에 대한 불신이 커지고 계층 간에 갈등이 심해져서 희망적이어야 할 사회가 비극적이고 암담한 사회가 됩니다.

이를 방지하려면 무엇보다 국민을 편안하게 해 주어야 할 의무가 있는 정치권, 권력자들이 평소 대화와 타협을 하는 모범을 보여야 하고 양심과 도덕이 살아나도록 해야 합니다. 이 나라에는 프랑스의 작은 항구도시 칼레의 시민 정신인 노블레스 오블리주가 없습니다. 시민운동은 이런 숭고한 정신을 고양하는 데 힘을 써야 하는데, 우리의 시민운동은 온통 이익과 권리 추구에만 혈안이 되어 있는 것 같습니다.

한편 통치자는 본인의 친척이든, 충성심이 강한 내 편의 사람이든 이들이 법을 위반하면 읍참마속(泣斬馬謖)의 심정으로 엄정하게 단죄해야 할 것입니다. 그래서 법은 만인 앞에 평등하다는 것을 통치자가 솔선수범하고 인치(人治)가 아닌 법치(法治)로 내 편, 네 편을 구분하지 말고 공정하게 법을 적용할 수 있도록 한다면 그것만으로도 법의 신뢰는 높아질 것이고, 부패지수는 낮아져서 진정한 선진국 대접을 받게 될 것입니다.

우리 국가의 경제력은 향상되어 선진국 반열에 올랐다지만 선량한 인간성, 정의로운 감정은 여기저기서 심각하게 오염되고 상실된 것 같습니다. 그 원인은 정치권이 가장 부패하였고, 또한 오염된 인간의 마음을 정화하는 소금과 같은 역할을 해야 할 종교계가 외형만을 확장하는 데 주력했기 때문일 것입니다. 어떻게 해야 상실된 인간성을 회복할 수 있을는지 생각할수록 암담합니다. 국가적인 차원에서 대대적인 도덕재무장 운동이라도 벌여야 하지 않을까 싶습니다.

4) 성폭력 문제와 법률관계

대다수 동물은 종족 보존을 위하여 발정이 되는 때만 짝짓기한다고 알려져 있는데, 인간은 발정기가 따로 없다고 합니다. 그래서 여기저기 곳곳에서 때와 장소를 가리지 않고 빈번하게 성폭력이 발생하고 있고, 심지어 살인사건까지도 이곳저곳에서 일어나고 있는 것이 현실입니다.

이와 같은 성범죄를 예방하고 단죄하기 위하여 우리 형법 제32장에는 여러 형태의 강간과 추행의 죄(성범죄)에 관한 규정을 두고 있습니다. 예를 들자면, 형법 제297조에 폭행 또는 협박으로 사람을 강간한 자는 3년 이상의 유기징역에 처하도록 규정하고 있습니다.

같은 법 297조의 2항에는 폭행 또는 협박으로 사람에 대하여 구강, 항문 등 신체(성기는 제외)의 내부에 성기를 넣거나 성기, 항문에 손가락 등 신체(성기 제외)의 일부 또는 도구를 넣는 행위를 한 사람은 유사 강간죄로 2년 이상의 유기징역에 처하도록 하는 규정이 있습니다.

또한 사람의 심신상실 또는 항거불능의 상태를 이용하여 간음 또는 추행하는 자를 처벌하는 준강간죄, 준강제추행죄가 있고, 같은 법 303조에는 업무, 고용 기타 관계로 인하여 자기의 보호 또는 감독을 받는 사람에 대하여 위계 또는 위력으로써 간음한 자는 5년 이하의 징역 1천500만 원의 벌금형에 처하는 법규도 있습니다.

그 밖에 혼인을 빙자하거나 위계로써 음행의 상습 없는 부녀를 기망(속여)하여 간음한 자도 2년 이하의 징역 또는 500만 원 이하의 처벌을 받도록 규정하고 있습니다. 그뿐만이 아닙니다. 형법 301조는 강간죄를 범한 자가 사람을 살해하거나 사망하게 한때, 상해를 가한 때에는 사형 또는 무기징역형에 처하도록 강력한 처벌 규정이 촘촘하게 규정되어 있습니다.

그럼에도 이런 정도의 법률만으로는 부족하여 성폭력을 예방하고 성폭력 피해자를 보호할 목적으로 특별법까지 만들어, '성폭력방지 및 피해자보호 등에 관한 법률'을 시행해 온 지 이미 오래되었습니다. 그 외에도 '성폭력범죄의 처벌에 관한 특례법'이 있고, '성매매알선 등 행위의 처벌에 관한 법률'이 있습니다. 나중에 성범죄에 관한 또 다른 법률이 탄생할 수도 있을 것입니다.

그렇다면 성범죄는 법이 부족해서 발생하는 걸까요? 과연 성범죄를 법률만으로 대폭 줄이거나 없앨 수 있을까요? 그건 불가능하다고 생각합니다. 나날이 말초신경을 자극하는 방송, 그리고 노출이 심한 옷을 입고 성적 흥분을 유발하는 여성, 그 밖에 필요 이상의 선정적인 언론 보도가 성폭력을 부추기고 있는 것은 아닌지 고민해야 합니다. 범죄자를 처벌해서 감옥을 보내는 것만으로는 범죄자를 교화시킬 수 없다는 사실이 증명되고 있습니다. 그러므로 법적인 처벌이 능사가 아니라 예방 대책을 모색할 필요가 있습니다.

그런 차원에서 무엇보다 여성들은 남성의 신체 구조와 심리상태가 여성들과는 근본적으로 전혀 다른 특성을 갖고 태어났다는 사실을 인식할 필요가 있을 것입니다. 특히 몸을 가누지 못할 정도로 술에 취한 여성의 무방비한 모습은 범죄에 취약하다는 사실을 염두에 두고 조심해야 합니다. 이건 성평등(性平等)에 반(反)하는 것이라 비난할 일이 아닙니다.

5) 기부와 애경사에 관한 단상

필자는 2022년에 조금이라도 학교 발전에 도움이 되었으면 하는 순수하고 선한 마음으로 대학에 1억 300만 원을 기부한 적이 있습니다. 지금도 역시 얼마 남지 않은 적은 재산이라도 자식들에게 유산을 남기기보다는 공동선을 위해 기부하고자 합니다.

당시 대학 당국에서는 관례대로 총장실로 초청해 기부자와 점심을 함께하고 기념사진도 찍어 학교 언론매체에 기사를 싣겠다고 했으나 거절하고 가지 않았습니다. 대학 측에서는, 등록금은 벌써 수년째 인상하지 못하는데, 그간 인건비와 자재비는 물가 상승률을 넘어선 지 오래된 관계로 투자 여력이 부족하여 대학 발전을 위한 투자를 못 하는 것 같습니다.

두산그룹이 중앙대의 학원 재단을 인수한 이래, 주력 기업인 두산중공업의 주력 산업이 원자력발전소와 깊은 관계가 있는데 문재인 정부 때부터 탈원전 정책을 강력히 펴는 바람에 적자로 돌아선 지 오래되어 대학에 투자할 여력과 의지가 없다는 것입니다. 그러므로 자연히 대학의 시설과 과학 자재들이 낡았다는 것이고 이를 해결하는 방법은 국가의 재정지원과 등록금 인상, 재단의 후원, 그리고 동문과 외부의 기부입니다.

우연히 중앙대학에 대한 정보를 알아보기 위해 검색을 해 본 적이 있었는데, 그때 대학 후원자 명단을 들여다보게 되었습니다. 그런데 인천에 나보다 열 배, 아니 백 배 이상 부자인 동창들이 있는데 한 명도 기부자 명단에 들어 있지를 않았습니다. 기부자 명단 중 한참 잘나가는 톱 연예인들의 명단도 들어 있었는데 그들의 인기에 비하면 너무 보잘것없는 생색내기가 아닌가 싶을 만큼 적은 금액이었습니다.

한국 사회에서 한 가지 특이한 현상은 현직 판사와 검사로 언론 매체에서 주목받는 요직부서에서 근무하다가 변호사업을 개업하면, 일반인들은 상상할 수 없을 정도의 많은 돈을 벌 수 있다는 사실은 공공연한 비밀입니다.

그 밖에도 전문자격증이 있어 고생은 적게 하면서도 비교적 돈은 쉽게, 많이 버는 여타의 전문직 종사자들도 한결같이 기부에는 인색한 편입니다. 기부는 돈이 많다고 하는 것이 아니라 마음이 하는 것이라는 사실을 알 수 있었습니다.

대학 당국에서는 'C.A.U HONOR SOCIETY'라는 클럽을 결성하여 예우 차원에서 작년에 이어 2024년 2월 28일 서울 강남 신세계 백화점이 입점해 있는 '메리어트 호텔 5층'에서 1억 원 이상을 기부한 동문을 상대로 만찬을 베풀면서 학교의 발전상과 발전 계획을 설명하였습니다.

작년 모임 초청에는 참석하는 것이 번거로워 사양했었는데, 올해에는 꼭 참석해 달라는 학교 측의 요청에 참석하게 되었습니다.

모임에 참석해 보니 총장 및 행정 부총장, 교학 부총장 등 4명의 부총장과 여러 명의 보직 교수들이 참석했고, 여러 기부자 동문이 참석했는데 인천에서 참석한 동문은 필자가 유일하였습니다. 기부자 중에는 역시 제약회사를 운영하거나 중소기업을 운영하는 기업가 동문이 다수를 차지하였습니다. 이들은 대개 법인 명의로 기부합니다. 참석자 중 기억나는 동문은 경제과 출신이면서 '민병철 영어'로 이름을 날린 민병철 교수, 병원장, 그리고 영화배우 손현주, 임호 등이었습니다.

우리 사회에는 미국처럼 기부 문화가 정착되지 않았고 부의 대물림이 큰 편입니다. 그래서인지 가진 자에 대한 존경은커녕 적대적 감정을 품고 있는 것 같습니다. 한국은 아직 고귀하게 태어난 사람은 고귀하게 행동하여야 한다는 의미가 담긴 '노블레스 오블리주'의 정신이 매우 부족한 사회입니다.

이런 고귀한 정신은 영국이 프랑스와의 백년 전쟁 때 프랑스 북부 노르파드칼레 지방에 있는 인구 7만 명의 조그마한 항구도시를 점령하고 굴욕적인 항복을 요구할 때, 칼레 시민들로부터 존경을 받아 왔던 생피에르는 이에 불응하여 자결했는데, 이후 그의 용기와 헌신을 기리기 위하여 나온 말입니다. 위대한 조각가 로댕의 작품, '칼레의 시민'이라는 제목의 생피에르 조각상에서 진정한 지도자의 모습이 어떠해야 하는지 가늠할 수 있습니다.

위선적이고 철면피이며 후안무치(厚顔無恥)하고도 뻔뻔스러운 도둑놈들이 정치지도자라고 거들먹거리며 온갖 수단을 동원하여 권력을 쥐려고 안간힘을 쓰는 우리의 현실과는 너무나 비교되어 마음이 허탈하고 씁쓸합니다.

인천의 동문 중에는 알짜 부자로 소문난 분들이 있고 그분들의 재산은 수백억 원을 넘을 것이라고 합니다. 그런데 이분들은 기부에 대한 부정적인 생각에서인지는 모르겠지만 최소한 대학에는 기부한 기록이 없습니다. 들리는 바에 의하면, 절세 차원에서 이미 재산 대부분은 자식들과 손자들에게 증여하였다는 것입니다.

반면 평생을 설악산 대청봉까지 지게꾼으로 살아온 작은 거인 임기종 씨가 40년 품삯을 모아 이웃에게 1억 원을 기부했다는 신문기사를 본 적이 있습니다. 그는 당시 한 번의 품삯이 3만 원인데 3천3백만 번 이상의 무거운 짐을 지게에 지고 오색에서 대청봉까지 오르내리며 지게꾼으로 번 돈을 기부한 것입니다. 이 사람의 돈 1억 원은 1천억보다 더 값진 돈입니다.

또 어떤 할머니가 평생 김밥 장사를 해서 번 돈을 대학에 기부했다는 소식도 몇 해에 한 번씩은 언론 보도를 통하여 접하고 있습니다. 우리 사회는 가끔 이런 사람들이 있어 미소 짓게 하고 흐뭇한 마음을 갖도록 합니다.

미국에서처럼 기부행위가 정착되려면 권력과 부를 가진 자들부터 솔선수범해야 하고, 기부자에 대해서는 국가나 지방정부 또는 사회에서 그에 합당하는 예우를 해 주어야 활성화될 것입니다.
그래야 가진 자에 대한 빈곤층의 분노를 줄이고 정의로운 사회, 좀 더 평등한 사회로 나아갈 수 있습니다. 또한 사회적 갈등도 줄어들어 평화롭고 안정된 사회를 이룩하는 데 한 걸음씩 다가가는 마중물이 될 것입니다.

지인들 가운데에는 툭하면, "마음을 비우거라", "삼성 이건희 회장과 현대그룹 정주영 회장도 죽을 때 한 푼도 못 가져갔다. 그러니 지갑을 아낌없이 열고 신나게 쓰다가 후회 없이 죽는 것이 현명한 것이다."라는 말을 입버릇처럼 하는 사람들이 있습니다.

사실 그런 말을 스스럼없이 자주 하는 사람치고 공익을 위해 기부했다거나 주변 사람에게 선심을 쓰는 것을 본 적이 없습니다. 자기 자신은 늘 인색하기 짝이 없으면서도 상대방이 자신에게 기대처럼 호의를 베풀지 않았을 때 상투적으로 내뱉는 말에 불과한 것입니다. 그런 말을 하는 사람에게 묻고 싶습니다. "그렇게 말하는 당신은 언제, 얼마큼, 누구를 위해 선을 베푼 적이 있는지 말해 보시죠?"라고 말입니다.

언제나 빈 깡통 소리가 요란하다는 말이 있듯이 이들은 늘 대인인 척 허세를 부리며 상대가 돈을 쓰기만을 은근히 강요합니다. 공익을 위한 기부행위는 돈이 많다고 해서 하는 것이 아니고, 마음이 없으면 하지 못하는 것입니다.

나와 같은 60년대와 70년대에 해당하는 학번 세대는 함께 즐길 수 있는 놀이에 관한 인식이 부족하고 기회가 빈곤하여 익힌 게 없습니다. 그래서 우리 세대의 학번들이 할 줄 아는 것이라고는 술 마시는 것 외에는 놀 줄을 모른다는 것입니다.

전한시대(前漢時代) 사마천이 편찬한 『사기(史記)』에 의하면, 술은 사람 사이의 관계, 심지어 신과의 관계를 만들어 주는 촉매 역할을 하기도 한다고 기술되어 있습니다. 실제로 술은 상하 관계나 친구 사이에서도 술잔을 주고받으면 의리가 더 두터워지고, 화해할 때도 술은 유용한 도구가 되기도 합니다.

그래서인지 동시대를 살아온 필자 또래들이 비교적 과음과 과식으로 인한 위장병과 장염, 성인병을 많이 앓게 된 세대가 아닌가 싶습니다.

『논어』에 나오는 공자의 말씀 중, "칠십이종심소욕불유거(七十而從心所慾不踰矩)"라는 말이 있습니다. 이 말의 뜻은 일흔이 되어서는 무엇이든 하고 싶은 대로 하여도 법도에 어긋나지 않는다는 말입니다. 그러나 우리 사회는 80세가 다 된 노인에게까지 은근히 애경사에 참석을 강요하는 사회입니다. 만약 참석을 거르거나 부조금이라도 보내지 못하면, 애경사 참여에서 충분히 벗어날 때임을 이해하기는커녕 눈길부터 싸늘합니다. 애경사에 대한 잘못된 인식 때문일 것입니다.

그러므로 노인들은 젊은이들처럼 어떤 특정한 목표를 달성하기 위해 의도된, 전략적인 마음으로 살아가는 삶이 아니라 상황에 따라 마음이 시키는 대로 가도 법도에 어긋남이 없을 것이므로 순리에 따라 살아가야 할 것 같습니다.

6) 간통죄 폐지와 불법행위인 불륜으로 인한 손해배상청구에 대한 단상

| 간통죄 폐지

간통죄는 폭행 또는 협박으로 상대방이 저항하지 못하게 하여 간음하는 행위와는 구별이 되는 개념입니다.

우리나라의 형법 제241조가 정한 간통죄는 1953년 형법이 제정될 때부터 2016년 1월 6일 헌법재판소가 위헌으로 판결할 때까지 62년간 유지되다가 폐지되었는데, 최근에 다시 간통죄가 부활되어야 한다는 여론이 높습니다.

형법 제241조 제1항에는 배우자가 있는 사람이 제삼자와 성관계하면, 2년 이하의 징역에 처하고, 제삼자 또한 같은 형의 처벌을 받도록 규정하고 있었습니다.

간통죄란 배우자(부부)는 서로 정조를 지킬 의무가 있는데 이를 위반하여 다른 사람과 그의 배우자가 아닌 이성과 자발적으로 성교하는 것을 의미하는 것입니다. 이 간통죄의 용어는 법률상 용어이고, 일상 사회에서는 주로 불륜이나 외도라는 단어를 사용합니다. 그런데 간통죄는 배우자가 고소해야만 처벌이 가능한 친고죄에 해당하고, 만약 배우자가 간통을 사전에 동의하였거나 사후승인을 했을 때는 고소할 수 없는 죄입니다.

원래 간통죄는 근대사회에서 법적으로 혼인한 부부가 정절을 지키고 가정을 보호하기 위해 존속된 것이었습니다. 그러나 최근에 이르러 핵가족이 증가함에 따라 전통적인 가족 구조에 대한 인식이 변하고 성에 대한 개방적 사고가 확산되어 결혼에 대한 인식도 많이 변화되었습니다. 즉 성과 사랑은 국가에서 통제할 사항이 아니라 개인에게 맡겨야 하는 것이고, 따라서 부부간의 정조의무를 위반한 행위가 비록 비도덕적인 행동이지만, 법으로 처벌할 사항은 아니라는 생각이 널리 확산된 것입니다.

우리의 생활영역에는 법률로 직접 규제해야 할 영역이 존재하는 것은 맞지만, 도덕이나 양심에 맡겨 두어야 할 영역도 분명히 존재합니다. 그러므로 양심적, 도덕적으로 비난받을 만한 행위를 모두 형벌의 대상으로 삼는 건 사실상 불가능합니다. 그동안 혼인과 가정의 유지는 당사자의 자유로운 의지와 애정에 맡겨야지 법으로 강제할 수 없다는 이유로 1990년, 1993년, 2001년, 2008년 총 4번에 걸쳐 간통죄가 위헌이라는 헌법 소원이 제기되었으나 당시에는 모두 합헌으로 결정된 바 있습니다.

언론을 떠들썩하게 했던 간통 사건의 주인공으로는 배우 황수정, 옥소리, 대학교수 겸 큐레이터로 광주 비엔날레 예술감독을 맡았던 신정아, 영화감독 홍상수 등이 있습니다. 그리고 가장 최근에는 SK그룹 최태원 회장과 고 노태우 대통령의 딸인 노소영 관장(아트센터 '나비') 사이의 이혼 및 재산 분할, 위자료 청구 사건이 있습니다.

특히 최태원 회장과 노소영 관장의 이혼 사건의 경우, 금세기 들어 가장 큰 재산 분할 외에 위자료로 10억 원을 지급하라는 서울고등법원의 판결선고가 있었기에 전 언론과 외신들이 그 결과에 떠들썩했었습니다.

'세기의 이혼'이라 불리는 이들 부부의 이혼 소송은 이 재판에 걸려 있는 천문학적인 위자료와 재산 분할 액수로 인해 작년 1심 판결 때부터 많은 이의 관심을 끌어왔는데, 이번 항소심 과정에서 재판부가 제시한 분할 비율은 65:35, 만약 이 비율에 따라 재산을 분할하게 되면, 최태원 회장은 노소영 관장에게 1조 3,800억 원을 주어야 합니다.

이런 엄청난 금액의 위자료 지급 판정이 난 이유는 최 회장이 반성하는 모습이 없고 한국의 가족제도인 일부일처제를 존중하지 않았다는 것입니다.

간통죄가 폐지된 이후 여론 조사 결과에 따르면 간통죄가 폐지되기 전 21%였던 불륜 행위가 폐지 후 30%로 증가하였고 피임 도구 판매도 급증하였다는 것입니다. 따라서 당시 우려했던 간통죄 폐지가 '불륜의 판도라 상자'를 열 것이란 예측이 일부이기는 하나 현실로 나타난 것입니다.

간통죄가 폐지된 지 9년이라는 세월이 흘렀으나 국민의 법 감정은 여전히 이혼 사유 중 불륜, 외도를 가장 나쁘게 보고, 간통죄 부활을 원하고 있습니다.

| 이혼과 손해배상(위자료)청구

우리 민법 제840조에는 재판상 이혼 원인을 다음의 6가지로 규

정하고 있습니다.⁴

첫째, 배우자에 부정한 행위(불륜)가 있을 때
둘째, 배우자가 악의(고의)로 다른 일방을 유기한 때
셋째, 배우자 또는 직계존속으로부터 심히 부당한 대우를 받았을 때
넷째, 자기의 직계존속이 배우자로부터 심히 부당한 대우를 받았을 때
다섯째, 배우자의 생사가 3년 이상 분명하지 아니한 때
여섯째, 기타 혼인을 계속하기 어려운 중대한 사유가 있을 때

위에서 보듯이 불륜 행위는 이혼 사유 중 첫째에 해당하는 것입니다. 그러므로 유책배우자(불륜자)에게는 특수한 사정이 없는 한 이혼 청구를 허용하지 않는 것을 원칙으로 합니다. 우리는 유책주의를 채택하고 있습니다. 그 이유는 우리의 혼인 제도가 요구하는 도덕성, 윤리성에 배치되고 신의성실의 원칙에 반하는 결과를 방지하려는 데 목적이 있기 때문입니다.

반대로는 가정 파탄의 책임이 누구에게 있는 것인지를 묻지 않고 애정 상실을 이유로 이혼을 원하면 이혼이 성립되는 것이 '파탄주의'입니다. 그런데 최 회장의 경우는 부인인 노소영 관장이 추후 반

---

4 별도로 민법 제826조에는 '부부간의 의무'라는 규정이 있다. 위 조항 제1항에 "부부는 동거하며 서로 부양하고 협조하여야 한다. 그러나 정당한 이유로 일시적으로 동거하지 아니하는 경우에는 서로 인용하여야 한다."라고 규정하고 있다. 이때 동거의 개념은 단순히 같은 공간 내에서의 생활을 말하는 것뿐만이 아니라, 정서적인 면이나 성적 결합도 의미하는 것이다. 정당한 이유도 없이 몸이 건강함에도 불구하고 성적결합을 거부하는 것도 정도에 따라 이혼 사유가 될 수 있다는 것이다.

소를 통하여 이혼에는 동의하고 위자료와 재산 분할을 요구하였기 때문에 이혼이 성립된 것이지 파탄주의를 인정한 사례는 아닙니다.

비록 간통죄는 폐지되어 형사 처벌을 받지는 않게 되었지만 분명 외도는 이혼 사유에 해당하는 것이고, 간통한 상간자와 더불어 불륜한 배우자는 함께 '불륜이라는 불법행위'에 따른 손해배상을 부담하는 책임이 따르게 되어 있습니다.

그 위자료의 액수는 가정 파탄의 경위와 정도, 혼인의 기간, 신분, 경제적 능력 등이 종합적으로 고려되는데, 보통 일반인의 경우 평균 위자료는 2천만 원 내외가 됩니다. 그러나 위 최 회장의 사례에서 보는 바처럼, 상황에 따라서는 상당한 금액 이상의 위자료와 재산분할을 각오해야 하는 처지에 놓이게 됩니다.

학계에서는 이미 파탄 난 혼인을 국가가 강제로 유지시키는 것이 인간의 존엄과 행복추구권을 저해한다는 시각이 많고 OECD 국가

---

5 반소(反訴, Counterclaim): 민사소송이 계속되는 가운데 피고가 원고에게 본소 청구 또는 이에 대한 방어 방법과 관련되는 새로운 청구를 위해서 동일한 소송절차에서 제기하는 새로운 독립적 소송을 의미한다. 이때 피고는 소송절차를 현저히 지연시키지 아니하는 경우에만 변론을 종결할 때까지 본소가 계속된 법원에 반소를 제기할 수 있다. 다만, 소송의 목적이 된 청구가 다른 법원의 관할에 전속되지 아니하고 본소의 청구 또는 방어의 방법과 서로 관련이 있어야 한다. 이는 소송 경제상 바람직한 제도라 할 것이다. 참고로 최태원 회장과 노소영 관장의 경우, 피고 노소영은 원고 최태원으로부터 이혼 청구를 당한 이후 줄곧 가정을 지키고자 이혼 청구에 응하지 않았다. 그러나 최태원이 도저히 가정으로 돌아올 가능성이 없다고 판단하여 이혼 청구에는 응하되 위자료 청구와 재산 분할 청구의 반소를 제기한 사건이다.

중 한국만이 유일하다며 유책주의에서 파탄주의를 채택하는 것이 합리적이라는 의견이 있습니다. 그리고 유책주의가 결혼제도를 위축시켜 혼인과 출산 기피로 이어질 수 있는 폐단이 있다고 주장하고 있습니다.

이런 주장들은 당장 국민 여론은 반감이 크겠지만 선진국처럼 점차적으로는 파탄주의를 도입하되, 이혼의 남발을 막고 가정을 지키기 위해 위자료와 재산분할을 대폭 늘려 상대에게 평생 생계를 보장해 주는 건 어떨지 싶습니다.

그러나 선진국에서 이혼 사건에 파탄주의를 채택하고 있다고 해서 우리의 법 감정과 문화가 있으므로 우리가 이를 따라가야 하는 건 아닐 것입니다. 이혼은 당사자들을 넘어 아이들에게 정서적으로 깊은 상처를 주어 성장에도 나쁜 영향을 줄 수가 있는 것이므로 가정이 해체되는 일을 쉽게 용인해서는 안 되기 때문입니다.

| 증거 수집

과거에는 상간자를 간통죄로 고소하면 경찰이 현장을 급습하여 부정행위의 증거를 수집하는 일이 쉽고 확실하였으나 간통죄 폐지 후에는 고소권자가 합법적으로 증거를 수집해야 하는 어려움이 존재합니다. 합법적인 증거 수집 방법을 열거하자면 다음과 같습니다.

1) 상대로부터 자백을 받은 녹음 파일
2) 잠겨져 있지 않은 핸드폰을 이용한 기록물(문자, 카톡, 사진, 통화 내용)
3) 직접 미행해서 찍은 사진이나 영상 파일
4) 배우자와 함께 사용하는 컴퓨터 복구 자료
5) 배우자와 비밀번호를 공유한다면 이메일 자료
6) 대화에 참여한 녹음 파일
7) 증거 보존을 통한 숙박업소, 오피스텔, 아파트 등 CCTV 자료
8) 배우자와 상간자가 같은 직장에 근무하는 경우, 휴가 및 조퇴 상황 확인
9) 배우자와 상간자가 해외여행을 다녀온 경우, 법무부 출입국 관리소에 확인
10) 금융거래 확인(신용카드, 입출금, 계좌 등)
11) 통신사를 상대로 배우자의 통화 내역에 대한 문서 제출 명령 신청
12) 증인 신청

요즘 성실한 아내를 두고 미모의 여인과 불륜을 저지르는 드라마와 프로그램의 시청률이 매우 높다고 합니다. 방송국에서는 시청률이 높으면 자연히 광고가 많이 붙고 수익성도 높아지므로 교양프로보다는 선정적이고 자극적인 프로그램을 개발하려는 듯합니다.

따라서 이를 견제하기 위해서는 건전하고 공정한 방송과 건전한

통신문화를 다루는 방송통신심의위원회에서는 방송이 국민에게 미치는 파장은 도외시하고 오직 시청률에만 매달려 불륜을 조장하는 건 아닌지, 그래서 윤리와 도덕이 날로 황폐해져 가고 사회가 점점 어두워지고 성범죄가 확대되는 일은 아닌지 살펴볼 일입니다.

'세기의 이혼 소송' 유감(有感)

생물학에서는 나비목 불나방과에 속하는 곤충을 불나방이라고 합니다. 이 곤충은 불만 보면 그 불에 이끌려서 무조건 불 속으로 뛰어들어 타 죽는 속성을 지닌 나방입니다. 그런데 자기 발로 파멸의 자살골을 넣는 건 비단 불나방뿐이 아닌 것 같습니다. 이번 최태원 회장의 사례에서 보듯이 인간들 가운데에도 그야말로 '이루어질 수 없는 사랑'에 빠진 이들을 우리 주변에서 흔히 볼 수 있습니다.

대부분의 불륜이 그렇듯 행복에 비해 불행이 너무 길고, 사랑에 매달리면 매달릴수록 더욱 추해집니다. 그래서 불륜을 저지르는 사람들은 불행과 추함의 악순환 속에서 당의정 같은 짧은 쾌락을 위해 도덕적 비판과 곱지 않은 사회적 시선을 견뎌 내야 하는 것입니다. 그렇다면 사람들은 왜 이토록 불안하고 도덕적으로도 떳떳하지 못한 금지된 사랑의 유혹에 빠져드는 걸까요. 정녕 그 이유를 알고 싶습니다.

이번에 최태원 회장은 소송을 치르면서 자신은 물론 기업경영에 엄청난 타격을 입었을 것이고, 슬하의 자식들도 그에 못지않은 충격과 상처를 입었을 것입니다. 연예인들 사이에서는 종종 있는 일이어서 그리 놀랄 일도 아니겠지만, 일반인 중에도 해서는 안 될 사랑에 빠져 가족과 친구는 물론 직장까지 잃게 되는 경우를 종종 목격합니다. 제가 상담소에서 일할 때 그런 분들을 직접 상담한 경험도 적지 않습니다. 도대체 왜 그런 걸까요? 전지전능하신 신은 왜 인간을 그런 시험에 들게 하는 걸까요? 참 알다가도 모르겠습니다. 확실히 인간은 태생적으로 저 에덴동산의 이브처럼 유혹에 약한 존재인가 봅니다.

7) 형법 제328조 친족상도례(親族相盜例) 규정에 대한 위헌 결정에 대하여

| 시대의 변화에 따른 법률의 변화

2024년 6월 28일 주요 일간 신문에 친족상도례(親族相盜例)에 관한 기사가 게재되고, 방송에서도 떠들썩하게 보도된 사건이 있어 이를 살펴보려 합니다. 친족상도례라는 용어는 일반인으로서는 매우 낯선 용어라 무슨 뜻인지 잘 이해를 못하는 분들이 많을 겁니다. 이를 쉽게 풀이하면 '친족 간 도둑질에 대한 특별한 배려'라는 뜻입니다.

우리 형법은 해방 후인 1953년, 일본의 법을 많은 부분 참고해서 제정했습니다. 그리고 일본의 법은 대륙법 계통인 독일 법과 프랑스 법을 차용한 것이 많습니다. 따라서 우리와 일본의 법체계는 영국과 미국의 법체계와는 상당히 다르고 유럽의 법률과 유사한 점이 많은 편입니다.

헌법재판소에서는 2024년 6월 27일 위 형법 제328조가 규정하고 있는 친족 간의 범행과 고소 조항이 헌법적 가치와 일치하지 않는다며 헌법불합치 결정을 내렸습니다. 따라서 앞으로 국회는 1년 이내에 위 규정을 개정해야만 하고, 만약 그때까지 개정되지 않으면 위 규정은 법적 효력을 상실하게 됩니다.

위 형법 규정의 내용은, 직계 친족, 즉 8촌 이내의 혈족, 4촌 이내의 인척 등에 사기, 배임, 횡령 등 재산 범죄에 대한 형이 면제되고 그 외 친족은 고소가 있어야만 처벌할 수 있는 친고죄를 적용하고 있는 것입니다. 그 이유는 가까운 친족 내부 문제에 국가가 간섭해서는 안 된다는 취지입니다. 아마도 국회에서 이 조항을 개정하면 재산을 둘러싼 가족 간 고소가 크게 늘어날 것으로 보이고 그 부작용도 적지 않을 것으로 예상이 되며 친족 간의 정은 사라지게 될 것입니다.

친족(親族, kinship)이란 피붙이인 혈족(血族)과 혼인으로 맺어진 척족인 인척(姻戚)을 의미하는 것입니다. 이러한 넓은 의미의 친족을 우리는 보통 친척(親戚)이라고 부릅니다. 친족의 범위를 1990년 이전에는 부계 8촌, 모계 4촌 이내의 혈족과 남편의 혈족, 아내의 부모로 규정하고 있었습니다.

그러나 현재 우리의 민법에서는 친족의 범위를 8촌 이내의 혈족, 4촌 이내의 인척 배우자로 정하고 있습니다. 물론 친족 범위에는 배다른 형제인 이복형제(異腹兄弟)에게도 적용되고 상속권도 인정하고 있습니다.

반면 프랑스는 친족의 범위를 부모, 조부모, 자녀, 손주, 배우자만으로 한정하고, 그들을 상대로 강요죄, 공갈죄, 사기죄 등 재산 범죄를 기소하지 않도록 규정하고 있고, 독일은 친족의 범위를 넓혀 친인척, 배우자, 동성 배우자(생활 동반자), 양부모 자녀 등을 모두 포함하고 있어 우리와는 가족의 개념이 상당히 다릅니다.

한편 영국과 미국을 비롯한 영미법계 나라에서는 친족상도례 조항이 없으며, 가족 간 범죄라도 일반 범죄와 똑같이 엄격하게 처벌하고 있습니다.

헌법재판소는 2024년 4월 25일 유류분(遺留分)제도 즉, 고인의 뜻과 관계없이 특정 가족에게 법정상속분의 일정 부분을 보장하는 제도가 현실에 맞지 않는다는 이유로 1977년 민법에 유류분제도가 도입된 지 47년 만에 위헌 결정을 하였고, 고인의 형제자매에게도 유류분제도를 인정하던 민법 제1112조 4호에 대해서도 위헌 결정을 내린 바 있습니다.

또한 부모 부양과 재산 형성 기여분이 없는 경우와 "피상속인(고인)을 장기간 유기하거나 정신적, 신체적으로 학대하는 패륜적 행위를 일삼은 상속인에게도 유류분을 인정하는 것은 국민 법 감정과 상식에 반한다."라고 결정하였습니다.

그뿐만이 아니라 그동안 부모의 제사에 대한 권리를 갖는 '제사주재자'에 대해서 장남에게 우선권을 주었던 것을 대법원에서는 2013년 5월 성별과 관계없이 연장자가 맡아야 한다고 판단하였는데, 이는 15년 만에 대법원 판례가 바뀌게 된 것입니다.

그 판결 이유는 "현대사회의 제사에서 부계혈족인 남성 중심의 가계 계승 의미는 상당 부분 퇴색하였고, 남성이 여성에 비해 제사봉양 주재자로 더 정당하다고 볼 수 없다."라는 것이었습니다.

가족의 형태가 과거 농경사회에서 2대, 3대가 함께 가족을 이루었던 대가족 시대에서 1인 가족이 증가하는 핵가족 시대로 변화하고, 그 과정에서 발생하는 가족 간의 범죄가 늘어나는 사회 변화에 따라 법률도 점차 변화한다는 생각입니다.

최근에 친족상도례 사건에 관한 관심은 방송인 박수홍 씨가 2021년 4월 친형이 자신의 출연료 등 61억 원을 빼돌려 횡령하였다며 고소한 사건과 프로 골퍼 박세리 선수가 최근에 그의 부친과 금전 문제로 소송을 벌이고 횡령 사건이 아닌 사문서위조죄로 고소함으로써 불거진 보도가 있어 국민적 관심도가 더욱 높아지고 있는 사건이기도 합니다.

  그런데 박수홍 씨가 그 형에 대한 고소가 가능했던 이유는 그의 형과 동거하는 사이가 아니었고, 박세리 씨는 자연인 박세리가 아닌 그녀가 운영하는 재단에서 재단 명의로 그녀의 부친을 고소하였기에 가능한 것이었습니다. 그러므로 이들에 관한 조사 결과 범죄 사실이 인정된다면 처벌받을 가능성이 높다고 하겠습니다.

  친족 간의 재산 범죄에 대하여 무조건 범죄를 면제해 주거나 감경하는 것도 이치에 맞지 않지만, 그렇다고 영미법에서처럼 일반인과 같은 형량으로 처벌한다는 것도 우리네의 정서상 맞지 않다고 봅니다.

  그러므로 가족관계가 실질적인 유대관계로 끈끈하게 잘 형성되고 유지되어 왔는지, 아니면 수년 동안 서로 연락조차 없이 남남처럼 지내 왔는지, 그리고 범죄의 경위가 부득이하고 특별한 사정이 있었는지에 대한 사정을 참작하여 신중하게 운영되어야 할 것입니다.

| 상담 사례

  조카 갑(甲)은 삼촌 을(乙)이 운영하는 개인사업체의 고용원으로 일하다가 불화가 발생하여 그만둔 후 야간에 을을 만나 "삼촌이 탈세한 사실을 국세청에 고발하겠습니다."라고 하면서 사무실 탁자 위에 있던 맥주병을 깨뜨려 깨진 맥주병을 들이대며 위협하고, 금

3천만 원을 요구하여 삼촌인 을에게 돈을 받아 갔습니다. 그런데 그 이후에도 갑이 다시 만나자고 전화를 걸어 오므로 을은 갑을 관할경찰서에 고소하였습니다. 이에 피해자의 친형인 갑의 아버지가 고소 취하를 간절히 원하고 갑도 잘못을 뉘우치고 사과하고 있으므로 을은 고소를 취하하려고 하는데, 고소 취하하면 갑이 처벌받지 않을 수 있겠느냐는 상담이었습니다.

형법 제350조 제1항은 공갈죄에 관하여 "사람을 공갈하여 재물의 교부를 받거나 재산상의 이익을 취득한 자는 10년 이하의 징역 또는 2천만 원 이하의 벌금에 처한다."라고 규정하고 있고, 같은 법 제328조, 제352조는 "동거하지 않는 친족간에 공갈죄를 범한 경우에도 고소가 있어야 공소를 제기할 수 있다."라고 규정하고 있습니다.

결론부터 말하자면, 갑이 탈세 사실을 국세청에 고발한다는 말을 한 것은 공갈죄에 해당됩니다. 그 이유는 비록 그가 고발할 정당한 권리가 있다고 하더라도 그 권리행사를 빙자하여 사회 통념상 용인되기 어려운 정도를 넘는 협박을 수단으로 상대방을 몹시 두려움을 갖게 하여 재물의 교부 또는 재산상의 이익을 받으려 하였다면 공갈죄의 공갈에 해당한다는 것이 대법원의 판례입니다.

또한 흉기 등 기타 위험한 물건을 휴대하고 공갈죄를 범하여 폭력행위 등 처벌에 관한 법률 제3조 제1항에 의해 가중 처벌되는 경우 친족상도례 규정이 적용되는지에 관하여 판례는, "직계혈족, 배우자 동거 친족, 동거가족, 또는 배우자 간의 공갈죄는 그 형을 면제하여야 한다."라고 규정하고 있으므로 공갈죄의 성립은 그대로 유지되는 것이지만, 그 형은 면제가 되고 '폭력행위 등 처벌에 관한 위반죄'에서는 을이 1심판결 전에 고소를 취하한다면 갑은 공소기각의 판결로 인해 처벌받지 않을 것입니다.

8) 맹목적 믿음의 폐해와 과학적 사고의 필요성

| 행복한 삶을 갉아먹는 자칭 메시아들

우리는 눈부시게 발달한 문명사회 속에서 살아가고 있으면서도 실생활에서는 자신도 모르게 과학보다 신비주의에 빠져 사는 경우가 많습니다. 이러한 양상은 비단 나이 든 세대에게만 나타나는 게 아니라 젊은 세대는 물론이고 심지어 고등교육을 받은 지식층에서도 나타나고 있다는 점이 문제입니다. 그들은 분명 기본적인 과학과 역사 공부를 했을 텐데 말입니다.

예컨대, 지난 20대 대통령 선거 때 원외 정당 중 28만 표를 얻으면서 낙선한 74세의 국가혁명당 총수 허경영 후보는 스스로 하늘에서 인류를 심판하려 내려온 메시아라고 주장했습니다. 이러한 황당한 주장은 현재까지도 이어지고 있고 일부 사람들은 여전히 그를 맹신하며 추종하고 있습니다.

그가 지난 22대 국회의원 선거 전에 비례대표 후보로 입후보하면서 중앙선거관리위원회에 신고한 재산은 482억 원입니다. 하지만 실제로는 그 2배에 달할 것으로 예상된다고 하는데, 이는 전체 비례대표 후보 253명 중 가장 많은 금액이라고 합니다.

그는 경기도 양주시에 종교 시설인 '하늘 궁'이라는 엄청난 규모의 건물을 짓고 우유병에 정체불명의 액체(약이라고 주장함)를 넣고 자신의 사진을 붙인 후 만병통치약 '불로유'라고 부르며 사람들에게 팔고 있습니다. 그는 이 '불로유'가 각종 병 치료와 건강에 효과가 있고, 절대 썩지 않는 우유이니 유효 기간을 따지지 말고 매수할 것을 권유하고 있다고 합니다. 이 말을 맹신한 어떤 신도는 무려 1,000병 이상을 구매하여 집 안에 보관해 놓고서는 수시로 마시고, 얼굴에 바르기도 하는 모습을 텔레비전 뉴스 영상으로 보았는데 정말 한마디로 충격 그 자체였습니다.

또한 그는 고민을 상담에 10만 원, 축복 기도에 100만 원, 축복보다 한 단계 높은 티켓에 해당하는 '백궁 명패' 구매는 300만 원, '하늘 궁 천사' 칭호를 받는 데는 1억 원을 받고 있다고 합니다. 보통 사람은 '누가 그 말을 믿고 명패를 구매하겠어?'라며 믿지 않겠지만, 보도에 따르면 어이없게도 실제로 어느 신도 한 분께서는 20억 원의 대출금을 받아 '하늘 궁'에 바쳤으며, 병자들은 그의 눈만 봐도 병이 낫고 행운이 깃든다고 굳게 믿고 있다고 합니다.

그는 자신이 도파민의 4천 배가 넘는 에너지를 주는 사람이라고 공공연히 말하고 있고 병 치료법의 일환으로 남편이 바로 옆에 있는데도 그 사람 부인의 주요 부위를 손으로 스치듯 만지며 곧 나을 거란 말을 하기도 했습니다.

이러한 허경영 씨 외에도 신천지 이만희 교주, JMS 정명석 교주 등 노골적으로 종교 장사를 하는 사이비 종교 집단이 우리 주변에 너무 많은 것 같습니다. 이들에게 과세하지 않고 있으니 더욱 그 세력이 확산하는 것입니다. 정부는 소득이 있는 곳에 세금을 부과하는 게 과세의 원칙임에도 불구하고 도대체 무슨 이유로 유독 종교 시설과 종교인에게만 과세(課稅)하지 않는 것인지 묻고 싶습니다.

아마도 선거 때 득표에 불리할까 두려워 입법화하지 못하는 것이란 생각이 드는데 사실이 아니길 바랍니다.

| 과학적 사고의 필요성

이런 현상은 대권 주자를 비롯한 정치인이나 일부 지식인들이 풍수나 사주의 명리를 너무 진지하게 받아들이는 태도에도 원인이 있다고 생각합니다. 또한 일부 텔레비전 쇼 프로그램 등에서 (물론 재미를 위해서겠지만) 근거도 없고 막연한 관상과 역술을 마치 통계적으로 설득력이 있는, 신비한 뭔가로 자꾸만 호도하는 것에도 원인이 있다고 하겠습니다. 그리고 얼마 전에 개봉해서 크게 히트한 영화 「파묘」에서 무당 화림과 봉길이 기이한 병이 대물림되는 장손을 만나, 그 화근이 조상의 묫자리 때문이라며 풍수사 상덕과 장의사 영근이 합류하여 파묘를 시작하는 장면도 이러한 비과학적 신비주

의가 유행하는 한 단면을 반영하고 있다는 게 필자의 생각입니다.

모두가 알다시피 선거 때, 대학 입시 때, 직장에서의 승진 시기가 되면 유난히 점집이 문전성시를 이루고, 특히 어느 대권 주자가 조상의 묘를 명당자리로 옮겼더니 대통령에 당선이 되었다는 소문은 그 사실 여부를 떠나 일반인들에게는 영향이 클 수밖에 없을 것입니다.

물론 현대 과학이 모든 걸 다 속 시원하고 명명백백하게 설명할 수는 없습니다. 그래서 과학은 절대적 진리라는 주장을 고집하지 않습니다. 그 이유는 과학이란 잠재적인(아직 발견되지 않은) 증거가 나타나면 언제든지 수정이 가능한 것이고, 따라서 그때까지는 비판의 가능성이 늘 열려 있기 때문입니다. 하지만 풍수와 사주는 우리의 전통문화일 뿐 절대적으로 확립된 근거와 명확한 통계가 없는 것이므로 이를 그대로 믿는 것은 재고되어야 할 것입니다.

과학이든 종교든, 무당이든 사이비 교주든, 검증과 비판, 반증이 가능하지 않으면 그건 혹세무민과 신비주의에 해당하는 것이고, 그에 빠지면 당사자는 물론 사회가 해롭다는 것은 의심의 여지가 없습니다. 우리 주변에는 하늘에서 재림한 메시아, 혹은 자칭 도사(道士)들이 무척 많지만, 그들이 하는 말들은 대부분은 황당하고 아무런 근거가 없는 것들이고, 어쩌다가 소가 뒷걸음질하다 쥐를 잡듯, 우연히 한두 가지 맞을 때가 있을 뿐입니다.

다년간에 걸친 수련과 엄청난 공부 끝에 터득했다며 유명 인사들에 대한 운명을 짚어 주고 예언했던 전설적인 도사께서, 어느 날 자신이 화장실에서 심장마비로 급사할 운명이었음을 알지 못했다는 아이러니한 얘기도 전해지고 있으므로 패가망신을 당하지 않기 위해서라도 맹목적 믿음은 반드시 경계해야 할 것입니다.

사이비 종교(似而非 宗敎)의 발원과 대책

사전상 사이비란 뜻은 겉으로는 그것과 같아 보이나 실제로는 전혀 다르거나 아닌 것을 의미합니다(새 국어사전 참조). 즉, 겉으로 보기에는 종교와 유사한 겉모습을 가지고 있지만, 가짜 종교를 말하는 것입니다. 재언하자면, 겉으로는 종교로 위장하고 있지만 종교의 기본적인 요건을 갖추지 못하고 비종교적인 목적을 추구하는 단체나 집단을 의미합니다.

그리고 사이비 종교와 유사한 모습의 종교가 있는데, 외관상으로는 기존의 정통 교회와 매우 흡사하나 정통 종교 이론에서 많이 벗어난 교리, 주의, 주장을 총칭하는 이단(異端) 종교가 휴거, 시한부 종말론, 영생론 등 상상 외로 많이 존재하고 있습니다.

이들 교주들은 자신을 구세주, 정도령, 이긴 자, 메시아, 재림 예수라며 기만하고 신도들로부터 엄청난 돈을 갈취하고 간음하는 등 상상을 초월하는 짓들을 일삼고 있습니다. 어느 영생 교주는 1992년에 종말을 예언했다가 빗나가자 1995년에 다시 종말론을 예언했으며 그때마다 재산을 긁어모았습니다.

　이들은 영생과 시한부 종말론을 내세워 신도들을 현혹하고 협박합니다. 또는 자신을 믿으면 복을 내리고 불치병을 고쳐 주며 영생을 주겠다고 외칩니다.

　이들의 공통점은 현실에 대한 불만과 미래에 대한 불안이 있는 우매한 신도들의 마음을 파고든다는 점입니다. 즉 세상이 곧 끝날 것이라는 예언은 그 사회에 불만을 가진 사람들의 귀를 기울이게 합니다.

　한번 발을 들여놓으면 반복되는 세뇌 교육에 이성적인 판단 능력이 상실되고, 설혹 늦게 잘못을 깨닫고 집단에서 빠져나오려 해도 이미 재산을 전부 빼앗겨 살길이 막막할 뿐만 아니라 보복도 두려워 그냥 주저앉고 지옥과 같은 삶을 살게 됩니다.

　그리고 목사를 비롯한 자칭 영적 지도자들이 말하는 이른바, 인간이 증명할 수 없는 자연이나 과학 법칙에 의해 설명될 수 없는 사건에 대하여 신은 기적을 일으키는 전지전능한 힘이 있으므로 기도를 하면 이루어진다고 주장합니다. 그러나 모든 것은 알 수 없는 우연이거나 필연적 결과일 뿐, 신에 의한 기적이란 없는 것임에도 이를 미끼로 유혹을 하고 신도들은 무조건 맹신하고 있는 것이 현실입니다.

그렇다면 신은 과연 존재하는 것이고, 종교에 미래는 있는 것일까? 그리고 신은 실제로 기적을 일으킬 수 있을까? 하는 의문이 일 것입니다.

개인적으로는 종교에 미래는 없고, 신의 존재와 신에 의한 기적도 없을 거라는 생각입니다. 그렇지만, 종교는 제도적으로는 존재하지 않더라고 인간의 종교 성향은 영원히 존재할 것이라 믿습니다. 왜냐하면 인간은 워낙 연약한 존재이기 때문에 절대자를 의지하고자 하는 마음을 근원적으로 없앨 수는 없기 때문입니다.

그럼에도 여전히 오늘날 인공위성이 달을 가고 4차원의 세계를 넘어 인공지능 등 최첨단 과학이 발달한 현재에도 사이비 종교가 발원하는 이유는 무엇인지 의문을 갖지 않을 수 없습니다.

생각하건대 사이비 종교와 이단 종교가 발원하는 배경은 나약한 존재인 인간이 현실에 대한 사회적 불안감, 미래에 대한 불확실성으로 고립되고 절망적 상황이 팽배하였을 때 기승을 부리게 되는 것으로 보입니다.

한편, 이런 사이비 종교와 이단 종교가 성행하고 사회문제화가 되게 된 원인 중에는 기성 종교가 제구실을 못 하고 반목과 분열을 일삼고 이익 집단화하여 소외 계층 속으로 파고들어 개인의 삶과 가정을 파탄시키는 것이라 아니 할 수 없습니다. 또 한 가지는 정치가 국민에게 희망을 주지 못하고 당리당략만 일삼고 사회 지도층이 부패하여 더 이상 기댈 곳이 없다는 절망감도 무시 못 할 것이지요.

그러므로 종교계와 정치계는 헌법상 종교의 자유가 보장되었다는 이름하에 저질러지는 종교계의 헌금이라는 돈을 둘러싼 이권 문제 등, 그리고 정치권은 종교인들의 유권자를 고려한 이해득실에서 탈피하여 날로 기형적으로 황폐화해지는 작금의 상태를 바로잡도록 각별한 노력이 있어야 할 것입니다.

무엇보다 종교계는 종교가 인간에게 삶의 의미와 참가치, 그리고 희망과 비전을 주어야 할 사명이 있음을 잊지 말아야 할 것입니다.
그리고 세상에 대한 진실만을 말해야 합니다.

아울러 AI 시대에 이른 현재, 가치의 세계와 사실의 세계를 모두 장악해 전성기를 누렸던 과거의 막강한 힘을 발휘할 것으로 생각한다면 그건 너무나 시대착오임을 인식해야 할 것입니다.

그동안 종교가 합리적인 비판으로부터 면죄부를 받아 왔던 성역은 더 이상 존재하지 못함도 인식해야 할 것입니다.

6. 평범한 일상 속 비범한 즐거움

1) 어느 이방인과의 인연①

| 첫 만남

　지금으로부터 20여 년 전, 어느 무덥고 후텁지근한 여름날, 2m 정도의 키에 머리가 벗겨진 외국인이 키가 작은 동양 여자와 함께 법률사무소로 들어왔습니다. 백인 남자는 스파이 영화 '007 시리즈'에 등장하는 주연배우 숀 코너리와 닮았고 키가 구척장신인 데 비하여, 여자는 155cm 정도의 가무잡잡한 평범한 동양 여자였습니다.

　이 낯선 이방인 두 사람이 사무실로 어렵게 들어오고 나서도 누구한테 말을 걸어야 할지를 몰라 망설이며 엉거주춤한 상태로 두리번거리고 있었습니다. 사무실 직원들이 두 이방인을 힐끗 쳐다보았지만, 자신과는 아무런 상관도 없다는 듯이 각자 하던 일만을 계속하고 있었습니다.

　그래서 제가 직접 자리에서 일어나 이들을 소파로 안내하여 커피를 대접한 후 방문한 목적이 무엇인지를 물었더니, 그 동양인 여자는 웃으면서 내 말이 떨어지자마자 한국어로 유창하게 고맙다는 인사를 하는 것이 아니겠습니까! 저는 일순간 공연히 쓸데없는 걱정을 한 것이 쑥스럽기도 하였습니다. 이렇게 해서 독일인 부부와의 첫 만남이 시작된 것입니다.

　필자가 그때 이들에게 다가갈 때에는 짧은 순간이나마 머릿속이 조금 복잡하였습니다. 한국말로 해야 할지 아니면 영어로 해야 할지 망설여졌기 때문입니다. 영어 회화 실력이 보잘것없어 못 알아들을까 봐 걱정스럽고 이들에게 실망감을 줄 수 있다는 우려가 앞섰습니다.

　요즘은 초등학교 때부터 어학 실습실을 갖추어 놓고 원어민 교사로부터 영어 회화를 배우고 있고 해외로 어학연수까지 하고 돌아온 사람들이 많습니다. 하지만 제가 학교를 다닐 때만 하더라도 문법과 독해를 중심으로 공부했을 뿐이어서 영어 회화는 무역회사나 외국계 회사에라도 다니지 않으면 영어로 말할 기회가 거의 없었고, 심지어는 고교 영어 교사조차도 회화를 할 줄 아는 교사가 매우 드물 때였습니다.

　법률사무소에서 30년 이상을 상담실장으로 근무하는 동안 외국인을 상대로 상담을 해 본 경험은 수년 전 딱 한 번 있었습니다. 어느 따스한 봄날에 뜻밖에도 영국인 남자와 필리핀 여자가 방문을 하고서는, 자신들은 한국 국적을 취득하고 혼인을 하여 함께 살아왔는데 갑자기 사정이 생겨 부득이 협의이혼을 하고자 한다면서, 그 절차와 방법을 알고 싶다는 상담이었습니다. 당시 협의이혼 절차에 대하여 짧은 영어로 설명하느라 진땀을 뺀 경험이 머리를 스쳐서 잠시 망설였던 것 같습니다.

| 다양한 사연이 흐르는 상담소 풍경

그런데 수년 전부터는 외국인들, 특히 중국 조선족, 베트남인, 태국인, 캄보디아인들이 가끔 상담하러 오는 경우가 늘어났습니다. 이들이 차지하는 상담의 대부분은 체류 허가 기간이 만료되어 불법체류자 신세가 되었는데 언제 단속에 걸려 추방될지 모른다는 불안감 때문에 체류 연장을 위한 어떤 방법이 없을까 하는 안타까운 사연, 임금과 퇴직금을 받지 못하였다는 사연들이 대부분을 차지하였습니다. 그런데 가끔은 사주(社主)로부터 부당한 대우와 폭력을 당하였다는 사연, 또는 한국인과 결혼한 외국 여자(주로 동남아 출신)들

이 속아서 결혼을 했다며 이혼의 절차와 가능성을 알고 싶다는 사연입니다.

그와 반대로 도시 근교 농촌 총각이 한국 여자와 결혼하기가 어려워 부득이 결혼상담소(한국과 외국 상담소 양쪽에 지급)에 금 1,500만 원을 들여 외국 처녀(베트남)와 결혼하였는데, 결혼한 지 불과 3년 만에 자식을 낳고서도 어느 날 갑자기 집을 나가 연락을 두절하고 있는데 어떻게 하면 좋으냐며 낭패감에 풀이 죽어 문의를 하는 한국인 젊은 남편들도 있습니다.

이런 한국의 남편들은 호적 정리가 되어 있지 않아 이혼 소송을 통해 문제를 해결할 수밖에 없는 것이 참으로 딱합니다.

법무부 출입국관리소의 통계에 의하면 한국에 체류 중인 외국인의 숫자가 300만 명이 넘었다고 하니 여러 가지 부작용이 발생하지 않을 수 없을 것입니다. 그런데 이들은 한국에 체류하는 동안 열심히 한국어를 배웠는지 일상적인 한국말은 큰 불편 없이 하고 있습니다.

처음 이 독일인과 언어소통에 대한 걱정을 했던 이유는, 먼저 언급한 것처럼 이전에 영국인과 필리핀 여자와의 대화에서 진땀을 흘린 경험이 떠올라 저도 모르게 긴장이 되어서였습니다.

| 파독(派獨) 간호사가 된 그녀의 사연

그녀는 나의 첫 마디에 고맙다는 인사를 한 후, 곧이어 자신의 출생지가 인천 강화군 강화읍이고 파독 한국인 간호사임을 밝혔습니다. 어느 정신과 의사가 말했던가요? 걱정하는 것 중 실제로 걱정할 일은 5%도 안 되는데 스스로 걱정을 자초한다고.

이 여자의 고향이 강화라는 말을 듣는 순간 저도 모르게 내 고향도 강화라고 말하며, 어두웠던 얼굴이 금세 밝아졌습니다. 편안한 마음으로 고향 사람을 만나 무척 반갑고 안심이 된다며 본격적으로 그녀의 굴곡진 인생사를 털어놓기 시작하였습니다.

이래서 한국인들은 처음 사람을 만날 때 고향을 묻고, 출신 학교를 묻고, 살고 있는 지역을 묻나 봅니다. 어느 하나라도 공통점을 확인하게 되면 그때부터 경계심을 풀고 급속도로 친밀해지니 말이지요. 아마 우리 국민만큼 향우회, 각급 동창회, 해병대동우회 등 각종 친목회가 성행하는 나라도 드물 거라는 생각이 듭니다.

그녀가 어린 나이에 파독 간호사 모집에 지원하게 된 동기는 당시 한국이라는 나라가 워낙 빈민 국가였고, 더구나 고향이 시골이어서 가정 형편상 도저히 대학을 진학하기도 어려웠기 때문입니다. 그렇다고 당시 여자가 마땅한 직업을 갖는 것도 어려운 때여서, 강화에서 고등학교만을 졸업하고 곧바로 간호학원에서 간호조무사 공부를 하여 자격증을 취득하자마자 바로 파독 간호사를 지원하였다고 합니다.

파독 간호사 생활은 차마 말과 글로는 표현할 수 없을 정도로 힘들고 외로운 생활의 연속이었다고 합니다. 특히 말이 통하지 않아서 수년간을 언어 장애자로 살아야 하는 고통은 이루 말할 수 없을 만큼 힘든 삶이었다면서 눈물까지 글썽거리며 그동안의 고통과 힘들었던 인생사에 대하여 털어놓았습니다.

그 당시 파독 간호사들이 하는 주된 업무는 현지인들이 꺼리는 피범벅이 된 환자들의 피를 닦고, 중환자들의 대소변을 받아 내는 일, 시신을 닦고 옷을 입히는 일, 피 묻은 침대 시트를 세탁하는 일이었습니다. 그 밖에도 병원 내의 청소 등 잡부의 일까지 해야 했다고 합니다.

그녀의 이런 이야기들은 언젠가 1,400만 명의 관객을 돌파한 「국제시장」이라는 영화 장면 중, 파독 광부와 파독 간호사들이 일하는 장면을 떠올리면 동시대를 살아온 사람들이라면 누구나 고개를 끄덕일 것입니다.

생각건대 이 영화가 눈시울을 적신 이유는, 이제는 늙어서 마치 유통기한을 넘긴 식품처럼 어디서도 환영받지 못하는 세대로 전락한 슬픈 주역들이 본인의 모습을 보는 것 같아서였을 겁니다.

다른 한편, 당시에는 오직 나 자신보다는 내 부모 형제가 찌든 가난을 벗어나기 위하여 위험을 감수하고 고생을 자처한 과거의 산업주역들이 치열하게 살았던 생활상들에 공감할 수 있었기 때문일 것입니다.

| 상담을 통해 그들의 민원을 해결해 주다

그녀는 일가친척 하나 없는 머나먼 타국에서 그야말로 피, 땀 흘려 번 돈으로 두 동생들의 학비를 보내 주었습니다. 그 돈으로 남동생은 서울의 명문대 공과대학 화공과를 졸업하여 대기업에 취업했고, 여동생은 대학을 졸업 후 미국으로 유학을 갔다가 폴란드 출신 의사를 만나 결혼을 한 후 폴란드에서 잘 산다고 합니다.

더구나 그녀의 헌신은 두 동생의 학비 조달은 물론이고, 고향 집 부모한테 20여 년 동안 매월 월급을 거의 전액 송금하였습니다. 그 돈으로 강화에 논 1,200평 정도를 아버지 명의로 매수하였고 그 논에서 수확하는 수익 모두를 친정집에서 농사 비용이나 살림 비용 명목으로 사용하였다는 것입니다.

그런데 공부상의 토지 소유자인 아버지가 80세가 넘었고, 치매인 데다가 노환으로 말을 하지도 듣지도 못할 뿐만이 아니라 사경을 헤매고 있기 때문에 오늘내일 세상을 떠나게 될지 모를 정도로 병환이 위중한 상태라고 했습니다. 이 상태로 아버지가 사망하시면, 그동안 수십 년간 이국의 낯선 땅에서 갖은 고초를 겪으며 눈물로 번 돈으로 마련한 땅의 소유권은 상속법에 따라 자동으로 그 재산이 그녀를 포함한 4명의 형제에게 균분되어 상속될 수밖에 없는 상황이었습니다.

그녀는 그 토지를 매수할 사람이 있어 빨리 매도해야 하는데, 법적으로 타에 소유권 이전을 할 수 없어 매매계약을 할 수 없다는 것입니다. 동생들이 이미 강화 시내 소재의 법무사 사무실을 모두 방문하여 그녀가 부친 인감도장과 토지에 대한 등기권리증을 아무런 권리도 없이 갖고 있다고 말했는지 부친을 직접 모시고 사무실까지 오지 않으면 등기이전이 불가능하다고 했다는 것입니다.

이어 그녀가 말하기를 강화군에 있는 그 법무사들은 한결같이 서로 짜기라도 한 듯이 부동산을 매매할 때에는 반드시 매도하고자 하는 소유자가 권리증, 인감증명, 인감도장을 지참하고 직접 법무사 사무소에 와서 본인임을 확인할 수 있어야 한다면서 필히 아버지를 모시고 오라고 했다는 것입니다.

그래서 그녀가 법무사에게, 자신의 아버지의 엄중한 병환 상태를 상세히 설명하고 동행이 불가능하다는 사실을 충분히 설명하였음에도 불구하고, 모두가 고개를 저었다고 합니다. 계속 그녀는 너무 분하다는 표정을 지으면서, "동생들이 법적 상속자를 앞세워 그 땅에 대한 소유권을 법정상속분대로 나누어 줄 것을 고집하고 있어 너무 속상하고 배반감을 참을 수가 없어요."라고 말했습니다.

그녀가 이처럼 동생들의 태도가 괘씸하다고 여기는 것은 독일에서 온갖 고난을 무릅쓰고 돈을 벌어 동생들의 학비를 대 주어 그 비용으로 대학을 졸업하게 하였기 때문입니다. 자신의 경제적인 도움으로 모두 대학을 졸업하여 경제적으로 안정된 삶을 누리고 있는데도 그 은혜를 망각하고 본인들의 권리만 주장하는 것에 견디기 힘들 정도로 배신감이 느껴진다는 것입니다.

그녀의 동생들이 욕심을 낼만도 한 것이 그 땅의 지목은 공부상 농지이지만, 그 땅 경계선상 바로 좌우 양옆으로 4차선의 도로가 새로 개설되었고, 실제의 형상은 대지와 마찬가지여서 그 땅 주변으로는 이미 상가 건물들이 신축되어 있어 땅값이 많이 상승하고 있었기 때문이었습니다. 그리고 때마침 이 땅을 즉시 매수하려는 매수자가 나타났다는 것입니다.

관내의 법무사들은 그때만 해도 강화 읍내의 인구가 적었던 탓에 그녀의 동생들이 워낙 극렬하게 방해하여 형제들이 심한 갈등을 일으키고 있다는 소문을 익히 들어서 알고 있기 때문에 추후에 책임 문제가 발생할 소지가 매우 클 것이라고 판단했을 것입니다. 자칫 얼마 되지 않은 등기 수수료 욕심 때문에 추후 동생들로부터의 진정을 받거나 또는 손해배상책임을 질 가능성도 배제할 수 없기 때문에 부담스러웠을 것은 당연한 일입니다.

필자는 이 문제의 해결에 앞서 그 진위를 파악하는 것이 먼저라고 판단이 되어, 그녀의 이웃에 살고 있던 고교 동창에게 전화를 걸어 그녀의 주장들이 사실에 부합하는지를 확인하였습니다. 그 친구는 그녀와 초등학교 동창 사이이고, 그녀의 집안과는 인접한 곳에 위치하고 있기에 그녀의 집안 사정에 대하여 너무 잘 알고 있었습니다.

그 친구의 대답은, 그녀의 주장이 모두 사실이라는 것입니다. 그리고 동생들이 배은망덕하게 신의를 배반하였다면서 분개심을 표출했습니다. 아울러 그녀를 도와줄 것을 신신당부까지 하였습니다.

결국 그 문제의 부동산은 제 도움으로 독일 부부의 뜻대로 제3자에게 무사히 매도되었습니다. 그 무렵 저는 그 형제들로부터 언니의 부당한 매매 행위를 도와주었다면서 가만두지 않겠다는 협박성 전화를 몇 번이나 받았으나 무시로 일관하자 곧 중단되었습니다.

그 후 독일 부부는 우리 부부를 독일 본인의 집으로 초대하였고, 그 집에서 1주일간을 머물면서 독일의 유명 관광지를 함께 여행하였습니다. 그중 스위스에 있는 '흰 산'이라는 뜻을 지닌 프랑스와 이탈리아의 국경을 따라 길게 뻗어 있는 알프스산맥의 최고봉이자, 서유럽의 최고봉 몽블랑산(Mont-Blanc 4,807m)이 아득히 보이는 젠티스산(Säntis 2,501m)을 등산한 것이 기억에 남습니다.

2) 어느 이방인과의 인연②

| 소중한 인연과 함께한 환상적인 여행

강화 출신의 독일 국적자인 한국 여인, 그리고 남편이 겪고 있는 분노와 고통을 이해한 나머지 그들을 적극적으로 도와준 결과 그들이 원하는 대로 잘되었습니다. 그 과정에서 이 독일인 두 사람은 자신들 때문에 내가 시달리게 되었다며 너무 고맙고 미안하다는 말을 수없이 하더니 귀국 후에도 국제전화를 걸어 오고는 하였습니다.

그런데 이들 부부는 40이 넘은 늦은 나이에 결혼해서인지, 아니면 다른 이유에서인지는 모르나 슬하에 자식이 없고 입양도 하지 않았습니다. 휴가 때마다 유유자적하며 세계를 여행하고 한국에도 해를 건너와서는 강화 고려산에 흐드러지게 핀 연분홍 철쭉꽃 축제를 즐기고는 하였습니다. 이들은 한때 강화로 이민을 올까도 고민하다가 연금 상실 문제에 걸려 포기한 적이 있습니다.

방랑기 때문인지 워낙 여행을 좋아하여 10년 전 여름에 독일과 영국, 이탈리아, 스위스, 벨기에 등 5개 국가를 14일 동안에 걸쳐 배낭여행을 한 적이 있었습니다.

독일 사람들의 거듭된 초청에 따라 6년 전 여름휴가 때 아내와 둘이 독일 국적기인 '루프트한자' 비행기에 몸을 싣고 약 11시간 만에 프랑크푸르트 공항에 내려 다시 국내선 비행기 편으로 갈아탄 후 '라벤스부르크(Ravensburg)' 공항에 1시간 만에 도착하였습니다.

그 로컬 공항에는 토마스(이름은 토마스, 성은 비스트) 부부가 기다리고 있었습니다. 이들 부부와 우리는 공항에서 반갑게 해후를 하고 이들이 타고 온 자동차에 몸을 실었습니다. 약 40분쯤 걸려 밤늦은 시각에 집에 도착하여 맥주와 함께 저녁을 마친 후 2층에 마련된 숙소에서 잠자리에 들었습니다.

1층에는 주방과 침실이, 2층에는 1층의 침실보다는 조금 더 넓은 공간의 침실이 있고 천장은 자연채광으로 되어 있었습니다. 이른 아침에는 신선한 공기가 천장 문을 통하여 폐부를 관통하고 새소리가 귓가를 간질였으며 창문으로는 햇살이 눈부시게 쏟아지는 것으로 아침을 여는, 고요하고 아늑한 전원 풍경 그대로였습니다. 환상적인 풍경을 보는 것 같아 마음이 들떴습니다.

　토마스 부부는 과분하게도 평소 자신들이 침실로 사용하는 2층 방을 우리에게 내준 것입니다. 우리는 토마스 부인이 정성껏 준비한 아침 식사를 함께 한 후, 스위스 동부 쪽으로 넘어가 너무나도 잘 알려진 알프스 산자락 중, '젠티스산'[6]을 오르게 되었습니다. 낮은 골짜기에는 비취색의 호수가, 산등성에는 한가로이 풀을 뜯는 젖소 떼, 그리고 동화 같은 집들이 눈에 들어오는 등 아주 이국적인 풍경이었습니다.
　알프스산맥은 유럽의 중부에 있는 산맥으로 동쪽의 오스트리아에서 시작해서 이탈리아와 스위스, 독일을 거쳐 프랑스에까지 이릅니다.
　알프스산맥에서 가장 높은 산은 프랑스와 이탈리아의 국경을 이루는 해발 4,807m의 몽블랑산(Mont Blanc)이고, 친구 토마스 가족과 함께 필자가 오른 산은 3번째로 높은 산이 아닌가 추정해 봅니다.

토마스가 직접 캡처하여 보내온 사진(구글지도)

---

6 젠티스산(Säntis): 해발 약 2,501m.

무더운 여름날의 산행이었기에 숨 가쁘게 헐떡이기는 하였으나 그때만 해도 지금에 비하여 청춘 같은 체력을 유지하고 있던 터라 그다지 힘든 줄 몰랐습니다. 이따금 불어오는 산들바람에 몸을 맡기고 이름 모를 야생화들과 인사를 하느라 6시간 만에 9부 능선까지 오를 수가 있었습니다. 마치 한국의 나그네에게는 자신의 자태를 쉽게 내어주지 않으려는 듯 수시로 눈앞에 갑자기 운해가 나타났다가 사라지고는 하였습니다.

어울릴 것 같지 않은 4명의 동서양 나그네들이 땀을 뻘뻘 흘리며 정상을 눈앞에 두고 산 정상과 주변을 보니, 9부 능선 이상은 못 오르게 목책을 감아 놓고 출입을 막고 있어 여름에 눈을 만져 보고 싶은 욕망은 포기하고 돌아와야 했습니다.

다음 날은 독일, 오스트리아, 스위스의 국경에 속해 있기 때문에 3개국의 호수라고 불리는 '보덴제 호수(Bodensee)'로 발길을 돌렸습니다. 이 호수는 남부 독일 콘스탄츠시 인근에 위치하고 있는데

라인강의 시원지이기도 합니다. 라인강은 독일과 프랑스의 경계에 있고, 이 강을 중심으로 피나는 전쟁을 3차례 이상 치른 적이 있기에 라인강에 얽힌 이야기들이 많습니다.

이 독일 친구의 말에 의하면 이곳 사람들은 프랑스 땅에서 점심을 먹고, 스위스 땅에서 자동차에 기름을 주유하고, 독일 땅으로 돌아와 바람을 쐬는 것이 일상화되었다고 합니다. 호수 주변에는 대규모의 유원지로 조성한 꽃동산이 아름다워 독일 사람뿐만이 아니라 유럽의 많은 사람들의 사랑을 받는 호수이기도 합니다.

이 호숫가에 도착하자마자 독일 친구가 호수 위에 떠다니는 유람선과 물 위를 나는 기러기 떼를 가리키며, 눈앞에 보이는 것이 바다인지 강인지 호수인지 맞혀 보라고 하였습니다. 저는 눈앞에 펼쳐진 모습과 멀리 수평선까지 보이는 광경을 종합하여 볼 때, 호수나 강은 아니고 당연히 바다가 아니겠느냐고 자신 있게 대답하였습니다.

그러자 이 친구가 미소 지으며 하는 말이, 그렇다면 물맛을 보라고 하였습니다. 물맛을 보기 위하여 손으로 물을 떠서 맛을 보았더니 짜지 않은 민물이었습니다. 바다도, 강도 아닌 호수라는 사실을 알고 다시 한번 그 큰 규모에 놀랐습니다.

그다음 날은 이 친구가 우리 부부를 뮌헨시 인근 퓌센(Fussen)에 위치한 중세 때 15년에 걸쳐 건축한 새로운 백조의 석조성이라 불리는 노이슈반슈타인성(Schloss Neuschwanstein)으로 데리고 갔습니다. 이 성은 눈 덮인 모습으로 달력, 엽서, 퍼즐, 광고문에는 물론 그 유명한 디즈니랜드의 잠자는 숲속의 미녀 성인데, 로마네스크, 비잔틴, 고딕양식이 한데 어울려 매우 우아하면서도 생동감이 넘치는 모습이었습니다. 그래서인지 수많은 관광객들로 붐비고 있었지요.

쇼펜하우어의 의지부정(意志否定)의 철학, 기독교, 불교 등에서 많은 영향을 받아 인간존재의 비극성을 강조한 작곡가이자 「니벨룽겐의 반지」로 유명해진 바그너는 이 성에 관련된 「탄호이저」에서 여성의 희생적 죽음으로써 얻어지는 것에, 「로엔그린」에서는 사랑이 지식에 대한 욕구 때문에 파괴된다는 것을 주제로 작곡한 음악들이 많습니다.

다음 날에도 이 친구의 안내로 뮌헨시 청사와 광장, 뒷골목 거리를 보러 갔습니다. 뮌헨시 청사는 1,867년에 짓기 시작하여 1,909년에 완공되어 무려 42년이 걸려 건축된 네오고딕 양식의 건물인데 이 청사 중앙에 걸린 시곗바늘이 11시를 가리키면, 어김없이 사람 크기의 인형들이 나와 종소리에 맞춰 춤을 춘다고 하여 우리는 2시간을 기다린 끝에 정말로 정각 11시가 되자 많은 인형들이 나와 춤을 추었습니다. 참으로 이색적이고 신기로운 풍경으로 다가왔습니다.

그리고 뮌헨의 중앙광장에서 거리의 악사들이 첼로, 클라리넷, 아코디언, 북으로 합주를 하고 시민들이 음악 소리에 맞춰 즐겁게 춤을 추는 모습을 보면서 우리의 삶과 대비되어 부럽기도 하였습니다. 뮌헨은 고풍스러운 옛것의 문화와 현대의 문명이 공존하고 있음을 실감케 하였습니다. 그들은 옛것을 낡은 것으로 가볍게 여겨 개발을 이유로 쉽게 부수고 새로 건물을 세우는 것을 당연시하는 우리와는 달랐습니다. 그들은 옛것을 소중히 잘 보존하고 현대와 조화를 이루게 하여 과거와 현대의 시공간을 연결하는, 공존의 지혜를 발휘하고 있었습니다. 그것을 목격한 저는 그들이 부러웠습니다.

그런데 지금도 더욱 미안하고 고맙고 잊을 수 없는 일은, 이들 부부가 이탈리아 전역에 걸친 패키지 관광을 보내 준, 그야말로 생각하지도 못했던 깜짝 이벤트로 우리를 감동시킨 일이었습니다. 이들이 독일 국내 관광회사가 운영하는 이탈리아 일주의 여행 프로그램을 예약해 주어서 우리는 2박 3일간의 여정을 독일 현지인들과 함께하게 되었습니다.

이탈리아는 가는 곳곳이 살아 있는 박물관이고 볼거리가 많은 역사의 흔적을 고스란히 간직하고 있다는 것은 이미 익히 알려진 대로입니다. 그중 로마는 아득한 과거에서 바로 튀어나오는 듯한 곳이고, 영화 「로마의 휴일」 배경지로 유명해 로마를 찾는 관광객으로 하여금 낭만에 젖게 하는 도시입니다. 로마의 한가운데에 있는, 세계에서 가장 작은 나라인 바티칸시국은 종교의 우아함과 수많은 예술작품들이 관광객들을 유혹합니다.

이 영화에서 청순과 우아한 미모의 아이콘으로 뭇 남성들의 가슴을 설레게 했던 오드리 헵번이 왼손을 그 입에 넣는 장면의 '진실의 입' 조각, 동전을 던지면 행운이 찾아온다는 트레비 분수, 언제나 관광객들로 만원을 이루고 있는 스페인 광장, 「벤허」의 촬영지 대전차 경기장, 미켈란젤로가 설계했다는 캄피돌리오 광장을 감동 깊이 관광했습니다.

한편 고교 때 세계사 교과서에 등장했던 그 유명한 파르테논 신전, 2천 년 전에 약 5만 명 이상의 관중을 수용할 수 있는 엄청난 규모의 콜로세움 원형경기장 등을 관광한 이탈리아 여행 첫날 밤은 독일인들과 같은 호텔에서 잤습니다. 다음 날이면 아침 인사를 나누며 같은 식사를 하는 등 이색적인 여행의 즐거움에 흠뻑 빠졌습니다.

최근에 중국 관광객들이 한국에 그룹으로 몰려와서 떠들어 대는 모습을 보면서 우리가 눈살을 찌푸리듯이, 한국인 관광객들 역시 일부이긴 하지만 아직도 그룹 여행을 하면서 품위를 손상하는 행태를 보이는 것을 종종 볼 수가 있어 얼굴이 뜨거워질 때가 있습니다. 그러나 다행히 독일 관광객들은 주로 가족 단위로 다니며, 식사 도중이나 관광 중에 옆 사람들이 들릴 정도로 웃고 떠들거나 큰 소리로 말하는 사람을 발견하지는 못했습니다. 이런 광경은 일본인들도 비슷한 것 같습니다.

이튿날 우리 일행은 영화 「냉정과 열정 사이」에서 연인의 그리움, 간절함 등 다양한 사랑의 감정을 선보이며 영원한 사랑을 이루고 싶은 연인들이 가장 가 보고 싶은 도시로 꼽은 유명한 피렌체를, 그리고 또 다른 날에는 낭만과 자유의 도시 베네치아를 관광하였습니다.

베네치아는 구불구불한 모양의 운하와 낭만의 상징 곤돌라(수상택시)를 타고 '무라노섬'에서 베네치아의 화려하고 아름다운 유리공예의 역사와 다양한 제품을 만날 수 있었습니다. 특히 유리세공 공장에서는 유리를 불어 성형하는 과정을 직접 보여 주었는데 참으로 신기했습니다.

베네치아는 아기자기한 색깔의 건축물인 비잔틴양식, 고딕양식, 바로크양식들을 볼 수 있어 발길이 닿는 곳마다 탄성을 자아내게 하였습니다. 이곳은 옛날부터 동서 문물의 합류 지점으로 지중해 무역의 중심지였고, 국제영화제, 비엔날레 등과 같은 문화중심지의 역할을 톡톡히 해내고 있는 도시입니다.

이탈리아를 2박 3일 여행하는 동안 안내양이 독일어로 안내하는 바람에 잘 알아듣지 못하는 것이 조금 답답하기는 하였으나, 이들 대부분이 영어를 할 줄 알아서 2박 3일간 그들과 보디랭귀지를 해 가면서 여행 내내 큰 불편 없이 대화를 나누었습니다. 이것도 저에 겐 잊을 수 없는 추억으로 남아 있습니다.

유럽을 여행할 때마다 느끼는 것은, 그들의 선조들은 우리에 비하여 값진 문화유산을 매우 많이 후손들에게 물려주었고, 후손들은 물려받은 유산을 잘 보존하고 가꾸어 마음껏 전 세계인에게 자랑하며 내놓음으로써 사시사철 막대한 관광 수입을 올리고 있다는 점입니다.

먼 훗날 필자가 조상이 되었을 때 후손들이 "당신들은 과거에 무엇을 하며 지냈기에 변변한 문화 하나 물려준 것이 없고, 젊은이들이 결혼을 회피할 정도로 희망을 잃게 만들었소?"라고 항의라도 받게 되면 어떤 변명을 할 것인지 마음이 무겁기만 합니다.

현재 이 친구가 살고 있는 '라벤스부르크'는 스위스 동부 지역과 동계올림픽이 열렸던 오스트리아의 인스브루크와 아주 가까운 곳인데, 온통 주변이 푸른 나무숲과 잔디, 젖소 목장 등 전형적인 시골의 목가적인 풍경을 간직한 조용한 곳입니다.

저는 늘 시인 유안진이 난초(蘭草)와 지초(芝草) 같은 향기로움으로 벗과의 사이의 맑고 높은 사귐을 소망하며 노래한 「지란지교(之

蘭之交)를 꿈꾸며」라는 시에서처럼 저도 그런 친구를 가질 수 있기를 기도하는 마음으로 갈망했습니다. 그런데 평소 덕(德)을 쌓은 것이 빈약해서인지 믿었던 친구로부터 마음의 상처를 입게 된 후 그런 꿈은 그리스의 철학자 플라톤이 주장한 것처럼 그런 것은 이데아 세계에나 존재할 것이라며 애써 단념하고 살아왔습니다. 첫 만남에서 토마스의 부인이 한 말처럼 어느 여름날에 인연을 맺고 보니 원래 인연이라는 것은 이렇게 예고 없이 갑작스럽게 방문을 하나 봅니다.

생각해 보면 사람과의 관계를 맺는 인연의 계기는 여러 형태인 것 같습니다. 학연만으로도 초중고 대학 시절의 학우들과 선후배, 그리고 직장에서의 동료나 각종 동호회에서 만난 회원들과의 관계 등 손으로 꼽을 수 없을 만큼 많은 이들과 이런저런 인연으로 만났다가는 헤어지고, 다시 만났다가 또다시 헤어짐을 반복하면서 관련된 사람들은 참으로 많았습니다.

하지만 아무리 생각에 생각을 거듭해 봐도 시인 유안진이 소망하는 그런 친구는 불행하게도 이 세상에 존재하지는 않을 것 같습니다. 그저 어쩌다가 같은 학교에 다니면서 알게 된 동창생이 되었고, 같은 직장에서 일하다가 보니 동료, 선후배 사이가 된 것이지 진정한 의미의 친구는 아닐 것입니다.

우선 나부터 지란지교와 같은 친구가 되고자 상대를 굳게 믿고 모든 걸 기꺼이 내주고자 하였는지 의문스럽습니다. 하지만 독일 친구와는 비록 언어소통에 어려움이 있고, 거리상으로도 너무 멀리 떨어져 있지만 국내의 어떤 친구보다 훨씬 더 진솔한 대화를 빈번하게 나누고 있으니 인연이란 참으로 묘한 것이라는 생각이 듭니다.

저는 7박 8일의 독일 여행을 그 어떤 여행보다 뜻깊게 보낸 후, 이 독일 친구의 도움으로 무사히 귀국을 하였습니다. 독일에서 귀국한 이듬해 이들 부부와 한국에서 해후를 하게 되었는데, 이들은 한국에 오면 친척 집이나 친구의 집에 묵고 있는 것이 아니라, 꼭 강화 소재의 허름한 모텔에 머물면서 먼 곳은 전철이나 버스 등 대중교통을, 그리고 10km 이내는 도보로 다니는 것을 좋아합니다.

저는 이들 부부와 마니산과 고려산, 그리고 북한산을 함께 등산한 일이 있습니다. 그때마다 난 자동차로 편하게 모시고 식사도 우아하게 대접하길 원하였으나 모두 한사코 거절하였습니다. 이들로부터 진 빚이 많은 저로서는 조금이라도 갚아야 마음이 편안할 것 같아서, 독일에서 이 부부가 이탈리아로 패키지여행을 보내 주었듯이, 제주도 여행이라도 보내 주려고 예약을 시도했습니다. 하지만 워낙 거부가 심하여 실패하고 말았습니다.

여러 날들을 이들 부부와 함께 보내면서 깨닫게 된 것은 이들은 타인에게 호의를 베풀 때 우리의 정서처럼 추후 그에 상응하는 호의를 받고자 하거나 그 어떤 계산된 목적이 전혀 없다는 것이고, 오히려 그에 상응하는 답례를 하고자 하면 부담스럽게 생각하여 나중에는 연락 자체를 하지 않는다는 점입니다.

한국에서 이들 부부가 나의 호의를 무시하는 것을 이해할 수가 없어서 이들 부부가 독일로 돌아간 후 장문의 이메일 편지를 보낸 적이 있습니다. 한국인의 정서는 먼 데서 손님이 오면 정성껏 모시는 것이 관습이고, 특히 상대로부터 받은 선물은 그에 상응하는 답례를 하는 것이 우리네의 오래된 고유의 정서인데 그때 호의를 거절당하여 섭섭하다는 요지로 보낸 것이었습니다.

그 후 이 친구는 답장을 통하여 오히려 내가 빚을 갚는다는 의미의 말뜻을 이해할 수 없다는 것이었습니다. 이렇듯 그들의 문화와 우리의 문화는 너무 달랐습니다.

또 한 가지 다른 점은, 독일인들은 경제적 수준이 우리보다 매우 높을 뿐만 아니라 특히 자동차의 본고장이라고 해도 과언이 아닐 정도로 높은 기술력과 세계에 가장 많은 자동차를 수출하고 있으나, 시내 관광을 하는 동안 거리에 주차된 자동차이든, 도로 주행 중인 자동차이든 대형 자동차를 별로 발견하지 못하였다는 것입니다.

이런 현상은 일본도 비슷한데, 그들 국민 누구로부터도 소형 자동차를 운행하는 운전자들이 차별을 받는다는 이야기를 들어 본 적이 없습니다.

한편 우리는 자동차의 종류와 크기에 따라, 어느 지역에서 사느냐에 따라, 어느 대학, 무슨 학과를 나왔느냐에 따라, 그것도 모자라 아파트의 평수에 따라 차별 대우를 받고 있는 것이 현실입니다. 왜 그럴까요? 언제부터 이 천박한 사고가 우리를 옥죄고 있는 걸까요? 진정 그 모순을 타개할 방법은 없는 것일까요? 생각하면 할수록 가슴이 답답하고 슬픔이 파도처럼 밀려옵니다.

이 친구는 언젠가 카카오톡으로 대한항공기 땅콩회항사건을 언급하며 어떻게 그런 일이 일어날 수 있는지, 또 제가 그 사건을 어떻게 인식하고 있는지를 물어 왔습니다. 저는 아직 그에 대한 답을 하지 못하고 있습니다. 왜냐하면 우리의 일그러진 사회상의 추한 단면을 들킨 것 같아 너무 부끄러워 적절한 변명의 말이 떠오르지 않기 때문입니다.

이렇게 말해 볼까요? "솔직히 말하자면, 한국의 대부분의 재벌 3세들은 많은 문제들을 갖고 있는 것이 사실이다. 그녀는 회사에서 오너의 딸이라는 이유로 자질과 능력의 검증 절차도 없이 어린 나이에 갑자기 높은 지위와 많은 돈, 둘 다 갖게 되었다. 자본주의 사회에서 강자가 되고 보니 그렇게 되었나 보다."
그런데 이런 변명을 하자니 궁색하기도 하고 조금은 비위와 자존심도 상하는 것 같고 어쩐지 마음이 불편한 느낌입니다. 그리고 마음속 깊이 끓어오르는 수치심과 자괴감 같은 것이 목구멍을 자극합니다.

그럼 이렇게 덧붙여 보는 건 어떨까요. "그녀는 교양이 매우 낮은 수준과 우월 콤플렉스를 가진 여자다. 교만이 넘쳐 불법행위를 범한 것이므로 비난받고 그에 상응한 처벌을 받아 마땅한 여자다." 그럼에도 내 자신이 초라해지며 느끼는 수치감은 피할 길이 없습니다.

한국 사회의 불공정성을 극복하려면

이 사건 말고도 힘 있는 자에 의한 소위 갑질 논란과 불공정한 일은 사회 곳곳에 만연하고 있고, 그런 연유로 우리 사회의 신뢰 수준은 선진국 모임인 OECD 국가들 가운데 늘 최하위권이라 합니다.

만시지탄이나, 몇 해 전에 이런 불법 부당하고 불공정한 일을 방지하는 것을 목적으로 일명 '김영란법'이라 불리는, '부정청탁 및 금품등 수수의 금지에 관한 법률'이 국회에서 통과된 적이 있었습니다. 그런데 그 내용을 둘러싸고 논란이 계속되고 있습니다.

이 법률의 핵심은 공무원과 공공기관에 종사하는 공직자 또는 배우자가 100만 원 이상 금품이나 향응을 제공받을 경우 그 사실을 신고하지 않으면 비록 직무에 관련한 대가성이 없더라도 처벌토록 함으로써 부정 청탁 방지를 실현하고자 하는 데 그 목적이 있는 것입니다. 왜냐하면 현행 형법에는 공무원 또는 중재인이 그 직무에 관하여 부정한 이익을 얻을 경우 청탁을 받는 시점이 사전이든 사후이든 뇌물을 수수, 요구 또는 약속한 때에는 처벌한다는 규정이 있기는 합니다.

뇌물죄는 직무집행의 공정성과 이에 대한 사회의 신뢰를 기하여 직무행위의 불가매수성을 그 직접적 보호법익으로 하고 있기 때문에 뇌물성은 의무 위반 행위의 유무와 청탁의 유무 및 수수 시기와 직무집행의 전후를 가리지 아니하는 것입니다.

그런데 늘 문제가 되는 이유는 뇌물죄에 대한 구성 요건인 공무원이 얻은 어떤 이익이 직무와 대가관계에 있는 부당한 이익으로 뇌물에 해당하는지를 판단하는 일입니다. 즉 대가성의 입증을 지나치게 엄격한 잣대로 판단하기 때문에 뇌물의 주체자인 피의자 또는 피고인이 사정이 어려워 차용금이라고 하거나 차용해 줬던 돈을 변제받은 것이라고 주장하면 검찰에 기소가 되어도 법원에서 대부분 증거 부족의 이유로 뇌물죄의 성립을 부정하는 무죄 판결을 내려왔습니다.

대체로 직무와 대가성에 대한 입증은 하위직 공무원일 경우 쉬운 반면에 고위 공직자일수록 또는 정치인들에 대한 입증이 훨씬 어렵습니다. 그래서 국민의 대한민국 법에 대한 인식은 마치 곤충이나 나방처럼 그것도 재수 없는 약한 자나 걸리는 것이고, 독수리처럼 강한 자는 마음대로 뚫고 나갈 수 있도록 한 거미줄 법이라며 강한 불신을 하고 있다는데, 위정자들은 대오 각성 해야 하고, 우리 국민도 철저한 법 준수와 그들에 대한 감시를 해야 합니다.

깨끗하고 청렴한 사회, 공평하고 정의로운 사회를 실현하는 데 절대적으로 요구되는 이 법률은 유감스럽게도 국회에서 법률심의 과정에서 당초의 입법 취지를 크게 벗어나 신고 의무자의 대상에 형제자매는 제외가 되었고, 더욱 납득하기 어려운 것은 국회의원도 제외가 됨으로써 당초의 입법목적과는 달리 누더기 법률이 되었다는 점입니다. 따라서 그 실효성에도 의문이 가지 않을 수 없게 되었습니다.

생각건대, 국민은 국회의원들이야말로 부정한 청탁을 밥 먹듯이 하고 각종 부패의 사슬과도 연루된 집단이라 생각하고 있기 때문에, 만약 신부와 국회의원이 냇물에 빠졌을 경우 냇물이 더러운 국회의원 때문에 오염될 것이 염려되어서 신부보다는 국회의원을 먼저 건져 내야 한다는 역설적인 유머가 한때 유행하기도 했습니다.

그런데 또 납득할 수 없는 것은 이 법규에 사립학교 교직원과 이사장 그리고 언론기관 종사자들을 신고 대상에 포함하였다고 하여 이들이 조직적으로 반발하고 있다는 점입니다. 그 이유가 자신들은 민간인 신분이라 부당하다는 것입니다.

그러나 이들이 종사하는 분야가 공립학교 교직원과 하는 일에 있어서 무엇이 다르다는 것인지, 또한 언론기관이 공익성이 없고 영향력을 행사할 수 있는 힘이 지극히 미약한 기관이라는 것인지 납득할 수가 없습니다.

아마도 이해 당사자 또는 잠재적인 이해 관계인이 보험성으로 주는 돈을 계속 받겠다는 저의가 담긴 뜻은 아닌지 아리송한 논리가 아닐 수 없습니다.

이래서 극히 일부 국민이기는 하지만 날로 이념과 계층으로 대립과 갈등이 고조되어 가고, 또 다른 부작용으로 대두된 과잉된 민주주의 때문에 더 이상 한 걸음도 나가지 못한 채 답답하게 침체한 이 사회를 일신시키게 위하여서는 부득이 다시 한번 혁명이 일어나야 한다고 생각하는 것인지도 모릅니다.

그리고 더더욱 웃기는 것은 이 법률이 국회에서 2년 동안 긴 잠을 자다가 국회의원 선거가 다가와 국민의 시선이 따가워지자 마지 못해 국회에서 여야의 논란 끝에 그것도 애초의 취지보다 훨씬 후퇴한 내용으로 겨우 이제 막 국회를 통과하였을 뿐입니다.

그러므로 이 법률은 아직 대통령이 선포하지 못한 태아에 해당하는 법률이고, 그래서 이 법률의 효력이 아직은 발효될 수 없는 상태임에도 불구하고, 대한변호사 협회에서는 마치 기다렸다는 듯이 이 법률이 위헌이라며 헌법재판소에 위헌 신청을 하였다는 것입니다.

누구를 위한 위헌 심판청구인지 이 점도 아리송합니다. 우리 사회는 무슨 일만 생기면 적법한 절차에 의해 해결하려 하기보다는 사돈의 팔촌이라도 동원해 잘 봐 달라는 청탁이 만연한 것이 사실일 것입니다.

예컨대, 경찰이나 검찰에서 조사를 받을 때부터 법원에서 재판을 받게 될 때는 물론이려니와 시청, 구청에서 인허가를 받아야 할 때, 하다못해 교통사고가 나도 경찰이나 보험사에 청탁부터 하려고 하고 대형병원에서 치료를 받으려 할 때도 담당 의사나 병원 관계자를 알 만한 사람한테 부탁을 해 놔야 마음을 놓는 세상이니 말입니다.

여기에 언론에 종사하는 기자들한테도 잘 보여야 하니 힘없는 백성은 살아가기 정말 힘듭니다. 그래서 우리는 청탁에 목을 매게 되고, 혈연, 지연, 학연을 유달리 중시하는 연줄 문화가 발달한 것이고 이것이 우리의 부끄러운 자화상인 것입니다.

우리는 언제쯤이나 이런 저급한 우월감에서 벗어나 만인이 법 앞에 평등하고, 예측이 가능한 사회와 상식이 통하는 날이 올 수 있을까를 생각해 봅니다.

| 연락 두절, 그러나 다시 이어진 관계

이들과 연락이 두절된 때는 3년 전부터였습니다. 그동안 필자의 휴대전화가 바뀌었고, 이 친구의 독일 집 주소와 전화번호를 잊어 버려서 연락이 두절되어 소식이 몹시 궁금하였지요. 그러다 며칠 전에 우연히 대학 동기가 보내 준 카카오톡을 열어 보다가 낯익은 외국인 이름(Thomas)이 보여 문자를 보냈더니 1분도 되지 않아서 반갑다며 답서가 왔습니다.

그날부터 독일 친구와 카톡을 하느라 자정을 넘기기 일쑤였습니다. 이 친구는 비록 부인이 한국인이지만 그 필요성을 느끼지 못해서인지 아직도 한국어를 배우지 않아서 한국말과 글자를 모르기 때문에 영어로 문자를 주고받자니 영어 실력이 짧은 나로서는 여간 힘든 것이 아닙니다.

친구와 문자로 카톡을 할 때면 영한사전과 한영사전을 책상에 올려놓고 쉴 틈 없이 머리에 쥐가 날 정도로 양손을 사용하여 사전을 뒤지고 답장을 하는데, 그때마다 영어 공부를 제대로 못해 놓은 것이 후회스럽습니다. 이래서 공부는 학생 때 열심히 해야 하는 건데 어리석고 게으른 탓에 그때는 깨닫지 못해서 이 고생을 하고 있습니다.

그런데 최근에는 휴대전화에 '구글 번역기'가 있어 아주 쉽게 번역이 된다고 합니다. 필요는 발명의 어머니라는 말이 있는데, 저도 이젠 컴맹이자 휴대전화 사용 꽝에서 벗어나 속히 익혀야겠습니다.

생각건대, 이 일련의 과정과 현상들이 뜻밖에 저절로 이루진 우연인지, 아니면 불가(佛家)에서 말하는 어떤 연분이나 인연 또는 필연(必然)으로 반드시 그렇게 일어날 수밖에 없었던 것인지 나로서는 알 수가 없습니다.

이들이 사는 나라와 필자가 살고 있는 나라 사이의 경제적, 기술적, 문화적 격차와 높은 시민의식, 공동선을 향한 도덕성, 윤리성은 단시일 내에 차이를 좁히기는 어려울 것입니다. 그러나 자식이 부모에 갖는 효심, 형제간의 우의, 이웃과의 따듯한 정, 윗사람에 대한 존경심 등은 우리가 세계에서 가장 자랑스러운 큰 덕목이라 믿고 싶습니다.

어떤 이는 지나치게 장유유서와 격식을 조장한 공자가 죽어야 나라가 산다고 하였다지만, 오히려 초등학교 때부터 공자와 노자의 말씀을 주당 한 시간이라도 교육해 봄이 어떨까 제안한다면, 스마트폰도 제대로 사용할 줄 모르는 구식 노인네 주제에 무슨 뚱딴지 같은 소리로 시대에 뒤떨어진 말을 하냐며 거들떠보지도 않으려 할 것입니다.

언제부터인가 이런 소중하고 참된 가치들이 황금의 위력에 눌려 자취를 감추고 급기야는 부모와 형제를 향하여 서슴없이 총부리를 겨눠 살상하는 사태까지에 이르렀음을 생각할 때, 추후에 독일인 부부를 만나게 되면 무엇으로 독일이 우리를 따라올 수 없을 만큼의 우리나라만의 독특한 아름다움과 빛나는 전통이 있다고 자랑스럽게 얘기할 수 있을지 무척이나 고민스럽습니다.

앞에서도 말한 바 있지만, 한국에서 베풀고자 했던 호의를 무시한 것에 대하여 섭섭한 마음을 담아 장문의 편지를 토마스에게 메일로 보낸 적이 있었습니다. 곧이어 친구로부터 그에 대한 답장이

왔는데 독일에서는 친구를 위해 베푼 것에 우정의 보상을 바라지 않는다는 것입니다. 우리의 문화와는 사뭇 그 정서가 다른 것 같습니다. 그때부터 저도 타인에게 호의를 베풀었을 때, 어떤 반대급부(Benefit in return)의 보상을 기대하지 않기로 했고, 제가 베푼 호의는 그 자리에서 잊자고 다짐했습니다. 이 모든 다짐과 깨달음은 바로 독일인 친구와의 관계 속에서 제가 얻은 깨달음입니다.

그런 점에서 독일인 친구 부부는 나에게 진정한 우정과 상대를 위한 호의와 배려의 방식이 다양할 수 있다는 것을 알려 준 소중한 친구들입니다. 앞으로도 이들 부부와의 끈끈한 우정을 계속 이어가 볼 생각입니다.

3) 아파트 산책로에서 발견한 실종된 양심

| 아름다운 우리 아파트 산책로

아침부터 햇볕도 뜨거워 심곡천 변이 아닌 청라 자이 아파트 주변을 가볍게 두 바퀴 정도 돌고자 집에서 나와 뒷길을 걷기 시작했습니다. 바야흐로 점점 더 신록이 짙어 가고 봄의 향연이 펼쳐지는 청라 자이 아파트의 자연경관은 인천 지역뿐만이 아니라 전국 어디에 내놓아도 손색이 없다고 생각합니다. 자랑스럽고 사랑스러운 아파트이자 살고 싶은 아파트가 아닐 수 없습니다.

그 이유는 아파트 단지 내 수림과 여러 종류의 꽃들이 웬만한 공원을 방불케 하기 때문입니다. 미적으로 아름다우면서도 생물 다양성을 높일 수 있는 자연주의 공원 형태로 조성되었기 때문입니다. 점점 심각해지는 기후변화 시대에 인간과 자연이 공존해야 할 필요성이 더욱더 커지고 있는 때에 적절한 조경이 아닐 수 없습니다.

조경 내에는 기품과 절개의 상징인 노송과 한없이 하늘로 치솟은 메타세쿼이아, 감, 모과 등의 과실수와 여러 꽃나무가 식재되어 있습니다. 작은 면적의 전통적인 잔디밭과 한해살이로 꾸며진 여타 아파트의 인위적인 화단 식의 조경이 아니라서 비교가 됩니다. 자이 아파트 관내 조경은 예술적으로 접목된 설계로 큰키나무와 관목, 떨기나무, 여러해살이풀, 알뿌리 식물 등 다양한 식물들과 수십 종의 야생화가 자라고 있습니다.

봄날에 바람이 차갑게 부는 쌀쌀한 가운데서도 햇살이 내리는 곳을 보면 제비꽃들이 듬성듬성 보이기 시작합니다. 보라색 제비꽃을 보면 왠지 쓸쓸해집니다. 입춘이 지났는데 아직 추위가 느껴집니다. 꽃 모양이 제비꽃을 닮았다고 해서 붙여진 이름인데 실제는 제비를 닮지는 않은 것 같습니다.

밤하늘에는 반짝반짝 빛나는 별, 봄날 풀밭에는 낮에 나온 하얀 별로 어디에서나 잘 자라는 별꽃이 보입니다. 그 밖에 꿩밥, 꽃이 납작한 달걀 모양의 향이 나는 향모, 돌나물, 잡초들 속에 삐죽이

올라와 있는 애기똥풀, 붉은토끼풀, 앙증맞게 노란색의 꽃도 피고 열매도 맺는 괭이밥, 양지바른 곳에 봄을 알리는 큰개불알풀, 활짝 피면 연보랏빛인데 모양은 엉겅퀴와 비슷하고 가지를 많이 치는 지칭개가 봄을 맞이합니다.

여름이면 길이 10cm 이상이고 갈라진 꽃잎이 바깥으로 휘어져 눈에 잘 띄는 노란색의 원추리꽃, 엷은 핑크빛 꽃잎이 옆구리에 1개씩 달리는 애기메꽃, 나팔꽃, 달개비꽃, 어성초가 반깁니다. 추석 때 산소에 가면 흔히 만날 수 있는 야생화 오이풀도 산책자에게 살짝 미소를 보여 줍니다. 또한 여름부터 늦가을까지 꽃을 피우는 한해살이풀 개여뀌가 눈을 즐겁게 해 줍니다.

그리고 습지 가장자리에 자라고 진흙 속에 뿌리 내리고 잎, 꽃, 열매가 부드러운 질감이라서 이름이 붙여진 부들이 있습니다. 수생식물인 부들은 강화 특산품인 화문석을 만드는 데 필수 재료가 된다고 합니다. 꽃덮개 여러 개가 암술과 수술을 둘러싸고 있는 꽃잎의 구조가 독특한 꽃창포와 노랑 어린이 연꽃도 눈에 띕니다.

가을이면 어릴 적 여자아이들이 손톱에 물들이던 빨간색의 봉선화, 닭 볏을 닮은 맨드라미, 잠자리가 앉기를 좋아하는 쑥부쟁이, 강한 국화 향이 나는 구절초가 지천으로 피고, 서리가 내리는 겨울 초입에 꽃을 피우는 산국도 은은한 미를 자랑합니다.

그런데 오늘날 세계적으로 인간 활동의 증가와 지구온난화가 진행되면서 야생 서식지가 사라지고 꽃가루 매개자 폴리네이터(Polinater)가 급속히 감소하고 있어 벌과 나비가 감소하고 있는 것이 현실입니다.

그 영향으로 꿀벌 농가와 과수농가의 피해가 날로 커 가고 있습니다. 필자가 운영하는 작은 과수원 배나무에도 벌과 나비의 부족으로 이화의 꽃이 필 때면 부득이 인공적으로 수분을 해야 할 때가 있습니다. 다행히도 자이 아파트는 다양한 꽃들이 계절마다 만발하여 경관의 심미적 아름다움을 제공하고 있을 뿐만이 아니라 다양한 생물과 새의 서식지 역할을 하는 고마운 아파트 자체 공원이 있습니다.

입주민들은 수시로 경내를 걷고, 때로는 벤치에 앉아 아름다운 새소리를 듣고, 사색에 잠기며 힐링으로 행복한 하루를 보낼 수 있습니다. 길섶에 낮게 핀 꽃 한 송이에도 감탄하고 환호할 수 있는 것이 사람입니다. 그러므로 입주민의 소중한 공동재산인 자연환경을 여하한 명목으로든지 훼손 행위는 안 될 것입니다.

그런데 어느 여름날에는 수풀에 있던 뱀이 배관을 타고 들어와 색소폰 교실까지 들어온 적이 있어 소동을 벌이기도 했습니다. 햇볕이 뜨거운 여름날에도 산책 코스 양편으로 늘어진 나뭇가지들이 그늘을 만들고 여러 곳에 설치된 분수에서 시원한 물줄기가 더위를 식혀 줍니다.

　그리고 아파트 중앙에 '자이안센터'가 있어 입주민들이 휴게실에 앉아 창밖으로 보이는 힘차게 뿜어내는 분수와 떨어지는 물줄기를 감상하면서 더위를 식히고 흐뭇한 표정으로 바라봅니다. 또한 자이안센터 안에는 독서실, 헬스장, 탁구장, 색소폰 연습실, 스크린 골프장, 사우나실이 한곳에 모여 있고, 요가와 스포츠 댄스도 즐길 수 있게 돼 있습니다.

　그런데 유감스럽게도 경내를 산책하던 어느 날, 잔디 광장 뒤편 산책로에 개똥들이 여기저기 보이는 것 아니겠습니까. 개똥 위에는 파리가 앉아 손발을 비비고 있었고, 의자 위에는 먹다 남은 음료수 병과 꽁초가 뒹굴고 있었습니다.

　애완견을 데리고 산책을 즐기는 것이야 누가 뭐라고 하겠습니까? 그렇지만 목줄을 매고 배변 처리를 할 수 있는 배변 봉투는 준비하고 나서야 하는 게 기본적인 매너가 아닌가요? 그리고 이런 오물들을 방치하면 누가 치워야 하는 거지요?

　그것만이 아닙니다. 동물을 사랑하는 마음을 이해하지 못할 바가 아니지만 밤마다 들고양이들에게 밥을 주는 바람에 여기저기 들고양이들이 출몰하여 산책하는 주민들을 깜짝 놀라게 하고 있습니다.

애초 산책로를 중심으로 최소한 서너 바퀴쯤 돌려던 생각을 버리고 기분이 상하여 그대로 집으로 들어왔습니다. 언제부터인가 우리는 법을 우습게 생각하여 위법을 다반사로 여기고 양심을 잃고 사는 사회에 놓여 있는 것 같습니다.

공권력이 뒷받침되고 구속력이 있는 각종의 법을 가볍게 여기고 법을 무시로 위반하다 보면, 자유 행위에 맡겨지는 양심과 도덕과 윤리가 제대로 지켜질 리가 만무합니다. 도덕이란 사회의 구성원들이 양심, 사회적 여론, 관습 등에 비추어 스스로 마땅히 지켜야 할 준칙이나 규범을 총칭하는 것입니다.

| 칸트를 통해 생각해 보는 윤리와 도덕

윤리는 인간으로서 마땅히 지키고 행동해야 할 기준이나 규칙을 의미하는 것입니다. 이런 기초적인 것을 지키지 않을 때 우리는 감정이 상하게 되고 갈등이 유발되기도 하며 때로는 사회 구성원 모두가 피해를 당하는 것입니다. 법과 도덕, 양심은 지키는 것에 다소 불편함이 따를 수가 있지만, 원만한 공동생활을 유지하고 공동체가 발전하려면 모두가 준수해야 할 것입니다.

계몽주의 시대 가장 영향력이 높은 독일의 철학자는 일찍이 도덕적 의무와 규칙의 중요성을 강조하였습니다. 즉, 칸트는 문화적 또는 역사적 맥락과 상관없이 인간에게는 마땅히 지켜야 할 보편적이고 구속력이 있는 도덕적 규칙이 존재하고 있고 이는 윤리학의 기

초라고 주장하고 있습니다. 다시 말하자면 인간은 모든 이성적 존재에게 적용되는 보편성과 무조건적인 도덕 법칙이 있는데 이것이 정언명령의 개념입니다.

이 정언명령이란 이성적 존재는 자율적이며 이성적 원칙에 따라 추론하고 도덕적 결정을 내릴 수 있는 능력이 있다는 것입니다. 또한 정언명령은 주관적인 욕망이나 선호에 근거하는 것이 아니라 객관적이고 보편적인 이성적인 원칙에 근거한다는 것입니다.

칸트는 정언명령에 세 가지 공식이 있다고 믿었습니다. 첫째, 보편화 가능성 원칙으로 우리가 보편적인 법칙이 될 수 있는 공리에만 행동해야만 한다는 것이고, 둘째, 자율성 원칙으로, 우리는 항상 다른 사람의 자율성과 합리성을 존중하는 방식으로 행동해야 한다는 것입니다. 셋째, 인간성 원칙으로, 인간은 항상 그 자체로 목적이 되어야 하며, 결코 우리 자신의 목적을 위한 수단으로만 취급해서는 안 된다는 것입니다.

이는 타인의 존엄성과 자율성을 존중하고 자신의 목적을 위해 다른 사람을 이용하지 말아야 한다는 것입니다.

물론 이 논리에 반하는 철학자들도 있습니다. 그 대표적인 사람이 영국의 존 스튜어트 밀입니다. 이 사람은 윤리학과 정치 철학, 그리고 법철학자이기도 한데, 존 스튜어트 밀은 개인의 자유와 그에 따른 자기 결정권을 제창하는 사람입니다.

우리는 굳이 대철학자 칸트가 300년 전에 설파한 인간 도리에 관한 주장을 언급할 필요 없이 이런 부도덕한 행위를 규율하는 실정법이 제정, 공포되어 실행된 지는 이미 오래전부터입니다.

즉, 우리의 법률에는 형사법에 속하는 '경범죄 처벌법'이라는 것이 있습니다. 이 법의 목적은 경범죄의 종류와 처벌에 필요한 사항을 정함으로써 국민의 자유와 권리를 보호하고 사회 공공질서 유지에 이바지할 목적으로 제정이 된 것이어서 이를 위반하였다고 해서 징역형을 받는 것은 아닙니다.

여기에는 노상 방뇨나 쓰레기 투기, 자연훼손, 장난 전화, 과다노출, 동물의 관리 소홀 등 40가지 넘는 종류를 정하고 이를 위반하면 범칙금을 부과할 수 있습니다. 모든 국민은 사회의 구성원으로서 마땅히 지켜야 할 신의 성실의 원칙, 보편성의 원칙에 따른 행동을 해야 합니다.

즉, 모든 공동생활의 일원으로서 윤리적 규범인 신의성실원칙에 위반되거나 사회질서의 위반 그리고 사회적 이익 균형의 파괴 행동을 하면 그에 상응하는 제재를 받아야 합니다. 그렇다고 해서 이런 행위들을 일일이 신고하여 범칙금을 물리게 하기보다는 당연히 양심과 도덕에 따라 스스로 자연훼손이나 타인에게 불쾌감을 주는 행동은 하지 말아야 합니다. 이것이 예의이고 명품 아파트의 주민으로서 고품격의 자격을 가지게 되는 것은 아닐지 생각해 봅니다.

4) 운동에 관한 단상

| 골프에 대하여

  2년 전에 탁구 동호회에 가입하고 몇 달이 지난 후 탁구 레슨을 받지 않겠냐는 총무의 권유에 따라 레슨을 받기 시작하였습니다. 탁구공의 무게는 2.7g, 지름은 40mm라고 합니다. 그러니 깃털보다 가볍다고 하면 과장일까요? 마음속으로는 '이런 가벼운 공을 친다고 무슨 운동이 될까'라는 의구심이 들었습니다.

  회고하건대, 필자는 무슨 운동이든지 꾸준히 하지 못하고 쉽게 중단하는 나쁜 버릇이 있습니다. 고교 1학년 때 복싱을 하겠다며 당시 인천 동구 송림4동 건물 지하에서 동양 웰터급 챔피언 이상교 선수가 운영하던 '대덕 복싱 도장'에서 운동을 하다가 고3이 되자 대학 입시 준비를 한다는 핑계로 1년 6개월 만에 그만둔 적이 있습니다.

  그뿐만 아니라, 40대 초반에는 같이 근무하던 대표 변호사가 어느 날 느닷없이 영업상 골프를 쳐야 한다면서 골프채를 선물로 주어 실내골프연습장에서 연습 3주 만에 겁도 없이 공촌동 소재 '국제골프장'에 나가 머리를 올린 적이 있는데, 그 후 3년 만에 그만두었습니다.

당시에는 인천에 골프장이라고는 서구 공촌동 소재 '국제골프장' 하나밖에 없었습니다. 조금 근거리에는 안산에 '제일골프장'이 있기는 했으나 예약이 어려워 늘 '국제골프장'으로 가거나 휴일에는 멀리 지방까지 가야만 하던 시절이었습니다.

그래서 거주하던 연수구에서 가까운 곳에 개설된 9홀짜리 미니 골프장을 자주 이용했었습니다. 물론 당시는 골프 인구가 매우 적을 때여서 보통은 중소기업 사장이나 의사, 법조계 등 전문직 인사 등 비교적 시간과 경제적 여유가 있는 사람이 아니면 지금처럼 누구나 쉽게 골프를 즐길 수 있는 때가 아니었습니다.

그런 시대적 상황으로 인천에는 골프장이 하나밖에 없었기 때문에 회원권이 없으면, '국제골프장'도 주말이나 휴일에는 예약이 쉽지 않았다. 그래서 주안동 석바위 부근에서 일하던 재 법조계 사람들은 평일 여명이 밝기도 전에 공촌동으로 갈 때가 많았습니다. 지금 생각해 보면 무슨 그리 대단할 일이라고 새벽녘부터 부산을 떨었는지 우습기도 합니다.

새벽 첫 티업[7] 운동을 마치고 부지런히 움직이면, 그때만 하더라도 승용차 보급률이 낮아 교통체증이 없었습니다. 그래서 서구 공촌동에서 경인고속도로를 경유, 도화동으로 빠져 석바위까지 오는

---

7 티업: 공을 티에 올려놓는 것을 말한다. '티업하세요.'라는 말은 티를 꽂고 공을 올려 티샷을 할 준비를 하라는 말이다.

데 점심시간까지는 돌아올 수가 있어 업무에 지장이 없었기 때문입니다. 당시에는 호랑이 담배 피우던 시절이어서 소위 힘 있는 기관에서 예약 신청을 하면 쉽게 받아 주고는 했습니다.

'국제골프장'이 소재한 공촌동 소재지 토지들은 대부분이 개발제한구역(그린벨트)이거나 농업진흥 지역이거나 산림보호 지역이었기 때문이었을 것입니다.

개발제한구역이란 도시의 무분별한 팽창을 막고 환경을 보전하기 위해 설정하는 녹지를 의미하는 것입니다. 이런 지역에서는 건물 신축이나 증축, 용도변경, 토지형질 변경 등의 개발행위가 제한됩니다. 이 제도는 1971년 박정희 정부가 영국의 그린벨트 제도를 참고해서 도입한 것인데 도시의 난개발을 막고 삭막해지는 도시에 허파역할을 해 온 긍정적인 측면이 많습니다. 그러나 토지 소유자들이 피해 본 부작용도 있을 것입니다.

이런 지역들은 관련 법상 토지에 대한 형질변경이나 건축행위를 할 수가 없습니다. 골프장 내 골퍼들을 위한 속칭 '그늘집'이나 기타 건축물을 단 한 평도 함부로 증개축할 수가 없는 것입니다. 만약 무단으로 단속에 걸리면 건축법 위반죄로 형사처벌은 물론 원상복구를 해야 하고 복구가 완료될 때까지 이행강제금을 납부해야 하는 것입니다. 지금은 그런 일이 없을 것이지만 일종의 보험성으로 편리를 봐준 것 같습니다.

필자는 운동 신경이 둔해서 그런지 골프 책자와 영상 교본을 열심히 들여다보고 개인 레슨도 받아 보았지만, 버디 샷은커녕 이븐파를 해 본 적이 없습니다. 때로는 평균 보기 플레이어를 하는 친구들로부터 비아냥 소리로 들리는 야유성 농담도 들었습니다. 물론 그 친구들은 악의 없이 웃자고 한 농담이었을 것입니다.

그래서 어느 날 미련 없이 3세트나 있던 골프채를 모두 지인에게 나누어 주고 골프와는 연을 끊었습니다. 원래 실력이 낮은 사람일수록 연장 탓을 하고 고가의 장비를 구매하게 마련입니다.

나 역시도 처음에는 보통 가격의 골프채를 사들였으나 주변에 잘 치는 골퍼가 어느 것이 좋다고 하면 귀가 솔깃해져 자제력을 잃고 새로 골프채를 사들이고는 했습니다. 그러나 처음부터 기대했던 실력 향상에는 별반 도움이 된 것이 없다는 사실을 뒤늦게 깨닫게 되었습니다.

그런 면에서 악기 구매 역시 마찬가지인 것 같습니다.

| 나에게는 골프보다 탁구

 골프를 그만둔 결정적인 이유는 실력이 지지부진한 탓도 있었지만, 그 이유가 전부는 아닙니다. 그 외에도 플레이 중 캐디 피 또는 약간의 돈이라도 내기를 할 때면, 대부분은 소인배처럼 은근히 상대방이 실수하기를 기대하는 심리적 상태가 편치가 않았습니다.

 공이 예상보다 잘 맞지 않으면 누구나 스트레스를 받습니다. 그리고 골프장을 오가는 시간이 너무 과다하여 하루를 모두 소비하게 마련입니다. 무엇보다 가성비 면에서 운동 효과는 별로입니다.

반면, 탁구가 매력적으로 다가온 이유는 거주하는 아파트 단지 내에 탁구장이 있어 시간의 낭비가 없을 뿐만이 아니라 골프처럼 일정한 인원을 구성하고 차편으로 멀리 나가야 하는 부담이 없었기 때문입니다.

더구나 현재 즐기고 있는 색소폰실 바로 옆에 접하고 있어서 아무 때나 동네 분들과 즐길 수 있는 장점이 커 다른 운동보다는 오래 갈 수도 있다는 생각을 해 봅니다.

탁구장에 와서 놀란 것은 내 기준에서 남녀를 불문하고 전원이 상당한 수준급이라는 점입니다. 탁구 경력이 평균 10년 정도라니 그럴 만도 합니다.

이곳에 와서 탁구도 바둑처럼 공인된 경기 결과에 따른 급수가 정해져 있다는 사실을 처음 알게 되었는데, 모두가 잘 치는 것으로 미루어 볼 때 탁구 체질로 태어난 사람 같다는 생각이 들기도 합니다. 그중에서도 모 회원의 탁구 기술은 신비할 정도로 멋져 보였습니다.

| 내게 맞는 운동은 탁구

탁구의 기술에는 서브 공격 때와 수비할 때가 다릅니다. 공을 허리 부분 아래서 위로 스치듯이 올려 치는 드라이브, 공을 위에서 아래로 강하게 내려치는 스매싱, 백스핀, 톱스핀(허공에 공이 돌면서 낙하시키는 기술) 등 여러 종류가 있습니다.

필자는 약 2년에 가까운 기간 동안 탁구 레슨을 받았습니다. 그 결과 아직도 많이 미숙하지만 그래도 상대에게 크게 민폐를 끼치지 않을 정도로 개인과 복식 게임에 동참합니다. 그런데 워낙 늦은 나이에 시작하였고 연습 시간도 많이 할애하지 못하여 실력은 기대치에 못 미치고 있습니다. 그래도 동호회원들이 친절하게 대해 주고 조언해 주어 스트레스를 받지 않고 즐기고 있습니다. 회원들에게 고맙고 감사할 따름입니다.

예술과 운동은 타고난 DNA가 있어야 하지 꾸준한 노력만으로는 기대만큼 실력이 늘지 않는 것 같습니다. 여러 가지 운동 중 내 가치관에 맞지 않는다고 생각하는 것이 있는데, 골프가 그렇고 낚시와 사냥도 하고 싶지 않은 종목입니다.

골프는 스코틀랜드에서 고안되었는데, 영국에서 스포츠로 발전하여 1900년 2회 파리 올림픽 때 정식 종목으로 채택되었다고 합니다. 그러나 스포츠답지 못하다고 하여 논란 끝에 퇴출당한 적이 있었습니다. 그 후 12년 만인 리우 올림픽 때부터 부활한 스포츠입니다. 골프는 운동 효과보다는 푸른 잔디가 깔린 야외에서 신선한 공기를 마시면서 하는 유흥에 가까운 운동이 아닌가 싶습니다.

그리고 낚시와 사냥을 좋아하지 않습니다. 미끼를 던져 이를 먹잇감으로 착각한 물고기를 낚는 것이 왠지 공정하지 않은 꼼수 같아서입니다. 사냥 역시도 숲이나 바위와 나무 등 자신을 철저히 은폐시킨 후 상대 동물을 속여 쏘는 것이 당당하지도 정의롭지도, 공정하지도 못한 게임이라는 관념에서 마음이 편치 않아서 하지 않습니다. 지나치게 주관적이고 편향적이며 비현실적인 사고라 비판한다 해도 나의 견해를 바꿀 생각은 없습니다.

5) 음악 그리고 색소폰 이야기

　음악이란 박자, 가락, 음성, 화성 등을 갖가지 형식으로 조화시키고 결합하여, 목소리나 악기를 통하여 사상 또는 감정을 나타내는 예술을 의미합니다. 그리고 예술은 인간의 정신을 풍요롭게 하는 아주 중요한 부분입니다. 그래서 예전에는 초등학교 때부터는 전 학년에 걸쳐서, 중학교와 고교 1학년까지는 주당 1시간씩 음악 시간을 배정하고 있었습니다.

　원래 교과목에는 음악 시간을 통하여 음악을 표현하거나 감상할 수 있도록 기초적인 음악 이론과 실기를 가르치도록 편성되었으나,

실상은 가곡 몇 곡 불러 보는 것으로 때우고 엉뚱한 교과 공부를 시키거나 자습 시간으로 메꾸었습니다.

음악의 3요소는 리듬과 가락 그리고 화성입니다. 음은 물체의 진동 모습에 따라 음의 길이, 음의 높낮이, 음의 강약, 음색으로 인간의 마음과 영혼을 풍요롭게 합니다. 그러나 과거에는 먹고사는 문제가 급선무였던 때라 특별히 재능이 있는 학생 외에는 학교에서나 학생들도 음악은 물론 미술, 체육에는 관심 밖이었습니다. 그래서 고교를 졸업해도 박자와 음정의 개념을 이해하거나 악보를 볼 줄도 모른 채 졸업하였습니다.

| 색소폰과의 인연

색소폰 소리에 매료되어 배우기 시작한 시기는 70세가 되기 직전이므로 지금은 상당한 시간이 흘렀습니다.

어느 날 무더운 여름날 퇴근 무렵, 만수동의 '하이웨이주유소'를 지나고 있었는데 북아일랜드 민요 「Dany Boy」, 한국에서는 「아!

목동아」라고 알려진 곡을 연주하는 색소폰 소리가 은은하게 들려왔습니다. 그래서 차를 멈추고 색소폰이 울리는 건물로 무작정 들어갔습니다.

 낡은 건물 2층에는 반주기와 스피커 등 음향 장비가 있었고 70대 초반 노신사가 알토 색소폰을 연주하고 있었습니다. 그 연주자는 이 학원의 원장이라고 자신을 소개하였습니다. 그리고 나에게 좋아하는 곡이 있으면 신청하라고 해서 몇 곡을 신청했더니 즉석에서 감미로운 소리로 연주해 내 마음을 사로잡았습니다. 몇 곡의 연주가 끝난 후 5개월만 배우면 색소폰 연주를 잘할 수 있다면서 적극 권고하여, 순진하게도 그 말을 믿고 배우기 시작하게 되었습니다.

 그 원장이라는 사람은 서울 보인상고 재학 시절에 밴드부에서 색소폰을 불었고, 군악대로 3년 동안 색소폰을 불었으며, 제대 후에는 교회에서 30년을 연주하였다고 자신의 이력을 소개했습니다.

 그런데 예상과는 달리 원장은 색소폰 연주를 지도할 때, 비교적 멜로디가 쉬운 가요를 골라 한 구절씩 따라 부르게 하고 그 곡이 익숙하기도 전에, 다른 곡을 선정해서 같은 방법으로 자신이 시범을 보이고 수강생은 따라 하는 것이었습니다. 이런 과정을 6개월 이상 하였는데 별반 실력이 늘어난다는 느낌은 없었습니다. 그 원장은 술을 좋아해서 그 학원에 등록한 수강생들과 술과 안주를 시켜 연주실에서 술판을 벌이고는 했습니다. 그리고 친목을 도모한다는 명목으로 빈번히 음식점에서 회원들과 술판을 벌였고, 그때마다 술값은 수강생들이 돌아가면서 내 주었습니다.

1년이 경과될 무렵에 가서야 알게 된 사실이지만, 그 원장은 고졸 출신이고 전문자격증을 소유하지 못하였던 관계로 교육청으로부터 학원 인가를 받을 수가 없어 학원설립 자체가 불가능한 사람이었습니다.

그래서 음악학원이나 이와 유사한 학원도 설립할 수 없었음에도 그가 장기간 출석하고 있던 교회에서 운영하는 것처럼 가장하여 '색소폰 교실'이라는 명칭을 사용하며 수강생들을 유인한 것이었습니다. 매월 수강료로 정상적인 학원가에서 받는 금액 그대로 15만 원을 받았는데, 그것도 신용카드 결제가 아니라 현금으로만 1년간 수강료 180만 원을 받은 것이었습니다. 색소폰 강습에 대한 정보가 없었기 때문에 속은 것이어서 잠시 관할하는 교육청과 세무서에 신고하려다가 그만두었습니다.

원래 '색소폰동호회'는 색소폰 연주를 취미로 하는 사람이 일정한 장소를 빌려 시설을 한 후 최소한의 운영 경비를 서로 분담하는 차원의 성격이란 것도 한참을 지나서야 알게 된 것입니다. 그래서 영업 신고 없이 운영하는 것입니다.

따라서 동호회 연주실을 이용하는 값으로는 그 시설을 운영하는 사람에게 임대료 지원과 찻값 명목으로 최소한의 범위인 월 10만 원을 넘지 않는 금액 내에서 지급한다는 사실도 뒤늦게 알게 되었습니다. '동호회' 명목으로는 교육청으로부터 학원이나 교습소를 인가받을 수 없어 원천적으로 영업을 할 수 없기 때문입니다. 이 사람은 이런 사실을 은폐한 채 자신을 색소폰 원장이라며 속였고, 시설도 엉망인 곳에서 매월 학원 수강료와 똑같은 금액을 받아 왔던 것입니다.

| 손가락 부상

어느 날 다른 학원에서 옥타브 운지법(運脂法)을 연습하던 중, 좌측 엄지손가락에서 방아쇠 당기는 소리가 나면서 심한 통증이 왔습니다. 곧 좌측 엄지손가락이 점점 부어오르고 통증이 심해져 더는 운지 연습을 할 수 없었습니다.

그래서 인하대 병원 정형외과를 찾아 치료받게 되었습니다. 담당 의사에 의하면 평소 사용하지 않던 근육을 갑작스럽게 무리하게 같은 동작을 반복함으로써 힘줄에 염증을 일으키는 '방아쇠수지증후군'이 발병했다는 것이었습니다. 의사는 하루 입원해서 전신마취를 받은 후 염증 부분을 절개하는 수술을 받든가, 아니면 염증 부위에 스테로이드 주사로 약물이 손가락 뼛속까지 침투되는 일명, 뼈 주사를 맞는 방법이 있는데 그중 하나를 택하라고 했습니다.

그런데 수술하게 되면 1달 동안 손가락 깁스를 하고 손가락 사용을 할 수 없다는 것입니다. 또 다른 치료법인 스테로이드 약물 요법은 약의 특성상 평생에 한두 번 정도만 맞아야지 더 이상 맞게 되면 나중에는 뼈가 부스러질 위험이 매우 크므로 재발하지 않도록 각별하게 조심해야 한다는 것이었습니다. 고민을 거듭한 끝에 수술보다 간편한 뼈 주사를 맞기로 하였습니다. 그리고 주사를 맞은 후 10일이 지나자 신기하게 통증이 사라졌습니다.

이런 희귀한 병명의 질병을 얻게 된 이유는 옥타브 키를 누르는 과정에서 힘을 빼고 살짝만 눌러도 될 것을 힘을 주어야만 고음이 나오는 것으로 착각하였기 때문이었습니다. 지금도 고음을 내기 위하여 좌측 손가락을 1시간 이상 사용하면 통증이 오고 긴장되어 연습을 중단하곤 합니다.

| 홀로 하는 연습의 어려움

한편, 그 원장이라는 사람은 중학교 밴드부에서 색소폰 교육을 받던 시기에 강사가 커리큘럼대로 교습하는 방식이 아닌 제자가 스승의 실무를 보조하며 기술을 습득하는 교육 방식인 도제식 교육을 받은 사람입니다. 이 사람은 색소폰 연주에 대한 깊은 지식도 없거니와 지도자 교육도 받지 못한 분이어서 애당초 타인을 가르친다는 것이 무리였던 것이었습니다.

그래서 색소폰 교육에서 가장 중요 요소인 암부슈어[8] 등 기초적인 호흡에 대한 것도 가르쳐 주지 못하고 무조건 자신이 곡을 골라 먼저 불고 난 다음 따라 부르라는 방식이었습니다. 악기를 잘 부는 사람이라고 하여 악기 교육을 잘 지도하는 것과는 별개의 문제라는 것을 오랜 시행착오를 겪은 후에서야 알게 되었습니다.

과거에는 음악대학 소속 기악과에는 색소폰을 전공하는 과목이 없었고 일부 전문대학에서 색소폰 전공학과가 있었습니다. 그러나 최근에 이르러 단국대학과 경희대학교를 비롯한 일부 대학 실용음악과에서 색소폰 연주를 전공하는 학교가 생겨났습니다.

저는 그 동호회에서 정보 부족으로 세월만 낭비한 채 1년 만에 그만두었습니다. 그 이후 다른 동호회에 들어갔으나 거의 비슷한 수업 방법에 실망하여 다시 그만두고 독학하기로 결심하였습니다.

그래서 중앙빌딩 7층에 54평 중 법률상담실 25평을 제외한 나머지 공간에 색소폰 연주실을 마련하였습니다. 무대를 만들고 리얼마스터(Real Master) 반주기와 스피커, 음향믹서기, 유무선 마이크, 모니터, 보면대 등을 마련하는 데 1천만 원가량의 돈이 들었습니다.

---

[8] 암부슈어(embouchure): 원래는 관악기의 취구(吹口)이지만, 보통 금관악기나 플루트를 연주할 때 입술의 응용법을 말한다. 관악기를 연주할 때 주자의 입(입술·이·혀 등)은 어떤 특수한 상태가 되는데 이러한 상태를 암부슈어라 한다.

색소폰의 기원은 1846년 아돌프 삭스(Adolphe Sax)에 의해 개발되었고, 같은 해 특허를 받았습니다. 색소폰은 다른 악기와는 다르게 성악에서처럼 소프라노, 알토, 테너 등 4종류가 있습니다. 종류에 따라 악기의 크기가 다르고, 악기마다 각각 다양한 음역(音域)을 제공하고 다양한 음악 장르에서 사용되고 있습니다. 특히 재즈나 팝, 록에서는 빼놓을 수 없는 악기입니다.

입문자는 보통 중간 음역에 적합한 알토 색소폰부터 시작하여 차차 소리에 적응해 가면서, 저음 음역에 적합한 테너 색소폰을 구매합니다. 바리톤 색소폰은 너무 크고 무거워 다루기가 어려워 전문 연주인이 아니면 잘 사용하지 않습니다.

색소폰의 소리는 인간, 천상의 목소리를 다 낼 수 있고 가장 최근에 만들어진 악기입니다. 모든 음악에서 박자와 음정이 무엇보다 중요하듯이 색소폰 악기 연주도 똑같습니다. 그리고 색소폰 연주 연습은 노래부터 연습하기 전에 7음계, 반음계에 대한 Scales 연습, 갈대로 만들어진 리드에 입술과 혀로 부드럽고 강하게 하는 텅잉(Tonguing) 등 일종의 워밍업을 해야 합니다. 텅잉 또는 아티큘레이션은 악기를 연주할 때 음을 명확하게 정의하고 분리하는 과정이므로 이에 대한 연습은 매우 중요한 것입니다. 독학의 문제점이 바로 이런 것들입니다.

그런데 초보자들은 텅잉이나 스케일 연습은 지루해서 생략한 채

반주기 따라 노래부터 연주하는 데 익숙합니다. 이러는 과정에서 정작 본인은 자신이 연습하고 있는 것이 올바르고 잘하고 있는 것인지 판단할 수가 없습니다. 독학이 도움이 되기는커녕 악습이 되어 여간해서는 고치기가 더 어려워지는 것입니다.

혼자 연습할 때는 잘 모르다가도, 자신이 연주한 노래를 녹음해 들어 보면 정말 실망스러울 정도로 만족스럽지 않다는 걸 비로소 알게 됩니다. 그러므로 음악을 비롯한 예체능에 대한 나 홀로 수업은 책이나 영상만으로는 효과를 볼 수가 없다는 게 내 생각입니다.

| 색소폰의 종류와 연주 기법

연주 기법도 다양합니다. 서브 톤은 주로 테너 색소폰에서 사용되는 기법인데, 음을 청아하고 깔끔하게 부는 것이 아니라 바람 소리가 섞인 듯한 소리를 내는 기법이고, 노래의 클라이맥스(Climax)에서 가래 끓는 듯한 느낌의 소리를 내는 칼 톤 기법, 비브라토 기법, 꾸밈음 넣기, 음을 오르고 내리는 밴딩, 배음으로 내는 오버톤 등 참으로 다양합니다.

색소폰은 아름다운 음색을 내는 것이 목표라 할 것인데, 음색의 결정적 영향을 끼치는 요소는 마우스피스를 무는 위치, 아랫입술의 두께, 텅잉하는 혀의 위치와 기교, 적절한 힘의 분배 입술 모양새를 어떻게 하느냐에 따라 소리가 다릅니다.

색소폰 연주 소리는 좋은 스승을 만나 배우게 되면 인간의 희로애락을 표현할 수가 있고 가슴에 벅찬 감동을 줄 수 있는 아주 좋은 악기입니다. 색소폰을 배울 때 처음에는 웃음으로 시작하여 울면서 나온다는 정설이 있는데 어느 악기보다 더 많은 노력이 필요한 악기라 할 것입니다.

색소폰 악기의 값도 천차만별입니다. 필자가 색소폰에 입문할 때는 일본산 야마하 475 알토로 시작했습니다. 그런데 이 악기의 값이 200만 원이었는데 싸다고 할 수 없습니다. 중국산이나 대만산은 절반 값이 안 됩니다. 그런데 열심히 노력할 생각은 하지 못하고 주변 사람들이 하는 말에 귀가 솔깃하기 쉽습니다. 나 역시 귀가 얇아 귀동냥으로 막연히 고가의 색소폰이 좋다는 생각에 처음부터 야마하 475를 금 200만 원에 구매하여 연습한 것이었습니다.

얼마 지나지 않아 동호회원 중에 누군가가 프랑스산 셀마 알토 색소폰으로 바꾸어 보라는 권유에 따라 셀마 뉴퍼런스 악기를 금 600만 원에 구매했습니다. 그 후 다시 친구가 부는 테너 색소폰 소리가 듣기가 좋아서 저음에 적합한 테너 색소폰을 구매했습니다. 이 독일산 알버트 웨버 테너를 450만 원에 구매한 것입니다.

색소폰은 트럼펫이나 트롬본처럼 금관악기가 아니라 마우스피스에 끼운 갈대로 만들어진 리드를 진동시켜 소리를 내는 목관악기에 속합니다. 그래서 U자형의 몸통 못지않게 넥(Neck)에 끼우는 마우스피스(Mouth Piece)가 있고 이 마우스피스를 고정해 주는 리가츄어(Ligature)가 있습니다.

연주자들 대부분은 원래 색소폰을 살 때부터 갖추어진 것 말고 좀 더 곱고 청아한 소리를 위하여 각 전문 분야에서 제작한 부품들을 별도로 구매하는 데 아낌없이 돈을 씁니다. 악기는 일반 대중들이 필요한 생활 상품이 아니고, 단지 취미 활동을 위해 애호가들이 사용하는 것입니다. 그리고 국내산은 거의 없고 대부분 선진 외국에서 만들어 수입된 것이어서 생각보다 가격이 비싼 편입니다.

색소폰 악기에는 주된 금속성 몸통만이 아니라 결합된 여러 가지 액세서리 부품이 있어 부수적으로 들어가는 돈이 수월치 않습니다. 색소폰 연주를 위해서 구매한 것으로는, 리얼 마스터 반주기 150만 원, 엘프 반주기 360만 원, 마우스피스 80만 원, 리가츄어 20만 원 등이 있습니다. 그러나 실력자들은 100만 원 이하의 중국산과 대만산 악기로도 귀가 황홀할 정도의 소리를 잘도 냅니다. 이 또한 허세이자 명품에 대한 과신입니다. 원래 재주 없는 자가 연장만 나무란다는 말이 있지 않습니까.

| 떨리는 마음으로 오른 첫 무대

필자가 색소폰을 배운 지 1년 만에 여러 회원과 공연을 한 적이 있습니다. 언젠가 여름날 오후 시간에 연안부두 앞 광장에서였습니다. 연안부두에는 섬을 오가는 여객선들이 꽤 많습니다. 연락선을

타고 온 승객들이 선착장에서 내리며 거쳐 가는 광장이 부두 앞에 있었는데 그곳에서 처음으로 공연하게 된 것입니다.

그 광장에서 난생처음으로 공연한 곡은 가수 남진이 부른 「미워도 다시 한번」이었습니다. 시작하기 전부터 가슴이 울렁거리고 많이 떨렸습니다. 반주기의 악보도 잘 보이지 않을 것 같았습니다. 그러나 침착하고 공연 순번을 따라 악기를 메고 무대 앞으로 나가 섰습니다. 광장에는 연락선에서 내린 대략 80여 명의 승객들이 색소폰 연주 소리를 듣고 하나둘씩 모여들어 앉거나 서서 연주하는 모습을 보고 있었습니다.

연주를 마치고 관람객들에게 머리 숙여 인사를 하였더니 박수를 쳐 주었습니다. 어떤 회원은 처음 무대에 서기 전에 떨리는 가슴을 진정하기 위해 강소주 1병을 마시고 무대에 올랐다고 했습니다. '이렇게까지 가슴이 떨릴 줄 알았더라면 소주 반병이라도 마실걸.' 하고 후회가 되었습니다. 그러나 이미 때는 늦어서 떨리는 대로 그냥 연주할 수밖에 없었습니다.

악보를 놓칠 것 같아 관람객은 쳐다보지도 못하고 반주기에만 집중한 채 얼떨결에 2절까지 연주를 마치었습니다. 연주를 마치고 인사를 하자 다시 박수 소리가 들려왔습니다. 방송에서 가수들이 무대에 설 때 가슴이 떨린다는 말을 들은 적이 있었는데 이해가 되었습니다.

| 청라 색소폰동호회

청라 지역으로 이사한 후에는 동네 '청라 자이 색소폰동호회'에서 비교적 연하의 회원들과 연주를 즐기고 있습니다. 매월 한 차례씩 각자가 연습한 곡을 무대에서 발표하고 간혹 앙상블 연습도 했습니다.

회원들은 풍부한 사회적 경험이 있고 연주 경력이 많습니다. 어떤 회원은 비행기 조종사로 은퇴하여 외국 사정에 밝은가 하면, 어떤 회원은 학교장 출신으로 스쿠버다이버, 철인 5종 경기, 그리고 스포츠 댄스까지 하면서 합법적으로 100명이 넘는 여성의 손목을 잡아 본 행운아도 있습니다.

또 다른 회원은 젊은 나이에 다국적 기업의 CEO 사장으로 세계를 안방 드나들듯 하고, 또 어떤 회원은 기업을 운영하면서 화가로 등단하여 예술가적 면모를 갖춘 회원도 있습니다. 그런가 하면 고교 시절은 물론 해병대 군악대에서도 활동하다 제대했기 때문에 어느 악단에서 연주한다고 해도 전혀 손색없을 정도의 프로급 실력을 갖춘 연주자도 있습니다.

이 회원이 연주하는 소리를 들으면 감동하지 않을 수가 없습니다. 다른 회원들도 각자의 독특한 재주를 갖고 있고 훌륭한 인품을 지닌 것 같습니다. 또 다른 회원은 한국 궁도협회 인천 회장을 맡고 있습니다. 이 회원은 탁월한 실력과 지도력을 인정받아 인천시 궁도 팀 감독직을 수행하던 중, 2023년에 개최된 전국체육대회에서 인천팀을 우승으로 이끈 적도 있습니다. 이 회원의 소프라노와 알토 색소폰 연주도 프로급입니다. 종종 휴대전화에 연주 영상을 올려 주어 고맙게 감상하고 있습니다.

현 동호회 회장은 젊은 시절부터 사업상 유럽을 내 집처럼 드나들어 유럽의 문화에 조예가 있어 평소 재미있게 대화를 이끌고 가끔 찬조도 해 주어 회원들에게 기쁨을 주고 있습니다.

또 다른 회원은 컴퓨터와 핸드폰 기기에 조예가 깊어 디지털 문화에 익숙하지 못한 회원의 애로를 친절하게 도와주고는 합니다.

이 얼마나 소중하고 고마운 인연입니까? 원래 인연이라는 말은 원인을 의미하는 불교적 용어입니다. '인(因)'은 결과를 낳기 위한 내재적, 직접적 원인을 의미하고, '연(緣)'은 연분의 준말로 인을 돕는 외적이고, 간접적 원인을 의미합니다. 인연은 서로 배려하고 가꾸지 않으면 오래갈 수 없습니다. 좋은 인연은 만나면 만나서 좋고, 떠나더라도 큰 미련을 남기지 않아야 합니다.

수필가 피천득의 「인연」이라는 수필 중에는 "어리석은 사람은 좋은 인연을 만나도 몰라보고, 보통 사람은 인연인 줄 알면서도 놓치고, 현명한 사람은 옷깃만 스쳐도 인연을 살려 낸다."라는 문장이 있습니다.

그런데 인연에는 보약같이 소중한 인연이 있고 고통스러운 악연도 있습니다. 불가에서는 과거에 지은 업에 따라서 현재의 과(果)와 보(報)를 받으며, 현재의 업에 따라서 미래의 과보를 받는 열두 연이 있다고 합니다.

인연과보(因緣果報)라는 말은 모든 사물의 이치가 원인과 인연에 따라 항상 결과와 갚음(작용)이 일어난다는 뜻입니다. 그 인연과보는 즉시 나타나기도 하지만 나중에 시차를 두고 일어나기도 합니다. 평소 좋은 업을 많이 지으면 당장은 아니더라도 그 결과가 자식들에게 나타나는 것이므로 평소 선업(善業)을 짓고 살아야 하겠습니다.

한편 나이가 들게 되면 자연히 학교 동창이나 직장의 동료들보다는 만남의 횟수가 많을 수밖에 없는 가까운 이웃과 같은 취미로 함께 자주 어울리게 됩니다. 그래서 때로는 예전의 학연이나 직장의 연보다 더 정이 들게 마련입니다.

6) 내가 사는 곳, 아름다운 청라 자이 아파트

| 내가 사는 아파트, 청라 자이

지금 거주하고 있는 아파트는 분양받은 후 사정상 거주하지 못하고 10년을 임대하였다가 그 이후 이사를 오게 된 곳입니다. 청라 지역 아파트 중에서는 자이 아파트의 분양가가 타 아파트에 비하여 평당 300만 원이 비싼 값으로 분양되었습니다. 그래서 수 분양자

들[9]과 G.S 건설사 사이에 분양가 인하 문제로 심한 분쟁을 겪기도 했었습니다. 그때 분쟁의 해결 방안으로 제시된 것이 수 분양자들은 아파트 분양가를 타 아파트 분양가 수준으로 인하하여 달라는 것이었습니다.

반면, 회사 측 입장은 분양가 인하는 다른 지역 현장에 미치는 파장이 너무 큰 관계로 도저히 받아들이기 어려운 것이고, 그 대신 10억 원 상당에 해당하는 조경을 조성하여 청라 지역에서 가장 고품격의 아파트 조성을 하겠다는 것이었습니다.

이런 상반된 안으로 지루한 힘겨루기를 한 끝에 결국은 회사 측의 안을 받아들이게 된 것입니다. 그런 연휴로 조경이 마치 공원이나 산장에 온 것처럼 숲이 우거지고 조용하여 외양상으로는 품격이 높은 아파트라는 인식을 주기에 충분하게 되었습니다.

그리고 아파트 동선을 잘 배치해서인지 밖에서는 물론 안방 침대에서, 거실 소파에서 심곡천이 보여 경치가 좋습니다. 어떤 봄날에는 심곡천에서 피어오르는 자욱한 물안개를 볼 수 있어 마음을 안정시키고 힐링이 되는 느낌입니다.

---

9 수 분양자: 수(受, 받을 수)+분양자. 아파트 등 부동산의 분양을 받는 사람을 뜻한다. (=피분양자)

중앙광장 앞의 배롱나무

　청라 자이 아파트 중앙광장 주변에는 배롱나무가 몇 그루 있습니다. 창문을 열고 앞이 내다보이는 곳에는 짙은 녹색의 나무와 숲이 있는 데다가 배롱나무가 피워 낸 연분홍색의 꽃이 눈에 확 들어와 침침한 눈을 즐겁게 해 줍니다.

　배롱나무는 부처꽃과에 속하는 낙엽소교목입니다. 배롱나무의 꽃은 오랫동안 핀 것처럼 보이는데, 사실 한 번에 피고 지는 것이 아니고 여러 날에 걸쳐서 번갈아 피고 지는 것이지요. 목백일홍 나무라고도 불리기도 하는데, 100일 동안 피고 지는 것이 마치 100일간 계속 피어 있는 것으로 보인다 하여 붙은 이름입니다.

　모기 입이 삐뚤어져 힘을 잃어 간다는 처서가 지난 지 40일이 지나고, 추석의 명절도 보름이 지났건만 더위는 식을 줄 모르고 9월 말일까지도 이어졌습니다. 그러나 추분이 지나 10월이 되자 물러설 줄 모르던 무더위의 기세도 소리 없이 다가오는 가을이라는 계절 앞에 슬그머니 꼬리를 내리고 있습니다.

　배롱나무의 꽃말은 '부귀', '떠나간 벗을 그리워함'입니다. 반면, 우리 아파트에는 없지만 흰 배롱나무의 꽃말은 '수다스러움', '웅변', '행복', '꿈' 등 다양합니다.

　배롱나무꽃은 7월부터 개화를 시작하여 100일 동안 피어서 보통

10월 초순까지 핍니다. 배롱나무는 가까이에서 보면 환상적이기는 하지만 멀리서 볼수록 그 자태가 아름답습니다. 거실에 앉아서 황홀경에 빠지는 행운을 가진 것 같았습니다.

배롱나무의 수령은 200년 이상이고 연식이 많을수록 꽃이 화려하고 나무의 표피도 매끈매끈하여 마치 '동안 노인'의 피부처럼 연합니다. 가장 오래된 배롱나무는 부산시 부산진구 양정동에 있는 수령 800년 된 것으로 천연기념물로 지정되었다고 하며, 경상남도의 상징 꽃이기도 합니다.

우리 아파트의 배롱나무꽃을 감상할 때면 저도 모르게 행복한 마음이 가득합니다. 중앙광장의 배롱나무 뒤편으로는 가을의 상징인 구절초와 산수국이 어우러져 뭄씬 가을이 깊어 감을 느끼게 합니다.

| 청라 국제도서관에 관한 생각

필자는 집에서 도보로 10분 거리에 있는 인천시립 공공도서관인 청라 국제도서관을 휴일마다 자주 이용하곤 합니다. 이 도서관은 조용한 곳에 자리하고 있어 지치고 상처 입은 몸과 마음을 치유하는 데 적합한 곳이며, 힐링(Healing)하기에 좋은 장소입니다.

봄이나 여름철이면 청라 커낼웨이 끝부분인 수변공원 호수에서 시원스럽게 분수가 내뿜고 숲과 벤치가 있어 잠시 앉아서 생각하고 때로는 시름을 달래기에도 안성맞춤인 곳입니다. 도서관 밖에는 폭

50m, 넓이 5m의 화단에 약 200포기의 야생 장미과에 속하는 붉은색 해당화가 있습니다. 해당화는 주로 바닷가 모래밭이나 언덕에 주로 자생하는 관목인데 화단에 심은 것입니다.

필자는 도서관에 갈 때마다 4월 중순부터 5월에 피는 핑크빛 꽃을 보며 해당화에 반갑다는 인사를 건넵니다. 그런데 해당화 꽃말은 이상하게도 '원망'과 '온화'라는 상반된 꽃말을 갖고 있습니다. 꽃이 지고 난 후 빨간색의 앙증맞은 열매도 맺히는데 혈관 순환을 촉진하고, 어혈과 담증(痰證)을 풀어 주는 효과가 있다고 합니다. 꽃잎이 붉고 생긴 모양은 동백나무꽃과 유사한데 꽃말은 전혀 다른 의미를 지니고 있습니다. 동백꽃의 꽃말은 '진실한 사랑', '겸손한 마음', '그대를 누구보다도 사랑합니다.'입니다. 해당화를 심은 화단 옆으로 동백나무 몇 그루를 함께 심었더라면 더 좋았을 것 같다는 아쉬움이 큽니다.

청라의 수변공원은 일본 에도 시대에 건설되어 오사카시 중남부를 동서로 흐르는 길이 2.7km 도톤보리강(Dotonbori River)을 벤치마킹한 것은 아닐까 싶습니다. 청라가 더욱 사랑스럽고 고마운 곳으로 다가옵니다.

도서관은 단순히 출판물이나 기록물들을 모아 보관해 두거나 도서를 대출하는 것에 그치지 않고 일반 대중의 정보 이용, 문화 활동과 평생교육 활동을 증진할 목적으로 설치된 매우 유익한 공간입니다. 평소 필자가 바라던 이상적인 주거지는 도서관과 가까운 곳입니다. 그래서 지금 거주하는 아파트가 매력적이며 소중하다는 생각에 여간 만족스러운 게 아닙니다.

나의 도서 목록들

주말이나 일요일 날에는 도서관에 가서 각종 잡지를 읽고, 최근에는 종교의 역사와 변천 과정을 기술한 책을 읽거나, 서양 철학자인 니체, 순수이성 비판과 실천이성 비판을 써서 일약 대철학자로 자리매김한 이마누엘 칸트(E. Kant)의 책들을 읽고 있습니다. 또한 우리에게 너무나 잘 알려진 『이방인』, 『페스트』, 『시시포스의 신화』의 저자로 1997년 노벨 문학 수상자인 알제리 출신 알베르 카뮈의 책과 씨름하고 있습니다. 이런 노년의 행복은 속박에서 벗어난 자유에서 오는 것이겠지요. 처음에는 저자들의 논리를 이해하지 못하고 겉만 맴돌다 몇 장을 못 넘기고 돌아오고는 했습니다.

『이방인』에서 카뮈는 주인공 뫼르소를 통하여 관습과 부조리를 고발하고 있습니다. 어머니의 죽음을 통보받고, 어머니가 수용되어 있던 양로원에서 장례식을 치르질 때도 보통 사람과는 달리 이해할 수 없는 행동으로 일관하고 있습니다. 더구나 살인을 저지른 뫼르소가 태양의 빛이 너무 눈부셔 아랍인을 총으로 쏴 죽였다고 법정에서 진술하는 부분에서는 참으로 어이없었습니다.

피고인들은 대부분 재판받을 때 법정에서 재판장의 질문에 조금이라도 감형을 받으려 자신의 범행 경위에 대해 변명하게 마련인데 이와는 반대로 뫼르소는 지나친 정직성 탓인지 전혀 변명하지 않고 법정에서 태연한 모습을 보이는 것은 정말 이해하기 어려웠습니다.

실존주의 철학자이기도 했던 알베르 카뮈가 주장했던, "인간은 모순덩어리이고 부조리한 존재이므로 더 나은 미래를 위해 반항해야 한다."라는 난해한 말이 있는데 이제야 조금은 이해가 가는 것 같습니다.

필자가 고교와 대학 다닐 때만 해도 인천에는 중구 인현동 인천기독병원 뒷길 언덕 위에 낡은 인천시립도서관이 유일한 도서관이었습니다. 그나마 1시간가량을 걸어서 아침 일찍이 줄을 서지 않으면 허탕을 치고 도서관에는 들어가지도 못하고 되돌아와야 할 때가 많았습니다.

도서관은 단지 책만 보는 곳이 아니라 마음의 휴식처이자 마음의 양식으로 가득한 보물 창고입니다.

좋은 이웃을 만나는 축복

사람과의 관계에서 이웃을 잘 만난다는 것은 축복이 아닐 수 없습니다. 그런 의미에서 이곳 자이 아파트로 이사 온 나는 축복을 받은 것입니다.

아파트 내 '자이안센터'라는 건물에는 다목적 체육시설과 휴게소가 설치되어 있습니다. 헬스장, 골프연습실, 탁구장, 인천 유일(?)의 아파트 내 색소폰동호회를 통하여 입주민들끼리 친선을 도모하고 휴게실에서 담소를 나누기도 합니다.

지긋한 나이가 되면, 학창 시절의 친구, 직장의 동료들과는 물리적인 거리도 멀거니와 함께 술잔을 기울일 체력도 고갈이 되어 자연스럽게 만남 자체가 줄어들 수밖에 없습니다. 그래서 점차 자신이 거주하는 가까운 곳에서 같은 취미를 가진 동호회원들과 자주 만나게 되는 것은 어찌 보면 당연한 순리일 것입니다.

| 치유와 사색의 공간, 심곡천 산책로

이곳 청라 지역은 숲과 물이 풍부한 편이고, 산책로 역시 길이 5.5km에 달하며 심곡천이 흐르고 있습니다. 흐르는 물 위로 가마우지, 청둥오리, 황새가 날개를 퍼덕이며 수시로 날고, 갈대숲이 우거진 풍경이 아름다워 걷는 데 안성맞춤이 아닌가 싶습니다. 그래서 종종 탐조(探鳥)[10]하는 분들과 사진작가들이 찾는 곳이기도 합니다.

단점이라면 강한 햇빛이 쏟아지는 여름날에는 피할 그늘이 없는 것이 흠입니다. 내 생각에는 산책로 양쪽 가에 나무를 심어 터널을 이루게 하면 인천에서는 더할 나위 없는 산책로의 명소가 될 것 같습니다. 그런데 행정청의 말로는 심곡천은 바닷물이 들고 나는 천이라서 나무 식재가 어렵다고 하였다는 것입니다. 행정청 공무원들이 탁상에서 적극 행정이 아닌 소극적 행정을 한다는 생각을 금할 길이 없어 답답합니다.

---

10 탐조(探鳥): 조류(鳥類)의 생태, 서식지 따위를 관찰하고 탐색함.

해가 질 무렵 심곡천 산책길을 걷다 보면 휘황찬란한 조명 불빛이 흐르는 물 위에 출렁이고, 이름 모를 새들이 갈대숲을 헤집고 "푸드덕!" 소리를 내며 나는 모습에 살아 있는 자연의 생명력을 느끼게 합니다.

필자는 빠른 걸음으로, 때로는 천천히, 또는 가던 길을 잠시 멈추고 길가에 홀로 서서 이유를 알 수 없는 아득히 먼 곳으로부터 밀려드는 절대 고독감이 온몸으로 부딪쳐 오는 느낌을 받고는 합니다. 그럴 때면 그 자리에서 한참을 멍하니 서 있곤 합니다.

사람은 누구를 막론하고 혼자서 태어나고 홀로 죽습니다. 그동안 인간은 무수한 만남과 헤어짐 속에서 윤회(輪廻)하지만, 원초적인 목마름과 허기는 타인으로부터 채울 수 없을 것입니다. 인생이란 어찌 보면 짧고도 긴 여행길인데, 그 긴 여행길도 지나고 보면 너무 짧습니다. 왜 그리 시간이 미사일처럼 빨리 지나가는지 모를 일입니다.

| 사랑과 행복을 생각하며 걷는 산책길

산책로를 걸을 때마다 사랑이라는 추상적인 명사에 대해 생각에 잠길 때가 있습니다. 사랑이란 말처럼 흔하고 많이 쓰이는 단어는 없을 듯싶습니다. 가요든, 팝송이든, 가곡이든, 뮤지컬이든 가사가 있는 노래에는 늘 사랑이라는 단어가 들어 있습니다. 만져 볼 수도 없고, 보이지도 않는 그 허상의 사랑이라는 단어만큼 웃고, 우는 많

은 사연을 담고 있는 단어는 없을 것입니다.

또 사랑처럼 모순된 명제(命題)도 없습니다. 그래서 사랑이란 무엇인지 명백히 밝히고 규정하며 정의 내리기가 어렵습니다. 사전상으로는 "다른 사람을 애틋하게 그리워하고 열렬히 좋아하는 마음이나, 또는 사람이나 어떤 존재를 아끼거나 위하여 정성과 힘을 다하는 마음"이라고 되어 있습니다. 그리고 행복이란 "생활에서 기쁨과 만족감을 느껴 흐뭇한 상태"라고 정의하고 있습니다. 그러나 이것만으로는 사랑과 행복을 터득하기에는 턱없이 부족한 게 아닌가 생각합니다.

그리고 사랑만큼 여러 종류와 다양한 뜻으로 사용하는 단어도 없을 것 같습니다. 부모의 내리사랑, 친구 간의 우정, 사제(師弟) 간의 사랑, 종교적인 형이상학적인 사랑과 늘 화두인 남녀 간의 이성적인 사랑이 있을 것입니다.

물론 사람이 성장하면서 돈의 위상 앞에 사랑의 의미도 변질되곤 합니다. 요즘은 과거처럼 순애보 같은 낭만적이며 진실한 사랑을 찾기가 쉽지 않습니다. 왜냐하면 열렬히 사랑한다고 하면서도 막상 황금의 권력 앞에 서면 한없이 작아지고 초라해지기 때문입니다. 그래서 배신을 당할 때도 많습니다.

TV에서 방영되는 연속극을 보면 치정에 얽히거나 배신하고, 배신당하는 장면들이 여과 없이 너무 적나라하게 방영되고 있어 이를 부추기는 인상마저 듭니다. 그래서 진실한 사랑과 거짓 사랑을 분별하고 가려내는 게 너무나 어렵다는 것입니다.

정신적인 사랑과 육체적이고 물질적인 사랑, 이런 사랑은 종종 가면을 쓰고 유혹하기도 합니다. 위선과 비리가 진실을 가장하듯이 사랑도 그럴 경우가 많은 것 같습니다. 때로는 사랑이란 것이 삶의 환희이자 활력소이고, 삶의 원동력과 삶의 의미가 되기도 하지만, 때로는 시기와 질투와 분노로 변화되는 이중적인 요소를 지닌 것도 사실입니다.

얼마 전 이문세라는 가수가 부른 「사랑은 늘 도망가」라는 노래를 들은 적이 있습니다. 그 노랫말 중에 사랑을 손에 꼭 쥐려 해도 아쉽게 늘 도망을 가서 잡을 수가 없다고 하는 구절이 나옵니다. 참된 사랑은 한순간 불행과 시련에 얼룩질망정 죽음 외에는 둘을 가를 수 없는 영원한 만남을 약속하는 것입니다.

기독교적 관념에서 볼 때 사랑은 언제나 온화하고, 시기도, 질투도 아니 하고 자랑도 하지 않는 생명의 마르지 않는 샘입니다. 여하튼 사랑은 삶의 불변하는 이정표이자, 일상을 살아가는 데 불가결한 무형의 값진 자산이기도 합니다.

사랑이 있는 한 우리는 인생이 아무리 괴롭더라도 희망을 품을 수 있고 사랑을 줌으로써 인간 본연의 모습을 확인하며, 사랑받을 때 현실에 좌절하지 않고 사회가 어둡지만은 않음을 발견하게 됩니다.

그렇다면 우리는 각자 어떤 사랑을 하는 걸까요?

| 처서(處暑) 날에

오늘은 24절기의 14번째로 태양 황경이 150도가 되는 양력 8월 23일이자 음력 7월 23일 처서가 되는 날입니다. 이때가 되면 더위가 한풀 꺾이고, 가을이 돌아온 듯이 조석으로 부는 바람이 제법 시원하지요. 농촌에서는 갈무리 준비를 하느라 농촌 일손이 바빠지기도 합니다.

그러나 온난화 기후로 인해 아직도 낮에는 폭염이 기승을 부리고 간간이 비까지 뿌려 대지만 후덥지근한 날씨는 변동이 없어 보입니다. 이제는 처서의 약발이 먹히지 않는 것일까요? 기상청의 날씨 예보로는 8월 말일까지는 폭염과 열대야가 계속된다고 합니다. 그러나 피부에 와 닿는 저녁의 바람은 감촉상으로는 분명 가을이 코앞이라고 느낍니다.

마눌은 자신의 푸짐한 몸무게를 못 이겨 덥다며 이른 아침부터 잘 때까지 에어컨을 가동하고 선풍기까지 동원하면서도 연신 덥다는 말을 해 댑니다. 유난히 더위를 힘들어하고 못 견뎌 하였지요.

거실 온도는 바깥 온도와는 상관없이 32℃까지 올라갈 때가 있습니다. 이럴 때면 나는 종종 아담이 됩니다. 아무것도 걸치는 것 없이 소파에 누우면 더위는 곧 사라집니다. 그래서 추운 겨울을 견디는 것보다는 더운 여름을 견디는 것이 훨씬 낫다고 생각합니다. 아마도 나이 탓일 것입니다.

창밖으로 보이는 하늘은 금방이라도 비가 쏟아질 듯이 잔뜩 흐립니다. 지금 청라동의 온도는 31℃입니다. 스페인의 화가 프란시스코 고야가 유성페인트로 그린 「벌거벗은 마하」의 여인처럼 고도비만으로 힘들어하는 마눌이 올여름을 무사히 잘 넘겨야 할 텐데 걱정스럽기만 합니다.

| 입주민을 위한 봉사는 보람이자 즐거움

필자가 아파트 입주민회의 동대표와 감사직을 마다하지 않는 것은 법률적인 전문성을 살려 아파트 입주민을 위한 봉사가 선행이라고 보람 있는 일이라는 마음에서였습니다.

공동주택의 원만한 관리를 위한 공동주택관리법 제14조 1항, 입주자 대표회를 구성해야 하고 이를 관할하는 구청에 신고해야 한다는 규정에 따라 자이 아파트에도 입주자 대표회가 구성되었습니다.

자이 아파트는 887세대이고 입주자 대표 인원은 2~3개 동에서 한 명꼴로 선출되어 6명이 구성되어 있습니다. 입주자 대표들은 연간 50억 원에 달하는 관리비 수입으로 이루어진 예산안을 심의하고 의결하며 관리 주체인 아파트 관리소장에게 업무를 지시하고 감독하는 일을 합니다.

동대표들이 입주민들로부터 아파트에 대한 제반 관리에 대하여 그 권한을 위임받은 것이지만 자체 관리가 아닌 위탁관리에서는 관리주체가 아니므로 관리사무소 직원들을 직접적으로 지시 감독을 할 수는 없습니다.

감사는 예산집행을 관련 법규에 근거하여 올바르게 사용되었는지 집행과 결산의 투명성 여부를 감사하는 일입니다. 입주민회는 매월 정기적으로 개최되고, 필요에 따라 부정기적으로 개최되어 관리 주체자로부터 업무보고를 듣고 의안을 상정한 후 토의와 의결을 합니다. 업무에는 전년도 결산보고는 물론 미처분 이익 잉여금 처분 심의도 하고 결의도 합니다.

아파트 관련 안건들은 작게는 1천만 원에 불과한 집기 비품과 공기구 정산 처리 심의에서부터 수억 원에 달하는 옥상 방수 업체 선정과 CCTV 교체에 따른 업체 선정 건과, 전기차 충전기 사업체 선정, 승강기 보수관리 업체 선정에 대한 심의 안건 등 매월 다양한 안건들이 있습니다.

이 외에도 커뮤니티 시설 개선 안건, 헬스장과 골프연습장 장비 교체 안건, 나무 전지 선정 안건, 어린이 놀이터 기구 개선 안건, 기계설비 유리관리업체 선정, 수선충당금 사용 등의 안건들이 있습니다. 그 밖에 예상하지 못했던 입주민의 민원 사항 검토 등 입주민과 밀접한 수두룩한 생활형 안건을 심의 의결 합니다. 선정된 공사업자가 부실 공사를 할 때는 소송이 발생하기도 합니다. 이때 만약 입주자 대표들이 공사계약을 부실하게 심의하고 의결한 잘못이 드러나면 법적 책임도 져야 합니다.

따라서 입주자 대표회 구성원은 건축, 전자 전기, 법률 등 분야별 전문가들로 구성되어야 알찬 심의를 할 수 있습니다. 아파트가 건축된 지 10년이 경과할 무렵부터는 전체 아파트 외벽을 칠하는 일부터 옥상 누수와 배관 누수, 전자기기 등 여러 가지 보수를 하거나 교체를 하는 일이 발생하게 됩니다. 물론 업체 선정을 할 때는 공개입찰을 통하여 선정 기준에 맞게 사업자를 공정하게 적격업체를 선정하려 노력하고 있습니다. 공동주택관리법과 시행령, 또는 시 조례 변경에 따른 해당 아파트에 대한 공동주택관리규약을 개정하는 문제도 있습니다.

그런데 현실적으로 전문가들을 입주자 대표로 위촉하여 구성원을 꾸리기에는 그들에게 지급되는 보수가 없어 어렵다는 문제가 있습니다. 동대표들은 무상으로 일을 하는 것이고, 다만 회의가 개최되었을 때만 출석에 따른 소정의 수당이 지급되고 있을 뿐이어서 매력을 못 느껴 전문성을 갖춘 지원자가 별로 없다는 것이 문제입니다.

나는 애당초 보수 같은 것은 전혀 기대하지 않았고 오직 남은 생을 이웃을 위해 보람 있고 뜻깊은 봉사를 하겠다는 인식으로 기쁘고 즐겁게 일하고 있습니다. 그리고 새로운 이웃과의 또 다른 만남은 봉사에 대한 덤으로 얻어지는 행복입니다.

| 고품격 아파트 조성을 위한 제언

지금 자이 아파트는 건축된 지 어느새 14년이 경과되어 6개월 후가 되면 15년 차에 접어듭니다. 그래서 노후 아파트란 이미지가 없진 않지만, 그럼에도 우리 아파트의 매력은 나무와 숲과 꽃들이 어우러져 마치 어느 산장에 와 있는 느낌을 준다는 것입니다.

또한 산책로가 잘 정돈되어 있어 주민들이 조석으로 한가롭게 산책을 즐길 수 있는 환경이 타 아파트에 비하면 우월합니다. 그래서인지 최근에 청라 자이 아파트값이 제대로 평가받고 있다는 반가운 소식도 들려옵니다.

여기에 더하여 고품격 아파트 환경을 조성하기 위해 한 방법으로 자이안센터 홀 벽면에 명화를 전시하면 어떨까요? 물론 진품이 아닌 명화 사진으로 말입니다. 원래 미술품은 유일성과 희소성 때문에 경매장에서는 몇십억에서 몇백억 원, 심지어 프랑스 루브르 박물관에 전시된 모나리자 그림은 그 경제적 가치가 2조 3천억 원에서 최대 40조 원 내외라는 말도 있는데, 이 작품을 미국에서 사려고 하였으나 프랑스에서 자존심이 상한다면서 거절하였다고 합니다.

사람들은 명화들을 감상하면서 많은 감명을 받게 됩니다. 미술은 때로 치료를 위해 활용되기도 합니다. 현재 이화여대, 홍익대, 한양대, 숙명여대 등 여러 대학에서는 대학원 석사과정에 미술치료 교육 과정을 두고 있습니다. 미술치료는 그림이나 조소, 디자인 등 미술 활동을 통해서 심신의 어려움을 겪고 있는 사람들의 심리를 진단하고 치료하는 것을 의미합니다.

즉, 다양한 미술 활동은 자신의 내면세계를 표현할 수 있게 해 주고, 정서적 안정을 주며 자기 성장을 촉진하는 힘이 있기 때문입니다. 또한 정서적 갈등과 심리적 증상을 완화하고 자기 이해와 적응력을 향상하여 삶을 더욱 풍요롭게 해 줍니다.

정부청사와 지방정부 기관, 검찰, 법원, 대기업 등의 건물 내부 벽면에는 그림들이 전시된 걸 볼 수 있을 것입니다. 이런 대형 건물뿐만이 아니라 개인들도 자신의 거실 벽면에 한두 점의 그림을 걸어 놓고 매일 감상하는 입주민들도 계실 것이라고 믿습니다.

저 또한 클로드 모네의 「흰색 수련 연못」, 「해돋이」, 빈센트 반 고흐의 「별이 빛나는 밤에」, 「가을 추수」, 「밤의 카페」, 오귀스트 르누아르의 「두 자매」, 「노 젓는 여인들」 등의 명화 사진이 거실과 복도 벽면, 그리고 저의 사무실에 걸려 있고, 국전 화가 출신 대학 후배가 그려 준 추상화가 있는데 이 작품들을 수시로 감상하면서 심신의 안정감을 얻고 있습니다.

국내에 들어와 있는 명화 사진들은 대부분이 저작권법이 정하고 있는 저작 재산권 보호 기간이 지난 것들입니다. 그래서 값이 저렴합니다. 그림 사진의 값은 크기에 따라 다르지만 최소 5만 원에서 20만 원 내외가 될 것입니다.

저작권법 제39조 제1항에 "저작 재산권은 특별한 경우를 제외하고는 저작자가 생존하는 동안과 사망한 후 70년간 존속한다."라고 규정하고 있습니다. 예를 들자면, 빈센트 반 고흐는 1890년도에 사망하였으므로 저작권 보호 기간은 1960년에 이미 기간이 만료되었고, 클로드 모네는 1926년에 사망하였기 때문에 1996년에 저작권법이 만료되었으며, 노르웨이의 표현주의 화가 에드바르 뭉크의 「절규」는 그가 1944년에 사망하였기에 2014년에 저작권 보호 기간이 만료되었습니다. 그렇기에 비록 사진일망정 명화를 싼값에 구매할 수 있는 것입니다.

그러나 이런 사진 그림도 기술상의 문제 등이 있어서 해외 저작권협회와 한국저작권위원회에서는 라이선스 제도를 도입하여 일정한 자격을 갖춘 자들이 수입할 수 있도록 규정하고 있습니다.

이런 제안을 제가 동대표 단톡방에 하였으나 타 동대표님들은 대체로 부정적이더군요. 그래서 부득이 이런 저의 뜻을 입주민들께 직접 호소하여 그 필요성 여부를 확인하고 싶어 올리게 되었습니다. 이제는 훌륭한 예술 감상은 선택이 아니라 필수라는 게 저의 생각입니다.

클래식 음악이 흐르고 미술이 살아 숨 쉬는 자이 아파트! 이 얼마나 즐겁고 흐뭇한 일입니까! 입주민 여러분들의 적극적인 의사 표현이 있기를 기대합니다.

7) 77세에 다시 권투를 시작하다

60여 년 전 고교 1학년 때 잠시 권투에 입문한 적이 있습니다. 그 당시 권투장 시설은 형편없었습니다. 인천광역시 송림동에 있는 현대극장 앞 달동네에 방치되었던 어느 반지하 동굴을 우연히 지나가다가 일반 회원인지 선수인지 모를 두 사내가 헤드기어를 쓰고 실전처럼 가쁜 숨을 거칠게 몰아쉬며 스파링(Sparring)하는 모습이 남자답게 느껴져 그 이튿날 주저 없이 등록하였습니다. 등록하고 한 달쯤 지날 무렵에는 고향 친구이자 인천남고에 다니던 박복현을 설득해서 같이 하게 되었습니다.

그런데 복싱은 역설적인 운동에 속합니다. 즉 복싱의 본질은 사각

링에서 상대를 합법적이면서도 최대한 효율적으로 다치게 하는 운동이지만 링 아래서는 항상 동료를 존중하며 배려하고 웃으며 함께 해야 하는 운동이기 때문입니다.

막상 입문하고 보니 시설이라고는 권투용 글러브와 샌드백, 줄넘기가 전부였습니다. 관장은 66.68kg 이하 페더급 동양 챔피언이었던 이상교라는 선수였고, 도장은 집에서 약 20분 거리에 있었습니다. 주로 공휴일이나 하교 후 심심할 때 도장에 나가 연습하곤 했습니다.

첫날에는 줄넘기를, 다음 날은 양손을 벽면에 대고 좌우로 가볍게 스텝을 밟는 연습이었습니다. 3개월 정도 지나면 단타의 잽, 연거푸 치는 더블펀치, 밑에서 위로 상대방의 턱을 올려 치는 어퍼컷, 직선으로 상대방의 앞면을 타격하는 스트레이트, 옆으로 꺾어서 상대방의 옆면을 타격하는 훅 등 기본동작을 배웁니다.

공격 못지않게 중요한 것은 수비인데, 상대의 주먹을 피하는 기술도 익혀야 합니다. 즉, 허리를 뒤로 젖혀서 피하는 스웨이 백(Sway back), 제자리에서 몸을 숙이면서 피하는 더킹(Ducking), 몸을 좌우로 흔들면서 피하는 위빙(Weaving)을 배운 후 샌드백을 치게 합니다. 그리고 6개월이 지나면 가볍게 비슷한 체급의 연습생과 스파링할 수가 있습니다.

그러나 복싱의 가장 기본은 뭐니 뭐니 해도 스텝 즉, 풋워크입니다. 복싱은 주먹을 날리는 것도 중요하지만, 더욱 중요한 것은 스텝이 자유롭고 빨리 움직여야 하는 발 운동이기 때문입니다. 당시에는 지금처럼 러닝머신이 없었던 시절이어서 속도와 지구력을 키우기 위해서 일요일이면 연습생 선배들과 더불어 체육관을 나와 송림동 로터리에서 송림4동 방면 대로변을 지나 지금의 재능고등학교(전, 인천 무선고등학교) 아래 8차선 도로를 거쳐 옛 '가좌 염전' 뚝방 길(후에 산업공단으로 변경)까지 2시간씩 로드 웍(Road work)을 해야 했습니다. 그렇게 1년 6개월쯤 복싱을 하다가 고3이 될 무렵 그만두었습니다.

그런데 며칠 전 나이 77세에 다시 권투도장을 찾았습니다. 도장까지는 집에서 도보로 30분이면 닿을 수 있는 거리여서 왕복 1시간 정도 소요됩니다. 청소년 대표선수였다는 40대 초반의 젊은 권투 관장은 체육관 입회 등록신청서에 기재된 내 생년월일을 보더니 위아래로 훑어보며 나이를 물었습니다. 제 나이가 77세라고 하자 놀랍다는 표정으로 말없이 고개를 갸우뚱하였습니다. 잠시 후 관장은 나에게 60대 초반의 남성 연습생은 있었지만 70대 이상은 처음이라며 사뭇 걱정스러운 표정으로 저를 바라보았습니다.

권투는 체중별로 체급을 나눠 같은 등급자끼리 사각의 링 위에서 손에 권투 글러브를 끼고 주먹으로만 벨트 이상의 몸통이나 안면을 가격하고 수비를 하는 운동입니다. 복싱은 1970년대부터 1980

년대에는 연예인 못지않은 인기 종목이었고, 세계 챔피언을 차지한 프로 복싱 선수들이 많았습니다. 한국인 최초로 프로 복서 세계 챔피언을 지낸 선수는 71kg의 왼손잡이 라이트 미들급 김기수 선수입니다. 그는 6.25 전쟁 15주년을 맞이하여 1966년 서울 장충체육관에서 열린 이탈리아의 니노 벤베누티 선수와의 WBA 세계 챔피언 타이틀 매치에서 15라운드 판정승으로 주니어 미들급 타이틀을 획득하여 복싱 영웅으로 자리매김하였습니다.

그 이후 4전 5기의 전설적인 53kg의 밴텀급 홍수환 선수를 비롯하여 슈퍼웰터급의 유제두, 김태식, 김환진, 유명우, 장정구, 박찬영, 백인철, 박종팔, 김봉준, 문성길, 이열우, 최희용, 박영균, 이형철, 최용수, 백종권 선수 등이 세계 챔피언이 되어 한국 복싱의 위상을 높였습니다.

그러나 지금의 한국 프로 복싱의 현실은 격투기에 밀리고, '헝그리 복서'들이 없어 세계 챔피언은커녕 동양 챔피언 한 명도 보유하지 못하고 있습니다.

팔순을 눈앞에 두고 갑자기 복싱에 다시 도전한 이유는 60년 전에 잠시 해 보았던 복싱에 대한 향수가 갑자기 일어났기 때문입니다. 그 계기는 지금 중학교 3학년인 외손녀 채영이(15세)가 10개월 전부터 권투를 배우면서, 내 집에만 오면 늘 섀도복싱(Shadow Boxing, 상대가 없는 허공에 대고 샌드백 없이 복싱 연습하는 것)하는 것을 보게 된 후입니다. 아마도 옛날이 생각났기 때문인지도 모르겠습니다. 이 녀석은 여자 프로 복서가 되겠다며 기대에 부풀어 매일 권투체육관을 다니며 수시로 스파링합니다.

첫날은 간단히 몸을 풀기 위한 워밍업(Warming up)과 줄넘기를 시켰습니다. 그런데 예상했던 대로 한 번에 30회~40회를 뛰지 못하고 자꾸만 줄넘기가 발에 걸렸습니다. 그리고 3분을 넘기지 못하고 숨이 차올라 쉬어야만 했습니다. 이어서 팔을 직선으로 뻗는 잽, 원투 스트레이트 연습을 했습니다. 이때 타격의 힘은 주먹에서 나오는 것이 아니라 허리와 골반을 돌리면서 우측 어깨를 틀면서 체중을 실어 뻗어 주는 데서 나옵니다. 그런데 60년이 지난 지금 그 기술을 몸이 기억할 리 만무합니다.

원래 복싱은 팔로 하는 운동이라기보다는 발로 하는 운동입니다. 스텝이 가볍게 일정한 간격을 두고 좌우로 움직여 주어야 하는데 이 또한 생각처럼 잘되지 않더군요. 때때로 10대 시절을 생각하며 혼자서 간간이 샌드백과 펀치 볼을 쳐 보았지만, 이 역시 옛날의 그 느낌을 찾기에는 멀었다는 생각입니다. 어느 것 하나 내 마음대로 되는 것이 없네요. 체중이 과체중이고 워낙 고령자여서 60년이 흐른 지금은 마음만 청춘일 뿐 몸은 나이를 속일 수가 없는 듯 움직일 수가 없었습니다.

그런데 젊은 관장은 나의 사기를 올려 주려는 립 서비스(Lip service)로 다음과 같이 말했습니다. "권 선생님, 제 아버지 연세에 이 정도 빨리 적응하시는 것이 놀랍습니다. 혹시 왕년에 복싱해 보신 적이 있으신가요? 제가 처음 상담하면서 입회 등록신청서를 받을 때의 걱정은 기우에 불과했습니다. 대단하십니다."

물론 이 말이 진심에서 나오는 말이라기보다는 그냥 어른에 대한 예의 차원에서 말로 비위를 맞추는 수사(修辭)에 불과할 것이라는 생각이 들면서도 왠지 기분은 좋았습니다. 이래서 칭찬은 고래도 춤을 춘다는 말이 나오지 않았나 싶습니다. 운동하는 동안 자식 같은 청년들과 손주 같은 아이들이 이상한 듯 힐끔힐끔 쳐다봅니다.

관장의 칭찬과는 별개로 풋워크(Foot Work) 역시 무겁습니다. 왜 그리 힘이 들고 쉽게 지치는지 실망스러웠습니다. 특히 하체 힘이 너무나 빈약하다는 걸 절실히 깨닫게 된 하루였습니다. 그래도 내 나름 다년간의 등산 경력도 있는데 말입니다. 어쩌다가 이렇게 늙어 버린 것인지, 세월이 무상하고 야속합니다.

멀지 않아 좋아하던 산도 오르지 못하고, 복싱할 수 없는 날도 곧 다가오겠지요. 나에게 주어진 시간이 다하는 날, 숨 쉬지 못하는 날이 오겠지요. 드디어 내 시간이 멈추게 되는 날 그림자처럼 사라지고 싶은데, 가족에게 부담 주지 말고 떠나고 싶은데……. 그런 생각을 하니 내 뺨에 한 줄기 뜨거운 눈물이 흘러내립니다. 가슴이 텅 빈 듯 지난 세월이 허망하기 그지없습니다. 한때 한창 잘나가던 어느 선배의 말씀이 생각납니다. "인생은 한바탕 꿈이야!"

그러나 다시 생각해 보면, 우리네 중생이 반드시 겪어야 하는 4가지의 고통, 즉 나고, 늙고, 병들고, 죽는 일은 피할 수 없는 것일진대, 내 나이 70대 중반이 넘은 나이에도 복싱과 같은 격렬한 운동을 할 수 있다는 것은 얼마나 큰 행운이자 행복입니까? 이는 누군가의 도움, 특히 일찍이 돌아가신 내 어머니의 은덕이 아닌가 싶습니다. 이제 얼마 남지 않은 여생(餘生)은 매사에 감사하며 측은지심으로 살아야겠다고 다짐해 봅니다.

그런데 인간은 왜 이런 철리(哲理)를 일찍이 깨닫지 못하는 걸까요? 혹여 나만 어리석어 그런 걸까요? 온갖 상념이 머리를 복잡하게 합니다.

고교 때에는 인파가 몰리는 서울역 앞 광장에서 일부러 시험 삼아 빽빽한 사람들 사이를 기동력 있게 요리조리 빠르게 빠져나왔고 그때마다 희열을 느끼며 속도감을 즐겼던 기억이 새로운데, 지금은 전혀 아닙니다. 쓰레기 더미에 버려진 고철 신세 같습니다. 줄넘기는 1분에 대략 10kcal가 소모되고, 속도에 따라 다르기는 하지만 10분~20분 안에 1,000개를 넘게 되면 100kcal가 소모되어 다이어트에 어느 운동보다 효과적입니다.

또한 몸의 균형감각과 안정성을 강화해 주고 전신의 혈액순환을 촉진시켜 주어 건강증진에 큰 효자 노릇을 하는 운동입니다. 이 줄넘기 운동은 공간에 구애받지 않고 돈도 들이지 않고 어디서든지

할 수 있는 장점이 있습니다. 그 기술로는 X 자 넘기, 2단 넘기, 발 바꿔 넘기 등 방법도 여러 종류가 있지요. 이 운동만 꾸준히 해도 비만 걱정은 없을 것입니다.

나는 해가 질 무렵이나 어둑어둑한 밤에 아파트 단지 내에서라도 줄넘기를 해야지 하고 다짐해 봅니다. 원활한 풋워크와 더 나아가서 남아 있는 시간을 건강하게 보내고 나비처럼 소리 없이, 잠을 자듯 사라지기 위해서 말입니다.

8) 등산과 산악회 이야기

| 중앙대학교 인천동문회와 산악회 탄생

중앙대학교 인천동문회가 결성된 것은 40여 년 전입니다. 법학과

58회 졸업생인 검사 출신의 최락구 변호사와 함께 결성하였지요. 산악회는 5년 뒤 사법연수원 14기 황기환 변호사와 함께 창설하여 오늘에 이르고 있습니다. 최락구 초대 동문회장이 10년간 회장을 맡아 주셨고 이어서 2대 회장은 약사 출신 이양헌 동문이, 그 이후 수학과의 주태종, 의학과의 권용오, 연극영화과의 송옥숙, 그리고 현재는 회계과의 최연길 동문이 회장으로 봉사하고 있습니다.

필자는 초대 최락구 회장부터 2대 이양헌 회장에 이르기까지 사무국장으로 20년간을 봉사하여 오다가 그 이후 회장단부터 물러났습니다. 직접 인천동문회와 동문산악회를 창설하였고 집행부에서 20년이란 긴 기간에 걸쳐 봉사한 바 있기에 두 모임에 대한 애정이 남다를 수밖에 없습니다.

| 잊을 수 없는 산행, 그리고 이상경 선배님

중앙대 인천 동문산악회는 매년 봄과 가을에 각 한 번씩은 관광버스를 빌려 1박 2일 일정으로 전국의 유명한 산을 등산하였습니다. 당시 산행지 선정과 산행코스 선정은 산악대장인 나의 전적인 권한이었습니다.

1998년 가을 산행은 진부령에서 1박을 하고 이튿날 설악산을 등반했고, 이어서 2002년 봄에는 경북 영일군에 있는 내연산으로 1박 2일 일정으로 등산을 갔습니다.

산행지로 내연산을 정하고 숙박을 가까운 포항시가 아닌 경주로 정한 것은 순전히 경주에서 의원을 하던 친구 신창식과 박광배 검사를 만나기 위함이었습니다. 법대 후배인 박광배 검사는 법무부의 정기 인사로 인해 근무하던 인천검찰청에서 대구지검 경주지청으로 발령받아 근무하고 있었기 때문입니다.

한편, 당시 인천법원에는 1969년에 불과 34명을 선발하는 사법시험 제10회 때 차석으로 합격한 바 있는 이상경 법원장을 비롯한 지상목 판사, 심규홍 판사, 박성인 판사, 한숙희 판사 등이 재직하고 있었습니다. 그리고 일반직으로는 법원에 조용인 총무과장 검찰에는 정강영 사건 과장이 있었습니다.

또한 이상경 선배님은 중앙대학교 총동창회 부회장직을 맡고 있을 때여서 필자가 법원장실을 방문하여 인천동문회와 인천 동문산악회 발전을 위하여 도와달라는 요청을 하자, 망설임 없이 승낙하셨던 분입니다. 동문회 모임과 매월 실시하는 산행에 적극적으로 동참하시고 여러모로 도와주신 선배로 그 은혜를 잊지 못하고 있습니다.

이상경 선배님과 함께 올랐던 산으로는 강화 마니산, 포천 명성산, 강원의 팔봉산, 전북 내장산, 수덕사가 위치한 495m의 충남의 덕숭산, 서울의 청계산 등이 기억납니다. 더구나 선배님께서는 나의 개인사인 딸아이의 혼인 때 정부조직법상 장관급에 해당하는 '헌법재판관 이상경'의 명의로 축하 화환을 보내 주심은 물론 축하금까지 주시는 등 과분한 사랑을 베풀어 주신 바 있습니다.

중앙대 출신으로 대법관과 동격인 헌법재판관을 지낸 동문은 이상경 선배님이 최초이고 그 이후로는 법원장급에 해당하는 판사를 배출한 적이 없을 것입니다. 앞으로 훌륭한 법대 후배 중에서 대법관은 물론 대법원장이 배출되었으면 하는 마음입니다.

통상적으로 유권자를 생각하는 국회의원이나 단체장을 비롯한 선출직 공무원을 제외하면, 권력기관에 근무하는 사람들이 대학 동문이라고 하여 자신의 근무처 국가기관의 명의로 된 화환을 보내는 일은 매우 드뭅니다. 왜냐하면 신뢰할 수 없는 경우 차후 곤란한 문제가 야기될 수도 있기에 대부분 꺼리게 되는데 선배님은 괘념치 않고 보내 주셨던 것입니다. 정말 자랑스럽고 존경스러운 고마운 선배님이십니다.

사실 인천동문회와 산악회는 인천검찰청과 법원에서 현직으로 근무하던 동문 법조인 덕분으로 활성화되었고 또한 최고의 절정기를 이룬 시기였습니다. 그 이후로는 유감스럽게도 내리막길을 걷고 있는 것 같아 안타까운 마음을 금할 수 없습니다.

| 해발 710m의 내연산(內延山) 산행

2002년 어느 5월의 아침, 인천 주안역 앞에서 35명의 회원을 싣

고 출발한 내연산행 버스는 5시간을 달려 저녁 무렵 숙소로 예약된 모텔에 도착했습니다. 모텔 건물 정면에는, '경축, 중앙대학교 인천 동문산악회'라는 대형 현수막이 걸려 있었고 건물 앞에는 연락받은 친구와 인간성 좋은 박 검사가 마중 나와 있었습니다. 현수막이 걸리게 된 경위는 필자로부터 사전에 경주에서 숙박한다는 연락을 받은 박 검사가 자비로 마련하여 걸었던 것입니다. 박 검사는 언제나 겸손한 자세로 선배들을 예의로 대하였고 동문회 참석은 물론 인천 산악회에도 열심히 참석해 주어 참으로 고마운 후배입니다.

그런데 이날 문제가 발생하였습니다. 오랜만에 만난 세 사람은 회포를 풀 요량에서 경주의 어느 한정식집에서 식사를 마치고 역시 상호가 기억나지 않는 술집에서 자정을 지나 새벽 3시까지 술을 마셨던 관계로 그 이튿날까지 술에 취하여 정신을 잃게 되었던 것입니다.

경북 영일군에 있는 내연산은 수량이 풍부한 계곡의 물이 쉴 새 없이 힘차게 흐르고 수많은 소(昭)와 암벽이 수림과 어우러져 그 계곡미가 뛰어난 명산입니다. 특히 내연산에는 신라 진평왕 때 창건되었다는 보경사(寶境寺)라는 명찰이 있어 더욱 유명해진 곳입니다. 이 산을 오르려면 삼보폭, 관음폭과 관음굴을 거쳐 구름다리를 건너 12폭포를 지나야 합니다.

그런데 다리가 휘청거리고 술이 깨질 않아 도저히 산행할 수 없어 보경사 초입을 지나 계곡 바위에 걸터앉아 회원들이 하산하기까지 5시간을 기다려야 했습니다. 산행 전날 무식하게 폭음하고 원거리까지 산행을 포기한 적은 난생처음입니다.

참으로 회원들 보기에 민망스럽고 미안할 따름이었습니다. 세월이 흐른 지금에도 당시를 생각하면 어이가 없습니다. 이 친구들을 만나면 그때 새벽까지 마셨던 무용담(?)을 말하며 웃고는 합니다. 그런데 이 친구와 나는 이제 노쇠해져서 3년째 서로가 인천과 포항을 오가지 못하고 전화 통화만 하고 있습니다. 세월의 무게를 이기는 장사가 없다고 했던가요?

지금은 서로 간편하게 전화와 카톡으로 소통하고 있습니다. 휴대전화란 문명이 없었다면 얼마나 답답했을까 하는 생각이 듭니다.

『논어』 맨 첫 장 「학이(學而)」 편에 나오는 공자의 말씀 중에 "유붕자원방래 불역낙호(有朋自遠方來 不亦樂乎)"라는 말이 있는데, 그 뜻은 '벗이 있어 먼 곳으로부터 찾아오면 또한 즐겁지 아니한가'라는 뜻입니다. 그렇습니다. 이런 친구라면 시간이 들고, 돈이 들어도 아깝지 않습니다. 친한 친구들과 즐겁게 시간을 보내는 데 드는 비용이라면 기쁜 마음으로 서로 먼저 지갑을 열 것입니다.

이 포항 친구와는 서로 사생활에 관한 비밀까지도 허심탄회하게 대화하고 신뢰하는 사이입니다. 믿을 수 있는 친구가 있다는 건 인생에서 행운이고 행복이 아닐 수 없습니다.

중앙대 인천산악회에 대한 소회

앞에서도 쓴 바 있지만, 필자는 중앙대 인천산악회를 주도적으로 창설하고 산악 대장이라는 직분을 맡아 매월 전국의 명산을 누비며 동문회원들을 인솔하였습니다. 그런데 필자의 특별한 집안 사정으로 산을 오를 형편이 못 되어 산행에 참석할 수가 없게 되었습니다.

그 후 초대 황기환 회장이 7년 만에 그만두고 경영학과 강태호 동문, 물리학과 유용태 동문, 경영학과 김왕근 동문이 이어 오던 중, 병환으로 전 회장이었던 유용태 동문과 김왕근 동문이 세상을 달리하게 되었습니다. 그리고 강태호 동문과 이환수 동문은 인천에서 강화로 이사하는 바람에 그동안 꾸준히 부부 동반으로 참석했던 회장들이 불가피하게 참여할 수가 없는 상태가 되었습니다.

나머지 원로급 회원들은 세월의 경과로 자연히 신체적으로 등산을 하기에는 신체적 부담이 커서 급기야는 산악회를 해체할 것을 의결하였습니다. 그러나 나와 초대 회장은 산악회를 창설하고 운영해 오면서 물심양면으로 정성껏 산악회 발전을 위해 노력했는데, 그 산악회가 해체될 수밖에 없는 상황인 것을 그대로 볼 수가 없다는 데 의견을 모았습니다. 그래서 부득이 필자가 회장직을 맡고 재건하기로 하였습니다.

저는 고사(枯死) 직전의 산악회를 이끌어야 했습니다. 참여할 회원도, 운영할 재원도 형편이 없었습니다. 그러나 암담하기만 했던 산악회는 여러 회원의 노력으로 2021년부터 서서히 회원도 늘고 재정 상태도 점점 좋아졌습니다.

임원진은 김지혜 부회장 겸 총무, 김영수 감사, 최종수 부회장, 최기순 부회장, 신현섭 산악 대장으로 구성했습니다. 여러 임원이 노고를 아끼지 않았지만, 그중에서도 생물학과(83) 김지혜 부회장 겸임 총무는 인천산악회를 사랑하고 아끼는 마음이 참으로 컸습니다. 그리고 사명감과 책임감이 투철하였습니다.

김 부회장은 수질관리기술사 자격증을 취득하고 인천 남동 산업공단에서 사업을 하는데 매사에 신중하며 평소 독서를 꾸준히 하는 등 외모뿐만이 아니라 뇌 미인이 되도록 노력하는 지성미 갖춘 여성입니다. 만약 김 부회장이 도와주지 않았더라면 인천산악회의 재건과 발전은 있을 수 없다고 해도 과언이 아닐 것입니다.

| 삼악산 등산

인천 동문산악회에서는 2023년 6월 10일, 정규산행지로 춘천에 있는 654m의 삼악산(三岳山)을 정했습니다. 임차한 관광버스 출발지는 인천 서구 가정역, 7시 30분에 출발하여 부천 남부역에서 김안나(교육과 75학번)를 비롯한 참석 회원을 싣고 서울 용산역 앞 광장에 9시 도착, 10분 후 목적지로 달렸습니다.

버스 안에서 집행부가 마련한 아침 식사 대용으로 김밥, 물, 행동식을 회원들에게 나누어 주고, 버스는 27명의 회원을 싣고 춘천 가도를 줄기차게 달려 11시 10분에 삼악산 매표소 앞에 도착했습니다. 여기서도 김지혜 부회장의 활약은 단연 돋보였습니다. 아침 식사 대용 식품을 마련하고, 산행회비를 걷고, 입장료 티켓을 구매하고, 식당을 예약하고 지출하는 일, 재무 보고서를 작성하고 보고하는 일 등 산행하는 날에는 가장 바쁜 사람입니다. 언제나 묵묵히 맡은 바 임무를 수행하는 모습이 믿음직스럽고 고마운 사람입니다.

삼악산 산행한 날, 필자의 몸 상태는 매우 좋지를 못해서 포기할까도 생각했습니다. 왜냐하면 코로나에 걸린 지 일주일째이고, 이어서 악성 독감에 걸려 산행하기에는 최악의 상태였기 때문입니다. 사실인지는 모르겠으나 산 이름에 큰 산을 뜻하는 악(岳) 자가 붙은 산은 바위가 많아 산행하기에 힘들다는 말이 있습니다. 그런데 회장이라는 사람이 그런 산행지를 선택해 놓고 정작 본인은 불참한다는 것은 너무 무책임하다는 생각에서 무리하게 산행하게 되었습니다.

산행의 시작은 상원사 입구인 의암댐에 인접한 급경사로 이루어진 암릉 길을 선택하였습니다. 상원사 샘터에서 처방전에 따른 약을 한입에 털어 넣었지만, 여전히 기침이 심하고 머리는 깨질 듯하고 목 통증이 심하였습니다. 여기서 다시 '산행을 포기하고 먼저 하산할까'라는 갈등이 마음을 어지럽게 하였습니다. 그러나 양심, 그리고 그 알량한 자존심이 딸꾹질하는 바람에 포기를 허락하지 않았습니다.

이를 악물고 깎아지르듯 하늘로 치솟은 암벽을 네발로 기듯이 한 걸음씩 올라갔습니다. 심장은 터질 듯하고 숨은 턱까지 차올랐습니다. 어느새 전신에서는 땀이 비 오듯이 흐르고 상의는 흠뻑 젖었습니다. 평생 그날처럼 산행할 때 악전고투해 본 적이 없습니다. 코로나와 독감이 겹쳐서인지 몸을 제대로 가늘 수가 없을 정도로 지쳤습니다. 배낭에서 타이레놀 2정을 꺼내 또 한 번 목에 털어 넣었습니다. 그리고 땀에 흠뻑 젖은 상의를 갈아입었습니다.

여러 회원에게 민폐를 끼치지 않으려 사력을 다해 겨우 정상에 올랐습니다. 먼저 정상에 올라 기다리고 있던 회원들에게 미안함과 쑥스러움이 한꺼번에 밀려왔습니다. 정상에서 내려다보이는 의암댐이 시원스럽게 펼쳐지고, 중도 유원지가 커다란 배처럼 두둥실 떠 있고, 그리 멀지 않은 곳에 춘천 시가지와 아파트가 눈에 들어왔습니다.

기암과 괴상한 봉우리들 사이로 아찔한 절벽과 칼날 같은 암릉길이 이어지면서 전망이 완전히 트인 호수를 바라볼 수 있는 것이 삼악산만이 지닌 특성입니다. 이런 자연의 모습들이 심신이 지쳐 있는 나에게는 충분한 보상으로 다가왔습니다. 이래서 산행하는 모양입니다. 산행 과정은 고단했으나 결과는 언제나 말없이 충분한 보상의 은전을 베풀어 주니 말입니다.

삼악산 정상에서 잠시 머물며 회원들과 사진을 찍은 후 신라 때의 고찰로 궁예가 왕건에게 쫓겨 잠시 숨어 지냈다는 흥국사를 거쳐서 하산 지점인 등선 폭포를 향하여 무거운 발걸음을 옮겼습니다. 다행히도 하산하는 길 역시 암석 길이었으나 참나무와 소나무, 잡목이 어우러진 길이고 그다지 험한 곳은 없었습니다.

경사진 길을 내려가다 보니 민박집이 보이고 조금 더 내려가니 선녀탕과 옥녀탕이, 그 아래 구름다리를 건너서 가파른 계단 길을 내려가니 드디어 그 유명한 등선 폭포에 이르렀습니다. 폭포 근처에는 써늘한 기운이 돌고 폭포가 힘차게 쏟아 내는 물소리가 등산에 지친 등산객의 가슴속까지 후련하게 해 주었습니다. 산행하지 않는 일반 관광객들은 등선 폭포와 선녀탕, 우람한 협곡에서 쏟아지는 물소리와 시원함만을 즐기다 간다고 합니다.

그날의 산행 시간은 5시간이나 소요되었습니다. 목마르고 배고픈 회원들은 산을 내려오자 지친 몸을 이끌고 버스에 탑승하였고 예약된 춘천 닭갈비 음식점으로 출발하기를 기대하였습니다. 그런데 회원들이 하산하여 버스에 탑승한 지 1시간이 지나고, 2시간이나 경과할 무렵까지도 김영수 감사와 신현섭 산악 대장이 나타나지 않았습니다. 일반 회원도 아닌 임원진이 버스가 출발하는 데 많은 시간을 지체토록 한 것입니다.

그래서 회장이 인천산악회를 대표하여 예상하지 못한 사태에 대하여 정중히 참석 회원 모두에게 송구하다는 사과의 말을 드렸습니다. 그리고 그때까지 하산하지 못한 두 사람에게는 김지혜 부회장이 휴대폰을 통하여 음식점 측에서 따로 픽업하는 것으로 하고 버스로 자리를 이동하였습니다. 식당에 도착하자마자 시원한 맥주와 소주, 막걸리, 닭갈비로 뒤풀이를 가졌습니다.

김 부회장의 결산보고에 의하면 이날 소요된 경비는 버스 임차료 70만 원, 식비 및 주류 88만 원, 아침 대용 김밥과 행동식 등 총 170만 원이 지출되었다고 합니다. 따라서 산행비로 1인당 받은 금 3만 원을 고려하면 약 100만 원의 적자가 발생한 것입니다. 앞으로 산수가 수려하고 풍광이 멋진 산을 오르려면 버스를 빌려야 하는데, 그러자면 참석 인원 확대와 소요경비 마련을 위해 집행부가 더 노력해야 한다는 과제를 남긴 산행이었습니다.

| 송년 산행, 그리고 송년회

작년에 이어 올해도 12월 23일에 송년 산행을 한 후 송년회를 열었습니다. 산행지는 인천 남동구에 있는 해발 170m의 낮은 산입니다. 오전 10시에 중앙빌딩에 집결해 산행을 시작하여 불과 1시간 만에 정상입니다.

이 산은 비록 도심지 속에 있는 작은 산이지만 인천 남동구청에서 도롱뇽 보호 계곡으로 지정한 청정 지역입니다. 바로 만월산입니다. 이 만수산과 만월산은 이어져 있어 산 애호가들은 두 산을 이어 오르기도 합니다. 정상에 오르니 만수동 시가지가 코앞에 보이고 조금 멀리 문학경기장이, 조금 더 멀리 송도 신도시, 그리고 저 멀리 흐릿하게 인천공항이 위치한 영종도까지 보였습니다.

회원 일행은 정상에서 커피와 초콜릿을 나누며 대화하다 서둘러 하산하여 점심 식사 장소로 이동했습니다. 식당에 들어가 명태조림과 생대구탕을 주문하고 있자니 산행에는 참석하지 못하고 송년회에는 참석하고자 초대 회장 황기환, 도성훈 인천교육감, 이관홍과 김포에 거주하는 특수대학원 출신 정명옥이 여성 2명을 대동하고 왔습니다.

송년회 장소인 중앙빌딩 7층에 들어서니 법과대학 동문회에서 보내 준 화환이 눈에 보이고, 실내는 5성급 호텔연회장 부럽지 않게 고급스러우면서도 우아하게 장식되어 있어 모두가 감탄했습니다. 또한 실내에는 크리스마스가 코앞으로 다가왔다는 걸 실감하게 해 주는 크리스마스트리도 장식되어 있었습니다.

연회장 테이블에는 필자가 후원한 포도주 5병을 비롯한 맥주, 소주, 막걸리 등의 주류와 과일, 음료, 다과들이 올려져 있었습니다. 이쯤 되면 여느 호텔의 연회장 못지않았습니다. 가성비를 고려하면 정말 훌륭하고 만족스러웠습니다. 더구나 이곳은 아마추어들이 노래하기에 좋게 음향 시설이 잘 갖추어진 무대가 있습니다.

마이크 시설과 노래방 시설까지 되어 있으니 회비 2만 원으로 이처럼 맛있는 식사와 술, 다과, 그리고 노래와 춤을 즐기기에는 더할 나위 없는 환경을 갖추고 있는 것입니다. 이곳을 멋지고 화려하게 데코레이션을 한 사람은 나의 동생 권은주입니다. 권은주는 중앙대 출신은 아니지만 특별 회원으로 종종 산행에 참석하기도 하고 오늘처럼 연회장 실내를 우아하게 꾸며 주고 있습니다.

송년회는 사회자의 시작 선언 후, 고인이 된 유용태 전 교장, 한병철 전 교장, 전학수 전 세무사, 그리고 가장 최근인 2023년 8월에 작고한 전 서부경찰서와 계양경찰서장을 역임한 바 있는 박종위(행정과 68학번)에 대한 묵념을 하였습니다. 고 박종위는 오래전 경찰서장 시절부터 필자와는 자주 만나 환담을 나누는 사이였습니다. 그는 모교와 인천동문회와 산악회에 대한 열정이 누구보다 많았던 후배였는데 암을 극복하지 못하고 투병하다가 세상을 떠나게 되었습니다. 세상을 떠나기 직전까지도 동문회를 아끼고 산악회를 사랑하였고 투병 중인 와중에서도 2023년 4월 계양산에서 시산제를 할 때 인천산악회에 금 20만 원을 기부하기도 하였습니다.

그가 작고했을 때, 이화여대 부속 목동 병원에 차려진 고인의 빈소를 방문하여 심심한 애도를 표하였습니다. 빈소는 고인의 동기이자 같은 동네에 살고 있는 이성재(통계학과 68학번) 동문이 지키고 있었습니다.

장례식장에 임하였을 때 정작 다른 산악회원들은 보이지 않았습니다. 경찰서장으로 재직 중이었을 때 다소나마 도움을 받은 몇 명의 동문이 있었다는데 그 회원도 보이지 않았습니다.

그토록 평소 도리와 의리를 잘도 부르짖던 그 회원도 보이지 않았습니다. 인간의 본성에 대한 회의감이 가슴을 쓰리게 하고 어떻게 사는 것이 올바른 길인지 물음표가 되어 돌아오는 순간이었습니다. 세월의 덧없음과 염량세태를 새삼 깨닫게 합니다.

고인들은 인천산악회를 사랑하였고, 발전하기를 무척이나 염원했던 동문이었습니다. 그래서 인천산악회장직을 맡아 열정을 쏟았고 매월 산행 때마다 함께 자연과 벗 삼아 땀 흘리며 산행하였던 동문 회원들이어서 더욱 그리웠습니다.

송년회는 묵념 후에 언제나처럼 교가를 제창하고 회장 인사말이 이어졌습니다. 회장의 인사말을 통해 회장직을 5년간 수행하는 동안 여러 회원께서 도와주시고 협력해 주어 안전하게 산행할 수 있어서 고마웠다고 감사의 마음을 전했습니다. 또한 한 해를 돌이켜 보면, 아쉬움이 크지만 참 좋은 동창들과 함께 산행을 무탈하게 할 수 있었다는 건 크나큰 기쁨이 아닐 수가 없으며, 동문회원들께서도 갑진년 청룡의 해에 건강하고 넘치는 행복을 누리면 좋겠다는 말도 전했습니다.

이어 도성훈 인천 교육감이 건배를 제창하고 축사했습니다. 축사의 말씀 중, 교육감은 다가오는 갑진년 새해에는 "하루라도 걷지 않으면, 몸과 마음이 녹이 슨다."라는, '일일부도보(一日不徒步)', '심신생청녹(心身生靑綠)'이라는 고어를 인용하였습니다. 읽고, 걷고 쓰기를 일상화해서 삶의 힘을 기르고 성장하는 새해가 되기를 기원하는 축사였습니다. 인천 교육계의 수장으로 연말이면 무척 바쁠 텐데도 필자의 송년회 참석 요청을 흔쾌히 승낙하고 참석해 주어 무척 고마웠습니다.

식순에 따라 회장은 그간 수고를 해 준 핵심 임원인 김지혜 부회장 겸 총무, 감사 김영수, 산악 대장 신현섭, 특별 회원 권은주 등에게 크리스털로 만든 중앙대학교 인천산악회 명의의 공로패를 증정했습니다. 전 회원들의 뜻을 모아서 이분들의 노고에 감사함을 담아 증정하게 된 것입니다.

1부 행사를 마치고 2부 여흥 시간이 되어 노래와 춤으로 한껏 기분을 상승시켰습니다. 특히 정명옥 회원과 동행자 2명은 멋진 색소폰 연주와 오카리나를 연주하고 노래와 춤으로 자리를 즐겁게 해 주어 많은 박수를 받았습니다. 이들의 연주 실력과 노래 솜씨는 연예인급 못지않은 대단한 실력이었습니다.

또한 팝송과 남미 음악에 조예가 깊어, 고 이종환을 방불케 하고 재치 있게 녹음방송을 진행하는 이관홍이 프로급 가수 못지않게 팝송과 가요를 섞어서 다섯 곡을 불러 역시 큰 박수를 받았습니다. 나는 회원들의 요청에 따라 올드팝송인 「I Can't Stop Loving

You」와 가요 1곡을 연주했습니다. 이렇게 송년회는 저물어 갔고 다음 해를 기약하며 아쉬운 작별을 하였습니다.

9) 술에 대한 이야기

나는 술을 1964년 여름철인 고교 1학년 때부터 마셨습니다. 그때는 술맛을 모르고 친구들과 어울려 호기심에 증류주의 일종인 소주를 마셨습니다. 당시 인천 시민들은 대부분 '인천 합동 소주 주식회사'에서 제조하던 '와룡 소주'를 마셨습니다.

양조주는 과실이나 곡물로부터 양조하여 만들어진 술로 와인, 맥주, 기타 과실주가 있습니다. 증류주란 양조보다 높은 주정을 얻기 위해 양조주를 다시 증류한 술입니다.

한때 술에 관한 정보를 수집하고 각국의 술병을 모으는 취미도 갖고 있었습니다.

고교 때와 대학 때 주로 마셨던 와룡 양조장은 제물포역 맞은편, 제물포 시장 뒤편 과수원 중앙에 위치해 있었고, 양조장 건물 옆에는 높은 굴뚝이 서 있었으며, 그 굴뚝 중앙에 큰 글씨로 와룡이라고 쓰여 있어서 오가는 사람들이 멀리서도 볼 수가 있었습니다. 양조장이 있었던 터에는 오래전의 도시 개발로 아파트와 상가로 가득 메워져 있습니다.

지금도 잊지 못하는 건 와룡 소주병 가운데 붙인 라벨인데 윗면에는, "25도 와룡(WA RYONG)", 중앙에는 "臥龍", 하단에는 "WHITE LIQUOR"로 표기되어 있었습니다.

1960년대에는 서울의 진로 소주, 강원도의 경월 소주, 전라도의 삼학 소주 등 각 지방마다 그 지방을 대표하는 소주 제조장이 있었고 인천에는 와룡 소주가 있었습니다. 특이한 것은 8홉들이 유리 대병으로 판매가 되었다는 것이다.

인천 사람들이 와룡 소주를 자주 마시게 된 이유는 인천에 대한 애향심이 발휘된 이유도 있었겠지만 2홉이 아닌 8홉의 술을 타 회사에서 생산되는 술값보다는 훨씬 싼값에 팔았기 때문에 돈 없는 서민들이나 학생들이 즐겨 찾았던 것입니다.

친구가 구멍가게에서 와룡 소주를 구입해 가지고 오면 이모 모르게 부엌에 몰래 숨어 들어가 김치와 갯벌에서 흔히 볼 수 있는 아주 작은 게를 간장에 절여 놓아 반찬으로 먹던 짜디짠 방게를 안주 삼아 그 큰 소주병을 호기롭게 다 비우고는 했습니다. 그때 거의 강소주나 다름없이 많은 양의 소주를 마시느라 질렸고 사회에 나와서는 소주 냄새만 맡아도 진저리가 나 마시지 않았습니다.

대학 때에는 학교 앞 연못 시장에서 막걸리를, 법률사무소에서는 주로 맥주와 양주를 마시게 되었고 가끔은 분위기에 따라 쏘맥을 마시기도 했었습니다. 한때는 술 중독자처럼 거의 매일 술을 마시고 또 마셨는데, 심지어 홀로 산행할 때에도 배낭에 럼주 또는 양주 병을 넣고 정상에서 얼큰히 취한 상태에서 하산하다가 발을 헛디뎌 바위로 덮인 낭떠러지로 추락하여 30m 이상을 구르다 나무에 걸리는 바람에 겨우 죽음을 면한 적도 있었습니다. 고맙게도 나무가 살려 준 것입니다.

참으로 줄기차게 60대 초반까지 마셨습니다.

사람마다 술 마시는 이유가 있습니다. 어떤 이는 기뻐서, 어떤 이는 슬퍼서, 또 어떤 이는 괴로워서, 또 다른 이는 마음이 심란해서 등등 다양할 것입니다. 하여간 술은 목줄을 타고 위로, 소장으로 들어가 혈액을 통하여 뇌에 전달되는데 뇌의 보상회로를 자극하여 도파민의 생성과 분비를 돕습니다. 이때 도파민은 즐거움을 느끼게 하는 신경전달물질이므로 자연히 스트레스가 풀리고 기분이 좋아지는 경험을 하게 되어 술을 마시게 되는 것입니다.

필자가 술을 마시는 데에는 특별한 이유가 없습니다. 어려서부터 우울감에 시달리고, 자존감이 낮고 외로움을 견디기 힘들어, 내면에서 솟구치는 감정의 모든 걸 잊고자 술을 마신 것 같습니다.

언젠가 송도에서 술에 만취되어 경찰이 쳐 놓은 바리케이드를 넘어뜨리고 15km를 운전하여 문학동 파출소 정문을 들이받은 적도 있었는데 지금 생각해 보면 정말 끔찍한 일이었습니다.

술꾼들은 누구나 다 아는 사실이지만, 술을 적당히 마시는 것이 그리 쉽지가 않습니다. 과음은 실수를 낳고 실수는 후회를 남깁니다. 결국은 건강까지 문제를 일으킨다는 사실을 알면서도 술이 술을 부를 때까지 마시는 경우가 많습니다. 결국 많은 양의 알코올은 간이나 위, 대장, 소장 등 여러 장기들을 손상시키고 뇌세포가 파괴되어 결국은 뇌의 기능 저하로 치매까지 이르게 됩니다. 물론 적당한 음주는 행동과 사고의 능동적 변화, 유쾌한 정서의 자극, 불안 및 스트레스 완화 등 긍정적인 측면도 있을 것입니다.

과음은 사람마다 다르기는 하지만, 법조 분야 종사자들이 가장 많이 하는 것이 아닌가 싶습니다. 다른 분야보다는 조금은 폐쇄성이 있어 그럴 것이라 생각됩니다. 어떤 변호사는 거의 매일 술집을 거쳐 퇴근하고 자정이 넘어서야 귀가하고는 했는데 그 덕분(?)에 저 역시 허구한 날 술을 마시고는 했습니다. 그는 농담조로 술자리에 합석한 사람들에게 말하기를, "정시에 귀가하는 사람은 타인의 가정파괴범이다."라고 하여 배를 움켜쥐고 한바탕 웃고는 했을 정도로 애주가였습니다.

애주가들은 대부분 술이 아까워 잘 남기지 않고 마지막 최후의 한 방울까지 다 비우려 하는 속성이 있습니다. 비싼 양주일수록 그렇고 물론 필자 역시도 그 범주에 속한 사람입니다.
그런데 그토록 가열하게 마시던 술도 그동안 건강한 상태를 자신했던 신체 중, 위에서부터 신트림이 나고 속이 쓰리기 시작하더니 이어서 장이 약해져 설사가 나고, 간이 나빠져 기력이 없고 헛구역질이 나는 등 온갖 부작용이 나타나기 시작하면서 술을 끊게 되었습니다.

그 부작용으로 술을 끊게 되자 자연히 친구들도 멀어지고 모임에도 불참하는 경우가 많아졌습니다.

처음 단주(斷酒) 소식을 들은 친구들로부터, "저 자식은 언제부터 제 몸을 끔찍하게 여겨 좋아하던 술을 끊었냐? 목숨은 하늘에 달려 있는데 술을 끊었다고 오래 살 걸로 믿냐?" 등 야유를 받았으나 이제는 그들도 술을 끊거나 아니더라도 약한 막걸리 한두 잔으로 끝내고 있습니다. 만나기만 하면 술을 억장으로 마시던 그 친구들도 체력이 따라 주지 않는다는 걸 느끼고 있기 때문입니다.

그러고 보니 술에 장사는 없다는 사실을 너무 늦은 나이에 깨닫게 되었습니다.

술! 술은 분명 매력적인 神의 선물이라 할 것입니다. 적당히 마시면 말입니다. 60~70년대에 사회생활을 시작한 사람들은 군대 이야기와 술 이야기를 빼면 할 말이 없습니다. 이는 시대의 아픔이기도 합니다.

7. 여행의 발견

1) 여행하는 인간, Homo traveler[11]

여행이란 사전상으로는 자기가 사는 곳을 떠나 이름난 장소를 돌아다니며 구경하는 것을 의미합니다. 여행의 이유와 목적, 그리고 여행에서 느끼는 맛은 사람마다 다를 것이지만, 세상은 길이고, 인생은 여행이라는 말이 있습니다.

인간은 여행을 통하여 현지의 문화, 역사, 사회에 대한 새로운 문화를 배우게 되고 색다른 환경도 익힙니다. 그 과정에서 가슴 벅찬 감동을 느끼기도 하고, 때론 예측하지 못한 상황을 맞이하여 곤란한 상황에 놓이게 되는 때도 있습니다.

인간은 홀로 태어나고 홀로 죽어야 하는, 어찌 보면 짧고도 긴 여로의 과정 속에 머물다 생을 마감하는 존재입니다. 세상에 나와 여러 갈래의 무수한 길을 각자 걸으면서, 만남이 있으면 언젠가는 반드시 헤어짐이 있다는 회자정리(會者定離)의 원칙을 깨닫게 됩니다. 한편 사람은 길 떠남의 나그네로서 삶의 의미를 되짚어 보며 마음의 귀를 자라게 하므로 길은 또 다른 스승이자 벗임을 깨닫게 됩니다.

---

11 필자가 의도적으로 만든 표현이라 학문적인 근거는 없음.

지금부터 서술할 이야기들은 1960년대와 1970년대 사이의 격변기, 그 이후 몸소 체험하면서 느끼고 생각나는 것들을 형식에 구애받지 않고, 인생을 관조하면서 삶의 조각들을 담담하게 서술을 한 것입니다. 다시 말해서, 그 내용들은 산업화가 이루어지기 이전의 빈약했던 농촌 사정, 무주택자의 서러움, 여행을 통해 깨닫게 되는 것들, 친구들에 관한 이야기, 급증하는 성범죄에 대한 단상 등을 통해 필자 자신을 되돌아보는 여정을 글로 표현한 것들입니다.

해외여행을 동경하게 된 계기는 교통이 매우 열악했던 시기에 세계를 누비며 모험가의 삶을 살았던 한국 최초의 세계 여행가 김찬삼(金燦三) 선생이 펴낸 『세계 여행기 전집』 10권을 읽은 후였습니다. 당시 이 책은 거의 한 달 치 월급에 버금가는 고가의 책이었는데, 이를 구매하여 책장에 모셔 두고 수시로 읽고 또 읽었습니다.

그는 1958년부터 1988년까지 30여 년 동안 160개국, 1,000여 개의 도시를 방문하였는데, 이는 거리로 환산하면 지구를 32바퀴 돈 것이며, 이 때문에 사람들은 그를 동양의 마르코 폴로 또는 여행의 신이라 불렀습니다.

그는 아프리카 여행 중 때마침 아프리카 가봉에서 봉사에 헌신하고 있던 유명한 의사이자 음악가, 철학자이자 목사로 1952년에 노벨평화상을 수상한 바 있는 알베르트 슈바이처(Albert Schweitzer)를 만나 인류의 '형제애'에 대해 환담하기도 했습니다.

그런데 인도 여행 중 기차에서 하차하다 머리 부상을 당하여 귀국해 치료받던 중, 슬하에 1남 3녀를 두고 2003년 7월에 안타깝게 세상을 떠났습니다.

그는 여행의 원칙으로 문명지보다는 비문명지를, 잘사는 사람보다는 못사는 사람을 찾았고 캄보디아, 에티오피아, 네팔 등에서는 주로 오토바이와 자전거로 다녔습니다.

고인은 황해도 출신으로 한국전쟁이 나던 1950년 5월에 서울대 사범대 지리학과를 졸업 후, 모교인 인천고등학교에서 지리 교사를 하다가 샌프란시스코 주립대학으로 유학을 떠났고, 그 후 수도여자사범대와 경희대에서 지리학 교수를 지낸 바 있습니다.

어느 날 우연히 지인의 소개로 고인이 생전에 구매한 영종도 소재의 임야를 자녀들이 공동 상속받은 상태에서 그중 일부 토지가 대지를 지목 변경하여 타인에 임대해 준 임차인과의 다툼이 생긴 문제로 법률상담 의뢰를 받게 되었습니다. 그 사건의 요지는 임차인이 약정한 임대 기간이 만료되었음에도 임대료도 지급하지 않은 채 계속 토지와 건물을 점유 사용하고 있어 임대목적물을 인도받고 싶다는 것이었습니다.

이번 건은 명도 소송사건으로 서울여상 교장을 역임한 둘째 딸 김서라 씨에게 법률상담을 해 주면서 소송이 끝날 때까지 여러 차례 만난 경험이 있습니다. 소송 진행 중에 둘째 딸의 안내로 평소 고인이 정성 들여 가꿔 놓은 산림 지역을 현지 답사하기도 했습니다. 그 후 명도 사건은 약 1년에 걸친 긴 재판 끝에 법원의 조정으로 원만히 종결되었습니다. 그 과정에서 평소 존경하던 고인의 딸과 마주 앉아 생존 시 고인에 대한 여러 의미 있는 이야기를 전해 듣게 되었고, 고인의 개척자 정신에 다시금 탄복하였습니다.

소송 대상이었던 장소는 경사가 낮은 임야였는데, 생존 시에 고인이 묘목을 심었다는 나무들은 울창한 숲으로 빼곡하여 추후 고인의 뜻을 길이 기념하는 데 쓰이면 좋겠다는 생각을 해 보았습니다.

21세기 이후 언론매체들과 유튜버들의 영향으로 '한비야'나 '빠니보틀' 같은 이름이 세계적인 여행가로 더 잘 알려져 있습니다. 그러나 당시 국내외의 빈약한 교통 상황과 한국의 경제력, 정보력, 국격 등 시대적 상황을 종합적으로 고찰하면, 김찬삼 선생은 이들과는 비교할 수 없을 정도로 대한민국 세계여행사에 큰 업적을 남기신 분으로 존경하지 않을 수 없습니다.

2) 처음 경험한 해외여행

제5공화국 전두환 정부 시절까지는 국내 외환 보유 부족으로 관광 여권 비자를 발급하지 않다가 제6공화국 노태우 정부에서 처음으로 해외여행 자유화를 결정해, 당시로는 비교적 젊은 나이였던

40대 초반에 처음으로 미국을 방문하였습니다.

　노태우 정부 시절이었던 1988년, 88서울올림픽이 개최되는 바로 그해에 해외여행이 자유화되었는데 그때는 나이 40세 미만의 국민에게는 제외하였다가 그 이듬해인 1989년부터 관광 목적의 해외여행 시 나이 제한이 철폐되었습니다. 제도상으로는 정치 상황을 고려하여 해외여행 자유화를 허용하였으나 실제적으로는 여권 발급과 미국 비자 발급은 여전히 문턱이 높았습니다.

　당시 미국 비자를 받으려면 재산증명서, 재직증명서, 은행 잔고증명서를 제출해야 했고, 미국대사관에서 인터뷰 즉, 면접까지 보아야 했습니다. 그때 비자를 발급받기 위하여 미 대사관에서 실시한 인터뷰에서 대사관 직원이 물었던 내용은 관광의 목적이 무엇이고 미국에 지인이 어디에 살고 있는지, 체류 일정은 며칠이고 미화는 얼마나 소지하고 가는지 등이었는데, 하도 상세하게 물어서 무척 긴장했습니다. 당시의 한국경제 사정은 겨우 후진국 수준에서 벗어나 중진국 정도로 발돋움하는 시기였기 때문입니다.

　당시 한국인뿐만이 아니라 멕시코와 쿠바 등 남미국가, 그리고 중앙아시아를 비롯한 빈민국의 사람들에게 미국이라는 나라는 풍요를 누리는 국가이고 노력한 만큼 잘살 수 있는 평등의 나라, 정의의 나라, 기회의 나라라고 여기고 무척 동경했습니다.

내 고교 동기 동창 중에서도 미국으로 이민을 떠난 친구들이 약 20명가량이 됩니다. 그들은 미국 시민권과 영주권을 빨리 얻기 위한 수단으로 미군에 입대하는 경우가 많았습니다. 미국의 군인 충원 방식은 한국처럼 남자라면 누구나 병역의 의무를 져야 하는 징병제가 아니고, 입대를 원하는 사람이 군에 입대하는 지원병제였기 때문입니다. 또한 입대 후에는 계급에 상관없이 모든 군인에게 공무원 대우를 해 주고 퇴직 후에는 여러 가지 혜택을 준다고 합니다.

미국뿐만 아니라 선진국 대부분은 한국의 고위층과는 달리 높은 사회적 신분에 상응하는 도덕적 의무를 부담하는 노블레스 오블리주(Noblesse oblige) 정신이 자리 잡고 있어서 군인에 대한 인식이 좋습니다. 한국의 정치지도자들이 환영받지 못하고 불신을 얻는 이유는 바로 이런 정신이 부족하기 때문입니다.

미국 비자 발급이 까다로운 이유는 미국으로의 이민을 꿈꾸는 사람들도 많고, 일단 관광비자로 미국에 입국 후, 비자 기간이 만료해도 귀국하지 않고 눌러앉아 체류하는 불법 이민자를 막기 위함일 것입니다. 국력이 약하면 국제사회에서는 어디를 가서도 감시의 눈초리로 바라본다는 사실을 이때 처음 알게 되었습니다.

1990년 5월, 42세에 미국의 수도 워싱턴, 금융도시 뉴욕, LA, 샌프란시스코, 하와이 등 15일간에 걸쳐 북미 전역을 여행하였는데, 돈이 많아서 갈 수 있었던 것이 아니라 이상하리만치 우연한 인연

(?)의 덕분이었습니다.

　해외여행을 꿈꿀 수 있는 경제적 여유가 있었던 것이 아닌데, 통일교 측(총재 문선명)에서 준비한 7박 8일간의 무료 미국 여행 일정 덕분이었습니다. 즉, 통일교 측에서는 잘나가던 교세를 더욱 공고히 하고 저변을 확대하기 위한 정책의 하나로, 통일교 본산이 있는 미국 여행을 계획한 것입니다. 이 여행 일정을 통하여 한국에 통일교 신도들을 더 많이 전도하고자 하는 거시적 목적도 있었던 것인데, 이 사업에 필자도 우연한 인연으로 동참하게 된 것입니다.

　그들은 각 도에 산재하고 있는 오랜 역사와 전통을 가진 명문고 중, 한 학교씩을 골라 여행 참가 대상으로 선정한 후, 순차적으로 그들(여행 참가 대상들)을 통일교 재단에서 운영하는 충북 수안보 호텔로 불러들여 4박 5일 동안 합숙 훈련을 시켰습니다. 그래서 당시 80년의 역사가 되던(현재 2023년 기준 128년) 인천고를 선정하였던 것이고, 그 대상도 10년씩 차이가 나는 선후배와 동기 동창들을 고루 배분하였고, 아울러 직업별로도 분류하여 추후 통일교를 알리는 데 도움이 될 것이라 예상되는 사람들로 치밀하게 여행 팀을 구성한 것입니다. 그때 저는 총동창회의 상임이사였는데, 아마 그런 타이틀 때문에 여행 참가 대상으로 선정된 것이 아니었을까 혼자 생각을 해 봅니다.

　여하튼 그렇게 해서 합숙 훈련을 마치고 드디어 해외여행의 첫 경험을 하게 된 것입니다. 당시 통일교 측에서 마련한 여행 일정은 그들의 교세가 강한 워싱턴과 뉴욕 중심이었습니다. 그런 연유로 1990년 5월, 15일간에 걸쳐 미국의 수도 워싱턴, 금융도시 뉴욕, LA, 샌프란시스코, 하와이 등을 여행한 것이었습니다.

당시 통일교의 교세는 대단하였고, 통일교 재단에서는 제조업과 일간 신문 세계일보와 학교법인 대학을 소유하고 있었습니다. 국내에 수안보 호텔, 맥콜이라는 음료수 생산 기업, 승공연합회도 있었는데 그 자원의 원천은 모두 신도들의 헌금과 기부금이 아닌가 싶습니다.

일행은 첫날 워싱턴에 소재한 5성급 고급 호텔 메리어트에서 숙박했습니다. 저녁에는 문선명 재단 측에서 주최하는 만찬과 여흥 시간을, 낮에는 통일교 소유의 워싱턴 타임스(The Washington Times) 신문사 방문, 뉴저지에 있는 문 총재의 저택 방문, 그리고 백악관 국회의사당, 미국독립 100주년 기념탑, 링컨 기념관과 제퍼슨 기념관을 관광하고 뉴욕으로 이동했습니다.

뉴욕에서는 맨해튼에 소재한 40층 규모의 통일교 재단 소유의 호텔에서 숙박했는데, 이런 막대한 자금원은 통일교를 신봉하는 신도들로부터 기부받은 것임을 생각할 때 종교에 심취하게 되면 어떻게 되는지 잘 알 수 있던 기회이기도 했습니다.

비단 통일교뿐만 아니라, 언론에 보도된 신천지 교회 이만희, 구속된 정명석 목사 등은 한결같이 자신을 메시아라며 신격화하고, 가스라이팅을 통해 젊은 여성들을 농락하고, 곧 말세가 다가올 것처럼 속여서 신도들에게 재산을 헌납하도록 하고 있습니다. 무지한 자들은 그렇다 치더라도 신도들 가운데 섞여 있는 대학 출신자들을 포함한 기자나 경찰까지 분별력을 잃고 몸과 마음은 물론 재물까지 갖다 바치는 일이 가끔 언론에 보도되는데, 그때마다 도대체 그들의 정신상태는 어떤 것인지 매우 궁금하기 그지없습니다.

3) 여행지에서 종교의 본질을 생각하다

사람들이 신을 믿는 가장 주된 이유는 그들이 믿는 신이 확실히 존재한다고 생각하기 때문일 것입니다. 그런데 인류 역사 이래 세계 각지의 사람들이 믿고 있는 신의 수(數)를 헤아려 본다면 아마도 수천수만이 넘을 겁니다. 이 간단하고 중요한 진실을 인식하지 못하는 사람들은 역사에 대하여 너무나 무지하고 문화적인 편견에 지나치게 사로잡혔다고 할 것입니다.

하늘에 살고 있다는 어떤 유일신을 믿는 사람들의 믿음이나 산속의 나무나 큰 바위, 또는 태양을 숭배하고 믿는 신자들의 믿음은 공평한 것입니다. 그 믿음의 성격은 똑같다는 말입니다. 따라서 특정 종교만의 믿음을 절대적으로 여기고, 다른 믿음의 형태를 깔보거나 미신이라고 여기는 행위는 올바르지 않다고 생각합니다.

한편 눈에 보이지도, 들리지도 않는 신의 존재에 대하여 의문을 제기하는 것은 어쩌면 당연한 일입니다. 기독교(천주교 포함)의 주장처럼 우주가 얼마나 정교하고 복잡한지를 지적하고 성경책에 기록된 내용만으로 신의 존재를 증명하기에는 그 근거가 심각할 정도로 빈약합니다.

아이러니(Irony)하게도 무신론자들은 지구상에서 가장 안전하고 교육 수준이 높고 자유롭고 기술적으로 발달했고 범죄율이 낮은 나라에 살고 있습니다. 무신론자들이 가장 많이 살고 있는 국가로는 스웨덴, 덴마크, 노르웨이 등 북유럽 국가들과 일본, 캐나다, 프랑스 등입니다.

사람들이 한번 종교에 빠지고 쉽게 빠져나오지 못하는 이유는, 일상에서 벌어지는 일 중에서 인간의 힘으로는 어쩔 수 없는 일이 있고 그 해결 방법을 초자연적인 절대자의 힘에 의존하여 해결하려는 마음 때문일 것입니다.

이 지구상에는 약 80억 명의 사람들이 살고 있습니다. 그중 4대 종교를 믿는 인구수를 살펴보면, 인구의 약 25억 명이 기독교(천주교 포함) 예수를 믿고, 약 18억 명이 이슬람교의 무하마드를, 약 11억 명이 힌두교의 브라만, 시바를, 약 5억 명이 불교의 붓다를 믿는다는 통계가 있습니다. 기독교 중에는 가톨릭이 12억 명(51%), 개신교 4억 4천만 명(18.6%), 정교회 2억 8천만 명, 성공회 9천1백만으로 분파되어 있습니다. 그리고 이슬람교는 수니파가 전체의

85% 내외로 13억 7천만 명, 시아파가 약 14%인 2억 2천만으로 단일 종교로는 이슬람교가 가톨릭을 제치고 단연 1위입니다. 전 세계 인구 중, 세 명 가운데 한 명은 기독교(가톨릭 포함), 네 명 가운데 한 명은 이슬람교를 믿는 셈입니다.

그런데 종교를 갖고 있지 않은 무종교자, 무신론자, 신이 존재하는지 없는지 알 수 없다는 불가지론자들이 16억 5천만 명(23.2%)입니다. 특히 일본의 57%, 중국인의 52.2%가 종교를 믿지 않습니다.

2008년도 『교황청 연감』에 따르면 기독교 신도 수는 매년 줄어드는 반면, 이슬람교도 수는 폭발적으로 늘어나는 추세라서 앞으로 반세기 이내에 기독교와 이슬람교 양자 사이의 관계는 역전될 것으로 예상됩니다. 내 생각이지만, 이와 같은 통계자료로 볼 때 중동 국가의 이슬람교인 수 증가는 교육 수준과 연관이 있는 것 같습니다.

세계에서 가장 살기 좋고 복지가 잘 이루어진 북미 국가들을 여행하다 보면 거의 교회 건물이 보이지 않고, 그나마 예배를 보는 교회는 드뭅니다. 경제 대국 일본에도 기독교를 신봉하는 국민은 극히 소수여서 교회를 발견하기 어렵고, 오히려 신사(神社)들이 많으나 그렇다고 불교를 믿지도 않고 절에서는 스님들을 볼 수가 없습니다.

그렇다면 왜 한국에서는 교육 수준이 높은데도 기독교인이 많을까요? 또 교회와 사찰이 세계에서 가장 많은 한국은 도대체 무슨 이유로 사기꾼들이 가장 많은 국가로도 기록되고 있는 것일까요? 이에 대하여 한국 교회에서는 답을 내놓아야 할 것입니다.

나는 그 이유로 독서 부족으로 무지한 탓에 어떤 사물에 관한 통찰을 할 때 과학적인 사고와 논리적인 접근보다는 운이나 느낌에 의존하는 미신을 믿듯이 절대자에 대한 의존도가 높기 때문이라고 생각합니다. 따라서 세월이 좀 더 흘러 구세대가 가고 신세대들의 세상이 오면 자연스럽게 지금의 종교는 사라지고 말 것이라는 생각마저 듭니다.

그런데 영국 옥스퍼드 대학의 석좌교수인 리처드 도킨스는 세기의 문제작 『이기적 유전자』, 『동물행동학』, 창조론과 진화론의 대립 관계를 밝힌 『눈먼 시계공』, 『만들어진 신』 등에서는 종교와 신화, 그리고 미신에 속지 말 것을 외치며 강력히 신을 부정하고 있습니다. 그는 우주 어디에도 신은 존재하지 않으며, 인간이 필요에 의해 만든 것이고, 단지 통치자들이 신을 이용한 것이라고 주장합니다. 신은 한갓 미신이므로 믿지 말라고 충고하고 있습니다.

그는 자타가 공인하는 살아 있는 과학계의 석학입니다. 이런 주장에 대하여 종교계는 아직도 신의 존재 증명에 대하여 이렇다 할 설득력 있는 답을 내놓지 못하고 있습니다. 증거라고는 오직 신뢰할 수 없는 목격담과 근거가 빈약한 주장뿐입니다. 그리고 단지 예전처럼 신은 살아 있고 사람의 눈에는 보이지 않고 있을 뿐이라는 답답한 주장만을 되풀이하고 있습니다.

어찌하여 지구상에서 가장 엘리트라는 과학자들이 아직도 신을 믿어야 할 확고한 이유를 발견할 수 없는 걸까요? 우리는 여기에 주목할 필요가 있습니다.

한편 로마의 세력이 왕성할 때 로마는 물론 대부분의 유럽 국가에서 예수를 믿었고, 그 예수를 찬양하기 위해 화려한 성당을 곳곳에 세웠습니다. 그러나 지금은 종교 행사로 사용하는 성당은 미미하고 전혀 다른 용도로 사용하고 있는 것이 현실입니다. 그리고 예수를 믿는 신도들이 나날이 줄어들어 젊은 층에서는 거의 믿지 않고 있다는 것입니다.

종교를 통해 삶의 궁극적 의미를 추구하고 인간이 살아가는 동안 행복해지고 싶은 마음에서 종교를 믿는 것이라면, 우리 국민의 행복 지수도 높아져야 할 것입니다.

미국의 유명 작가이자 144만 명의 유튜브 구독자를 보유한 파워 블로거 마크 맨슨이 한국을 방문했을 때, 그는 한국의 불안, 우울증, 자살률이 높아지는 추세를 언급하면서 "한국은 세계에서 가장 우울한 나라입니다."라고 말했습니다. 이어서 무엇이 정신건강에 최악의 위기 상황을 만드는지를 알아보기 위해 왔다며 한국 방문 목적을 밝혔습니다.

그는 그 원인으로 유교 문화의 나쁜 점과 자본주의의 문제점을 극대화한 점이 안타깝다고 강조했습니다. 즉 그는 유교적 측면에서 "한국은 슬프게도 유교의 가장 나쁜 부분인 수치심과 타인을 판단하고 평가하는 부분이 극대화되고, 가장 좋은 부분인 가족 및 사회와의 친밀감은 잃어버렸다."라고 진단하였습니다.

또한 그는 "자본주의 최악의 면인 현란한 물질주의와 돈벌이에 대한 노력에는 힘을 쏟으면서 정작 자기표현 능력과 개인주의는 무시했습니다."라고 진단하며, 개인이 없다 보니 자율성이 떨어지고 스트레스를 받게 된다고 말했습니다. 즉, 전부가 아니면 아무것도 아니라는 'All or nothing', 일등지상주의, 극단적인 이기주의, 편 가르기 등이 한국인을 세계에서 가장 우울하게 만드는 요소라고 분석하고 있습니다.

그렇다면, 한국의 종교 지도자들과 정치 지도자들은 그간 무엇을 했다는 것인지 그 책임을 묻지 않을 수 없습니다.

히말라야산맥에 있는 인구 80만의 작고 가난한 입헌군주제 국가인 부탄, 종교가 거의 없는 북유럽 국민의 행복 지수가 가장 높은 것으로 기록되고 있는 것을 보면, 종교인 수가 많다고 해서 행복 지수도 높아지는 것은 아니라는 사실만은 부인할 수 없을 것입니다.

특히 자신이 선지자요, 메시아라고 강변하는 한국의 일부 목사들의 주장에 속수무책으로 속아 넘어가는 광신도들의 심리 상태를 도저히 이해할 수 없습니다.

한국의 대형교회 목사들은 고가의 외제 차를 굴리며 호화스럽게 생활하고 있다는 보도가 있습니다. 한국에서 종교개혁이 거세게 일어나야 하지 않을까 싶습니다.

그리고 소득이 있으면 과세해야 하듯 종교계에도 과세해야 합니다. 그래야 종교를 빙자한 탈세를 예방할 수 있고 조세의 평등도, 정의도 이루어질 것입니다. 그렇지 못하다면, 열심히 일하고 근검절약하며 세금을 성실히 납부한 사람들은 무엇이란 말입니까? 아직도 종교재산이나 종교인의 소득에 대해 비과세를 적용하고 있는 이유는 집권 여당이나 미래의 집권을 목표로 하는 야당이 선거에서 표를 의식하기 때문일 것입니다.

여기까지가 해외여행 첫 방문지 미국에 대한 통일교 측에서 마련한 여행 일정이고 나머지 LA와 하와이 여행 비용은 각자 부담이었습니다.

그런데, 인천고 LA 동창회의 초청으로 이동한 이후의 비용은 LA 거주 동문회가 마련하는 만찬에 참석하거나 LA에서 안정적으로 자리 잡은 동기 동창들이 부담해서 경제적 부담은 별반 없었습니다.

동문 상호 간에 서로 돕고 의지하는 끈끈한 우정에 감사함을 느낀 날이었습니다. 이래서 만찬에서 등장하는 것 중에는 언제나 시작 전 식순에 교가를 부르는 것인데 그동안 하도 많이 불러서인지 모두 잊지 않고 잘도 불렀습니다.

4) 사돈(査頓)들과의 해외여행

사돈이란 혼인한 자식들의 배우자 집안사람들을 부르는 말로, 사위나 며느리의 부모를 일컫는 것을 의미합니다.

필자는 2019년 3월 초순경에 난데없이 서울 북한산 자락 아래 동네인 평창동에 거주하는 사돈으로부터 베트남을 같이 여행하고 싶은데 어떤지를 묻는 전화를 받게 되었습니다. 예상 밖의 전화를 받고 선뜻 답변을 못 하자, 곧이어 수원 사돈 내외와 함께 6명이 가자고 하였습니다.

서울 사돈은 슬하에 아들만 둘을 두고 있는데, 장남은 부장검사, 차남은 소화기내과 의사를 둔 소칭 자식 농사를 잘 지었다는 자부심에 가득 차 있는 분입니다.

장남은 사법연수원을 우수한 성적으로 졸업하여 초임으로 서울 소재 검찰청 검사로 발령이 되자, 여기저기서 유수한 집안으로부터 중매가 들어와서 누구를 선택해야 좋을지 몰라 즐거운 고민을 하고 있었습니다. 그런데 장남은 부모의 기대와는 달리 평범한 집안의 딸과 연애하면서 냉전을 벌이다가 결국은 자식 이기는 부모는 없다는 속담처럼 장남의 뜻대로 결혼하게 된 것이 수원 소재의 사돈이 된 것입니다.

차남 역시도 중매가 아닌 연애로 만나 결혼을 하게 되었는데, 저희 역시 평범한 집안이었음에도 이미 장남한테 지친 적이 있어서인지 다행스럽게 반대하지 않아 쉽게 결혼하게 되어 사돈의 인연을 맺게 되었습니다.

우리 사회는 전통적으로 그동안 사돈지간은 어딘가 왠지 어색하고 가깝게 지내 오는 것이 서로가 어렵게 느껴 온 것도 사실입니다. 친족관계의 형성은 혈연으로 발생하지만, 혼인으로 법률상 친족이 이루어지기도 합니다. 그리고 법적으로는 핏줄로 맺어진 가족이나 혼인이라는 제도를 통해 맺게 된 가족 모두는 그 신분상의 지위가 똑같습니다.

막상 사돈 내외 어른들이 함께 해외여행을 하기로 하자 정작 근심 어린 우려를 표한 사람은 당사자들이 아니라 양쪽 며느리들이었습니다. 그래서 두 며느리들은 직간접적으로 남자들끼리만 가는 것이 좋겠다는 의사를 전달하기도 했습니다. 그 이유는 혹여 남자들이 여행 중 사소한 말실수라도 있게 되면 그 결과를 감당하기 곤란하다는 이유였습니다.

나 역시 서울 사돈으로부터 해외여행을 하자는 전화를 받았을 때 남자들끼리만 가는 것이냐고 물었던 적이 있었습니다. 그때 서울 사돈은 대답하기를 노후에 남자들끼리 가서 밤 문화를 즐기고 싶냐며 반문하여 한바탕 너털웃음을 지었던 기억이 납니다. 그도 그럴 것이, 저는 며칠 전 친구로부터 받은 야동 영상을 다시 다른 친구에게 보낸다는 것이 그만 실수로 서울 사돈한테 보낸 적이 있습니다. 그 야동을 받아 본 사돈은 야동의 수위가 너무 낮다며 오히려 자신이 수위 높은 야동을 보내 주겠다고 하였었지요. 그때 또 한바탕 웃음보가 터진 적이 있었습니다.

평창동 사돈이 여행지를 베트남으로 결정한 이유는 그 자신이 육군의 백마부대원으로 파병되어 월남전을 겪은 장본인이었던 관계로 옛 추억을 더듬어 보고 싶은 마음에서 나온 것이라 생각됩니다.

베트남 전쟁 파병은 한국 최초이면서 최대 해외 파병이었는데, 해병대원으로 구성된 청룡부대, 육군 전투부대인 맹호부대와 백마부대, 그리고 공병부대이자 전방 지원부대인 비둘기 부대, 공군의 수송부대였습니다.

　정부가 파병을 결정한 이유는 미국과의 외교적 관계 격상과 경제성장 그리고 우리 군의 실전을 통한 전술과 전투 경험 등 이득을 얻을 수 있었기 때문입니다.

　한편 당시 미국은 단독으로 월남전을 벌이는 것은 국제 여론상 좋지 않았기에 명목상 연합군 형태를 취해야 했던 상황이었습니다.
　그때의 한국 상황은 개발도상 국가였고 1960년대에는 경제적 및 군사적으로 북한에 뒤처져 있었을 뿐만이 아니라 무엇보다 주한미군이 국가안보상 매우 중요한 처지여서 미국의 파병 요청을 거절할 수도 없는 입장이었습니다. 왜냐하면 주한미군 철수는 국가안보상 엄청난 위험이었기 때문입니다. 북한은 북베트남에 공군 위주로 소수의 병력을 파병하였습니다.
　월남전은 1955년 11월 1일부터 시작하여 1975년 4월 30일까지 발생한 전쟁이었는데 냉전 시대에 자유 진영과 공산 진영이 대립한 대리전쟁의 양상이었고 동시에 북베트남과 남베트남 사이에 벌어진 내전이었습니다. 이 점은 6.25 전쟁이 동족 간에 일어난 내전이라는 점에서 유사하다 할 것입니다.

　결국 이 전쟁은 미국에서의 반전운동과 남베트남 정부의 부패, 그리고 전투 의지의 결여로 미군이 철수하면서 북베트남의 승리로 끝난 전쟁입니다. 이 전쟁에서 베트남 민간인 200만 명이 희생되었고 미국과 러시아, 한국 군대에서도 상당한 젊은이들이 이슬로 사라져야 했습니다.

 그때 미군의 전사자는 50만 파병자 중, 5만 8천3백 명이었고, 한국은 약 5만 파병자 중 5,099명이 전사하였습니다.
 전쟁은 이러하듯 참혹한 결과를 초래한다는 사실을 인식하여 평화 유지를 위한 각별한 대비 태세를 갖추어야 할 것입니다.

 우리 일행은 같은 해 3월 중순경, 인천공항에서 만나 베트남 다낭 공항을 향하는 비행기에 몸을 실었고 비행시간 5시간 만에 공항에 도착하였습니다. 비행기에 5시간을 탑승하는 동안 묵묵히 말없이 있었고 조금은 늦은 시간이었지만 침묵을 지키다가 각자의 방에 들

어가 하룻밤을 보내었습니다.

　호텔에서 하룻밤을 보낸 이튿날 관광하면서도 서로 격식과 예의를 지키느라 어색하게 관광 가이드 뒤만 따라다니며 크게 웃거나 유머스러운 말 한마디가 없었습니다.

　모처럼 해외에 나와서까지 굳이 지나친 예의를 차리느라 맘껏 웃고 즐기지 못하면 후회가 될 것 같아 반전을 이룰 것이 없을까 하고 궁리한 끝에 낮에 관광을 마친 후 저녁 시간에는 노래방에 가서 술도 마시고 노래도 부르면서 격의 없이 형제처럼 친하게 놀아 보자는 제안을 하였습니다.

　필자는 사돈 내외 4인으로부터 동의를 받고 관광 가이드한테 노래방을 예약해 달라는 부탁을 하였습니다. 잠시 후 예약된 노래방을 갔더니 분위기가 흡사 한국의 대형 노래방을 옮겨 놓기라도 한 듯이 테이블 가득히 술안주와 소주, 맥주 등이 차려져 있었습니다. 그 자리에서 사회자를 자청하여 노래방에서의 진행을 맡겠다고 했습니다. 그 대신 노래방에서의 시간이 다할 때까지는 무조건 사회자의 말에 복종할 것을 요청하였고 이에 대한 동의를 받게 되었습니다.

　저는 이 자리에서만큼은 사돈이니 사부인이니 하는 격식 있는 말은 모두 빼고 친형제처럼 지내되, 나이 순서대로 남자는 오빠, 여자는 마담으로 부르겠다고 선언하고 마담부터 노래를 시켰고 나머지 사람들은 노래를 부를 때 무대에 나가 춤을 추라고 했습니다.

 두 시간 동안 술을 마시며 노래와 춤을 추는 동안 어렵게 생각했던 사돈이라는 격식의 장막은 사라지고 한결 부드러운 분위기 속에 저절로 웃음이 터져 나와 즐거운 시간을 보내었습니다. 역시 분위기 조성에는 노래와 술, 그리고 춤이 빠질 수가 없나 봅니다.

 여흥이 끝날 무렵에 사부인들 중 그간 하고 싶은 말이 있었으나 차마 오해하거나 또는 체면 때문에 하지 못한 말이 있다면 오늘 이 자리에서 허심탄회한 마음으로 솔직하게 말해 보는 것이 좋겠다고 했습니다. 그러자 수원 마담이 눈물을 글썽이며 자신의 딸이 너무 고생을 많이 한다면서 불쌍하다는 말을 하였습니다. 그 이유인즉, 사위가 직업의 특성상 거의 2년마다 여러 지방의 검찰청과 서울 검찰청으로 인사 발령을 받아 관사로 이사 가야만 하는데 그때마다 딸이 혼자서 짐을 싸고, 이사 후에는 다시 짐을 풀고 정리를 하느라 허리가 부러질 정도여서 너무 안타깝고 가엾다는 것이었습니다. 더구나 어린아이 둘이 있어 작은 녀석은 등에 없고, 큰 녀석은 손에 잡고 걸으며 그 힘든 일은 매번 혼자 하는데 사위는 늘 밤 10시가 넘어 귀가하고는 한다는 것입니다.

 이 말을 듣자 서울 사돈이 하는 말은, "성공한 두 자식놈이 있으면 무슨 소용이 있나요? 자식이라고 명절 때 한두 번 정도 집에 오니 이웃집 아저씨보다 못하고 남의 집 아저씨가 된 지 이미 오래되었는데 말만 자식이지…. 괘씸한 것들."이었습니다. 그러자 수원 마담은 울음을 뚝 그치고 말없이 빙그레 웃으며 넘어갔습니다.

　이렇게 자신이 처한 입장에 따라 생각이 다른 것이 인간의 마음인 것 같습니다. 이는 마치 6자와 9자가 보는 사람의 위치에 따라 다르게 보이듯이 서로가 다름을 인정하고 존중하는 사이가 되었으면 좋겠습니다.

　그 후 가을날에 서울 오빠와 마담, 수원 오빠와 마담은 내 음악실을 방문하여 점심을 함께하고 노래하며 즐거운 시간을 갖게 되었습니다. 서울 오빠는 고교 시절 밴드부로 악기를 다루어 본 적이 있었고, 지금은 오카리나 연주 실력이 수준급입니다. 마담은 춤과 노래 실력은 물론 파크 골프 실력도 대단하여 서울 파크 골프 협회 심판원으로 일하고 있습니다.

　사돈지간이 그간 한국의 정서상 멀게 느껴지거나 어려운 사이라고 하지만 마음먹기에 따라 얼마든지 형제처럼 가깝게 지낼 수 있는 사이라는 것을 깨닫게 되었습니다.

5) 하와이 여행

　2박 3일간, 동문애(同門愛)로 뭉친 LA 일정들이 끝나고 LA 공항에서 일본인들이 주로 많이 거주하고 있고 신혼여행지로도 유명한 하와이로 날아가 2박 3일의 여행이 시작되었습니다.

　하와이는 폴리네시아 원주민들이 왕국을 이루어 살고 있었는데, 1851년에는 미국의 영토가 되었고 1959년에는 미국의 50번째 주가 되었습니다. 자유당 시절에 3선개헌과 3.15 부정선거로 4.19 학생운동이 일어나 사회가 극도로 혼란에 빠지게 되자 부득이 대통령직에서 하야한 이승만 대통령이 망명 생활 중에 돌아가신 곳이기도 합니다. 하와이의 주도는 호놀룰루이고 주산업은 관광산업과 사탕수수, 파인애플 재배지로 유명합니다.

　공항에 도착하니 10여 명의 젊은 여성들이 비키니 차림에 꽃으로 장식한 레이스를 머리와 목에 걸치고서는 귀에 익은 하와이의 전통 악기 우쿨렐레(Ukulele)의 선율에 맞추어 춤을 추면서 일행들의 목에 꽃 레이스를 걸어 주고 하와이에 온 것을 환영하였습니다.

　하와이에 가면 항상 듣는 노래가 있습니다. 「포카레카레 아나

(Pokarekare Ana)」라는 노래인데, 이 노래는 원래 뉴질랜드 토착 원주민들의 전통민요입니다. 이 노래는 마오리족인 히네모아와 투타네카의 아름다운 사랑과 추억을 기반으로 한 사랑 노래입니다. 한국에서는 '연가'라는 제목으로 청춘남녀들이 춘천의 강촌이나 장흥, 대성리 등에서 MT 할 때 또는 대학가에서 친교를 나눌 때 많이 부르기도 했습니다. 50대 이상 세대들은 아마도 "비바람이 치던 바다, 잔잔해져 오면, 오늘 그대 오시려나, 저 바다 건너서"로 시작하는 이 노래를 모르는 사람이 없을 겁니다.

이런 행사는 하와이주 정부에서 주산업인 관광진흥을 위한 정책의 하나로 모든 관광객에게 해 주는 것 같습니다. 첫날에는 사탕수수밭과 파인애플 농장을 견학하고 이튿날에는 시가지와 와이키키 해변을 산책하였습니다.

저녁때에는 밤거리와 밤 문화를 체험하자는 동기들의 제안에 따라 나이트클럽에서 술을 마시며 날씬한 무희들이 반나신으로 격정적으로 추는 춤을 숨죽여 가며 넋을 놓고 관람하였습니다. 한창 호기심 많을 때인 동기 동창들은 그동안 직장과 가정에서의 압박과 설움에서 해방이라도 된 듯 저녁 무렵에는 늘 정신적 천국으로 안내해 주는 주신(酒神)과 동행했습니다.

난생처음으로 떠난 첫 해외여행은 운 좋게도 반값의 비용만으로 좋은 경험을 하게 된 것입니다. 그러나 사전에 준비 없이 같은 고교 동창들로 이루어진 단체 여행이어서인지 여행의 달콤함이나 낭만적인 추억보다는 단지 미지에 대한 호기심을 다소 채우는 데 만족을 해야 했습니다. 다음 해외여행 때에는 단체가 아닌 개별 여행을 하고, 사전에 정보를 충분히 파악해야겠다고 생각했습니다. 그리고 해외에서 말이 통하지 않아서 쩔쩔매는 일이 없도록 영어 공부도 해야겠다고 다짐해 봅니다.

이렇게 15일간에 걸친 첫 해외여행은 막을 내렸습니다.

6) 튀르키예 여행

튀르키예의 지정학적 현황

튀르키예는 2022년 이전까지는 '터키'라는 국명을 사용하였으나 2022년 6월 1월, 유엔이 디기 정부의 국명 변경 요구를 받아들여 '튀르키예'가 되었습니다. 국명을 변경한 이유가 영어식 발음 'Turkey'가 '칠면조, 겁쟁이, 멍청이'라는 뜻이 있어서 변경하였다고 하나, 에르도안 현 대통령이 총리로 시작하여 20년간 장기 집권하면서 설상가상으로 경제난과 지진 발생으로 2만 명이 넘는 사상자를 내어 민심을 달래기 위한 수단으로 국호를 변경하였다고 하는 것이 정설입니다.

튀르키예(터키)는 지중해와 흑해 연안에 있고, 해안선의 길이는 7,220km에 달하는 국토가 세계 38위의 큰 대륙(한국의 남북한 3.8배)이고 종교는 이슬람교(종파는 수니파), 언어는 튀르키예어,

경제는 인구의 60% 이상이 농업에 종사하고 있고, 농사 종목은 과일류, 잎담배, 면화 등입니다. 정치체제는 대통령 중심제를 가미한 의원내각제 공화국입니다. 북한과도 2001년 정식 수교하였고 현재는 불가리아 대사가 대사 업무를 겸하고 있습니다.

튀르키예 여행에서 가장 볼 것이 많은 도시는 인구 약 440만 명의 수도 앙카라가 아니라 인구 1,500만 명이 넘는 아시아에서 가장 큰 도시 이스탄불입니다. 한국은 2015년 KOTRA를 비롯하여 현대자동차, LG전자, 만도기계가 진출해 있고 한국 교포는 약 3,800명 정도가 있습니다. 국민소득은 1인당 GNP가 1만 5천 달러로 한국의 절반 수준입니다.

여행은 자신을 찾기 위한 여정이라고도 합니다. 필자는 젊은 날 주로 홀로 여행을 다녔습니다. 그런데 자식들이 성장하고 혼인하여 독립하였기에 여행, 특히 해외여행에는 다리가 떨릴 때가 아니라 가슴이 뛸 때 가라는 말이 있듯이 체력이 저하되기 전에 아내와 함께 여행길에 오르기로 하였습니다.

| 아내와 떠나는 여행

　아내와 나는 정말로 정반대 성격을 가진 부부입니다. 요즘 성격유형검사(MBTI)로 친다면 E(외향적)와 I(내향적)의 차이입니다. 서로가 너무 달라서 힘들 때도 있고, 너무 달라서 보완이 될 때도 있습니다. 이제는 서로 늙어 가는 처지에 연민의 정으로 사는 나이가 됐습니다. 불교를 종교로 가진 아내의 자비심으로 나의 여생이 평안하기를 꿈꿔 봅니다. 우리 부부는 남은 생을 유연자적(悠然自適)하며 아무것에도 얽매이지 않고 자유롭고 편안하게 각자 하고 싶은 대로 마음 편히 지내자는 큰 틀에서 합의를 보았습니다. 그래서 자유를 누리자는 생각에서 여행하자며 미국 전역과 유럽, 그리고 북유럽, 동유럽을 함께 여행하였습니다. 아내는 명필가로부터 사사받은 것은 아니지만 붓글씨와 펜글씨가 수려한 편이어서 종종 애경사의 겉봉투에 쓰는 이름과 경조사에 대한 문구를 부탁하고는 합니다.

　튀르키예 이스탄불 공항 도착을 위해 인천공항발 KAL 14:05 출발하는 시간에 맞추려 2014년 10월 12일 10시에 사위가 운전하는 승용차편으로 공항에 도착했습니다. 출국 절차에 따라 공항에서 탑승권을 발급받고 수화물을 탁송한 후, 대한항공 라운지가 있는 제1터미널 청사 4층으로 올라가니 Prestige Lounge가 있었습니다. 그 이전에는 경제적인 여유가 없었던 젊었을 때여서 주로 일반석을 탑승하는 것도 감지덕지(感之德之)할 따름이었습니다.

　그러나 이번 여행부터는 우리 부부는 연식이 있어 모처럼 호사스럽게 비즈니스클래스석(Business Class)을 타기 위해 이코노미석(Economy)의 약 3배가량의 비싼 가격을 주고 탑승하게 된 것입니다. 우리는 처음이라서 비즈니스석과 일등석의 가격이 환율 변동처럼 수시로 가격 변동이 있는 줄은 처음 알게 되었습니다.

원래 연식(年式)이라는 용어는 기계류, 특히 자동차를 만들어 출고한 해에 따라 구분하는 방식인데 언제부터인가 사람에게도 깊은 생각 없이 사용하고 있습니다. 기계에 비유하여 사람에게도 연식이라는 단어를 사용하는 건 재고되어야 하지 않나 싶습니다.

| 일등석 유감(有感)

그런데 국회의원들은 공무 수행과 개인사를 가리지 않고 이보다 더 훨씬 비싼 요금인 일등석(First Class)을 무상으로 이용합니다. 이 좌석은 값이 비싼 만큼 응접실이 달려 있어 몇 사람이 앉아 환담을 나눌 수 있습니다. 국민의 심부름꾼이자 머슴으로 자처하는 분들이 그건 너무한 게 아닌가 싶습니다. 한국의 국회의원들은 생산성도 현저히 떨어지고 있음에도 수십 가지도 넘는 특혜를 받고 있다고 생각합니다.

일단 그 특혜와 특권에 물이 든 자들이 수단과 방법을 가리지 않고 죽을 때까지 국회의원을 하려 드는 것을 생각하며 씁쓸하기 짝이 없습니다. 국민은 그들에게 일등석의 특혜를 누리라고 하지 않았고 그런 권리를 위임한 바도 없습니다. 하루속히 국민의 눈높이로 조정되어야 할 것입니다.

 우리는 대한항공 비즈니스 라운지에 들어오기 전에 공항 내 매점에서 아메리카노 커피값으로 4,600원을 지급하였습니다. 그런데 여기에 들어와서 보니 뷔페식 음식, 과일과 커피는 물론 각종의 음료수가 준비되어 있었고 심지어 라면까지 준비되어 있었습니다. 처음이라 우리는 그러한 정보를 몰랐던 것입니다.

 비즈니스 좌석값이 일반석에 비해 3배가량 비싼 이유는 비행기 탑승 중, 의자를 변형하여 침대처럼 허리와 다리를 펴고 누울 수 있다는 장점과 공간적으로 일반석에 비하여 좌석이 3분의 1, 퍼스트 클래스는 4분의 1 이상 배치할 수 없기 때문일 것입니다.

 비행기 탑승을 할 때도 긴 줄을 서지 않고 탑승라인을 달리하여 좀 더 신속하게 탑승하도록 편의를 제공하고 있습니다. 기내음식 제공에서도 한식(국물이 들어간 갈비탕, 라면)이 제공됩니다.

 그러나 정작 놀란 사실은 다른 데 있습니다. 저는 비즈니스 좌석 값이 일반석 값의 세 배에 달하는 만큼 그 좌석에는 의당 60~70대의 노인층이나 실업가 장년층이 주된 탑승객일 것이라 예상했었습니다. 그러나 그 예상은 너무 쉽게 빗나가고 말았습니다. 그 자리에는 오히려 젊은 층, 그것도 젊은 여성들이 가장 많았고 미성년자들도 많이 탑승한 것을 보고 놀랐던 것입니다. 고가(高價)인 비즈니스석에 신체 건강한 젊은 층이 더 많다는 것은 내 경험에 비추어 충격으로 다가왔습니다.

한편 그들은 어떤 경위로 일찍이 부유한 삶을 살고 있는 걸까 하는 의문이 들었습니다. 이들이 젊은 나이에 안락한 비즈니스석을 이용하게 된 연유야 모두 그들 나름의 사유가 있을 테지만 다수 서민이 느끼는 감정은 다를 수밖에 없을 것입니다. 이와 같은 부의 편중, 부의 대물림은 자본주의 국가가 안고 있는 치명적인 결함입니다. 이래서 카를 마르크스(Karl Marx)의 사회주의 이념이나 좌파적인 정책을 표방하는 나라가 생기고 그런 지도자가 인기를 얻는 부작용을 낳는 것은 어쩌면 당연한 일일 것입니다.

카를 마르크스는 그가 저술한 정치경제학 비판서 『자본론』에서 기본적으로 노동의 잉여가치와 그것을 전유하는 자본가와의 갈등 관계, 즉 착취를 둘러싸고 일어나는 자본주의 모순을 비판하였고 그의 이론은 후에 친구인 독일의 사회주의 철학자 프리드리히 엥겔스(Friedrich Engels)에 의하여 완성되었습니다. 한때 서울대를 비롯한 의식화된 운동권 학생들의 필독서가 되었지만 오늘날 사회주의 실험은 실패로 끝났다는 것이 정론입니다.

하지만 아직도 낡은 이론을 무기로 대중을 선동하여 권력을 쟁취하려는 무리가 존재하고 무지한 국민이 맹목적으로 이를 지지함으로써 그들이 권력의 중심에 있는 나라들이 있습니다. 이래서 대중은 우매하다는 것입니다.

이스탄불에 닿다

오후 2시 5분에 출발한 비행기는 이륙한 지 11시간 만에 이스탄불 공항에 도착했습니다. 시차로 인해 현지 시각으로는 오후 6시 30분에 도착이 된 것입니다. 공항의 청결 상태는 한국의 공항이나 싱가포르, 일본의 공항에 비하면 지저분하고 불결해 보였습니다.

10월 13일, 이스탄불의 아침은 눈부신 햇살에 청명한 가을 날씨였습니다. 이스탄불은 지정학적으로 유럽과 아시아가 만나는 위치여서 건축물들이 독특합니다. 이스탄불과 비잔티움과 콘스탄티노플[12]은 모두 같은 도시 이름이라는 것도 새로 알게 되었습니다.

로마 황제도 둘러보고 놀랐다는 '성소피아 성당'이 있는데, 그 이름의 유례는 예수 그리스도라는 육신의 형태로 세상에 나타난 하느님의 말씀이나 지혜를 의미하고, 로마제국의 번성한 도시였을 때 지어진 것이고, 로마의 바티칸 시티에 있는 성베드로 성당이 지어지기 전까지 세계에서 가장 큰 성당이었습니다.

---

12 이스탄불: 튀르키예 서쪽 보스포러스 해협 입구에 위치한 도시. 게르만 민족의 이동으로 로마가 위협받자 콘스탄티누스 1세가 330년에 그리스의 식민 도시인 비잔티움(Byzantium)을 제2의 수도로 삼고 '콘스탄티노플'이라 불렀다. 이후 1453년 술탄 메흐메트 2세는 이곳을 점령하여 오스만 제국의 수도로 삼고 '이스탄불(Istanbul)'이라 불렀으며, 1923년 튀르키예가 수도를 앙카라로 옮길 때까지 이슬람 제국 최고 도시로서의 영화를 누렸다. 오늘날 튀르키예 최대의 공업, 군사 도시로서 교통, 상업, 무역, 금융업이 발달하였고, 정치·문화·종교의 중심지이기도 하다. [네이버 지식백과 참조]

이후 오스만 제국이 튀르키예를 점령하면서 이슬람 사원으로 바뀌게 되었습니다. 이때 건물 내부의 기독교식 모자이크는 코란의 문자로 덮어 버렸고, 현재는 박물관으로 사용하고 있습니다. 성당, 아니 사원 내부 규모는 볼수록 경이롭고 웅장하며 장엄한 모습입니다.

이슬람 제국의 왕들이 가지고 있던 80캐럿의 다이아몬드를 비롯한 갖가지 진귀한 물품이 가득한 톱카프 궁전, 이슬람의 종교적 최고 권위자인 칼리프가 수여한 정치적 지배자의 칭호인 '술탄'은 통치자, 권위자를 뜻하는데 곳곳에서 그들의 흔적을 볼 수가 있습니다.

중동 지역과 발칸 국가들 사이에서 벌어지는 무자비한 전쟁은 나라마다 서로 다른 세 가지 종교(유대교, 기독교, 이슬람교)를 각각 신봉하면서, 예수를 하나님의 아들이자 신이라고 보는 나라와 단지 선지자로 보는 나라, 코란에서의 알라신이 유일신이라고 고집하는 나라가 서로 자신들이 옳다고 주장하기 때문에 벌어지는 갈등에 원인이 있다고 생각하니 안타깝고 답답했습니다. 이런 종교적 이유로 인해 과거 십자군 전쟁을 비롯한 종교전쟁이 유난히 유럽과 중동 지역에서 발생하였고 현재까지도 중동 국가 간에 참혹한 전쟁이 지속되고 있습니다.

그러나 종교가 지향하고자 하는 지향점(Direction point)은 초자연적인 절대자의 힘에 의존하여 인간 생활의 고뇌를 해결하고 삶의 궁극적 의미를 추구하는 문화 체계가 될 터인데, 왜 양보하지 못하고 천부적인 인간의 존엄성을 외면한 채 죽음을 무릅쓰고 살상이 전제되는 전쟁을 일으키는지 이유를 알 수 없습니다.

한때는 오스만 튀르크(돌궐) 민족이 로마를 멸망시킬 정도로 막강한 세력이었으나, 그 이후 위정자들의 과오로 국가가 명멸하는 과정을 거쳐 오늘날 튀르키예가 된 것입니다. 국가의 지도자란 한 국가의 흥망성쇠(興亡盛衰)를 좌우할 수 있는 매우 중요한 위치에 있는 사람입니다.

오전에 그리스 신화에 나오는 괴물, 뱀으로 된 머리카락을 지닌 날개 달린 여성에 관한 신화 이야기를 들은 후, 이스탄불 공항에서 국내선 비행기로 카이세리 공항까지 1시간을 비행하여 이동하였습니다. 그곳으로 이동한 이유는 죽기 전에 꼭 가 보아야 할 100대 경관 중 하나로 꼽히고, 세계문화유산으로 지정된 카파도키아로 가기 위해서입니다.

| 카파도키아

카파도키아는 불가사의한 암굴(暗窟) 도시인데, 튀르키예 수도 앙카라에서 남동쪽으로 가면, 깔때기를 엎어 놓은 듯한 수백만 개의 기암괴석들이 갖가지 형태로 계곡을 따라 끝없이 펼쳐진 아름답고 신기한 풍경을 보여 줍니다. 더욱 신비로운 것은 그 바위 속에 굴을 파고 사람들이 실제로 살았다는 것입니다. 바위는 도토리 모양, 버섯 모양, 동물 모양 등 바라보는 방향에 따라 다르게 보입니다. 그

외양이 마치 신이 만들어 인간 세상에 보낸 것 같은 묘한 기분이 들게 합니다. 그런데 주변은 황량한 사막화 현상으로 나무를 볼 수가 없습니다. 그 이유인즉, 5월부터 8월 사이의 강우량이 겨우 30mm에 불과해 대지가 메말라서 그렇다는 것입니다.

　오후 7시경 카파도키아 동굴 호텔에 도착하여 여장을 풀었습니다. 동굴 호텔은 천장과 벽면은 용암 분출로 녹아내린 바위, 석회석과 화산재가 굳어져 있는 자연 동굴을 숙소로 이용할 수 있도록 인공적으로 만든 것이었습니다. 신기한 점은 호텔 방 어느 곳도 도배한 벽지가 보이지 않았고 자연을 살려 호텔 방을 만들어 놓은 것이 놀라울 정도로 정교하다는 것입니다.

　더욱 신기했던 것은 온통 석회석과 화산재로 이루어진 호텔의 객실마다 어떻게 수도관과 전기 시설을 설치할 수가 있었는가 하는 것입니다. 그런 의문이 드는 이유는 호텔 내 모양이 전부 방향과 모양, 면적이 제각각이었기 때문입니다.

| 튀르키예의 민속춤 벨리 댄스(Belly dance)

　우리는 동굴 호텔 116호에 짐을 내려놓고 민속춤인 벨리 댄스를 관람하고자 자연 석회석 동굴을 이용하여 만들어 놓은 공연장으로 갔습니다. 벨리 댄스는 서남아시아에서 아프리카 북안에 걸쳐 있는 이슬람 문화권 여성들이 추는 배꼽춤을 말하고 오리엔탈 댄스라고도 합니다. 이 춤은 허리와 골반을 연속적으로 비틀거나 흔들면서

추는 춤으로 여성적인 존재감과 관능미를 나타내고 힘을 표현하는 춤입니다.

사실 벨리 댄스는 출산을 앞둔 여자의 친구들이 출산의 고통을 감소시켜 줄 목적으로 배꼽을 중심으로 배와 엉덩이를 회전시키며 좌우로 흔들어 대면서 골반, 어깨 등을 유연하면서도 질서 있게 움직이며 추던 춤이었습니다. 이것이 오늘날 튀르키예의 민속춤이 된 것입니다. 전문적으로 벨리 댄스를 가르치는 '벨리 댄스 학교'도 있다고 합니다.

한국과는 달리 공연장은 중앙에서는 남녀 무희들이 공연하고 관람객은 5가지 방향에서 벽면에 뚫린 구멍으로 감상할 수 있도록 설계되어 있습니다. 공연장에는 약 250명 내외의 관람객들이 가득 차 있었고, 관람료는 1인당 70유로였습니다. 술 판매가 비교적 엄격한 이슬람 문화인데 이곳 공연장에서는 주류와 음료, 술과 안주류를 무한 리필로 제공하고 있었습니다. 그들의 양면성이 참으로 괴이하고 이상하다는 생각이 들었습니다.

젊은 여인들이 주요한 부위만을 가린 채 몸을 격렬하게 흔들며, 특히 엉덩이와 배꼽을 중심으로 허리를 좌우로 회전시키며 살을 떨 때, 그 모습에서 예술성보다는 선정성을 더 느꼈습니다. 필자가 보수적이어서 그런 걸까요? 한국에서도 불특정 다수가 시청하는 TV 드라마의 소재와 표현 수위를 둘러싼 선정성 논란이 뜨거운데, 그렇다면 예술성과 선정성은 어떤 차이가 있는 것이고, 그 기준은 무엇인지가 궁금합니다.

| 열기구(Hot air ballon) 탑승

열기구는 실제로 나는 것이 아니라 공중에 떠다니는 것입니다. 열기구의 작동은 연료인 프로판가스가 코일로 된 관을 통해 실린더 버너에 연결되고, 그곳으로 가스가 분출해 공기와 섞이고 합쳐져 불꽃을 피우면서 열을 가해 공기를 데워서 뜨게 하는 것입니다. 하지만 방향은 전적으로 바람에 달려 있어 조종사가 임의로 방향을 바꾸어 비행할 수 없는 기구입니다.

새벽 4시경, 기상해 보니 맑은 하늘엔 별들이 총총히 떠 있습니다. 조종사는 기구 버너의 불꽃을 조절하면서 기구의 높이를 조절합니다. 열기구를 탈 수 있는 곳은 카파도키아와 파묵칼레 두 곳에 있습니다. 그런데 하늘에 뜬 열기구의 숫자는 파묵칼레보다는 카파도키아가 훨씬 많아 장관을 이루고 있었습니다. 탑승은 1인당 170

유로(한화 약 25만 원), 거기다가 호텔에서 열기구 탑승 장소까지 가는 승합차 이용료는 별도로 내야 했습니다. 그래서 모두 합하면 1인당 약 50만 원의 요금을 지급해야 했습니다.

열기구에 탑승하기 전에 빵과 커피, 음료 등을 제공해 주었는데, 소변이 자주 마려워지는 전립선 비대증의 증세가 있어 사양하였습니다. 젊은 시절에 과음하고 술안주로 고기를 많이 먹은 영향이 가장 큰 것 같습니다. 이 증세는 50대의 절반, 60대의 60%, 70대의 70%에게서 나타난다고 하는데, 거의 매일 술 건수가 있었던 필자가 빠진다는 것은 공정성을 해치는 것이고, 이는 본인이 자초한 것이므로 당연히 불편을 감수할 수밖에 없는 일입니다.

열기구가 하늘에 체공하는 시간은 1시간 정도입니다. 열기구의

작동 원리는 앞에서도 잠깐 언급했지만, 지상에서 선풍기같이 생긴 바람개비로 커다란 풍선에 공기를 주입한 후 사람들이 탑승하면, 열기구 안쪽에 달아 놓은 바구니 속에 있던 프로판 가스통에 불을 붙여 거기서 나오는 열을 이용해서 하늘을 나는 것입니다. 열기구 속에는 보통 12명의 관람객이 탑승하고, 조종사가 동승하여 열기구의 높낮이를 조정하고, 풍향에 따라 약 1시간 동안 카파도키아 지역 허공을 두루두루 돌면서 관람을 시킵니다.

이 지형의 모습들은 오랜 세월 전에 화산이 폭발하여 용암이 녹아내리고 화산재들이 뒤엉켜서 수천 년 동안 침식과 풍화 작용으로 인하여 만들어진 것으로 인공적으로는 도저히 만들어 낼 수 없는 형태의 바위와 동굴입니다. 바위는 버섯 모양, 낙타 모양, 남성의 심볼 모양 등 각가지 형태이고, 동굴 속에서는 옛날 기독교인들이 박해를 피해 숨어 지냈다고 합니다.

탑승이 끝난 후 수많은 기암괴석이 끝없이 펼쳐진 카파도키아의 괴레메 야외 박물관, 비둘기 집으로 가득한 바위산 비둘기 계곡(우치히사르). 데브란트 계곡, 파샤바 계곡을 관광하였는데 자연의 힘이란 정말 대단했습니다.

이곳에 특별히 비둘기 집들이 가득하게 된 이유는 당시 기독교인들이 동굴 속에서 숨어 지낼 때 동굴 벽화를 그리기 위해서 점액질이 많은 비둘기알 껍질이 필요하였고, 그 비둘기알 껍질을 으깨어 자연 채색으로 활용하여 동굴 속 벽화를 그렸다는 것입니다. 약 2천 년 전에 그린 그림들이 아직도 동굴 벽화로 남아 있어 당시의 생활 모습을 추정할 수 있습니다.

기독교인들이 박해를 피해 숨어 지내던 비밀스러운 지하 도시 '데린쿠유'를 본 후 콘야 평야를 지나 튀르키예 3대 온천 중 하나인 아피온으로 이동하였습니다. 콘야 평야는 한국의 호남평야보다 10배 이상 넓고 광활한 평야이고, 지평선과 하늘이 맞닿아 보이듯이 평야의 끝이 보이질 않았습니다. 버스로 이동했는데 6시간이 소요되었습니다.

튀르키예는 비교적 땅이 메마르고 기후가 건조하여 밀, 옥수수, 사탕수수, 감자, 호박 등 주로 밭농사를 할 수밖에 없다는데, 이 나라 선조들은 자연의 악조건을 무릅쓰고 끈질긴 생명력으로 세계 4대 식량 대국으로 발돋움하였으니 대단한 민족입니다.

장차 식량난으로 나라마다 자국의 이익을 위하여 곡물 전쟁을 벌일 수도 있을 것입니다. 그런 의미에서 안정적인 식량 확보는 안보 차원에서도 대단히 중요한 문제입니다. 그러므로 우리나라도 식량난이 몰고 올 엄청난 파장을 고려하여 농업정책을 꾸준하게, 그리고 과감하게 세우고 시행하여야 할 것입니다.

세종대왕께서는 "농사는 천하의 사람들이 살아가는 큰 근본이다

(農者 天下之大本)."라고 하였는데, 요즘 먹고살기 좋아졌다고 해서 농사를 고리타분하게 여길 일이 아닙니다.

| 파묵칼레

튀르키예어로 '목화의 성'이라는 뜻을 가진 파묵칼레는 1988년 세계문화유산으로 지정되었는데, 참으로 기이한 장관을 이루고 있습니다. 뜨거운 온천수와 유독가스가 분출되기도 합니다. 저는 계단식으로 된 온천수에 발을 담그고 지는 석양과 물아일체가 되어 순간순간에 적응하며 한참 동안 넋을 잃고 기이한 풍경을 감상하였습니다. 예전에는 이곳을 '성스러운 도시'라는 뜻으로 헤라폴리스라고 불렀다고 합니다. 아직도 많은 유적과 수수께끼의 석상 문화들이 남아 있습니다.

조금 멀리서 보면 새하얀 눈이 덮인 것 같은 석회 봉에 족욕이 가능한 노천온천이 있어 해마다 4계절 세계 각국의 사람들, 특히 유럽인들이 몰려오는 곳입니다. 저는 자연이 빚어낸 신비로운 이곳을 걷다가, 또는 흐르는 온천물에 발 담그기를 반복하면서 즐겁게 시간을 보낸 후 호텔로 이동하여 쉬었습니다.

고대 도시 에페소스에는 약 2천 년 전에 건축되어 무려 2만 4천 명을 수용할 수 있는 대극장이 있는데, 이 극장은 통치자가 시민을 위하여 경기장이 아닌 문화 공간으로 제공하기 위하여 축조한 극장입니다. 여기에는 아름다운 건축물인 켈수스 도서관, 아르테미스 신전, 예수 도서관, 시리아풍으로 로마 황제 하드리아누스를 기념해 건립한 이오니아식 문, 사도 요한의 묘가 있는 교회도 있어 과거에는 이슬람보다 기독교 문화가 깃든 도시들입니다.

유럽이나 튀르키예를 여행하면서 건축물을 수없이 보아 왔지만, 기계나 특별한 도구, 운반 차량도 없었을 중세 시절에 이토록 거대한 대리석을 캐내고 돌기둥을 만드는 것이 가장 불가사의한 일로 여겨졌습니다. 또 그 무겁고 덩치 큰 돌기둥을 어떻게 세울 수가 있었고, 정교한 각 문양의 조각은 어떤 도구를 사용하였는지 무척이나 궁금합니다. 도대체 그 먼 옛날에 저토록 아름답고 신기한 기하학적, 수학적으로 배치한 건축물을 완성할 수가 있었던 원동력은 무엇이었을까요? 너무도 신기하고 궁금합니다.

7) 그리스(Greece) 여행

| 신들의 나라 그리스

그리스는 남유럽과 서아시아에 있고, 지중해를 접하고 있는, 수도가 아테네이며 1830년에 오스만 제국으로부터 독립한 나라이자 발칸반도에 속하는 국가입니다. 인구는 1천만 명 정도이며, 종교는 그리스정교, 교포는 300여 명이 거주하고 있습니다.

그리스는 발칸반도(알바니아, 불가리아, 루마니아, 세르비아, 몬테네그로, 슬로베니아, 크로아티아, 보스니아, 마케도니아로 구성)의 국가의 일원입니다. 지정학적으로는 북쪽으로 도나우강 하류와 사바강 동쪽으로 흑해, 남동쪽으로 에게해, 남쪽으로 지중해(유럽과 아프리카, 아시아로 둘러싸인 면적 약 260만 km의 만), 남서쪽으로 이오니아해, 서쪽으로 아드리아해에 경계가 이루어진 나라입니다. 이 해상은 흑해와 연결되는 항로인데 예로부터 동서양을 잇는 요충지이고 무역항으로서도 매우 중요한 곳입니다. 미국과 영국, 프랑스 등 서방 국가와 이란, 시리아, 인구 3,500만 명의 예멘공화국이 대립하고 있고 홍해 아덴만과 가까운 거리에 놓여 있습니다. 발칸 지역이라는 용어는 19세기 초부터 사용되었는데, 튀르키예어로 산맥(山脈)이라는 뜻입니다.

그리스는 근대문명과 근대올림픽 발상지이자, 서구 문명의 철학적 기초를 마련한 고대 그리스의 위대한 인물 소크라테스와 플라톤, 아리스토텔레스가 태어난 곳입니다. 기원전 3천5백 년경, 메소포타미아 티그리스 유프라테스강 유역에서 처음으로 문명이 발원되었습니다. 이어서 이집트의 나일강 유역, 인도의 인더스강 유역,

중국의 황하강 유역에서 발원되었지만, 그리스를 빼놓을 수는 없을 것입니다.

그리스 풍경 중에는 산토리니섬에 지어진 파란색으로 채색된 지붕과 하얗게 채색된 동화처럼 아름다운 집들이 떠오릅니다. 파란 물결이 출렁대는 인구 15,500명이 거주하는 조그마한 섬 산토리니(Santorini)는 지상의 낙원 같은 독특한 매력을 가지고 있습니다. 특히 깎아지른 듯 솟아 있는 기암들 위로 허공 위에 있는 것처럼 세워진 메테오라(Meteora) 수도원이 있는데, 하늘 위의 정원이라 불리는 이 수도원은 1988년에 세계문화유산으로 지정되어 더욱 유명해졌습니다.

그러가 하면 풍차가 돌아가는 낭만의 섬, 돌고래와 갈매기, 주둥이가 긴 새 펠리컨이 바다 위를 넘나드는 섬, 무작정 걷고 싶어지는 섬 미코노스가 있고, 인간과 신이 공존하는 도시 그리스의 수도 아테네가 있습니다.

그뿐만이 아니라 섬 안에 숨겨진 중세도시, 신의 계시를 받았다는 신탁(信託)의 땅, 그리스의 고유문화가 동양 문화와 융합하여 형성된 곳이 그리스입니다. 이곳에는 그리스의 사상, 문학, 정신, 예술 등을 문화사적으로 꽃피웠던, 헬레니즘(Hellenism) 문화 시대에 가장 번영했던 고대 상업 도시 코린토스가 있습니다. 코린토스(고린도)는 성경에도 등장하며 고대 고린도 유적 박물관이 있습니다.

또 그리스에는 유럽 문명의 발상지이자 신들의 왕 제우스의 고향 크레타섬이 있습니다. 크레타섬은 그리스에서 가장 큰 섬이고 지중해에서 5번째로 큰 섬으로 유럽 문명이 시작된 곳이기도 합니다. 매년 약 4백만 명의 외국 관광객들이 방문할 정도로 인기가 많은 섬입니다.

크레타섬의 역사는 지중해 동부에 있는 1983년에 튀르키예로부터 독립한 키프로스만큼이나 파란만장합니다. 유럽에서 가장 오래된 미노스 문명이 꽃피었던 곳이기도 한데, 이 섬은 그리스에서 가장 큰 섬이어서 행정구역상 한 주(州)를 이루고 있습니다. 이 섬을 가려면 아테네 공항에서 비행기나 크루즈 선으로 가야 합니다.

그리스 하면, 신화의 도시를 연상하지 않을 수 없을 것입니다. 그리스는 과거 로마의 침략을 받고 수차례에 걸친 전쟁을 벌이고 로마의 속국이 되는 등 역사적으로 외세의 많은 시달림을 받았다는 점에서 한국과 유사한 점이 있습니다.

그리스에는 여러 형태의 신전이 있는데, 대표적인 신전으로는 포세이돈(Temple of Poseidon) 신전과 파르테논(Parthenon) 신전, 그리스 신전, 아페아 신전을 꼽을 수 있습니다. 그리스 건축에서는 신전이 3분지 2를 차지했다고 합니다. 그래서 신전 축조 능력은 그 사회의 수준과 능력을 가늠하는 중요한 기준이 되었습니다.

당시 그리스의 문명은 인체에 대해서 가장 아름다운 형태가 존재한다면서 이를 이상미로 관념화했고, 구체적 비율 관계로 정의했는데, 팔등신이라는 용어가 이때 나온 것입니다. 즉, 그리스인들은 인간이 지닌 각 부분의 신체 기관을 측정하고 이상적 비례를 정의하였던 것입니다. 여기서 그들은 팔등신 미인처럼 기하학적, 수학적으로 실제 건축물에도 비례의 원칙을 적용하려 했습니다. 그리스 신전은 선험적으로 정해지는 전체적 가치와 경험적으로 발생하는 개별적 가치 사이의 관계를 적절한 조절과 화해를 통해서 오늘날 현대인들도 따라갈 수 없을 정도의 정교한 신전을 건축한 것입니다. 신전 기둥의 크기와 모양, 굵기, 위치, 무게, 모서리 처리 등 기원전 460년에 이런 완벽을 구현한 건축을 할 수 있었는지 보면 볼수록 신비롭기만 합니다.

| 그리스의 산업

그리스는 농업과 관광업이 주류를 이루고 첨단 산업 분야나 제조업이 없습니다. 그럼에도 좌파 급진 정치인들이 국가 장래를 생각하지 않고 퍼주기식 선심성 정책을 펴 대학과 대학원까지 공짜이

고, 직업이 없어도 실업수당을 지급합니다. 근로의욕을 저하하는 이러한 정책으로 인해 국가재정이 파탄 나는 바람에 필자가 여행 중일 때에는 그리스가 국가 부도 사태를 맞고 수습 중이었습니다. 당시 그리스의 상황은, 미화원들이 월급을 받지 못하여 거리 청소를 하지 못해 거리마다 쓰레기가 넘쳐 났고, 거리에는 교통경찰관도 보이지 않았는데, 그 이유가 국가에 돈이 없어 급여를 줄 수 없기 때문이라고 하였습니다.

 그리스 정부는 IMF로부터 차용한 금리가 워낙 고금리여서 부득이 항만과 철도 등 국가의 주요한 기간산업 시설을 중국에 팔았다고 합니다. 지금쯤 국가 부도 사태를 극복했는지는 알 수 없으나 재정이 파탄 났고 그 수습의 하나로 기간산업을 중국으로 팔아 버린 것입니다. 그런 상태에서 경제적으로 고난의 세월을 보내야 하는 쪽은 일반 시민들입니다.

 같은 예로, 자원 부국이자 세계 면적 4위 국가 브라질, 5위 아르헨티나, 세계 제1위의 산유국 남미 베네수엘라 등이 모두 같은 전철을 밟았습니다. 땀 흘려 일한 대가로 살기보다는 공짜로 던져 주는 빵을 쫓다가 망한 나라들입니다. 그들 국가의 대졸 출신 여성들이 일자리가 없어 몸을 팔고 먹을 것을 찾아 쓰레기통을 뒤지고 있다는 외신 보도를 접하고서도 우리 정치권은 선거 때마다 여전히 대책 없는 천문학적인 재정이 투입되는 포퓰리즘 정책을 내놓고 있습니다.

| 우리의 반면교사 그리스

정상 모리배로 가득한 정치권과 무지한 국민 때문에 한국도 앞에서 열거한 나라들처럼 나락으로 떨어지지 않을지 심히 우려됩니다. 이럴 때 지역적으로 단합이 가장 강한 호남과 영남인들이 정신을 차려 자질이 부족한 자들을 국회의원 선거와 지방자치 단체장 선거, 그리고 대통령 선거에서 잡초 뽑듯이 뽑아내야 나라가 살 것입니다. 수단, 방법을 가리지 않고 간사한 방법으로 자신의 이익만을 보려는 장사치와 같은 정치꾼 정상 모리배를 가려내야 합니다.

정치권에서는 오래전부터 현재에 이르기까지 항시 호남 민심을 들먹이며 추악하고 더러운 짓을 이용하는 데 호남인들을 끌어들여 왔습니다. 그런데도 호남인들은 아직도 편협한 마음으로 자질과 도덕성을 따져 보지 않고 무조건 호남 출신 정치인을 뽑아 주었습니다. 한국을 변화시키려면 호남부터 변해야 하고 그래야 한국에 미래가 있습니다. 먼 훗날 후손들이 지역감정에 이용당한 호남인들을 향해, "당신들이 한국 정치를 혼탁하게 하고 국가의 발전을 가로막은 주범들입니다."라고 손가락질하며 원망한다면 무엇이라 답을 할 것입니까?

정치꾼들은 늘 민주주의를 전매특허처럼 내세우지만, 실은 편 가르는 정치를 해 왔고 그로 인해 민주주의도, 국가도 위기에 있는 것입니다. 그러므로 다가오는 선거에서는 지역감정에 치우치는 우를 범하지 않기를 소망해 봅니다.

여행 중 필자는 소크라테스가 시민들을 상대로 대화를 나누었던 아고라, 시장이 섰던 거리, 소크라테스가 재판받았다는 법정, 돌무덤처럼 허술하기만 한 감옥을 두루두루 살피면서 위대한 철학자의 발자취를 더듬어 보며 감상에 젖었습니다.

돌이켜 보면, 고려 시대와 조선의 역사에도 많은 충신이 무고한 죄로 사형을 당하거나 유배를 갔습니다. 사육신이 그러했고, 다산 정약용과 세계 해전에 빛나는 업적을 이루고 조선을 구한 이순신도 한때 고문을 당하고 유배를 당하였습니다. 모두 무지한 모리배의 모략과 음해, 거짓 선동 그리고 어리석은 임금 때문이었습니다. 근대에 이르러 오늘날 유배는 우리 사회에서 없어졌지만, 날로 교묘해진 음해성 선동과 선전, 가짜 뉴스가 판을 치고 부정과 불의, 불신, 위선, 내로남불 등 온갖 부정적인 행위들이 난무하고 있습니다.

지난 22대 국회의원 선거에서는 2심까지 유기징역 형에 처하는 선고를 받은 자, 부정부패 혐의로 기소되어 재판받고 있는 자들 여러 명이 당선되었습니다. 이런 기형적인 선거 결과는 국민 수준이 저급하고 도덕성이 마비되었기 때문입니다. 그리고 날이 갈수록 정부도, 국민도 보이는 외양에만 신경을 쓸 뿐 내면을 가꾸는 것에는 무관심합니다.

학교를 떠나면 평생토록 독서하지 않는 국민이 80%에 이른다는 통계가 있다고 합니다. 그래서 종합적인 사고력과 판단력이 우리나라의 교육열과 국민의 학력에 비하여 너무 부족합니다. 따라서 외모만큼 뇌(腦) 미인이 되는 것이 중요하다는 인식을 갖게 되었으면 좋겠습니다. 아울러 독서는 인간만이 누릴 수 있는 가장 고급스러운 쾌락임도 깨달았으면 합니다.

8) 세 번째 미국 여행

| 장미와 국화의 나라 미국

미국은 너무나 잘 알려져 있고 친숙하여 긴 설명이 필요 없는 나라입니다. 인구는 약 3억 3천6백만 명이고, 한국인 약 200만 명을 포함하여 세계 다민족이 모여 사는 국가입니다. 미국은 본토 48개 주와 알래스카, 하와이의 2개 주로 구성된 연방공화국입니다. 땅덩어리가 넓고 길어 온대성 기후와 냉대성 기후가 공존하며, 장미가 국화인 나라입니다.

미국의 역사가 짧다 보니 유럽처럼 콜로세움 경기장이나 예술성이 뛰어난 역사적인 유적지, 화려한 성당 같은 널리 알려진 관광지로는 없지만 볼거리는 가장 많은 나라가 아닌가 싶습니다.

예컨대 자연이 만들어 낸 거대한 협곡인 그랜드캐니언, 미국의 독립 100주년을 기념해 프랑스가 미국에 보낸 높이 34m, 무게 2만 kg의 거대한 철 구조물로 만들어진 자유의 여신상이 100년 이상 차갑고 거친 바다에 버티고 있습니다. 또한 1937년에 완공된 샌프란시스코와 마린 카운티를 연결하는 아름다운 현수교 골든게이트 브리지(금문교)가 가로질러 놓여 있는데, 그 길이만 무려 3km에 육박하는 2,737m입니다. 그뿐만이 아니라 브로드웨이의 타임스 스퀘어, 미국정치의 산실 백악관과 국회의사당, 엠파이어 스테이트 빌딩, 요세미티 국립공원, 로스앤젤레스의 디즈니랜드 등 자연과 인간이 만들어 낸 것들이 다양합니다.

| 샌프란시스코 방문과 이종문에 대한 단상

6년 전에 샌프란시스코를 여행할 때 금문교를 지나 다리 끝부분에 동판으로 된 '이종문'이라는 한국인의 동상을 보고 가슴이 뭉클했던 기억이 납니다. 이분은 실리콘밸리에서 첨단 제품을 개발하여 큰돈을 벌어 회사를 상장시킨 후 고가에 회사를 넘겼고, 샌프란시스코에 '아시안 아트 뮤지엄(Asian Art Museum of San Francisco)'을 짓는 데 거금을 희사하였다고 합니다. 그래서 거대한 미술관의 건물 입구, 박물관 이름이 새겨진 아래에 '이종문, 아시아예술문화센터(Chongmoon Lee, Asian Art & Cultural Center)'라는 그의 이름이 들어간 글귀가 박혀 있어, 이를 보는 한국인들에게 자긍심과 자부심을 느끼게 해 줍니다. 이 박물관의 위치는 샌프란시스코 시청 맞은편, 시빅 센터 옆에 있는데 그 건물 내에는 1만 8천 개가 넘는, 전 세계에서 가장 많은 아시아 예술품과 유물들을 소장하고 있다고 합니다.

그런데 이 문화예술 박물관을 짓고 유물을 기증한 이종문 선생은 바로 중앙대학교 법학과(3회 졸업) 출신의 자랑스러운 선배이자 중앙대학교 초대 총동창회장직을 역임하신 분입니다. 한 가지 이해가지 않는 부분은 그 선배님이 이공대 출신이 아니라는 점입니다. 법학과의 특성상 생각이 보수적이고 경직되기 쉬운 학과여서 더욱 이해할 수가 없습니다. 어찌 법대 출신 머리에서 공학적이고 창의적인 사고가 일어났는가 하는 점입니다. 법률을 기반으로 하는 소송행위에서 창의력을 발휘한다는 것은 아주 위험한 일입니다. 그 이유는 오직 법과 원칙, 양심, 그리고 증거에 의해서만 판단해야 하는 분야이기 때문입니다.

게다가 실리콘밸리(Silicon Valley)는 연중 비가 내리지 않는 척박한 곳으로 단지 전자산업에 이상적인 조건인 습기가 없는 천연의 환경을 가진 곳입니다. 공대 출신이 아니면서 첨단기술을 개발하겠다는 아이디어를 갖고 성공까지 한, 그 성공적인 비결은 무엇이었는지가 정말 궁금합니다.

| 워싱턴과 뉴욕, 그랜드캐니언과 라스베이거스

필자는 세 번의 미국 여행에서 미국의 수도이자 정치의 중심지 워싱턴에서 막강한 권력의 상징인 대통령이 집무하는 백악관과 민의의 전당 국회의사당을 매우 근접거리에서 볼 수가 있었습니다. 한국의 권력기관처럼 폐쇄적이고 비공개적이며 장막이 처진 모습과는 사뭇 달랐지요.

한편, 금융 도시 뉴욕에서는 영화나 방송에서만 보아 왔던 1,650

만 명이 거주하는 인구밀도가 가장 높은 맨해튼(Manhattan)에 있는 엠파이어 스테이트 빌딩 주변과 복잡한 맨해튼 심장부에 인공적으로 만들어진 세계 최대 규모의 '센트럴 파크'를 걸으며 여러 상념에 젖기도 했습니다.

이어서 미국 북부와 캐나다 국경 사이에 있는 웅장한 나이아가라 폭포를 보면서, 그 광대함에 같은 지구상에 있는 한국과의 환경이 이처럼 다른가 하고 입을 다물지 못했던 기억이 납니다. 특히 서부 영화의 촬영지로 잘 알려진, 애리조나주 북쪽 경계선 근처의 파리아강(Paria River) 어귀에서 시작하여 네바다주 경계에 있는 국립공원 그랜드캐니언(Grand Canyon)의 환상적인 모양과 빛깔에 경탄하지 않을 수 없었습니다. 복잡하게 깎인 그 넓은 협곡과 당당한 봉우리들, 우뚝 솟은 산을 헬리콥터를 타고 둘러본 장엄한 풍경은 두고두고 잊을 수가 없습니다.

인구 약 300만 명이 살고 있고 고급 호텔과 카지노 시설이 줄지어 있는 환락의 도시 라스베이거스(Las Vegas)에서의 경험 역시 잊지 못합니다. 라스베이거스에서 알코올과 마약에 중독이 된 듯 눈동자가 반쯤 풀려 카지노 게임에 푹 빠져 있는 게임 중독자들이 연일 신기루 같은 희망 고문 속에서 쉴 새 없이 당겨 대는 기계음 소리에 정신을 못 차려 어리둥절했던 기억도 생생합니다.

한국인이 가장 많이 거주하고 있어 일상생활에서 영어가 필요 없는 도시, 곳곳에 한국어 간판이 보일 정도로 코리아타운이 크게 형성된 캘리포니아 남부에 있는 도시 로스앤젤레스도 눈에 선합니다. 오늘 하루도 인생의 노을이 지고 있습니다.

9) 스페인과 아드리아해 연안 여행

| 투우와 플라멩코(flamenco)의 나라 스페인

스페인은 수식어로 정열의 나라, 투우사의 나라, 플라멩코의 나라를 떠오르게 합니다. 격렬하고 정열적인 스페인의 춤을, 춤의 본고장 안달루시아, 세비야에서 관람하는 일은 입장료가 아깝지 않을 정도로 흥겨운 유럽 최고의 문화 공연이 아니었나 생각합니다. 지금도 그 열기가 느껴집니다.

또한 건축예술의 대명사로 손꼽히는 바르셀로나의 안토니오 가우디(Antonio Gaudi)가 건축한 '성가족교회' 역시 걸작이 아닐 수 없습니다. 이 교회는 8개의 탑을 통해 성가족인 예수그리스도, 성모와 예수의 제자들을 기념하는 교회입니다. 이 교회는 1882년에 착공하여 120년 동안 건축을 이어 간 것으로도 유명합니다. 가우디는 20세기 초 스페인 모더니즘 예술의 진수를 보여 준 건축가이자 예술가입니다. 바르셀로나의 오늘을 있게 한 인물이라고 해도 과언이 아닙니다. 바르셀로나의 성가족교회뿐만이 아니라 그의 야심이 가득한 구엘 공원 또한 가우디의 걸작 중 하나인데, 구엘 공원은 가우디의 후원자 구엘(Guell)의 의뢰를 받아 지은 공원입니다.

| 바르셀로나 올림픽 스타디움에서 벅차오른 가슴

해외에 나가면 누구나 애국심이 충만해진다는 말이 있습니다. 필자가 찾아간 바르셀로나 올림픽 스타디움 바로 앞에는 한국의 마라토너 황영조 선수 기념탑이 있었습니다. 머나먼 이국땅, 그것도 스페인 최대의 도시 바르셀로나에 한국인의 마라톤 우승 기념탑이 세워져 있는 모습을 목격하자 울컥하는 감동이 가슴으로부터 차올랐습니다. 그는 1970년 강원도 삼척 근덕면 출생으로 1936년 손기정 선수 이후 56년 만에 한국인 마라톤 선수로서 금메달을 차지한 것입니다.

제25회 바르셀로나 올림픽경기는 1992년 7월 25일 토요일부터 8월 9일 일요일까지 25종목, 169개국, 9,356명이 참가하였으며 한국은 23개 종목, 선수 247명이 참가하여 종합순위 7위를 차지하였습니다. 특히 황영조 선수의 금메달은 여러 종목 중 올림픽의 역사와 정신이 담겨 있고, 선수 개인으로는 인간 한계와 싸워야 하는 고독한 경기인 마라톤에서 우승하였기에 더욱 값진 것입니다.

당시 마라톤 코스는 30km 지점부터 몬주익 경기장까지 가파른 오르막길이 계속되는 지옥의 코스로 유명하였습니다. 그는 이후 1994년 보스턴 마라톤 대회에서도 우승하였고, 1994년 히로시마 아시안 게임에서도 우승하여 국민의 영웅으로 떠오르게 되었습니다. 그리고 황영조 선수와 더불어 세계를 깜짝 놀라게 한 또 한 명의 금메달리스트가 있었는데 그 이름은 바로 한국 양궁 역사상 최고의 신궁 김수녕 선수입니다.

10) 헝가리의 대표 여행지 부다페스트와 다뉴브강의 야경

동유럽의 중앙 언덕에 자리한 헝가리는 인구 1천만 명 정도이고, 접경지로는 폴란드, 루마니아, 크로아티아와 국경을 이루고 있습니다.

헝가리 하면 떠오르는 인물은 「메피스토 왈츠」, 「헝가리 광시곡」, 「사랑의 꿈」, 「라 캄파넬라」 등을 작곡한 프란츠 리스트입니다.

한국이 낳은 피아노의 천재 조성진이(2015년 제17회 쇼팽 국제 피아노 콩쿠르에서 한국인 최초 우승) 연주하는 「사랑의 꿈」을 듣자면 삶이 아무리 피곤하고 비참하다 해도 이 곡의 아름다운 잔잔한 소리에 시름을 잊게 해 줍니다.

원래 이 곡은 독일의 시인 울란트의 두 가지 시와 프라일리그라트의 시를 통해 세 종류의 다른 사랑을 묘사한 것입니다.

첫 번째 노래인 울란트의 '고귀한 사랑'은 성스럽고 종교적인 사랑을, 두 번째 노래인 울란트의 '가장 행복한 죽음'은 에로틱한 사랑을 묘사하고 있습니다. 다만 여기서의 죽음은 은유적인 표현일 뿐 실제의 죽음을 의미하는 것은 아닙니다.
그리고 세 번째의 '사랑할 수 있는 한 사랑하라'는 조건 없는 성숙한 사랑을 이야기하며, 사랑을 잃어버리는 것이 얼마나 비탄스러운 것인지 경고하고 있습니다.

또한 고교 시절 음악 시간을 통해 귀에 익은, 이바노비치가 작곡한 「도나우강의 잔물결」이 있는데, 그는 이 한 곡으로 음악사에 길이 이름을 남긴 유명한 작곡가의 반열에 오르기도 하였습니다.

도나우강은 다뉴브강으로도 불리기도 하는데, 독일 남서부 바덴뷔르템베르크 지방의 슈바르츠발트 국립공원 끝자락에서 시작하여 독일 남부, 오스트리아, 슬로바키아, 헝가리, 루마니아를 거쳐 흑해로 흘러가는 길이 2,860km나 됩니다. 이는 유럽에서는 러시아 평원의 4개 지대를 통과하여 카스피해로 흘러들어 가는 볼가강을 제외하고 가장 긴 강입니다.

지형적으로 보자면, 헝가리 수도 부다페스트의 서쪽 지구 부더와 동쪽 지구를 잇는 현수교 세체니 다리 밑으로 도나우강이 흐르고 있는 것입니다.

헝가리는 아시아계의 마자르족에 속합니다. 그리고 부다페스트는 동 유럽 국가 중 가장 아름다운 건축물을 자랑하며 특히 민속무용과 음악은 이 나라의 고귀한 문화유산입니다.

세체니 다리는 템스강의 런던 다리를 건설한 바 있는 영국의 건축설계사 윌리엄 티어니 클라크나가 설계한 다리인데, 다리에서 보이는 수도 부다페스트 시내 중심가를 가로질러 흐르는 야경은 눈이 아찔할 정도로 황홀합니다.

다뉴브강 잔물결이 넘실대는 야경을 보기 위하여 유람선을 타고 '부다성', '국회의사당', '어부의 요새', '회쇠크 광장' 등을 둘러보는 멋은 가히 환상적이라 아닐 수 없습니다.

그런데 필자가 유람선을 승선하여 헝가리 다뉴브강을 관광한 후 귀국한 지 3년 후인 2019년, 한국인 25명이 숨진 헝가리 유람선 참사 사고가 신문에서 대서특필 보도되고, 방송에서도 톱뉴스로 전해졌습니다. 참으로 안타깝고 큰 충격과 함께 한동안 가슴이 먹먹

7. 여행의 발견 355

하였습니다.

이 사고는 유람선 바이킹 시긴호가 승객 35명을 싣고 국회의사당 야경을 보기 위해 의사당 건물 가까이에 접근하다가 스위스 소속 크루즈의 뒷부분을 충격하여 침몰된 것입니다. 당시 탑승자 35명 중 25명의 한국인이 사망하였습니다.

그 후 이 사고의 선장은 '수상 교통법 위반죄'로 징역 5년 6개월의 형을 받았다고 합니다. 그리고 유족에 대한 위자료 등 손해배상청구는 한국의 대형 로펌과 현지 법무법인 오펜하임이 합동으로 선임을 하여 소송 진행 중이던 것이 최근에 종결이 되었다고 합니다.

11) 체코의 '프라하(Praha)의 봄' 현장을 가다

체코 하면 '프라하의 봄'을 떠올리게 되고, 『참을 수 없는 존재의 가벼움』을 쓴 밀란 쿤데라를 빼놓을 수 없을 것입니다. 프라하의 봄은 제2차 세계대전 이후 1989년 4월 9일 구소련 연방의 간섭이 심했던 체코슬로바키아에서 일어난 민주화 시기를 의미합니다. 프라하의 봄 당시 둡체크는 경제와 정치 분야에서 분권화 실시와 표현의 자유, 이동의 자유를 주장하였습니다. 그러나 소련 연방은 탱크와 장갑차를 몰고 침공하여 민주화 운동을 저지하여 실패합니다. 반소련의 시위는 소련군에 의해 해산되었고, 그 시위의 결과 20명이 목숨을 잃고 수백 명의 부상자가 발생하였습니다. 그때 대학생 한 명이 분신 자살한 사건이 벌어져 현재 광장에는 그 대학생의 동상이 세워져 있습니다.

밀란 쿤데라는 체코슬로바키아 브르노 출신으로 프라하의 봄 시위에 참여하였다가 실패로 끝나자 1975년 프랑스로 망명해서 시민권을 취득합니다. 그리고는 프랑스에서 불후의 명작, 1984년에 『참을 수 없는 존재의 가벼움』을 발표합니다.

이 소설은 무엇이 긍정적이고, 무엇이 부정적일까 하는 물음을 시작으로 역사 속 4명의 등장인물을 통해 그 무거움과 가벼움에 대해 표현하고 있는데 영화로 나오기도 했습니다. 제목에서 보듯이 소설과 실존철학 사이에서 전통적인 가치와 반항하는 인간의 몸짓을 표현한 책이라 할 수 있지 않을까 싶습니다. 그는 이 책 외에도 『농담』, 『우스운 사랑들』, 『이별의 왈츠』, 『삶은 다른 곳에』, 『웃음과 망각의 책』을 냈는데 노벨상 후보로는 매년 올랐지만 받지는 못했고 2023년 7월 11일 파리에서 세상을 떠났습니다.

프라하에는 1410년 프라하 시청사의 요청에 따라 시계공 두 명과 수학자 한 명이 제작하였다는 천문 시계를 볼 수 있습니다. 천문 시계는 정각이 되면 우측의 해골이 종을 치면서 퍼모먼스 쇼가 시작됩니다. 해골의 의미는 죽음이라고 볼 수가 있고, 해골이 종을 치는 행위는 죽음이 오고 있다는 의미로 해석되기도 합니다.

그 옆에 기타 치는 인형, 지팡이 짚은 인형 거울을 보는 인형이 같이 고갯짓을 하는데 이는 탐욕, 욕심, 증오 등을 가진 인간들을 의미한다고 합니다.

이런 모든 퍼포먼스를 종합해 보자면, 인간은 죽음 앞에서 부질없는 존재이지만 그래도 삶은 중요하므로 계속되어야 함을 나타낸다고 합니다.

이 시계는 특수한 메커니즘과 다이얼을 갖추어 천문 정보를 표시할 수 있는 시계로 태양과 달의 상대적 위치, 황도대 별자리, 행성의 위치 등이 있어 프라하의 명물로 자리매김하고 있는 시계라 할 수 있습니다.

12) 헬싱키에서 상트페테르부르크와 모스크바의 붉은 광장까지

기차로 핀란드의 수도 헬싱키에서 상트페테르부르크와 모스크바까지 여행을 한 적 있습니다. 헬싱키에서 상트페테르부르크까지의 거리는 301km이고, 도착하기까지 걸리는 시간은 약 4시간이 소요됩니다.

러시아를 여행하려던 이유는, 비록 러시아가 공산주의 국가로 과거 스탈린 서기장, 브레즈네프 서기장, 푸틴 대통령에 이르기까지 자유가 억압된 독재국가여서 무서운 국가라는 이미지 강하지만, 문학과 음악, 무용 등 예술이 뛰어난 천재들이 탄생한 나라이기 때문입니다.

러시아는 국토 면적이 17,125,191㎢, 지구 전체 면적의 8분지 1로 세계에서 가장 큰 나라입니다. 이는 한국 국토보다 77.3배나 큰 규모입니다. 러시아의 총인구수는 2022년 기준 145,555,576명으로, 대폭 감소하고 있는 추세입니다.

상트페테르부르크의 면적은 1,439㎢이고, 인구는 2019년도 기준으로 약 510만 명이 거주하고 있습니다. 이 도시는 규모 면에서 모스크바에 이어 가장 큰 도시이며 정치, 경제, 문화적 영향력이 큰 도시라 할 것입니다.
반면 수도 모스크바의 면적은 112만 3,400㎢이고 인구는 1,127만 3,400명이 거주하고 있습니다.

러시아의 인구수가 급격히 줄고 있는 이유는 출산율이 낮은 데다가 사망률이 높아 기대 수명이 낮기 때문입니다. 더구나 최근에는 우크라이나와의 전쟁으로 젊은 남성들이 전쟁터에서 많이 사망하고 있는 것도 무관치 않을 것이라 여겨집니다.

아프리카와 미국을 제외한 세계 여러 나라들은 한국을 비롯한 일본, 러시아, 유럽 등 대부분의 국가에서 인구 감소로 골머리를 앓고 있는 것 같습니다. 인구 감소의 직접적인 원인이기도 한 참혹한 전쟁은 해당 국가는 물론 인류사적으로도 큰 재앙이 아닐 수 없습니다.

러시아를 여행한 시기는 백야 때였습니다. 백야란 북위 약 66.5도 이상의 북반구 지역과 남위 66.5도 이하의 남반구 지역에서 한여름에 태양이 지평선 아래로 내려가지 않는 현상을 말합니다. 그래서 북반구에서는 6월 21일 하지 무렵, 남반구에서는 12월 22일 동지 무렵에 백야 현상이 일어나며 가장 긴 곳에서는 6개월간 지속됩니다.

　백야 현상은 스칸디나비아반도인 스웨덴, 핀란드, 덴마크 일부, 러시아 일부, 미국 알래스카, 캐나다, 남미 칠레 등에서 볼 수 있으며 하얀 밤(White night)으로 불리기도 합니다.

　이곳을 여행하고 싶은 욕망이 컸던 이유는 고교 시절에 읽었던 표도르 도스토옙스키의 장편 소설 『죄(罪)와 벌(罰)』에서 깊은 인상을 받았기 때문입니다. 가난한 법대생인 라스콜니코프가 악랄하기로 소문난 전당포 노파 알료나와 그녀의 여동생 리자베타를 도끼로 살해하였는데 그 전당포가 이 도시에 있다고 하여 궁금증을 참을 수 없었습니다.

　그는 늘 가난에 찌든 대학생이었고 아버지가 매월 어렵게 보내 주는 용돈과 학비를 받아 오면서 초인 사상에 빠져 도끼로 노파의 머리를 찍는 끔찍한 범행을 저지릅니다. 인간의 고통을 조금이라도 줄이기 위해서는 기생충 같은 고리대금 업자인 노파를 죽이는 것이 이 사회를 위해 바람직한 행동이라는 엉뚱한 생각이 그 동기입니다. 공리주의적이고 이타주의적인 행위라고 살인을 정당화합니다.

　작가는 라스콜니코프가 살인을 범한 후 겪게 되는 심리적 압박감과 죄책감에 시달리는 갈등을 예리하게 표현하고 있습니다. 범인은 자신이 저지른 범행에 대하여 자신의 사고에 맞춰 자기 합리화를 하려고 애씁니다.

그러나 친구의 여동생 소냐의 끈질긴 자수 권유를 받고 자수하기로 마음먹습니다. 강도치사 후에 금고에서 꺼낸 돈은 한 푼도 사용해 보지도 못한 채 숲속에 버립니다. 당시 범인을 설득하여 자수하도록 한 소냐는 가난 때문에 매춘부로 살아갑니다. 비록 육체는 더러워졌지만 정신과 영혼만은 때 묻지 않은 순수한 여인이었습니다.

이 소설이 출간되자 자유주의적이고 급진적인 비평가들의 관심을 끌게 되었습니다. 이때 실존주의자 장폴 사르트르와 알베르 카뮈도 도스토옙스키의 소설을 읽고 나서 영향을 받지 않았을까 하는 추론을 해 봅니다.

러시아에는 또 다른 소설가이자 시인, 개혁가, 사상가이고, 사실주의 문학의 대가인 위대한 작가 톨스토이 백작을 언급하지 않을 수 없습니다. 그는 불후의 명작 『부활』을 비롯하여 『전쟁과 평화』, 『안나 카레니나』를 탄생시킴으로써 러시아 문학과 정치사에 지대한 영향을 끼쳤습니다.

그 외에 의사이자 단편 소설가, 극작가인 안톤 파블로비치 체호프도 빼놓을 수 없는 인물인데, 그의 작품으로는 『벚꽃 동산』, 『갈매기』, 『세 자매』, 『청혼』 등 다수의 작품을 탄생시킨 바 있습니다.

그의 작품 세계는 희로애락에 찬 다양한 삶의 모습들을 통찰하고 있습니다. 그의 사상은 모든 이념과 사상으로부터 자유롭고 중용적인 입장을 취합니다.

러시아 근대문학의 창시자이자 러시아의 국민 시인으로 추앙받고 있는, 19세기 러시아 문학의 황금기를 연 푸시킨(Pushkin)도 잊을 수 없습니다.

그가 지은 시 중에 「삶이 그대를 속일지라도」는 전 세계의 국민 애송시였고 필자는 지금도 그 시를 애송하고 있습니다.

삶이 그대를 속일지라도
슬퍼하거나 노여워 말라
슬픈 날을 참고 견디면
기쁜 날이 오리니

마음은 미래를 바라느니
현재는 한없이 우울한 것
모든 것 하염없이 사라지나
지나간 것 그리움이 되리라

필자는 이 도시에서 당시의 전당포 건물, 그리고 푸시킨의 생가를 둘러보며 그들이 남긴 작품이 지난 젊은 날의 우울과 수심, 고민에 크나큰 위안을 준 것에 새삼 감사함을 반추하게 하였습니다.

이 도시에는 현대자동차의 공장이 있었고, 어느 건물 외벽에는

2006년 토리노 동계올림픽에서 한국 선수로 금메달 3개를 목에 걸었던 안현수(빅토르 안)의 이름이 걸려 있었습니다. 낯선 곳에서의 여행자에게 가슴 뿌듯하고 반가운 일이 아닐 수 없습니다.

그리고 이 도시의 건물 대부분이 보존 가치가 높아 유네스코 문화유산으로 등재되었다고 합니다. 그래서인지 도시 전체에 유달리 고풍스럽고 아름다운 건물들이 즐비하였습니다. 그중에는 '피의 구원 사원'과 '겨울 궁전'이 있고, 표트르 대제의 '여름 궁전'이 있습니다. 특히나 여름 궁전은 아주 화려하고 멋진 분수가 있는데 그 분수대 사이에 황금 동상들이 있어서 더욱 유명합니다.

세계 3대 박물관 중 하나인 '아르미타주 박물관'이 있는데 러시아 바로크 건축으로 널리 알려져 있습니다. '성 이사악 성당'은 상트페테르부르크에서 최대 규모의 성당으로 세계 3대 성당 중 하나인데, 해가 어둑해질 무렵 약간의 햇빛과 조명으로 비치는 아름다운 모습은 여행자의 넋을 놓게 합니다. 그리고 도개교 아래로 흐르는 강물의 야경 모습은 공산주의 국가의 공포스러움은커녕 나그네에게 낭만을 만끽하기에 부족함이 없었습니다.

러시아의 황제 알렉산드르 2세의 암살과 관련된 '부활 성당'은 왠지 서늘한 러시아의 하얀 밤과 잘 어울리는 것 같았습니다.

모스크바의 '붉은 광장'은 아름다움이라는 형용사적 용어에서 유래된 것입니다. 이 붉은 광장은 도심 중심부에 위치했으며, 유네스코에 등재된 바로 옆에 성 바실리 대성당이 인접해 있습니다.

이 성당은 1561년 7월 12일에 축성된 높이 47.5m의 성당으로 세계 언론이나 달력 화보에 자주 등장하기도 합니다. 지붕을 이루고 있는 9개의 돔과 2개의 첨탑이 있어 마치 불꽃이 위로 솟아 올라가는 듯한 양식을 취하고 있는데, 이는 러시아에서만 볼 수 있는 건축 양식입니다. 이 성당은 외부에서 볼 때는 1개의 성당인 것 같지만 실제는 9개의 서로 다른 성당이 모여 있는 형태입니다. 그래서 중앙에 예배 공간이 없고 9개의 성당이 내부 통로로 연결되어 있습니다.

세계에서 가장 유명한 오페라 발레 극장 중 하나인 '볼쇼이 극장'이 있는데 여기서는 매우 수준 높은 발레 공연이 이루어지고 있습니다.

필자가 러시아를 여행하는 동안 한국인 유학생들을 만날 수 있는 기회가 여럿 있었습니다. 그 학생들의 말에 의하면 한국에서 러시아로 유학한 학생 수는 약 800명이고, 전공 분야는 주로 연극, 연출, 미술, 음악, 무용, 러시아 문학 등 예술 분야에 압도적으로 많다고 하였습니다.

필자의 대학 후배도 모교 연극영화과를 졸업 후 러시아에 유학하여 연출학 박사학위를 얻고, 대학교수를 지내다가 은퇴하기도 했습니다.

그런데 그토록 세계의 어느 국가보다 예술성이 높고 천연가스와 광물, 석유 등 자원이 풍부한 나라에서 오늘날에도 독재자라 일컫는 푸틴 대통령이 어째서 압도적인 지지를 받아 장기간 집권하고 있는지 납득되지 않습니다.

13) 길 위의 사색가가 되어

여행의 목적

사람은 삶을 영위하면서 여러 갈래의 길을 만나게 됩니다. 때로는 잘 다듬어지고 포장된 편한 길을, 때로는 길이 나지 않은 험한 길, 또는 안개 자욱한 미로 같은 길을 걸으며 무수한 만남과 헤어짐을 반복합니다. 그럼에도 비싼 돈과 시간을 소비하면서 여행하는 이유는 무엇일까요?

어떤 이는 잠시나마 현실을 벗어난 삶을 살아 보는 재미를 맛보기 위함일 것이고, 다른 이는 자신이 살고 있는 곳이 아닌, 모르는 사람들의 숨결이 녹아 있는 곳에서 그들의 삶을 보면서 나를 비추어 보고 싶어서일 것입니다. 또 다른 이는 특별한 의미 없이 그냥 집을 떠나 나그네가 되어 보기 위해서일 겁니다.

한 가지 아쉬움과 후회로 남는 것은 검은 대륙 아프리카와 남미 대륙을 여행해 보지 못했다는 것입니다. 이들 국가를 여행하기에는 체력이 감당할 수 없는 노년이기 때문입니다. 그래도 필자가 태어난 시대를 고려할 때, 이만큼이나마 세계여행을 하였으니 행운이고 과분한 복을 받은 것이라 자위(自慰)하고자 합니다.

여행은 '인생에서 가치 있는 일'이라는 것 말고, 특별한 의미를 부여할 것 같지 않습니다. 그러나 인생은 여행의 연속이고, 그 여행에는 당연히 산행이 포함되어 있습니다. 높은 산일수록 오르기 힘들고 무사히 완주한 후 하산하는 것도 여간 힘든 과정이 아닙니다. 산길을 걷다 보면 두 갈래 길만이 아니라 세 갈래 길 또는 더 많은 갈래 길을 만날 때가 있습니다.

길에는 자연적인 길만이 있는 것이 아니라 고전에서 길을 묻고, 고전에서 답을 얻는 '정신적인 길'도 있습니다. 때로는 종교를 통해 인생의 길을 찾기도 하고, 위대한 철학을 탐구해서 깨달음을 얻기도 합니다.

60대까지만 해도 산행 중에 위험을 무릅쓰고 인간의 발자취가 덜한 길을 선택해서 걸었습니다. 그러나 이제는 청력과 시력도 떨어졌고 걷는 기력도, 다리 힘도 떨어졌습니다. 아마 그동안 온몸의 기관을 너무 많이 부려 먹었으니 덜 듣고, 덜 보고, 덜 쓰라는 신호일지도 모릅니다.

| 여행, 가지 않은 길을 가고 싶은 욕망

공자와 제자 간의 대화체 이야기 모음집으로 오늘에 이르기까지 약 2천5백 년간 동양 사회의 정신적 바탕을 제공한 아시아적 가치의 최고 경전인 『논어』에 과유불급(過猶不及)이라는 말이 있습니다. 이 말을 직역하자면, 정도가 지나치면 부족한 것보다 못하다는 뜻

입니다. 사전상의 의미는 인간관계에 있어서, 지나치지 말고 상황에 맞게 적절하게 행동하는 것을 의미합니다. 이는 현대인이 걷고 있는 인생길에도 참고할 충분한 가치가 있는 말이 아닌가 싶습니다.

한편 미국의 시인 로버트 프로스트(Robert Frost)가 쓴 「가지 않은 길(The road not taken)」이라는 시가 있습니다. 동서고금을 막론하고 사람은 누구나 가 보지 않은 낯선 곳, 낯선 인종, 낯선 문화에 대한 호기심이 있게 마련입니다. 아마 그런 호기심에 대한 갈증을 풀려다 문명이 발원되었고, 문화가 꽃피는 원동력이 되었을 것입니다.

이 시의 내용은 한 사람이 가을날 숲속을 걷다가 두 갈래 길을 마주했고, 고민 끝에 사람이 적게 지난 길을 택했기 때문에 이후 모든 게 달라졌다고 말하는 내용입니다. 등산할 때도 그렇습니다. 처음 가 보는 산에서 두 갈래 길을 만나면 어느 길을 택해야 더 멋지고 아름다운 풍경을 만날 수 있을지를 고민하게 됩니다. 그럴 때는 논어의 과유불급이라는 말을 떠올리며 가급적 안전하다고 판단되는 어느 한 길을 택해서 걷습니다. 물론 선택하지 않은 길에 대한 아쉬움과 후회는 남지만 어쩔 수 없는 노릇입니다. 그것이 인생길이기 때문입니다. 인간은 동시에 두 갈래 길을 갈 수 없을 테니까요.

| 벗들과 함께하는 인생이란 여행길

해외로는 미국 동부 메릴랜드주(Maryland)에서 치과의사로 일

하는 고향 친구 이영재, 배우 숀 코너리를 닮은 독일 남부 라벤스부르크(Ravensburg)에 거주하는 엔지니어 출신 토머스 비스트(Thomas Beast) 친구가 있습니다. 이들과는 공간적인 제약으로 자주 카톡으로 소통하고 있습니다. 그중 독일 친구는 한국어를 잘 모르고 나는 영어 실력이 짧아 의사 표현에 있어 애를 먹기도 하지만, 심정적으로는 한국인보다 더 한국적이고 배려심이 많은 관계로 별 어려움 없이 깊은 유대를 이어 오고 있습니다.

국내로는 대전에서 판소리와 정가에 심취해 있는 대학 동기이자 부장검사 출신 이강천 변호사, 시조 시인이며 뛰어난 영어 실력자 불광동 박정순, 비뇨기과 전문의 신창식, 외과 전문의로 판소리와 마라톤을 즐기는 권순대, 의리의 사나이자 강직한 영원한 장군 이범팔, 충북 제천에서 수박 농사 짓는 화공학도 출신 농부 정연훈, 그리고 비록 고인이 되었지만 시카고의 짱구 이웅섭 등이 제 삶의 동반들입니다.

지금까지 제가 여행한 국가와 도시를 세어 보니 꽤 많더군요. 프랑스, 모나코, 독일, 이탈리아, 영국, 스위스, 스페인, 스웨덴, 오스트리아, 그리스, 네덜란드, 체코, 벨기에, 노르웨이, 덴마크, 핀란드, 슬로베니아, 포르투갈, 튀르키예, 크로아티아, 폴란드, 헝가리, 러시아, 뉴질랜드, 호주, 캐나다, 일본, 베트남, 홍콩, 태국, 대만…. 이곳을 여행하며 거리의 사색가가 되어 봤던 겁니다.

여행했던 여러 나라 중에서도 특별히 인상 깊은 도시는 로마, 베네치아, 파리와 남프랑스 쪽 도시, 런던, 베를린, 융프라우, 마드리드, 바르셀로나, 스톡홀름, 빈, 브뤼셀, 산토리니, 아테네, 암스테르담, 프라하, 코펜하겐, 헬싱키, 부다페스트, 바르샤바, 자그레브, 이스탄불, 리스본, 상트페테르부르크, 크렘린 궁전 등입니다.

그중에서도 눈앞에 그림같이 아름다운 경관이 펼쳐지는 지중해 연안 남프랑스는 다시 여행하고 싶습니다. 남프랑스는 대표적인 휴양도시이자 칸 영화제가 열리는 프랑스 남부의 항만도시 니스시부터 마르세이유항, 제노바, 엑상프로방스, 유럽에서 바티칸시국에 이어 두 번째로 영토가 좁은 모나코 등 다채로운 매력을 지닌 보석 같은 소도시들이 즐비합니다.

또 그곳은 시골풍으로 조용하면서도 아름다운 자연과 풍부한 문화유산이 있는 곳인데, 너무나 유명한 화가, 빈센트 반 고흐, 샤갈, 세잔 등 숱한 유명 예술가들의 흔적이 남아 있는 명소가 많습니다. 그뿐만이 아니라 아기자기한 중세풍의 작은 마을 골목을 자유롭게 산책하며 소규모의 갤러리를 둘러보는 재미 또한 일품입니다.

필자가 오래전 여행 다니기 시작한 초반에 느꼈던 감정인데, 동남아 국가를 여행할 때는 위축감이 없었으나 유럽과 북미주 국가를 여행할 때는 왠지 한국의 위상이 초라하게 느껴지고 심리적으로 위축감이 들었습니다. 그러나 요즘은 국력이 신장되었고 세계적으로 한국의 인지도가 높아졌기 때문에 그때와 같은 위축감은 들지 않습니다. 다만 한 가지 아직 부족하다고 생각하는 것은 여행에 관한 기본적인 교양과 예절입니다.

한국인들의 여행지 사회규범에 대한 인식 부족과 안하무인 격인 무례함은 시급히 고쳐져야 할 과제일 것입니다. 품격 있는 예절과 교양으로 국제사회에서 일본인들이 인정받고 있듯이 우리도 고칠 것은 고쳐야만 국제사회에서 제대로 대접받게 될 것입니다. 갑자기 졸부가 된 중국인들이 해외여행을 떼 지어 다니면서 가는 곳마다 떠들썩하게 부산을 떨어 눈살을 찌푸리게 하는 교양 실종의 관광 태도를 반면교사로 삼아야 할 것입니다.

한국은 짧은 기간에 너무 많은 변화를 겪어 전혀 다른 세상이 된 것 같은 느낌을 받을 때가 있습니다. 그야말로 격세지감을 갖게 될 때가 많아졌습니다. 2천 년대 초기만 하더라도 우리나라의 관문인 공항에서부터(당시는 김포공항) 그랬고, 줄지어 하늘로 치솟은 도심지의 고층 빌딩, 거리를 누비는 수많은 자동차 물결, 휘황찬란한 조명 불빛, 젊은이들의 자유분방한 모습과 풍요로워진 모습을 보면서 참 많은 생각을 했습니다. 이러한 변화가 긍정적인 변화였으면 얼마나 좋을까요? 겉모습이 변한 만큼 우리의 내면도 변해야 하지 않을까요?

아무튼 배려심 많고 높은 품격을 지닌 나의 벗들과 마음으로 소통하며 이렇듯 행복하게 지내는 것이 노년의 즐거움이 아닌가 생각합니다.

8. 밤을 잊은 날들의 사색과 문화 산책

1) 소설 『테스』를 읽고 나서

영국 작가 토머스 하디(Thomas Hardy)가 19세기 후반에 쓴, '순결한 여성'이라는 부제가 붙어 있는 『테스』라는 장편 소설이 있습니다. 이 소설은 운명에 희롱당하는 한 여인의 삶을 핍진하게 묘사한 고전적인 로맨스 작품입니다.

순진하기만 한 '테스'라는 여성이 농장 경영을 지망하는 목사의 아들 엔젤을 만나 사랑하게 되고 그와 결혼합니다. 결혼 첫날밤 서로 자신의 과거를 고백하자는 그녀의 남편 엔젤의 제안을 받고, 테스는 이전에 그녀의 어머니로부터 절대로 결혼 대상자에게 과거사를 말하지 말라는 편지를 받고서도 순진한 나머지, 과거 사촌 오빠로부터 강간을 당하고 아이까지 낳았다가 죽었다는 사실을 피해자의 심정으로 가감 없이 고백합니다.

그런데 그의 남편 엔젤은 자신이 과거에 창녀들과 놀아나는 등 바람을 피운 사실이 있고 문란한 생활을 한 적이 있다고 먼저 고백을 하고, 이어서 막상 테스가 순진하게 과거를 상세히 털어놓자마자 순결한 처녀가 아니라는 사실에 실망이 너무 크다면서 냉정하게 그녀를 떠나고 맙니다. 엔젤은 자신의 과거는 잊은 채 그녀의 고백을 듣고 난 후, 그녀를 냉정하게 버리고 브라질로 떠난 것입니다.

그 후 세월이 한참 흐른 후 테스의 사랑이 진정임을 뒤늦게 깨닫고 재결합을 위해서 테스가 가난 때문에 부득이 사촌 오빠인 바람둥이 알렉의 정부(情夫)로 살아가는 집을 수소문한 끝에 찾아가 잘못을 참회하고 용서를 구하며 사랑을 고백하는 장면이 있습니다. 이때 하룻밤의 첫사랑이자 풋사랑을 나눈 엔젤과의 사랑을 위하여 테스는 목숨을 걸고 칼로 정부 알렉을 죽입니다. 살인을 저지른 두 사람은 국경을 넘기 위해 도망을 치다가 도중에 붙잡혀 테스는 사형당하는 비극적인 삶으로 소설은 끝이 납니다.

이 소설은 영국 BBC가 선정한 영국에서 가장 사랑받는 소설에 오르기도 했고 영화로 나오기도 했는데, 19세기 당시에는 영국에서도 여자에게는 순결을 강요하는 사회였고, 테스는 그 시대의 희생양이었던 것입니다.

2) 영화 「Gloomy Sunday(우울한 일요일)」

동유럽국가인 유고슬라비아 연방이 무너지고 여러 나라로 분할이 된 이후 보스니아와 세르비아 국경을 넘을 때, 관광버스 안에서 영화 「Gloomy Sunday(우울한 일요일)」를 본 적 있습니다. 이 영화는 독일과 헝가리의 합작 영화인데 1999년에 개봉되었다가 2016년 11월에 재개봉된 영화입니다.

부다페스트 시내의 작은 레스토랑 경영자 겸 요리사인 '자보'는 다정다감한 성격으로, 같은 레스토랑 웨이트리스로 일하는 아름답고 매혹적인 '일로나'와 사랑에 빠져 즐거운 나날을 보냅니다. 어느 날 이 레스토랑에서 손님을 위해 연주할 피아니스트를 구하게 되었는데 마침 가난한 음대생 안드라스를 고용하게 되었고, 얼마 후에 '일로나'는 그로부터 「Gloomy Sunday」라는 곡을 선물받습니다.

이 곡을 매일 연주하는 젊은 피아니스트에게 연정을 느낀 '일로나'는 '자보'와 '안드라스'를 동시에 사랑하게 됩니다. 이런 사랑을 영어로는 Polyamory(폴리아모리) 사랑이라 부르는데, '많음'을 의미하는 그리스어 'poly'와 라틴어 사랑을 의미하는 'amor'의 합성어입니다. 폴리아모리 사랑에는 '서로를 독점하지 않는 열린 관계 유지와 각자의 다른 연애에 간섭하지 않기'라는 규칙이 존재합니다.

영화에서 '일로나'는 두 남자 사이에 누워 있는 모습을 보이는데 가히 충격적이었습니다. 이 두 남자는 연인 '일로나'를 잃느니 반쪽이라도 갖고 싶다며 사랑을 이어 갑니다. 아무리 사랑의 범위가 넓어지고 관대해졌다 해도 이 관계를 이해하기엔 아직 이른 것 아닌가 싶습니다.

영화 속 OST를 듣게 되면 음률이 무겁고 가사의 내용이 너무 우울해서 '저주의 노래'로 불렸다고 합니다. 「Gloomy Sunday」는 1933년 레조 세레스(Rezo Seress)가 작곡하였고, 작사가는 라즐로 야보르(Laszlo Javor)입니다. 처음에는 잘 알려져 있지 않았습니다. 그러나 1937년부터 이 곡을 들은 젊은이들 사이에서 자살자가 늘면서 작곡자인 레조 세레스마저 투신 자살하자 한때는 금지곡이 되기도 했습니다. 이런 일들에 더욱 유명해지며 결국 영화까지 만들어지게 되었습니다.

3) 법의 본질과 사명

| 헤겔의 법철학과 한비자의 법치주의

자유와 정의, 법의 본질에 관한 심오한 사색을 담은 헤겔의 『법철학 강요』에서는, 법이란 개인과 공동체간의 조화를 이루기 위한 도구이고, 이를 통해 더욱 인간다운 삶을 영위하는 것이라고 했습니다. 즉, 법은 공동체의 구성원 모두가 서로의 권리를 인정하여 살아가는 기본적인 규칙을 정립하는 것입니다.

헤겔은 법과, 도덕, 그리고 관습이 어떻게 상호작용을 하는지에 대해서도 언급하고 있습니다. 도덕이란 개인의 내면적 판단과 양심에 관한 것이고, 반면 관습은 오랜 시간 동안 형성된 사회적 관습이나 전통을 의미한다는 것입니다.

그래서 법은 도덕적 가치와 관습에 영향을 받아야 하고, 도덕과 관습도 법적 테두리 안에서 자신의 위치를 찾게 되는 것이라 설명하고 있습니다. 이런 상호작용을 통해 사회는 질서 있게 발전하며, 개인의 자유와 공동체의 안녕을 동시에 추구하는 것이라고 합니다.

그렇다면 '법이란 무엇인가?'라고 묻는다면, 한마디로 설명하기 곤란합니다. 법이란 국가의 강제력을 수반하는 온갖 사회규범을 의미하지만 법철학적인 측면에서는 법의 의미와 본질, 역할 등이 다양합니다.

일단 법은 다수 개인의 자유를 보장하는 수단이라고 볼 수 있습니다. 사회적 존재인 개인의 자유가 근본적인 가치라고 보고, 법은 자유의 실현을 위한 틀이고, 이 틀 속에서 개인은 자신의 권리를 행사할 수 있어야 한다며 법의 역할을 강조하였습니다. 즉, 진정한 자유는 법의 내에서만 가능하다는 것입니다.

헤겔은 또한 법은 단순히 사회적 약속이나 규범을 넘어서는 시대정신으로 발전해야 하며, 법은 고정된 형식을 넘어 시간과 공간을 초월하는 법 이상을 지향해야 하는 것이라고도 주장합니다. 이는 개인의 자유, 선택, 그 책임을 중심으로 인간 존재의 의미를 탐구하는 실존주의 철학 개념과도 일맥상통하는 것입니다.

인간은 불확실성과 마주할 수밖에 없고 고통과 불안을 경험하며 살아가는 존재입니다. 인간이 이를 인정하고 이해하며, 본인의 행동에 관한 선택을 하고 그 결과를 책임진다는 점에서 그렇습니다.

한편 동양에서는 기원전 280년경 전국시대의 말기 한나라 왕족 출신의 한비(韓非)라는 법철학자가 있었습니다. 그는 일찍이 국가

통치 수단으로 법치주의를 주창한 인물로 '법불아귀(法不阿貴)'라는 명언을 남겼습니다.

그 뜻은 이렇습니다.

법은 귀한 사람이라고 해서 아첨하지 않고,
먹줄을 모양에 따라 꾸부려 사용하지 않습니다.

이런 점에서 한비는 군주가 자신의 능력이나 지혜에 자만하지 말고 법에 따라 다스릴 것을 강조한 것입니다. 선대의 허다한 군주들이 몰락한 원인은 법을 따르지 않고 자신의 지식과 자의적 판단에 따라 임의적인 잣대를 들이대 단죄하려고 했기 때문이라는 게 한비의 시각입니다. 그래서 그는 말합니다. "법을 받드는 사람이 강하면 나라가 강해질 것이고 법을 받드는 자가 악하면 그 나라도 악해질 것이다(奉法者强, 則國强, 奉法者弱, 則國弱)."라고. 즉, 강국이 되느냐 약소국이 되느냐 하는 것은 법에 대한 군주의 태도에 달려 있음을 말한 것입니다.

군주가 엄격한 법치를 행하면 군주의 권위는 더욱 확립되고 권세 역시 강화되므로 법치가 제대로 서게 되면 신상필벌(공로가 있는 사람에게는 반드시 상을 주고, 죄가 있는 사람에게는 반드시 벌을 준다.)의 원칙에 따라 나라가 다스려지게 된다는 것입니다. 그러므로 현명한 군주라면 법에 따라 공정하게 인재를 등용해야지, 주변 사람들의 평판에 근거해 임용해서는 안 된다고 한비는 강조합니다.

한비는 법은 만인 앞에 평등하여야 한다는 투철한 법 정신을 강조한 동양의 위대한 정치철학자이자 법철학자라고 할 수 있습니다.

오늘날 법을 적용하고 집행하면서 종종 귀에 걸면 귀걸이, 코에 걸면 코걸이 식, 즉 신분에 따라 어떤 사실이 이렇게도 혹은 저렇게도 해석할 수 있는 이현령비현령(耳縣鈴鼻懸鈴)이라는 말이 회자되고 있는데, 위정자들과 사법기관에 종사하는 자들은 법의 신뢰를 떨어뜨리지 않도록 특히 유념해야 합니다.

우리는 간혹 법정 소설이나 드라마 또는 영화에서 온갖 악행을 저지르고도 미꾸라지처럼 법망을 유유히 빠져나가거나 범인을 잡았어도 증거 불충분으로 그에게 법적 책임을 묻지 못하는 광경을 목격할 때가 있습니다. 그럴 때 법의 본질은 무엇이고, 과연 법은 정의로운 것인가 하는 의문이 들곤 합니다.

하지만 그럼에도 법은 시대정신의 발전에 따라 사회와 함께 변화하여 갈 것입니다. 참된 자유와 정의를 향한 인류의 추구는 절대 멈추지 않을 것이며, 이는 끊임없이 법의 발전을 이끌어 갈 것입니다.

| 법과 정의의 함수관계: 프리드리히 뒤렌마트의 소설 『법』

스위스 출신으로 유럽 문학을 대표하는 프리드리히 뒤렌마트가 쓴 장편 소설 『법』이라는 소설이 있습니다. 그는 어처구니없는 한 살인사건을 통해 '정의의 파수꾼'이라 불리는 법과 정의의 함수관계

를 심도 있게 그려 내고 있습니다. 그가 열정적으로 추구하는 문학의 저변을 흐르는 중심 주제는 하루가 다르게 급변하는 현대사회를 살아가는 인간의 문제입니다. 그는 복잡미묘하게 뒤엉킨 현대사회를 움직이는 것은 독일 철학자 이마누엘 칸트가 염원하고 있는 인간애를 바탕으로 하지 않는다는 것을 인식하고 있습니다.

즉, 오늘날의 사회적 현실은 윤리와 도덕에 기반한 공동선 위에서 살아가는 것이 아니라 오직 개인과 집단의 이해관계 속에서 수단 방법을 가리지 않고 살아가는 현실이라는 관점에서 예측할 수 없는 실체를 파악하려 합니다. 그는 이 소설에서 이자크 콜러라는 변호사이자 세력을 가진 정치가(상원의원)를 등장시켜 그가 공공연하게 살인하고도 법을 악용해 무죄 판결을 받는 모습을 보여 줍니다. 그리고 살인범 이자크 콜러가 무죄 석방되도록 결정적인 도움을 주는 세계적인 유명 변호사의 활약상을 보여 줍니다.

사실 콜러의 살인이 일어난 곳은 너무 명백한 사건 현장이어서 콜러는 20년 형을 선고받고 감옥살이를 합니다. 하지만 콜러는 의도적으로 감옥에서 성자처럼 행동합니다. 정치계의 거물이었던 그의 행동 하나하나는 감옥 밖으로 퍼져 나가고, 그는 마침내 살인자가 아닌 성자로 사람들 입에 오르내립니다.

이때 콜러는 막대한 수임료를 지불하고 신참 변호사 슈패트에게 변론을 의뢰합니다. 슈패트의 능란한 변론으로 콜러는 무죄 석방되고 대신 사건 현장에서 식사 중이었던 죄 없는 사격선수가 살인 누명을 쓰고 자살합니다. 슈패트는 절망합니다. 그리고 자문합니다. "과연 법은 정의로운가?" 이 소설의 저자는 법을 정의롭게 보지 않은 것 같습니다. 소설은 인간의 존엄성과 정의, 진실과 도덕, 죄와 정의, 그리고 법의 효용에 관한 심도 있는 질문을 던지고 있는 것입니다.

법은 질서를 유지하고 사회가 유지되기 위해 정의를 실현함을 직접 목적으로 하는 공권력을 수반하는 사회적 규범 또는 관습을 의미합니다. 세계적인 석학인 하버드 대학의 정치철학자 마이클 샌델 교수는 자신의 쓴 『정의란 무엇인가』에서 완벽한 정의란 존재하지 않는다는 것을 강조합니다. 그러면서 그는 불완전하고 모순을 내포하고 있는 법보다는 양심과 도덕을 바탕으로 하는 공동선이 우선되어야 한다고 말합니다.

그렇다면 현재 우리는, 우리가 살아가는 이 사회의 실체는 무엇이고 법의 역할은 과연 무엇인지, 법은 정의의 이념이 요구하는 대로 정의를 실현하고 있는지를 꼼꼼하게 살펴보아야 할 것입니다. 그러면서 궁극적인 질문인 '우리 국민은 정의의 수호신으로 법을 얼마나 믿고 신뢰하는가?'라는 질문에 솔직하게 대답할 수 있어야 합니다.

법을 잘 알고 이용하는 사람 앞에서, 다수의 숫자를 앞세워 법이 웃음거리로 전락할 수 있다면, 진실과 도덕, 죄와 정의의 문제는 과연 어떤 모습으로 표상이 될까요? 참 어려운 문제가 아닐 수 없습니다.

가슴 아픈 일이지만, 한국인은 사회규범에 대한 기본적 소양이 부족한 것 같습니다. 사회규범은 사회의 공동 질서를 유지하기 위한 기본적인 소양이고 제도입니다. 자유민주주의는 자율과 규율, 권리와 책임이 동시에 수반이 됩니다. 그 규율의 근간이 바로 사회규범입니다. 그런데 한국에서는 가정이나 학교에서는 물론 사회 어디에서도 사회규범에 대한 교육이 없습니다.

사회지도층은 매사에 일반인보다 더 큰 책임을 져야 합니다. 이것이 노블레스 오블리주 정신입니다. 그러나 현실은 그렇지 않습니다. 정치지도자를 보십시오. 오히려 지도층이라는 자들이 위선과 비위를 더 저지르고, 감옥에 있어야 할 범법자들이 큰소리를 치며 막강한 권력을 쥔 국회의원이나 지방정부의 단체장에 오르고 있습니다. 이런 현상은 선진국에서는 있을 수 없는 괴이한 일입니다.

그래서일까요? 국제사회에서 한국인들은 집단지성이 부족한 민족으로 평가받고 있습니다. 이런 원인은 평소 독서를 하지 않아 국민이 교양이 없기 때문입니다. 교양이 없는 반지성인은 사리 판단력이 부족할 수밖에 없고 선동에 약할 수밖에 없습니다. 그러므로 우리는 하루속히 역사, 문학, 철학, 문화, 음악, 체육 등 전인교육에 신경을 써야 하고, 그러자면 독서가 일상화되어야 합니다.

필자는 법철학자가 아니지만 법학도이자 소송이 이루어지는 현장에서 평생을 보낸 한 사람으로 안타까움을 느껴 생각의 일단을 풀어놓아 봤습니다.

| 유류분 제도란 무엇인가?

2024년 4월 26일 금요일, 동아일보 등 주류신문 1면 머리기사에 "불효자, 자식 버린 부모, 상속 못 받는다."라는 제목의 기사가 게재되어 국민의 관심이 매우 클 것으로 보여 이에 보충 설명을 해보려고 합니다.

우리 민법 제3장에는 유류분[13]이라는 규정을 두고 있고, 같은 법 제1112조에는 유류분의 권리자와 유류분 규정이 있는데, 그렇다면, 유류분 제도란 무엇인지부터 알아보도록 하지요.

사유재산을 인정하는 국가에서는 개인에게 자신이 소유하고 있는 재산을 자유롭게 처분하는 권리를 인정하고 있습니다. 그러므로 개인은 본인의 재산을 생전에 처분할 수 있음은 물론이고, 유언에 의한 사후 처분도 할 수 있는 것입니다. 그러나 이 처분 원칙을 그대로 적용하게 되면 여러 가지 문제점이 있을 수도 있는데, 그것은 유언자의 재산이라도 가족들 노력의 결과가 어느 정도 포함되어 있다

---

13 유류분(遺留分): 상속 재산 가운데, 상속을 받은 사람이 마음대로 처리하지 못하고 일정한 상속인을 위하여 법률상 반드시 남겨 두어야 할 일정 부분. 다시 말해서 고인(故人)의 의사와 상관없이 법에 따라 유족들이 받을 수 있는 최소한의 유산 비율을 뜻한다.

고 보아야 할 때도 있기 때문입니다.

 따라서 우리 민법은, 이러한 경우에 개인재산 처분의 자유와 거래의 안전과 가족생활의 안정, 가족 재산의 공평한 분배라는 서로 대립하는 요구를 타협하고 조정하기 위하여 1977년에 유류분 제도를 신설하게 되었습니다. 즉, 상속이 개시된 일정한 범위의 상속인은 일정한 비율로 확보할 수 있는 지위를 가지게 된 것입니다. 이를 유류분권이라고 하는데, 이 유류분권으로부터 유류분을 침해하는 유증(유언으로 하는 증여)이나, 증여의 효력을 빼앗는 반환청구권이라는 구체적 권리가 생깁니다. 유류분을 가지는 사람은 피상속인의 직계비속, 배우자, 직계존속, 형제자매가 됩니다.

 그런데 2024년 4월 25일, 피상속인(고인)이 유언으로 재산을 남기지 않은 가족에게도 상속분을 보장하는 '유류분 제도'가 헌법에 어긋난다는 헌법재판소의 판단이 나왔습니다. 유류분 제도는 과거 농경사회에서 여러 가족이 함께 모여 사는 대가족을 중심으로 재산을 공동으로 형성하던 시절 생겨난 제도였다는 것입니다.

 그런데 지금처럼 1인 가구 증가 등 가족의 의미와 형태의 변화가 이뤄진 상황에서 피상속인의 형제자매는 재산 형성에 기여가 거의 인정되지 않음에도 유류분권을 인정하는 것은 타당한 이유가 될 수 없다고 판단한 것입니다. 한편 부모, 자녀, 배우자의 유류분에 대해서는 유지할 필요가 있다고 했습니다. 하지만 부모를 학대하거나 유기한 패륜 가족의 유류분은 인정하지 말아야 한다는 판단도 있었습니다. 그러면서 부부, 자녀, 배우자의 유류분은 2025년 12월 31일까지만 효력을 인정하는 헌법불합치 결정을 내렸습니다. 따라서 국회는 패륜 가족에게 유류분을 인정하지 않도록 법을 개정하여야 합니다.

헌법재판소의 이 같은 판단은 패륜적 행위를 일삼은 상속인의 상속을 인정하는 것은 일반 국민의 법 감정과 상식에 반한다고 본 것입니다. 반면, 간병, 부양, 재산 형성 기여 행위 등은 참작하도록 했습니다.

헌법재판소에서는 유류분 제도가 유족들의 생존권을 보호하고 가족의 긴밀한 연대 유지를 위해 필요하다는 점에서 헌법적 정당성은 계속 인정하면서도 일부 조항의 위헌을 선언해 입법 개선을 촉구한 것입니다.

| 유언대용신탁에 대하여

요즘은 상속과 치매 걱정에 내 의지대로 상속설계를 하는 제도, 즉 미리 재산의 수익자와 상속받을 사람을 정하는 유언대용신탁을 하는 경우가 증가하고 있다고 합니다. 신탁은 위탁자와 수탁자 간 계약, 유언, 신탁 선언 등의 방법으로 재산을 신탁회사 등 수탁자에 이전해 발효가 되는 것입니다.

여기서 신탁(信託)이라는 개념은 일정한 목적에 따라 재산의 관리와 처분을 다른 사람에게 맡기는 걸 의미합니다. 유언신탁은 위탁자 사망으로 효력이 발생하는 반면, 유언대용신탁은 위탁자 생전에 효력이 발생한다는 차이가 있습니다. 즉 생전에 자신을 수익자로 정하여 생의 마지막까지 일정한 수입을 보장받을 수 있도록 하는 것인데, 이 때문에 '불효 방지 신탁'이라고도 불리고 있습니다.

이 신탁에는 3명의 행위자가 있게 마련입니다. 첫 번째는 신탁을 설정하는 사람, 즉 재산의 관리와 처분을 맡기는 사람인 위탁자가 있고, 두 번째는 신탁을 인수하는 사람, 즉 다른 사람을 대신해서 재산을 관리하고 처분하는 수탁자가 있고, 세 번째는 신탁으로 인한 이익을 누리는 사람인 수익자가 있습니다.

이 신탁 제도를 이용한 사람은 유명한 팝의 황제라 불리는 가수 '마이클 잭슨'이라고 합니다. 그는 가족 신탁계약서를 통해 사후에 자신의 유산이 어떻게 운용될지 미리 정해 놨다는 것입니다. 이를 통해 사후 유산의 20%는 자선단체에 기부됐고, 나머지 재산은 아내와 세 자녀에게 상속됐습니다. 그런데 계약 내용을 보면 자녀들이 유산을 한 번에 받을 수 있도록 한 것이 아니라 30세가 넘어야 일부를 받을 수 있고 계약상 상속이 완전히 끝나는 시기는 자녀들이 40세가 넘는 생일날이었다고 합니다. 이는 자녀의 삶이 유산으로 망가질 수도 있을지 모른다는 염려 때문이었습니다.

이 제도는 2012년 법령 개정으로 신탁법 제59조에 규정되어 있습니다. 그런데 이 제도는 여러 장점이 있기는 하지만 금융기관이 운영하는 금융상품이기 때문에 금융기관에 보수를 지급해야 하는 부담이 따릅니다. 즉 계약 방식의 유언대용신탁은 수탁자인 신탁회사에 설정보수, 집행보수, 그리고 매년 관리보수를 지급해야 하는 부담이 따르는 것이 걸림돌입니다.

그러나 계약 방식과 달이 '신탁 선언'에 의한 유언대용신탁을 할 수도 있습니다. 즉, 위탁자가 신탁재산, 수익자 지정, 수익권 내용, 수익자 변경 절차 등을 정하고 자신을 수탁자로 정하는 선언으로 설정하는 방식으로 할 수도 있습니다. 이때 위탁자가 선언서를 작성하여 이를 공증해 효력이 발생됩니다. 부동산 등 등기, 등록이 가능한 물건은 신탁 사실을 등기, 등록하는 방식으로, 동산은 분리하여 관리하는 방식으로 재산을 운용할 수 있습니다.

우리 신탁법은 신탁회사에 맡기지 않고서도 상속인 스스로 생전에 유언대용신탁을 할 수 있습니다. 그러므로 상속 내용이 복잡하지 않다면 신탁회사를 통하지 않고 자신을 수탁자로 정한 후 유연하게 상속설계를 하여 노후와 상속을 위한 상속설계를 준비할 수 있었으면 좋겠습니다.

유언장과 신탁 계약은 내 재산을 물려줄 방법을 선택한다는 점에서는 비슷해 보지만 실상은 많이 다른 것입니다. 유언장은 상속 이해 관계인이 아닌 보증인 2명과 공증을 받아야 합니다. 이 과정에서 개인 재산 내역이 밝혀지는 것은 유언장 작성 시에 가장 껄끄러운 부분입니다. 만약 유언 내용을 변경하고 싶다면 똑같은 방법을 반복해야만 합니다. 그리고 유언장은 사망 이후에 개봉되는 것이므로 법에 맞지 않는 유언장이 될 수가 있고 그러면 유언장은 아무런 효력이 없게 되는 것입니다.

그러나 신탁은 금융기관과의 계약으로 충분합니다. 즉 계약 의지와 계약 능력만 있으면 족한 것입니다. 물론 상속세와 증여세법을 적용받기 때문에 합당한 세금도 내야 하고 법정 상속에 따른 유류분도 적용받아야 합니다.

4) 소크라테스의 죽음이 남긴 교훈

| 나는 내가 모른다는 것을 안다

기원전 470년 전에 탄생하여 서구문화의 철학적 기초를 마련한 고대 그리스의 위대한 사상가 소크라테스(Socrates)는 그의 독특한 철학적 방법과 대화법으로 유명한 인류 역사상 가장 영향력 있는 철학자입니다. 그는 사람들과의 대화를 통해 진리를 찾고 지혜를 탐구하는 철학적 방법으로 인류에게 값진 정신적 유산을 남긴 인물입니다.

소크라테스의 대화법은 첫째, 단순히 답을 찾기 위한 대화에서,

상대방의 사고 과정을 따라가며 더 나은 질문을 제시하고 이를 통해서 상대방의 사고를 확장시키고 논리적인 결함과 모순을 밝혀내려 합니다. 둘째, 대화 중에 상대방의 의견을 인정하면서도 그것이 논리적으로 옳은지를 계속해서 검증합니다. 이런 접근 방식은 상대방과의 의사소통을 원활하게 하면서도 진실을 발견하는 데에 유용하게 작용합니다. 또한 이 방법은 사람들이 자기 자신과의 대화를 통해 내면의 깊이 있는 생각과 감정을 조명하게 하여 자기 인식과 자아 파악에 도움을 줍니다.

 그런 대화법으로 사람들이 본인의 지식을 과신하지 않고, 항상 의심하고 탐구하는 태도를 지니도록 유도하여 지식의 폭을 넓히고 심도 있는 사고를 기를 수 있도록 도와줍니다. 그의 질문 유형은 주장하는 신념이 타당하다는 논리적인 근거는 무엇인가, 그와 같은 신념이 타당하다는 현실적 경험적 근거는 무엇인가, 그와 같은 신념이 당신이 추구하는 목적을 달성하는 데 어떠한 도움이 되는가, 그와 같은 신념이 당신의 인생에 있어서 어떠한 의미를 지니는가, 현 상황에서 좀 더 타당한 대안적 신념은 없는가 등입니다. 이처럼 계속 질문을 던짐으로써 스스로가 모순을 깨닫게 하는 방법인 것이지요.

 그런데 위대한 철학자 소크라테스는 젊은이들이 신을 부정하고 그의 가르침으로 타락하게 되었다는 이유로 아테네 정부로부터 고소당하였고, 재판 끝에 결국 독이 든 잔을 건네받게 되었습니다. 당시 정부는 그에게 자신의 신념을 포기하거나 아니면 독약을 마셔야 하는 선택을 하도록 하였는데 그는 자신의 신념을 포기하지 않았고 결국 독이 든 잔을 건네받고 죽어 갔습니다.

당시 그는 엉성한 돌무덤 같은 감옥에 갇히게 되었는데 플라톤을 비롯한 여러 성난 제자들로부터 탈옥할 것을 적극 권유받았으나 "악법도 법이다."라는 말을 남기고 죽음을 택하였습니다.

그 옛날 기원전에 소크라테스가 한 말 중에 오늘날까지도 유효한 명언에는 "나는 내가 모른다는 것을 안다."라는 말이 있습니다. 생각하건대, 자기 자신을 아는 자가 되거나 자기가 누군지 아는 사람을 만나는 일이 얼마나 드문 일입니까?

서울대 법대 교수를 지내고 법무부 장관과 청와대 민정수석을 지냈던 모 인사, 자화자찬의 달인이 무색할 정도로 자기도취에 살아가는 전 어느 대통령, 전 장관을 비롯한 수많은 국회의원과 언론인, 학자 등 소위 사회지도층이라는 자들이 하는 행동을 보십시오. 얼마나 자신이 무지하고 오만방자한지를 전혀 모르고 위선을 떨며 자신을 과대 포장하고 있지 않습니까?

요즘은 가까운 지인, 고교와 대학 선후배, 동료, 심지어는 가족끼리도 모임의 자리에서 그 어떤 문제에 대해 다른 견해를 갖고 서로 옳다고 우겨 대기 시작하면 기분이 상하기 일쑤입니다.

어디 그뿐인가요. 때로는 가장 가깝다고 생각했던 오래된 인연의 사람이 세상에서 가장 낯선 외계인처럼 느껴진 경험을 해 본 사람은 알 것입니다. 심지어는 가족이나 오랜 친구가 길가에서 처음 본 사람보다 더 낯설게 느껴질 수도 있다는 것을요.

이토록 내 가까운 사람의 진짜 속내도 모를 판에 매스컴에서 매일 보는 지겨운 정상배 정치인들이 뭐라고, 그리 대단하지도 않은 그들을 향해 너무도 잘 아는 듯 핏대를 올리며 쌍욕을 하거나 아니면 반대로 역성을 드는 사람들을 볼 때가 자주 있습니다. 참 순진하고 어리석다는 생각이 듭니다.

그럼에도 우리는 매 순간 누군가에 관해 그를 잘 아는 듯 착각하며 곧잘 말합니다. "그 사람은 내가 잘 아는데, 그런 사람이 아니야. 그가 안 그렇다는 건 내가 보장해." 하고 말입니다. 비현실적인 과대한 자신감을 지니고 무조건 자신에게만 관대한, 자기중심적인 사람을 자기애성 성격장애라고 부릅니다.

스위스 출신 정신과 의사 카를 구스타프 융은 프로이트의 정신분석학에 영향을 받아 분석심리학의 기초를 세우고 외향성, 내향성 성격, 집단 무의식 등의 개념을 세워 정신의학과 종교, 문학 분야에 큰 업적을 이룬 바 있습니다. 그는 사람들이 너무 쉽게 판단하는 건 사고하는 일이 어렵기 때문이라고 했습니다.

또한 『명상록』의 저자이기도 한 로마제국의 철학자이자 로마제국제16대 황제 마르쿠스 아우렐리우스는 그 당시 이렇게 예언하기도 했습니다. "다수의 편에 서는 게 꼭 옳은 건 아니다." 우리는 광기 있는 사람들에게서 벗어나는 걸 삶의 목표로 삼아야 합니다. 무릇 정신이 건강한 사람이란 자기 자신이 누구인지 아는 사람입니다. 그렇습니다. 생각 없이 무조건 믿고 따르는 건 사이비종교의 속성과 같이 위험합니다. 그만큼 자신을 안다는 것은 무척 어려운 일입니다.

저에게는 5년 전 그리스를 방문하여 소크라테스가 당시 아테네 청년들과 시민들을 상대로, 아고라 광장과 시장에서 대화를 나누었던 자리와 재판을 받았던 법정, 그리고 그가 갇혔던 감옥을 두루두루 살펴볼 기회가 있었습니다. 동시에 숙연한 마음으로 법이 지닌 무게와 가치를 생각해 보았습니다.

| 소크라테스가 오늘 우리에게 전하는 교훈

소크라테스는 기원전 399년 봄, 70세의 나이에 아테네 감옥에서 독배를 마시고 그의 생애의 막을 내렸습니다. 그는 사형선고를 내린 아테네의 법정에서 배심원들을 향하여 이렇게 말을 했습니다.

"자, 떠날 때가 왔다. 우리는 길을 가는 것이다. 나는 죽으러 가고 여러분은 살려고 간다. 누가 더 행복한지는 오직 신(紳)만이 안다."

저는 여행 중 그가 독배를 마시고 죽은 그 감옥을 찾아서 그가 죽기 전 애제자들의 탈옥 권유를 마다하고 "악법도 법이다. 나는 법을 준수하고자 한다."라고 말한 의미를 다시금 생각해 보았습니다.

그는 타락한 아테네 사람들의 양심과 생활을 바로잡고 교만과 허영 속에서 방황하는 청년들의 인격을 각성시키기 위하여 아테네 거리와 시장에서 시민들과 대화하고 가르치고 질책하며 호소하였습니다. 그러나 어리석은 군중들은 그가 정통의 신들을 믿지 않고 새로운 신을 끌어들인다고 생각했으며 청년을 유혹하고 부패 타락시켰다는 이유로 아테네 시민 5백 명으로 구성된 법정에서 사형선고를 하였습니다.

이렇게 아테네 시민의 무지와 악의와 오판으로 인한 선고로 인류 역사상 가장 위대한 철학자는 갔습니다. 어찌 보면 어리석은 자들로 구성된 배심원은 소크라테스를 죽임으로써 진리와 정의를 죽인 것입니다.

소크라테스를 처형한 아테네는 그로부터 61년이 되는 기원전 338년에 마케도니아로부터 패망했습니다. 그는 "사는 것이 중요한 문제가 아니라, 바로 사는 것이 중요하다."라며 갈파하였고, 바른 인생을 위해 매사를 진실하게, 아름답게, 보람 있게 살 것과 철학이 있는 삶을 살 것을 제시하고 호소하였습니다.

프랑스의 위대한 사상가이자 교육학의 대표인 장자크 루소는 『에

밀』에서 가장 바람직한 인간상은 '철학처럼 사색하고 부지런히 농부처럼 일하는 것'이라고 일갈하고 있습니다.

최근에 이르러 오직 돈과 명예만을 좇는 인간 군상들이 너무 많습니다. 그러나 철학이 없는 인생은 공허하고 빈약할 수밖에 없을 것입니다.

오늘날 이런 학자와 정치지도자가 또 있을까요? 요즘이야말로 분노와 복수로 가득 차 있는 정치권, 그리고 자신을 너무나도 모르고 있는 군상들이 소크라테스의 명언을 되새겨 보아야 할 때가 아닌가 싶습니다. 한 치 앞을 내다볼 수 없는 뿌연 거리가 걷히고 세상 풍경이 또렷이 보이며 들리기 시작하는 계절은 정녕 기대할 수 없는 것일까요?

최근에 전 세계 17개국을 대상으로, '삶에서 가장 가치 있게 생각하는 것이 무엇인지'를 조사해 발표하는 '세계 가치관 조사'에서 '물질적 풍요가 가장 중요'하다고 답한 국가는 한국이 유일했습니다. 한국을 제외한 14국은 삶에서 가장 의미 있는 요소로 '가족'을 꼽았고, '직업적 성취'가 둘째 요소라고 답했습니다.

한국인의 과시욕은 세계에서 불명예스럽게도 단연 1위입니다. 미국 투자은행 모건 스탠리가 국가별 명품 소비지출액을 조사한 결과, 한국은 1인당 325달러(약 43만 원)로 전 세계에서 가장 많은 것으로 조사되었습니다. 그 실례로 3억 원에 상당하는 벤틀리 승용차 구매가 일본을 앞섰고 명품 중에서도 수억 원씩 하는 오데마피게, 프레드 등의 명품 시계 구매도 본고장 프랑스와 이탈리아를 넘어섰습니다.

과소비는 일부 계층에 국한되지 않습니다. 평범한 소비자들도 이를 따라 하느라 허리가 휩니다. 서울신라호텔과 롯데호텔 뷔페의 가격은 평균 20만 원 정도입니다. 딸기 뷔페는 1인당 입장료가 11만 원을 초과합니다. 또 전 세계에서 71병만 생산되는, 한 병당 값이 3억 3천만 원 하는, 발베니 위스키 60년산이 한국에 2병 배정되었는데, 한국에서 공개하자마자 모두 순식간에 판매되었습니다. 위스키 한 병 값이 웬만한 서민들 집 한 채 값인데, 누가 그 위스키를 구매했는지 정말 궁금합니다. 이 역시 자신을 돋보이고자 하는 천박한 과시욕이라고 생각합니다.

요즘 일부 유명 '스시 오마카세(주방장이 알아 음식을 내는 방식)' 식당은 특정 날짜와 시간에만 예약받지만, 1분도 안 돼 예약이 끝난다고 합니다. 이런 치열한 예약 전쟁은 대학교 수강 신청에 빗대 '스강(스시+수강) 신청'이라고 불리고, 유명한 한국 고깃집 예약은 '우(牛)강 신청'이라고 불린답니다.

수원의 한 유명 고깃집은 1인분에 가격이 10만 200원인데 자리가 없다고 하며, 서울 광화문에 있는 고깃집은 메뉴에 10만 원 이

하는 아예 없다고 합니다. 일반 서민들이 이용하는 식당에는 손님들이 없고, 초고가의 식당에는 빈자리가 없습니다. 요즘 나날이 경제 사정이 어렵고 고물가 고금리로 소비자들 지갑이 쉽게 열리지 않지만, 극초고가(極超高價) 상품일수록 더 잘 팔리는 역설은 계속되고 있습니다.

공연 중인「오페라의 유령」좌석 가격은 19만 원이지만 좌석을 구하기가 어려울 정도입니다. 최근에는 국내 편의점도 100만 원이 넘는 위스키, 고가 와인을 판매합니다. 드디어 전 세계의 모든 명품 제조 국가에서는 한국에서 가장 먼저 출시해 선을 보이고 그 반응을 살핀다고 합니다.

이런 허세와 과시욕은 과소비를 불러올 뿐만이 아니라 집값을 천정부지로 치솟게 하고 서민들은 점점 삶이 고단해지고 힘들어지게 됩니다. 그리고 삶은 상대적 빈곤감에 늘 우울합니다. 그래서 자살률도 세계에서 가장 높습니다.

물론 자본주의와 사회주의, 보수와 진보를 막론하고 우리가 사는 지구상에는 빈부의 격차가 발생하고 모두가 행복한 세상은 어디에도 없을 것입니다. 빈부의 격차가 심하고 부의 재분배가 필요하지만 무조건 모두가 평등한 세상은 존재할 수가 없을 것입니다. 그러나 일반 대중들이 물질만능주의에 빠지지 않고 상대적 박탈감을 느끼지 않도록 삶의 태도가 변할 수만 있다면, 지금보다 행복 지수는 월등히 높아질 것임은 의심할 여지가 없을 것입니다.

　위정자들은 절대적 빈곤을 줄여 나가는 데 최선을 다해야 합니다. 지금처럼 특권층들이 그의 지위를 이용하여 정당치 못하게 부를 축적하거나 천박한 과시욕을 일삼는다면 우리 사회는 불신과 불평, 불만이 팽배하여 일반 대중들이 만족한 삶을 살아가는 일은 요원할 것입니다.

　그런데 이상스럽게도 결재할 때는 개인 신용카드가 아닌 법인카드를 많이 사용한다는 것입니다. 이건 무엇을 의미하는 것일까요? 궁금함을 금할 길이 없습니다. 이런 원인과 책임은 과연 누구에게 있는 걸까요?

　따라서 이런 과시욕 팽창은 위정자들과 일부 삐뚤어진 재벌가 2세들의 책임이 매우 크다 할 것이고, 아울러 중산층마저도 자신도 모르게 닮아 가고 있다는 것이 더욱 문제가 아닐 수 없습니다. 이런 현상들로 인해 우리 사회는 돈만이 세상을 좌지우지할 수 있다는 물질만능주의로 치닫게 되고 국민은 분열하며, 국민의 행복 지수는 떨어지게 되는 것입니다.

　정치가들이 국민을 행복하게 하는 것이 아니라 오히려 그들이 나라를 망치고 국민을 우울증에 빠지게 하며 모두를 불행하게 하는 것은 아닐까요? 그런데도 선거철만 되면 정치인들은 민주주의를 말할 때 가장 먼저 떠올리게 되는 에이브러햄 링컨이 게티즈버그에서 한 감동적인 연설을 인용하곤 합니다. 다시 말해 "국민의, 국민에 의한, 국민을 위한 정부"를 만들겠다는 정치 사기꾼들이 외치는 소리가 공허하게 들려옵니다.

 모든 게 돈으로 환산되는 세상, 마음보다 물질이 우선시되는 세상에서, 내가 나에 대해 아무것도 모르는 무지한 사람일망정 욕심 없이 주어진 삶에 최선을 다하며 제자리를 지키며 산다는 것은 무척 쓸쓸하고 고독한 일입니다. 하지만 완벽하지 않기에 노력하게 되고, 그래서 할 일이 생기고, 나로부터의 작은 변화를 꿈꾸며 사는 삶은 또 한편으로 생각하면 아름다운 삶일 수도 있다는 생각이 드는, 2023년 국군의 날 아침입니다.

5) 적벽가 관람

 2024년 4월 13일 오후 3시에 서울 국립극장에서 공연하는 명창 김금미의 완창 판소리 중, 「적벽가(赤壁歌)」를 관람하기 위해 오전 9시 30분에 초은고교 후문에서 701번 버스를 타고 청라 국제공항역에 도착하니 10시가 되었습니다.

 판소리 공부를 30년 전 검사 시절부터 틈틈이 공부한 친구와 정오에 동국대 역 앞 태극당에서 만나기로 사전에 약속한 날입니다. 청라 공항에서 서울역까지의 소요 시간은 건너뛰는 역이 많은 관계로 40분이면 족히 도착할 수가 있습니다. 그런데 서울역에서 충무로 방향 4호선으로 갈아타고, 다시 동대입구역 방향의 3호선으로 연이어 갈아타야 하는 번거로움과 그 시간도 만만치 않습니다. 젊은이들이야 별일이 아니지만, 70대 중반이 넘은 노인이, 그것도 평소 전철을 이용할 기회가 별반 없었던 사람으로서는 지하철 내에서 노선을 바꾸어 타느라 경사진 계단을 에스컬레이터로 여러 번씩 오르고 내리기를 반복한다는 것은 여간 낯설고 힘든 일이 아닙니다.

그러나 서울 시내 약속한 목적지에 시간 내에 도착하고자 할 때, 전철만큼 확실한 교통수단이 없습니다. 승용차편으로 가자니 교통체증(Traffic jam)에 걸리기 일쑤이고, 시력도 나빠서 서울 시내를 운전하려면 스트레스가 이만저만이 아닙니다. 그런 이유로 노인이 되면 자연히 먼 곳에서 하는 모임에는 불참하게 되고 만남도 뜸해지기 마련입니다. 그러다가 어느 날 염라대왕으로부터 인생 졸업장을 받게 되는 것이 인생입니다. 생각하면, 인간이란 덧없고 한없이 나약한 존재이고 존재의 시간은 너무 빠르게 지나갑니다.

그래서 철학자들은 끊임없이 인간이란 무엇이고 존재란 무엇인지, 그리고 어디로 가는 것인지, 또한 어떻게 살아야 올바르게 사는 것인지에 대한 의문을 던지고 그 해답을 탐색합니다. 하지만 아직도 인간의 본질에 대한 답을 찾지는 못하고 있습니다. 이에 종교가 등장하여 절대자 신이 존재하는 것을 전제로 믿음을 강조하고 있으나 이 또한 시원한 답을 주지 못하고 있습니다.

약속 장소에 시간 맞춰 가기 위해서 10번 이상을 주변 사람에게 전철 노선을 묻고 또 물어 드디어 12시 5분에 도착하였습니다. 동대입구역에서 내려 태극당으로 방향으로 건너고자 횡단보도 앞에서 보행 신호를 기다리고 있자니 건너편에서 친구가 손을 높이 들어 인사하는 모습이 보였습니다.

우리는 반갑게 악수하고 점심을 먹기 위해 이 지역에서 가장 유명하다는 원조 장충동 족발집으로 갔더니, 때마침 점심시간인 관계로 자리가 없다고 했습니다. 부득이 다른 족발집으로 가서 맥주 한 병과 족발 2인분을 시키고 친구로부터 오늘 공연에 관한 이야기를 들었습니다.

오늘의 주인공은 국립극단 간판 배우 김금미 명창입니다. 그리고 주인공이 부를 노래는 『삼국지연의』에 나오는 적벽대전을 중심으로 구성된 것이라 합니다. 『삼국지연의』는 14세기에 나관중이 쓴 역사 소설입니다. 그리고 「적벽가」는 판소리 열두 마당[14] 중 현재 전승되고 있는 다섯 마당의 하나입니다.

그리고 화용도타령은 적벽대전에서 제갈공명에게 패한 난세의 간웅, 치세의 능신(能臣)이라 불리는 조조가 유비 현덕의 장수 관우에게 목숨을 구걸하는 장면을 노래한 것인데 고사성어가 많고 난해한

---

14 열두 마당: 판소리의 전체 레퍼토리 숫자를 말하는데, 현재 전승되고 있는 다섯 작품과 창을 잃은 일곱 작품을 합하여 이르는 말.

가사가 있어서 사전에 공부를 해 두지 않은 사람은 가사 내용이 전달되지 않아 이해하기 어렵습니다. 나 역시 오늘 판소리 「적벽가」는 난생처음 들어 보는 것이어서 쉽게 다가가지 못했습니다.

관람객 중에는 의외로 젊은 청년과 여성들이 많이 보였습니다. 그들은 대학 시절에 국악동아리 활동을 했거나, 아니면 그간 수십 차례 이상 관람했을 것이란 생각이 들었습니다. 그래서인지 명창의 소리를 잘 이해하고 있었고, 명창이 부르는 노래에 "얼씨구! 잘한다, 으음, 으쓱!" 하며 추임새를 넣으며 장단을 맞추고 흥겨워했고 동화된 느낌이었습니다. 무엇이든지 알아야 합니다. 그래야 즐길 수가 있다는 사실을 다시금 깨닫게 했습니다.

10년 전 이야기지만, 나와 같은 법률사무소에서 함께 근무하던 성균관대 법대 출신에 미인인 고민지 변호사가 있었습니다. 그 변호사는 당시 30대 중반의 젊은 나이였는데, 점심 식사를 일찍 끝내고 운동 삼아 사무실에서 가까운 문학산 둘레길을 같이 산책할 때가 많았습니다. 그때 고 변호사가 산책 중에 말하기를, 자신이 대학 시절에 국악동아리에서 국악과 장구, 거문고를 공부하고 즐겼다고 했습니다. 지금은 학생을 둔 엄마의 신분으로 강남역 근처에서 여러 명의 여자 변호사들과 함께 법무법인을 설립해서 중견 변호사로 활약하고 있습니다.

공연 시간은 3시부터 6시까지였는데, 저녁 약속 때문에 절반만 관람하고 나와야 했습니다. 관람하는 동안 느낀 점은 서양음악과 국악은 박자와 리듬의 차이가 너무 크다는 것입니다. 운동경기에서도 그러하듯이 그 경기에 대한 제반 지식과 이해도가 없으면 선수와 동화되기 어려운 것처럼 음악 역시도 가사와 배경, 흐름을 모르면 그 재미는 반감될 수밖에 없다는 사실을 이 친구 덕분으로 다시금 깨닫게 되는 계기가 되었습니다.

완창 판소리는 한국의 국가 문화재이자, 유네스코가 지정한 인류 구전과 문화유산의 걸작이므로 그 가치를 충분히 느낄 수가 있어야 하는데, 학습 부족으로 공감하고 동화되지 못하여 나로서는 아쉬움이 남는 공연이 아닐 수 없었습니다. 한편, 옛 선비들이 멋진 풍류를 즐기던 음악을 일찍이 30년 전부터 공부해 왔다는 이강천 친구의 음악적 소양과 남다른 노력에 박수를 보내며 경의를 표하고자 합니다.

그리고 친구와 함께 따스한 4월의 봄날 주말에 유서 깊은 장충단 공원길과 남산 둘레길을 걸을 수 있어(1만 2천 보) 행복한 하루였고, 그 기회를 선물해 준 친구에게 진심으로 감사한 마음을 전합니다. 우리는 늘 카카오톡이나 문자를 통해 수시로 서로의 생각을 주고받습니다.

6) 윤흥길 소설 속 '완장'이 던지는 메시지

어느 날 신간 진열대에 가 보니 1985년경 전두환 정권 때 읽었던 소설가 윤흥길이 쓴 장편소설『완장』이라는 낯익은 제목의 책이 눈에 들어왔습니다. 이 책이 첫 출간 된 지 무려 40년이 경과했는데, 다시 신간 진열대에 올려져 있다는 사실이 신기하게 느껴지고 그 이유가 궁금해졌습니다. 가까이 다가서 책을 들여다보니 책 표지 색깔과 디자인이 바뀌었고, 내용도 다소간은 바뀌었거나 새로운 이야기를 추가하였는지 2024년 3월 20일 개정 5판으로 다시 출판되었던 것입니다.

이 소설의 내용 중 일부는 대학수학능력시험 국어과 지문으로 출제가 된 적도 있었다고 합니다. 나는 인천에서 대전까지 2시간을 가는 동안 무료함을 달래고자 가방 속에 책 한 권을 가방에 집어넣고 있었습니다.

『완장』은 권력에 대한 허황된 집착과 부조리한 현실을 비판한 소설입니다. 소설의 시간적 배경은 1970~1980년대이고, 공간적 배경은 전라북도 농촌 마을입니다. 이 작품에서는 잘못된 권력이 지니는 폭력성과 암담했던 정치 현실을 '완장'이란 상징적 소재를 활용해 비판하고자 하였습니다.

이 작품에서 완장이 상징하는 바는 권력입니다. 이 소설은 종술이라는 인물과 이것을 통해 인간의 권력욕과 허구성을 사실적으로 보여 주고 있습니다. 또한 이는 개인에게만 국한된 것이 아니라, 당시 우리 민족이 처한 상황을 상징적으로 보여 주는 것이기도 합니다.

6·25 전쟁으로 인한 이념의 대립, 빈부 격차, 지배자와 피지배자의 갈등, 권력에 대한 집착 등으로 인해 혼란스러운 세상을 작가는 '완장의 나라'로 표현한 것입니다.

작품 속 부월이라는 인물은 이렇게 말합니다. "눈에 뵈는 완장은 기중 벨볼일 없는 하빠리들이나 차는 게여! 진짜배기 완장은 눈에 뵈지도 않어!"라고. 이 말대로 종술은 완장에 현혹되어 패악을 부리다가 곧 더 큰 권력에 의해 쫓겨납니다. 이러한 종술의 모습을 통해 작가는 권력의 허구성 및 허망을 비판하고 있는 것입니다. 즉, 알량한 권위 의식으로 다른 사람들 위에 군림하려는 사람에게는 함부로 권력을 줘서는 안 된다는 사실과 함께, 권력이 겉보기에는 좋아 보이지만 실상은 허무한 것임을 깨닫게 해 주는 작품입니다.

『완장』을 읽으면서 우리의 현실에서 만나는 수많은 '완장'들의 '완장질'을 생각하니 쓴웃음을 지을 수밖에 없었습니다. 대통령 권력처럼 아주 큰 완장이든, 주차감시원 같은 보잘것없는 작은 완장이든 사람은 완장을 차면 변하게 되는 모양입니다.

심지어는 구성원들의 회비로 유지되어 권력과 거리가 먼 취미 활동의 동호회에서도 회장이라는 완장을 차면, 어떤 쟁점이 생겼을 때, 그 구성원 전체의 의견을 물어 동의를 구하든가, 토의를 거쳐 합의를 이룬 후 결정을 해야 하는데도 회장직에 있다는 명분으로 쓸데없이 목에 힘을 주며 어이없게 단독으로 결정하는 경우가 부지기수(不知其數)입니다.

 종술이 같은 인간은 그야말로 우리 사회 구석구석에 존재하는 것 같습니다. 크고 작은 완장은 곳곳에 널려 있고, 완장이 없는 시대는 없었으며, 앞으로도 완장은 존재할 것입니다. 그런 의미에서 이 책은 한국 사회 저변에 깔린 부당한 권위 의식과 권력의 부조리에 대한 예리한 고발서라는 생각이 듭니다.

9. 사랑하는 나의 친구 이야기

1) 미국에 사는 치과의사 이영재

미국 여행을 다녀온 후, 설렘과 가슴 벅찬 감동을 이기지 못하여 5년 후 다시 같은 코스로 관광을 떠나게 되었습니다. 그때는 여행사를 통한 단체 패키지여행이 아니라 친구 집에서 머물며 그와 함께 하기로 했지요.

미국은 축복받은 나라입니다. 인구 600만 명이 거주하는 워싱턴

D.C 근교 메릴랜드주(Maryland)에서 치과의사로 일하는 미국 교포 이영재 집에서 3박 4일을 숙박한 적이 있었습니다. 친구의 집은 워싱턴에서 승용차로 약 25분가량 걸리는 외곽에 있었는데 수림이 우거지고 계곡물이 흐르는 멋진 저택이었습니다.

필자는 친구의 집에서 머물며 워싱턴 지역을 여행하였고, 딸아이를 조기 유학 시키려다 포기한 사연이 있습니다. 친구 집을 방문한 이튿날이 때마침 주말인 데다 봄날이어서 화사하게 만발한 벚꽃 군락지 백악관 앞뜰을 시작으로 워싱턴 전 지역을 관광하게 되었습니다.

자연사 박물관, 링컨과 제퍼슨 기념관을 방문했고, '한국전 참전용사 기념 공원(Korean War Veterans Memorial)' 앞에서는 청춘의 나이에 자유를 위해 싸우다 피어 보지도 못한 채 스러져 간 젊은 영웅들의 전투복 차림의 동상 모습을 보게 되었습니다. 이 모습을 보니 나그네의 가슴이 메고 먹먹해져 말없이 고개를 숙이고 한참을 서 있었던 일이 생각납니다. 이 공원에는 2023년 화강암으로 만든 추모의 벽이 조형물로 만들어지고, 거기에는 미군 전사자 36,345명과 미군에 배속된 한국군 지원단 카투사 전사자 7,174명을 포함한 총 43,808명의 이름이 빼곡하게 새겨져 있다고 합니다.

웨스트버지니아주와 메릴랜드주 경계선 사이에서 워싱턴D.C 부근까지 흐르는 전장 612.8km의 포토맥강(Potomac River)의 강변에서 크랩을 친구와 함께 먹던 기억도 잊을 수가 없습니다. 이 친구는 강화 교동 출신으로 인천의 명문 제물포고와 서울대 치대를 졸업하고 조기에 메릴랜드 대학으로 유학을 떠났습니다. 그리고 그 대학에서 박사학위를 받고, 같은 대학에서 치의학 교수를 하다가 사직한 후, 치과 의원을 개원하였습니다.

친구의 안내로 치과 의원 내부의 진료 시설부터 구경하였습니다. 한국인 여성 간호사 3명이 친절하면서도 능숙하게 일하는 모습이 인상적이었습니다. 이 친구는 성실하고 모범적이며 매사에 신중한 아주 좋은 고향 친구입니다.

2023년 8월, 이 치과의사 친구 내외는 역시 미국에서 의사의 길을 걷고 있는 그의 자식과 함께 한국을 방문하여 오랜만에 부평에서 반갑게 조우했습니다. 함께 점심을 하면서 시간 가는 줄 모르게 옛날이야기도 나누고 재미있게 대화하다 아쉽게 헤어졌습니다. 그리고 미국으로 돌아간 후 자신이 촬영한 사진을 배경으로 제작한 2024년도 달력을 보내 주어 현재 사무실에 걸어 두고 있습니다. 그 달력 12장 중에는 고향의 남산 포구와 화계산 풍경 사진 2점이 실려 있습니다. 미국으로 이민 온 프로급 사진작가 친구로부터 영상 촬영 기술을 배워서 그런지 사진 솜씨가 예사롭지 않았습니다.

영재 친구와는 시공을 초월하여 종종 카톡으로 소식을 주고받고 있습니다. 아울러 한 살 터울인 부평에 거주하는 친구의 누님과도 종종 소통하고 있습니다. 누님은 당시 명문으로 소문난, 인천여중과 인일여고를 나와, 인천교대를 졸업하고 교직에서 정년퇴직한 후 교회에 열심히 다니고 있습니다.

메릴랜드주에 있는 오션시티 해변(Ocean City Beach)에서 딸과 함께 수영했던 기억이 있어 사진과 함께 소개합니다.

2) 시카고에 살던 짱구, 이웅섭

시카고는 일리노이주 북동부에 있는 오대호의 일부인 미시간 호수 서쪽에 있는 미국의 제2 도시입니다. 이곳은 겨울에는 영하 30도, 체감온도 영하 50도에, 폭설이 내릴 때는 1미터 이상의 많은 적설량 때문에 교통이 마비될 때가 자주 있으며, 칼바람이 불어와 '바람의 도시'라고 불리기도 합니다.

시카고 오헤어 국제공항(Chicago O'Hare International Airport)에 도착하니 친구 이웅섭(별명 짱구)이 반갑게 마중을 나와 저를 자기 집으로 안내했고, 그때만 해도 혈기 왕성할 때여서 도착하자마자 우선 술부터 부어라 마셔라 하며 한국과 미국에 관한 이야기로 박장대소하며 즐겁게 시간을 보내고 잠자리에 들었습니다.

'술'은 마치 신처럼 인간사의 근심과 걱정을 잊게 하는 해독제 역할을 합니다. 술을 마시고 기분이 알딸딸해졌을 때, 우리는 흡사 낭만을 뛰어넘어 속박에서 벗어난 듯한 해방감과 황홀함을 느낍니다. 거절할 수 없는 생명수와 같습니다.

친구 짱구는 고교를 졸업하고 군 제대를 하자마자 20대 중반에 단돈 200불을 손에 쥐고 미국 이민 길에 올랐고, 한국인 특유의 부지런함으로 안정된 삶을 살고 있었는데 주업은 철물점이었습니다.

이튿날 아침 일찍 일어나 집 밖에 나오니 야생 사슴 몇 마리가 집 주변을 어슬렁거렸습니다. 이때 친구는 필자에게 "야, 친구야. 주먹으로 이 사슴의 안면을 가격하면 코피가 흘러 사슴 피를 먹을 수 있는데, 너 먹을래?"라고 농담하여 아침부터 한바탕 배꼽 잡고 웃었던 기억도 새롭습니다.

술이 덜 깬 이튿날 아침에, 짱구는 필자에게, "친구야, 오늘은 금요일이라 영업적으로 매우 바쁜 날이야. 내가 한낮에 시간을 낼 수가 없어 너와 동행하기가 어려워. 그래서 부득이 내가 고용하고 있는 한국인을 관광안내원으로 너와 동행하도록 했어. 그 사람한테 시카고 구석구석 구경시켜 주도록 단단히 당부해 놓았으니 아무 염려 말고 잘 구경하고 저녁에 보자."라는 말을 남기고 서둘러 출근했습니다.

　지금 생각해 보아도 말과 글로는 다 표현할 수 없을 만큼 고맙고 미안한 일이었습니다. 짱구 친구의 배려 덕분에 낮 시간대에는 안내자를 따라 그가 운전하는 차에 편안히 탑승하여 시카고 시내를 두루 관광할 수 있었는데, 더욱 미안한 일은 필자 모르게 점심 식사비와 관광지 입장료까지 안내원한테 주었다는 사실입니다. 그 안내원은 중앙대 약대 출신이라고 했습니다. 무슨 생각으로 미국으로 이민을 오게 되었는지는 모르겠지만, 한국에서 약사로 일을 하는 것이 더 좋지 않았을까 하는 생각을 잠시 해 보았습니다.

　시카고를 방문하기 전까지는 뉴욕의 103층 엠파이어 스테이트 빌딩이 가장 높은 건물인 줄 알았는데, 실은 시카고에 소재한 105층의 윌리스 타워 빌딩이 더 높은 빌딩이었습니다. 이 빌딩에서 내려다보이는 시카고 시내의 야경은 불야성을 이루고 있어 그저 황홀하기만 하였습니다.

　다음 날에는 친구가 운전하는 승용차로 미시간 호수를 둘러보았습니다. 때로는 오토바이 뒷좌석에 올라 오토바이 전용도로를 질주하며 즐겁고 기쁜 시간을 보냈습니다. 미시간 호수는 바다와 같이 넓어서 끝이 보이지를 않았는데, 호수에는 크루즈들이 많이 보였습니다.

그 이듬해에는 이 친구가 한국을 방문하여 반갑게 재회하게 되었고, 저는 시흥시 물왕 저수지 근처의 조용하고 한적한 고급 한정식집 '담원'에 식사 자리를 마련하였습니다. 저는 식사를 하며, 시카고를 방문했을 때 여러모로 배려해 줘서 너무 즐겁게 여행할 수 있었다는 말로 재차 고마움을 표시했습니다. 그런데 안타깝게도 미국으로 돌아간 후 얼마 되지 않아 부인이 폐암으로 투병하다가 몇 년 전 하늘의 별이 되었습니다.

친구는 부인이 세상을 떠나고 불과 2년 만에, 스키장에서 스키 운동을 종료한 후 귀가하려다가 때마침 단체 손님을 싣고 온 버스가 주차장에 진입하는 과정에서 친구를 치어 스키장 구역 내에서 허망하게 교통사고로 부인을 따라 세상을 떠나게 되었습니다.

머나먼 이국땅에서 열심히 살았던 의리의 사나이, 멋진 나의 친구가 부인의 뒤를 따라 영원히 돌아오지 못할 별나라로 여행을 떠난 것입니다. 필설로는 다 표현할 수 없으리만치 소중했던 친구를 잃어 슬프고 허전한 마음을 금할 길이 없습니다. 여전히 친구가 그립고 보고 싶습니다. 언젠가는 저도 별이 되어 지구를 떠나게 되겠지요. 그때 친구는 저를 보며 어떤 표정을 지어 줄까요?

인생을 살면서 좋은 친구를 만난다는 것은 크나큰 행운입니다. 그래서 좋은 친구라고 생각되면 불원천리(不遠千里)하고 찾아가는 게 행복한 일인데, 나는 그런 소중한 보석 같은 친구 하나를 잃은 것입니다. 친구를 생각하면 삶이 참 허망하게 느껴집니다.

3) 법대 홍일점 이야기

　당시 법대에는 유일한 여학생, 그러니까 홍일점이 있었습니다. 그 학생의 가정은 부유했고 가끔 학교까지 자가용으로 등교하기도 했습니다. 듣기에 부친이 어느 중견 건설사의 사장이었고, 오빠는 서울대 출신으로 중앙지 신문의 기자를 거쳐 작은 도시의 시장을, 언니는 약학대를 나와 약사를 하고 있었다고 했습니다.

　그 여학생은 날씬한 몸매에 화장도 하지 않고 청바지 차림에 생머리를 한 채 오직 열심히 공부에만 전념하던 모범생이었습니다. 이 여학생과 교실에서 마주치면 가벼운 목례를 주고받았을 뿐 별다른 인연을 갖지 못하고 졸업하였습니다. 그녀는 대학 졸업과 동시에 사법시험을 치렀다가 낙방을 한 후 가정이 부유한지라 곧장 동경의 니혼대학교(日本大學) 법학부로 유학을 떠났고, 니혼대학원에서 박사과정을 이수하면서 상속에 관한 연구로 끝내 박사학위를 받고 교수의 부푼 꿈을 안고 귀국하였습니다.

　그런데 생각보다 교수직 얻기가 어려웠던지 중앙대 안성 캠퍼스, 고대, 경인 교대에 시간강사로 출강하였습니다. 그때나 지금이나 시간강사료만으로는 생활이 되지 못했습니다. 그녀는 내심 일본대학에서 박사학위를 받고 다년간 연구도 해 왔기 때문에 서울 소재 대학, 또는 모교인 중앙대 법대에서 교수하기를 원하였습니다. 더구나 석사과정을 모교 대학원에서 마쳤고, 그때 법대에서 2년간 조교 생활을 한 경력도 있었습니다. 그래서 그녀는 중앙대 법대 교수로 무난하게 채용될 수 있을 거라는 기대감으로 모교 교수 채용공고에 이력서를 내고 심사를 받았지만 안타깝게도 임용을 받는 데는 실패하였습니다.

그런데 그때 교수 임용시험 심사위원 중 한 사람은 그녀의 모교 법대 동기이자 당시 법대학장이었습니다. 나중에 그 법대학장으로부터 들은 말이지만, 당시 교수직에 응모한 사람들의 경력이 너무 화려해서 차마 동기생을 채용하자는 요구를 할 수 없는 상황이었다고 하였습니다. 그녀는 부유한 가정에서 막내로 자라서 그런지 자존심이 지나칠 정도로 강했고 여러 사람과 두루뭉술하게 어울리지 못하는 까칠한 성격이었습니다. 지나간 일이지만, 그때 서울이 아닌 지방 대학의 교수직에 도전했더라면 어찌 되었을까 싶습니다.

그런데 뜻밖에도 필자가 대학을 졸업한 지 약 20년이 지날 무렵에 어떻게 연락처를 알았는지 전화를 걸어 왔습니다. 그러고는 느닷없이 얼굴을 본 지 너무 오래되어 옛 학우들이 보고 싶다면서 인천으로 내려갈 테니 밥이나 한번 먹자는 것이었습니다. 그녀의 전화를 받자 왠지 긴장되면서 심장박동이 빨라지는 느낌을 받았습니다.

저녁 시간에 송도의 한정식집에서 그녀를 만났습니다. 당시 그녀의 나이는 50대 중반이고 나와 동갑내기였습니다. 무슨 비밀의 언약이 있었던 것도 아니고, 그렇다고 하여 그 어떤 밀회를 즐길 수 있는 처지도 아니었습니다. 단지 학우로서 오랜만에 소식이 궁금해서 만난 것일 수도 있고, 부담 없이 만나서 수다를 떨 수도 있는 것인데 왜 여자와 만날 때면 매번 색다른 감정이 느껴지는 건지 모르겠습니다.

 화장기 없이 늘 조용하기만 했던 그녀와의 만남이 잠시나마 가슴을 설레게 하였지만, 막상 대면해서 보니 옛 모습은 그대로인데, 세월의 무게를 이기지 못함인지 많이 늙어 보였습니다. 그 순간 만남이 있기 전의 고무된 감정은 간 곳 없이 사라지고 학우의 감정으로 평온해졌습니다. 꽃과 여성! 싱싱하고 젊을 때 이뻐 보이는 건 인지상정일 겁니다. 하지만 세상 만물은 시간의 흐름에 따라 변하는 것입니다. 그러니 남성이든 여성이든 한때의 젊음과 외모를 영원한 것으로 착각하지 말 일입니다.

 그녀와의 대화는 까마득한 대학 시절의 이야기, 그녀의 일본 유학 시절의 이야기, 대학 강사로 일했던 일 등 평범한 일상의 이야기를 하다가 오류동 전철역 앞에서 내려 주고 헤어졌습니다. 그녀는 대학 시절부터 줄곧 지나친 자존심과 자기 확신이 컸고 완강하며 고집스러운 측면이 강하고 개성이 뚜렷한 성격의 소유자였습니다.

 그 후 필자와 또 한 명의 학우, 그녀와 셋이 관악산 줄기인 삼성산을 함께 등반한 적이 있습니다. 삼성산은 해발 480.9m인 안양의 진산이며 고려 말기 지공, 나옹, 무학의 세 고승이 이곳에서 수도한 산이라 하여 삼성산(三聖山)이라는 설이 있습니다. 삼성산은 부천에 거주할 때 근거리에 있어 자주 찾던 산이고, 필자가 중앙대학교 인천 동문산악회장직에 있을 때도 여러 회원과 함께 등반한 적이 있는 친근감이 가는 산입니다.

이 산에는 삼막사라는 신라시대에 창건했다는 절이 있고 교통접근성이 좋아 주말마다 인산인해를 이룹니다. 이 산과 삼막사가 유명해진 이유는 도심지 속에 있는 산치고는 숲과 바위, 계곡이 어우러져 풍광이 수려하기 때문이기도 하지만 칠성각 바로 앞에 있는 자연이 빚은 여근석(女根石)과 남근석(男根石)이 마주하고 있기 때문입니다. 아들을 갖고 싶어 하는 부녀자들이 남근석을 하도 많

삼막사남녀근석
경기도민속문화재 제3호

이 만져 반질반질하게 윤이 나 있습니다. 한편, 여근석에는 여성의 음부 모양을 닮은 곳에 항상 물이 고여 있습니다. 그래서 그 소문이 전국적으로 나면서 더욱 유명해진 사찰입니다.

일행 셋은 암바위로 이루어진 칼바위, 돼지코 바위, 남생이 바위, 물범새끼 바위, 항시 태극기가 꽂혀 있는 깃대봉을 오르고 또 올랐

습니다. 그러나 산행 중 가장 즐거운 것은 아무래도 바위에 걸터앉아 쉬면서 등에 지고 온 배낭 속에서 먹거리를 꺼내어 먹는 재미일 것입니다. 산중에서는 맛이 없는 게 없습니다. 컵라면에 뜨거운 물을 부어 라면을 후루룩거리며 먹는 맛이 일품이고 무슨 과일이든 맛이 좋습니다. 그리고 뜨거운 커피를 마시는 것도 별미입니다.

산행 시간 동안 지루한 줄 모르고 학창 시절의 별일도 아닌 추억을 더듬으며 한바탕 웃다 보니 해가 지려 했습니다. 원래 산중의 시간은 빨리 흐릅니다. 산행을 마친 후 하산하려 할 때 그녀가 살고 있는 아파트가 마침 삼성산 끝자락에 있는 관악아파트라고 하여 일행은 그녀의 안내로 아파트를 방문하여 한참 동안 수다를 떨다 늦은 시간에 귀가했습니다.

그 이후 또 한 번 그녀로부터 인천에 오고 싶다는 전화가 걸려 왔습니다. 그래서 고향이 원주이고 원주대학에서 교수를 하다 퇴직한 고경호 동기에게 연락해서 홍일점 친구가 온다는 사실을 알리고, 시간 맞춰 필자 사무실에서 함께 만날 것을 제안하였더니 흔쾌히 동의했습니다. 그렇게 다시 동기생 세 사람은 대학 시절의 추억들을 소환하여 오랜만에 웃고 떠들며 수다를 떨다 점심 식사 후 헤어졌습니다.

학교를 졸업하고 그녀와 딱 네 번을 만났는데 그때마다 느꼈던 것은, 과거 유방암 수술을 받고 5년이 경과되어 완치되었다고는 하나 안색이 밝지도 않았고 건강 상태도 좋아 보이지 않았다는 것입니다. 필자가 혼자 추정하는 것이지만 그녀는 희망했던 대학교수직에 대한 기대가 무너지고, 자신이 책임져야 할 가족이 없었기에 삶에 대한 의지가 무뎌졌던 것은 아닌지 염려됩니다.

그녀는 암 수술한 받은 후 향후 5년간은 예후를 관찰하면서 꾸준히 병원의 의사를 믿고 치료를 받아야 했는데 그렇게 하지 않았습니다. 그녀는 고집스럽게 일본에서 구매한 어느 자연 치료 연구자가 쓴 책을 신봉하여 그 책 속에서 제시하는 대로만 따르고 병원 치료는 소홀히 하였습니다. 자존심으로 가득 찬 외골수의 성격은 쉽게 바뀌지 않는 것 같습니다.

물론 사람에 따라 독신으로 지내는 생이 배우자와 자식이 있는 삶보다 편하다고 생각할 수도 있을 것입니다. 그러나 나이가 들어가면서 자신을 극진히 사랑해 주던 부모가 세상을 떠나고 형제들도 그들의 자식들을 돌보느라 바쁘고, 친구들도 한 둘씩 멀어지게 됩니다. 그때 다가오는 외로움, 질병 등 어려움이 밀물처럼 몰려온다는 사실을 젊어서는 알 수가 없습니다. 왜냐고요? 늙어 본 경험이 없으니까요.

그런데 이상한 일은 최근 몇 해 전부터 그녀로부터 아무런 연락이 없는 것입니다. 환갑을 넘기며 일정한 직업이 없던 그녀의 수입도 생활하는 데 필요한 만큼 충분치 못했을 것입니다. 그렇다고 자존심 강한 그녀는 형제들한테는 물론 친구들한테도 도움을 요청할 사람이 아닙니다. 그래서 여기저기 그녀의 소식을 알고자 수소문해 보았지만 끝내 행방을 알 수는 없었습니다. 지금쯤 어디서 무엇을 하고 있는지 몹시 궁금합니다. 혹시 치매에 걸린 것은 아닐까, 아니면 유방암이 재발되어 고통을 받다가 세상을 떠난 것은 아닌지 등등 온갖 불길한 생각이 찾아듭니다. 아무튼 별일이 없기만을 바랄 뿐입니다.

부유한 가정에서 태어나 일본 유학을 통해 박사학위를 받고 대학에서 강의했던 모든 게 인생의 종착역에서는 아무 소용이 없습니다. 인간의 종착역에서는 누가 먼저, 언제, 어떻게 하차하게 될지 아무도 모릅니다. 하늘나라로 가는 데는 순서가 없기 때문입니다. 저녁노을 진 70대 중반을 넘어가는 나의 가슴에 허망한 비가 내립니다.

문필가로 교수로 장관으로 활동하다가 2023년에 세상을 떠난 시대의 지성인 이어령 선생은 말년에 방송 인터뷰에서 이런 말을 했습니다.

> 나는 존경은 받았으나 동행자 없이 나의 그림자만 보고 달려온 삶을 살았다. 내게는 친구가 없다. 그래서 실패한 인생이다. 조용히 얘기를 듣고, 얘기를 나누고 조용히 미소 짓는 그런 친구가 있었다면, 그것이 성공한 인생이다. 정기적으로 만나 밥 먹고 커피 마시면서 수다를 떨 수 있는 친구를 만들어야 그 삶이 풍성해진다. 나이 차이, 성별, 직업에 관계없이 함께 만나 얘기를 할 수 있는 사람이 있다면 외롭지 않을 것이다. 나는 그런 진실한 친구가 없어 늙어가며 더욱더 후회스럽기만 하다. 정말 바보 같은 삶을 살아왔다.
> ─ 인터뷰집 『이어령의 마지막 수업』 중에서

어느 철학자는 인간은 후회하는 동물이라고 했던가요? 생각하면 할수록 안타깝고 허망하며 덧없는 것이 우리네 인생이 아닌가 싶습니다.

4) 대학 친구 이강천, 주신(酒神) 예찬

술 하면 떠오르는 인물은 1,300년 전의 당나라 시인 이태백(술꾼들은 주태백으로도 함)입니다. 그는 살아 생년에 1,100편의 시를 남겼습니다. 그중에서도 술과 달을 노래한 월하독작(月下獨酌)을 소개하면 이렇습니다.

제2수[15]
天若不愛酒, 酒星不在天.
地若不愛酒, 地應無酒泉.
天地旣愛酒, 愛酒不愧天.
已聞淸比聖, 復道濁爲賢.
賢聖旣已飮, 何必求神仙?
三杯通大道, 一斗合自然.
但得酒中趣, 勿爲醒者傳.

하늘이 만약 술을 사랑하지 않았다면, 주성(酒星)이 하늘에 없었을 것이고.
땅이 만약 술을 사랑하지 않았다면, 땅에는 응당 주천(酒泉)이 없었겠지.
천지가 원래부터 술을 사랑했으니, 술 사랑하는 것 하늘에 부끄러울 게 없으리.
듣자 하니 청주는 성인에 비견할 만하고, 또한 탁주는 현자와 같다 하네.
성현들도 원래부터 이미 마셨거늘, 굳이 신선이 되길 바랄 것이 있겠는가?
세 잔을 마시면 큰 도와 통하고, 한 말을 마시면 자연과 합해지니.
술 마시는 흥취를 알면 될 뿐, 깨어 있는 사람에게는 알려 주지 말게나.

---

15 전체 4수로 이루어져 있다.

술은 혼자 마시는 '혼술'보다는 벗과 함께 소통하고 음미하면서 마실 때 최고의 가성비가 나오게 마련입니다. 이 시는 한시(漢詩)에 능하고 판소리와 창(唱)에 조예가 깊은 이강천 변호사가 2023년 10월의 어느 청명한 가을날에 카톡으로 보내온 것입니다.

판소리는 한 명의 소리꾼이 고수 장단에 맞추어 창, 아니리, 발림을 섞어 이야기를 엮어 가는 극적 음악으로 사회적, 역사적, 유머를 다양하게 표현하는 예술성 높은 우리의 소리입니다. 판소리는 크게 '풍물 소리'와 '잡담 소리'로 나뉘는데, 풍물 소리는 주로 타악기를 중심으로 북, 장구, 꽹과리 소리로 리듬이 빠르고 강렬한 게 특징입니다. 또한 판소리는 1964년에 국가무형문화재 제5호에 등재가 되었고, 2013년에는 유네스코 인류무형문화유산 대표 목록에 등재되었습니다. 그리고 판소리의 대표작인 다섯 마당은 「심청가」, 「춘향가」, 「흥부가」, 「적벽가」, 「수궁가」입니다.

이 친구는 충남 서산농고 논두렁 출신인데 중앙대 법과를 졸업한 후 사법시험에 합격하고 사법연수원 11기로 수료했습니다. 초임을 서울 남부지검에서 시작하여 대전지검 형사1부장 검사를 끝으로 퇴직했습니다. 성격이 온화하고 겸손하며 배려심이 많은 친구인데 중국의 장가계와 호주, 뉴질랜드를 함께 여행한 적이 있습니다.

또한 이 친구와는 어느 뜨거운 여름날에 충청북도와 경상북도, 전라북도, 세 도(道)에 걸쳐 있는 민주지산(岷周之山 해발 1,242m)을 산행했던 기억을 잊을 수가 없습니다.

이 산세(山勢)는 추풍령에서 남서쪽으로 15km 가량 떨어진 곳에서 백두대간을 굽어보며 솟았는데 무려, 9시간 동안 강행군함으로써 고락(苦樂)을 함께했기 때문입니다.

한시를 깊이 공부한 것도 그렇지만, 국악을 좋아해서 판소리를 배워 창을 하는 솜씨가 취미로 하는 아마추어치고는 상당히 수준급입니다. 종종 한시를 카톡으로 보내 주고, 때로 신명이 날 때는 휴대전화로 통화 중에, 심청가와 춘향가를 비롯한 창을 들려줄 때도 있습니다.

정가와 판소리 공연

2024년 3월 30일 오후 3시(토요일), 대전에 거주하는 법대 동기 이강천 변호사와 그 회원들이 대전전통나래관 5층 대강당에서 공연하는 정가(正歌) 발표회를 관람하고자 같은 날 11시 20분에 인천에서 출발하여 오후 2시 20분 대전복합터미널에 도착하는 21인승 프리미엄 고속버스표를 예매하였습니다.

사실 나는 근래 수년 동안 수도권을 벗어나 본 적이 없었습니다. 수도권을 벗어날 특별한 사정이 없었고, 또한 연식이 고령화되다 보니 멀고 낯선 곳으로 여행을 떠나는 일이 그다지 마음에 내키지 않기 때문입니다.

그러나 인연이 깊고 그간 소중한 우정을 이어 오는 친구의 초청이어서 비록 정가도 낯설고 목적지인 대전도 낯선 곳이지만 고속버스 출발시간에 맞추어 청라 집에서 승용차를 운전하여 인천종합버스터미널 바로 앞 공영주차장에 도착하니 30분의 시간이 남았습니다.

무료한 시간을 메우기 위하여 버스터미널 지하에 있는 영풍문고에 들어갔습니다. 자투리 시간을 보내는 데는 서점만큼 좋은 곳이 없어 자주 이용합니다.

필자는 예전이나 지금이나 책값 지출에는 매우 후한 편입니다. 그래서 사무실과 집 서가에는 약 800권의 책들이 꽂혀 있습니다. 그 중에는 전문 서적인 법서들이 30%를 점하고 있고, 나머지는 인문학서인 철학, 소설, 수상록, 종교와 고전들입니다. 물론 그 책 중에는 노후 대책으로 구매한 것도 있고, 아직 읽어 보지 못한 책들도 다수 있습니다. 언제든지 손만 뻗으면 친구 삼아 홀로 시간을 보내는 데는 더할 나위 없이 좋은 벗들입니다.

대전은 교통도시답게 버스터미널이 3곳이나 있다고 합니다. 필자가 탑승한 고속버스는 정확히 2시간 만에 대전복합터미널에 도착했습니다. 필자는 생애 대전을 3번 정도 와 본 기억이 납니다. 과거에는 유행가 「대전 블루스」를 좋아해서 TV에서 가수가 이 노래를 하면 따라 부르곤 했습니다. 그 가사 중, "잘 있거라 나는 간다. 이별의 말도 없이, 떠나가는 새벽 열차 대전발 0시 50분"이라는 구절이 왠지 애처로우면서도 마음에 와닿습니다.

복합터미널에서 택시를 잡아타고 공연장에 도착하여 두리번거리는데, 친구의 부인이 반갑게 맞아 주었습니다. 친구는 곧 있을 공연에 앞서 출연진과 함께 리허설(Rehearsal)을 하고 있었습니다. 이 친구가 정가에 입문한 건 10년 전입니다.

공연은 정확히 오후 3시부터 시작되었습니다. 정가는 시조, 가곡 등을 기반으로 하는 우리의 전통 성악입니다. 또한 정가는 판소리와 민요 등 민속악과 구분되는 궁중과 양반 선비 계층의 음악을 말합니다. 정가의 노래를 들어 보면, 진성과 가성을 오가는 특유의 소리가 개성 있고 유장하게 뻗어 나가는데, 그 격조 있는 시김새 즉, 꾸밈음이 바로 정가만의 독특한 매력입니다. 정가는 대금과 피리의 은은한 소리음에 덧없는 인연과 인생을 얹어 청아한 소리로 노래하는 것입니다. 그런데 국악대학에서는 주로 전통악기인 거문고, 해금, 대금, 피리, 가야금 등을 공부하거나 성악으로 판소리를 공부하는 사람은 많으나 정가를 공부하는 사람들은 그 수가 적어 외로운 분야입니다.

공연이 시작되자, 직업이 다양한 아마추어 가객들이 합창하거나 독창하였습니다. 생애 처음으로 관람하는 나로서는 가사 내용이 낯설고 이해가 되지 않았고 소리도 12박자 이상의 장음이어서 솔직히 좀 지루함을 느꼈습니다. 그런데 시간이 지날수록 모니터에 표시되는 가사를 보며, 그 옛날 어렸을 적 농악놀이에 등장하는 은은하고 구수한 대금 소리와 피리 소리를 듣게 되자 점차 가사가 들려왔습니다.

과거 우리는 학교에서 우리의 전통음악은 가르치지 않고 서양음악만 가르쳐 왔기에 국악은 특이한 사람들이 하거나 가치가 낮은 음악이라고 인식해 온 것이 사실입니다. 그래서 보통 사람들은 가슴으로 그 감흥을 쉽게 느낄 수 없어 관심 두지 않았습니다.

한복 차림으로 가객이 되어 시조를 읊고 정가를 부르는 친구의 모습은 흡사 구도자의 자세처럼 경건하기까지 하였습니다. 이날 친구는 정가에서 남창가곡 평조 초수대엽 「동창이」와 사설시조 「태백산아」를 불렀습니다. 그리고 전통 무용가 김혜수 선생이 태평가와 민족의 기상을 담은 춤사위로 칼춤을 추었습니다.

음악을 비롯한 예체능은 노력만으로는 경지에 도달하기 어려운 분야인데 친구는 타고난 음악적 재능이 있는 것 같습니다. 아마 그래서 친구의 딸이 한양음대에서 첼로를 전공하고 KBS 교향악단에서 연주하고 있는 거란 생각이 듭니다.

해설자 겸 사회자 이승재 정가 사범이 말하기를, 2012년에 우리 전통음악이 세계문화유산으로 등재가 되었다고 합니다. 요즘 k-pop이 대세를 이루고 있는데 앞으로는 우리의 가락, 전통음악이 한국인의 정체성에 맞는 음악으로 더욱 발전하여 널리 세계에 알려졌으면 좋겠다는 생각을 해 봅니다.

약 2시간 30분에 걸친 공연이 끝나고 대전에서 맛집으로 소문난 어죽 칼국수와 보쌈으로 저녁을 맛있게 먹고, 친구의 차편으로 복합터미널로 이동하여 차담(茶啖)과 함께 잊지 못할 옛 추억에 젖어 보기도 했습니다.

친구가 옛정을 잊지 않고 특별한 정가 공연에 초대하여 새로운 우리의 음악 세계를 알게 해 주고, 맛있는 음식까지 푸짐하게 대접해 주니 정말 고마우면서도 한편으로는 미안한 마음을 금할 수 없었습니다. 차담(茶啖)에서 친구와 나는 오랫동안 꾸준히 이어 온 우리의 인연을 소중히 잘 간직하자고 다짐했습니다.

이렇게 꾸준한 소통이 없다면 아무리 많은 친구가 있어도 그 무슨 소용이 있겠습니까?
오늘은 하루는 쓸쓸하지 않은, 행복한 인천발 11시 20분의 대전행이었습니다.

5) 초등 동창회와 밀주(密酒) 이야기

| 고향 친구, 박봉현

고향에서 어릴 때 발가벗고 놀던 친구 박봉현이 있습니다. 태어나

서부터 이웃에 살았고, 중고교 시절에는 방학 때마다 만나 함께 친구의 집에서 침식을 자주 했던 불알친구이자 죽마고우(竹馬之友)입니다.

 이 친구는 가정 형편으로 대학을 진학하지 못하고 고등학교를 졸업하자마자 해병대에 자원입대했고, 입대 후에는 베트남에서 공산 진영과 민주 진영 사이에 동족상잔을 벌이고 있을 때, 청룡부대원으로 월남전에 참전했었습니다.

 월남전쟁은 공산주의인 월맹과 자유 진영 월남의 내전이었지만 자유 진영은 미국이 군대를 파병하고 엄청난 전쟁물자와 박대한 전쟁자금을 쏟아부었는데도 결국 정부군과 미군이 엄청난 사상자를 낸 채 패망한 어처구니없는 전쟁이었습니다. 한국 역시 미국의 파병 요청과 외화를 획득하고 전술을 익히려는 고 박정희 대통령의 결단으로 참전하게 되었습니다.

 이 친구가 월남전에서 무사히 돌아올 때 미군이 먹고 있던 전시용 씨-레이션[16] 서너 박스를 들고 귀국했습니다. 난생처음 먹어 보는 씨-레이션 맛은 환상적이었습니다. 당시 농촌에서는 명절 때가 아니면 결코 먹을 수 없었던 소고기와 소시지, 과일, 그리고 커피가 깡통 속에 들어 있었습니다. 이 화려한 음식을 먹으며 빼놓을 수 없

---

16 씨-레이션(C-ration): 제2차 세계대전과 한국전쟁 당시 미군의 전투식량이다. 우리나라에선 해방 이후엔 씨-레이션이 상자당 쌀 1되 가격으로 시장에서 팔렸다고 한다.

는 것이 술이었습니다.

 당시 동네에는 술 파는 곳이 없었으나 그때는 대부분 집에서 금지된 밀주를 담가 먹을 때여서 마음 놓고 마실 수가 있었습니다. 밀주는 밀가루와 조선간장의 주원료로 사용되는 메주와 비슷하게 생긴 넓적한 누룩, 고슬고슬한 술 제조용 쌀밥을 주원료로 섞어 2주가량 큰 항아리에 띄워 숙성시켜 민가에서 제조한 술입니다.

 일제 강점기 때인 1916년에는 조선총독부가 식민 통치 자금을 확보하기 위해 주류에 세금을 부과한 '주세령'을 선포하여, 양조 면허 없이 만든 술을 밀주로 규정하고 엄격히 단속하였습니다.

 광복 후에 '주세법'이 개정되었지만, 세무 직원에 의해 여전히 단속이 불시로 이루어졌습니다. 그래서 농가에서는 밀주 단속을 피하려고 밀주가 담긴 항아리에 헌 이불을 씌워 가리거나, 볏단으로 덮어 은폐하고는 했습니다.

 이후 1970년대에 개량된 통일벼가 나오면서 주곡인 쌀이 자급자족하고도 남아돌게 되자 1995년에 주세법이 개정되어 자유롭게 자가소비용 용도의 술을 빚어 먹을 수 있게 되었던 것입니다.

 밀주의 빛깔은 노르스름한 색이고 그 맛은 막걸리와 일본의 전통술인 '사케'를 닮은 청주와는 전혀 달랐습니다. 맛이 순하고 달착지

근하여 마시기가 좋았습니다. 그런데 단점은 술이 깨고 난 뒤에는 얼마간 머리가 지끈거렸다는 것입니다. 그런데 이 친구가 월남에서 가져온 미군용 씨-레이션과 밀주는 궁합이 잘 맞았고 지금도 가끔 그때의 추억이 나고는 합니다.

| 소꿉친구, 방경렬

친구 방경렬은 고교 때 성적이 좋았고 특히 수학을 좋아했다고 합니다. 그래서 그녀가 희망하던 약대를 진학할 만한 실력이 되었으나 시골에 살던 그녀는 학비 조달이 어려워 부득이 인천교육대학에 입학했습니다.

당시 교육대학은 국립이어서 학비가 저렴하였고 교육 연한이 2년이어서 조기에 대학을 졸업하고 졸업과 동시에 교사로 출발하여 안정적인 직업을 가질 수가 있었기에 여학생들에게는 인기가 있었습니다. 그래서 어려운 형편에 있던 학생들이 선호하였던 대학이었습니다.

그녀는 교동에서 중학교를 졸업하고 인천여고로 진학했습니다. 여고 시절에는 언니와 함께 자취 생활을 하다가 인천교육대학을 진학했습니다. 대학 졸업 후 첫 발령지로 본인의 집에 인접한 모교의 초등학교에서 근무했습니다.

나는 당시 학생의 신분이었고 주머니 사정이 항상 여의치 못하여 방학 때가 되면 그녀가 근무하던 학교를 찾았습니다. 당시 시골에는 마땅히 갈 곳도 없어 주로 학교 앞 구멍가게에서 만나 그녀가 사주는 마른오징어에 소주를 마시고는 했습니다.

학교 앞 구멍가게에서 그녀와 함께했던 시간은 두근거리는 청년의 가슴을 흔들기에 충분했지만, 부끄럼이 많았던 나는 타인의 눈을 의식해서 손목도 잡아 보지 못하고 헤어지곤 했습니다. 또 다른 이유가 있었다면, 교동은 원래 유교적 관념이 뿌리 깊게 남아 있던 동네라서 남녀가 드러내 놓고 연애하는 일이 쉽지 않았습니다.

그녀와는 한동안 소식이 끊어졌는데 인천 시내 초등학교로 전근하였고 20대 중반이 되자 호남 출신 남자의 끈질긴 청혼을 받고 결혼하였다는 소식이 들려왔습니다. 세월이 한참 흐른 40대 초반에 이르러 초등학교 동창인 친구 박봉현을 비롯한 몇 명이 자리를 함께하여 동창회를 결성하였고 그때 필자가 초대 회장이 되었고 방경렬은 부회장, 박봉현은 총무의 직을 맡게 되었습니다.

시골의 작은 섬마을에서 함께 코흘리개 시절을 보냈던 초등학교 동창들과의 동창회는 어린 시절의 추억을 공유할 부분이 있었기에 그런대로 재미있고 색다른 의미가 있었습니다. 당시 난정초등학교에는 한 학급에 2개 반씩 운영되어 한 학년에 약 110명이었던 것으로 기억하는데, 그녀와는 졸업 때까지 한 번도 같은 학급에 속한 적이 없었습니다.

　초등 동창회에서는 동창생들의 연락처가 들어 있는 동창회 수첩을 만들었고 동창들의 애경사에 상부상조하면서 고향의 향기를 더해 우정도 돈독해지는 실익(實益)이 있었습니다. 그런데 필자가 4년 후 회장직에서 물러나 다른 동창이 회장직을 맡게 되었는데 더 발전하기는커녕 당시 남겨 준 200만 원이 넘는 회비를 탕진하고 유명무실해져서 곧 없어지고 말았습니다. 초등학교 동창회장도 아무나 할 수 있는 것이 아니라는 것을 깨닫게 되었습니다.

| 지금은 사라지고 없는 나의 모교 난정초등학교

　농촌 사정이야 어디나 비슷했겠지만 교동 역시 젊은이들이 도시로 이주하는 바람에 인구가 줄어들기 시작했고, 아동 수도 부족해 난정초등학교는 교동초등학교로 통폐합하게 되었고 아쉽게도 필자가 다니던 학교는 폐교가 되었습니다.

　당시 학생들은 교실 짓는 데 필요하다는 선생님의 지시로 동급생 윤분자가 거주하던 죽산 포구 바닷가까지 걸어가 시멘트용 모래를 책보에 싸서 남학생은 어깨에, 여학생들은 머리에 이고 왕복 1시간 30분 이상씩을 여러 차례 나르는 막노동을 하고 손바닥에 확인 도장을 받기도 했습니다. 지금으로서는 상상도 할 수 없는 일이었지만, 그때는 그런 일이 가능했던 시절이었습니다.

최근의 인구 통계 기준으로 출산율은 한국이 세계에서 가장 낮다고 합니다. 그 영향으로 농촌 일손이 절대적으로 부족하고 산업계에서도 심각할 정도로 일손이 모자라 주로 동남아시아 외국인으로 채워지고 있습니다. 힘들고 위험하고 환경이 조금이라도 더러운 분야의 3D 업종에서는 한국인을 찾아 보기 어려운 게 현실입니다.

이미 한국에서 일하고 있는 외국인 근로자는 300만 명이 넘었다고 합니다. 엄청난 숫자입니다. 이로 인한 외국인들의 범죄 발생, 교육과 주택 문제 등 다문화 현실에서 발생할 수 있는 심각한 사회적 부작용도 발생하고 있습니다. 1970년대 후반까지만 해도 인구 감소를 위해 정부 정책으로 한 가정에서 둘만 낳아 잘 기르자는 캠페인을 벌이기까지 했었는데, 그야말로 격세지감을 느끼지 않을 수가 없습니다.

10. 평생의 동반자, 사랑하는 가족들

1) 나의 딸 지현이

| 딸의 조기 유학을 고민하다

　당시 나의 딸 지현(智賢)이가 초등학교 5학년에 재학 중일 때 조기 유학에 관한 조언을 듣고, 현지 초등학교를 답사한 일이 있습니다. 미국 정부는 자국민들에게는 대학 졸업 때까지 등록금과 기숙사 비용을 복지 차원에서 많이 지원해 주어 부담이 거의 없는 편입니다. 그러나 외국인에게는 정책적으로 기숙사 비용과 학비, 생활비 등에서 고비용의 부담을 지우게 하고 있습니다. 그러므로 웬만한 고소득 가정이 아니면 미성년자를 조기에 미국이나 영국으로 유학 보내는 일은 절대 쉽지 않은 일이었습니다.

　그러나 하나밖에 없는 딸 지현이의 장래를 위해서라면 지현이가 원하는 한 기꺼이 어떤 어려움을 감수하고서라도 유학을 보내고자 했습니다. 그래서 조기 유학에 관한 조언을 듣고 친구의 부인과 함께 현지 초등학교를 답사한 것이었습니다.

　미국은 국익을 위해서도 그렇고 자국민 보호를 위해서도 그렇고, 그렇듯 엄격하게 유학생 관리를 하지 않았다면, 세계 각국에서 미국의 선진화된 교육을 받기 위해 몰려드는 외국인을 감당하기 힘들었을 겁니다. 즉, 외국인을 위해서 국가재정을 낭비할 수는 없었을 테니까요.

　이런 정책은 독일과 프랑스 등 유럽과는 판이합니다. 다만 유럽에 속한 영국은 미국과 비슷한 정책을 펴고 있습니다. 그래서 지인 중에는 자식을 미국과 영국으로 유학을 보냈다가 환율이 오를 때 감당을 못해서 자녀들을 다시 귀국하게 하는 일이 비일비재하였습니다. 미국과 영국에 미성년자를 조기 유학생으로 보낸 중산층 가정에서는 경기 침체와 원화 하락, 그리고 국가 부도 사태(IMF)로 인한 영향으로 유학비를 감당하기 어려워 중도에 유학을 포기시킨 가정이 늘어났습니다.

　아무튼 친구와 그 부인의 말에 의하면, 미국으로 유학하려면, 초등학교 5학년 때가 가장 적기라는 것입니다. 그 이유는 그때의 나이에는 한국어가 완벽하여 다년간 한국어를 사용하지 못한다 해도 한국어를 잃어버릴 염려가 없고, 반면 미국에서도 빠른 언어 습득으로 현지 아이들과 쉽게 어울려 적응할 수가 있어 한국에서처럼 동기 동창 관계가 원만하게 형성되어 미국 현지 친구들이 생긴다는 것입니다.

　친구의 부인은 서울대 간호학과 출신으로 일찍이 미국에 정착하여 중학교 양호 교사직을 오랫동안 하고 있을 때여서 현지 아이들의 교육 실상과 교육제도에 대해 잘 알 수 있는 위치에 있었습니다. 그런데 미국에서는 규정상 미성년자들이 일가 친인척이나 지인의 집에 머물면서 학교에 다닐 수가 없습니다. 즉, 미국에서 미성년자가 유학 생활을 하려면 법적으로 반드시 부모와 함께 주거하거나, 당사자가 기숙사 생활을 할 수 있어야만 가능하다는 것입니다.

왜냐하면 미성년자의 보호자는 부모만이 될 수 있으며 타인에게는 어느 경우에도 보호자의 자격이 주어지지 않기 때문입니다. 또한 미국에서는 미성년자가 보호자 없이 홀로 생활하는 것도 법에 위반이 되어 불가능하다고 합니다. 그렇다고 온 가족이 대책 없이 갑자기 미국으로 이민 올 수는 없는 일이었습니다. 그래서 딸에게, "너, 엄마와 아빠와 떨어져 기숙사 생활을 할 수 있냐?"라고 물어보았습니다. 그 말을 들은 딸은 고개를 저으며 무섭고 외로워 못 하겠다고 울먹이는 바람에 결국 유학을 포기하게 된 것입니다.

| 딸의 캐나다 연수

지현이는 대학 3학년 때 세계 4대 정원이 있는 캐나다의 밴쿠버시(Vancouver), 빅토리아섬(Victoria Island)으로 영어연수를 떠났습니다. 지현이가 어학연수를 받기 위해 김포공항을 떠날 때 또 한 번 가슴이 시려 왔습니다. 비행기 탑승을 위해 공항 청사로 들어가는 모습을 보면서 걱정이 앞섰기 때문입니다. 어린 나이는 아니었으나 아이의 성격도 필자를 닮아 활동적이거나 적극적이지 못하고 소극적이며 내성적이었기 때문입니다.

빅토리아섬은 인도양의 보석으로 세계에서 8번째 큰 섬이고 한반도 면적의 1/3에 해당하는 섬으로 캐나다에서 가장 따뜻한 곳입니다. 그런데 인구 약 80만 명 정도밖에 없어 어디를 가도 조용합니다. 그래서 은퇴자들이 조용히 여생을 보내는 '은퇴자의 도시', 또는 '정원의 도시'라고 합니다.

딸아이를 일가친척이 없는 낯선 곳 캐나다로 연수를 보낸 후 너무 걱정스럽고, 한편으로는 보고 싶고 궁금한 마음을 못 이겨 6개월 만에 다시 캐나다를 방문했습니다. 방문 후 첫날은 하숙하던(홈스테이) 집에서 지현이와 함께 하루를, 또 하루는 가까운 호텔에서, 이렇게 2박 3일의 꿈같은 시간을 보낸 적이 있습니다. 호텔은 딸이 전화로 예약하고 호텔까지 안내했는데 기대 이상으로 영어를 잘하는 것 같아 마음이 놓였습니다.

다만 딸이 머물고 있던 가정집 주인은 50대 중반 여성이었는데, 슬하에 초등학교 저학년으로 보이는 남자아이가 있었습니다. 그런데 이 녀석이 버릇없이 딸이 숙소로 사용하는 2층 방으로 들어와 혼자 알아들을 수 없는 소리를 지르고 괴팍한 행동을 하는 것 같아서 은근히 걱정되었습니다.

하숙집 주인의 이혼과 면접 교섭권

딸 하숙집 주인 여성은 이미 남편과 이혼하였고 혼자 생계를 유지하기 위해 낮에는 일을 한다고 했습니다. 잠을 재워 주는 홈스테이 수입만으로는 생활이 어려웠을 것입니다. 그 여성은 남편과는 이혼했지만 전남편이 아이를 보러 와서 종종 만난다고 했습니다. 부부가 이혼하게 되면 단란했던 한 가정이 해체되는 것이어서 함께 자녀를 양육할 수 없는 상태가 됩니다. 한국에서도 이혼할 때 미성년 자녀가 있는 경우에는 양육권 결정과 동시에 내 자녀와 만날 수 있는 권리인 면접 교섭권을 받을 수 있습니다.

면접 교섭 시에 자녀와 만날 수 있는 시간, 장소, 일정 등은 합의가 원칙이되, 합의가 되지 않으면 주소지를 관할하는 가정법원에 이혼 소송을 제기하고 법정에서 적절히 조정이나 화해를 결정하게 됩니다. 면접 교섭권은 양육권을 가지지 않은 부모가 자녀와 만나거나 연락을 주고받거나, 또는 일정한 기간 자녀와 함께 보낼 수 있는, 자녀와 접촉할 수 있는 권리를 말하는 것입니다. 그러나 자녀의 복리에 문제가 야기될 수 있다고 판단하면 법원에 비양육자의 면접 교섭권을 제한해 달라는 청구를 할 수 있습니다.

그와는 반대로 양육권자가 이런저런 이유로 자녀를 만나거나 연락을 할 수 없게 하는 경우, 자녀를 볼모로 부당한 요구를 할 때는 법원에 면접교섭권 이행 명령 신청을 할 수가 있습니다. 그러나 이런 법적 절차는 비용과 시간이 소요될 뿐만이 아니라 아이들에게 상처를 줄 수도 있는 문제이므로 법이 만능이 아님을 인식하고 상대를 잘 설득하는 것이 현명한 일입니다.

캐나다의 그 결손가정의 아들은 정서적으로 매우 불안정한 모습이었고 정신적으로도 문제가 있어 보였습니다. 원래 결손가정은 아이들에게 정서적으로 매우 안 좋은 영향을 주게 되고 성장에도 악영향을 줄 수 있으므로 이혼은 신중히 결정해야 합니다.

아침 식사 후, 집주인의 안내로 탐험과 탐사를 주된 업으로 하는 내셔널 지오그래픽(National Geographic)이 선정한 세계의 정원 중 4위를 차지한 부차트 가든(Butchart Garden)을 보러 갔습니다. 이 공원은 원래 제니 부차트의 남편 로버트가 시멘트 공장을 운영할 때 채석장으로 사용하던 곳인데, 채굴로 인하여 주변이 황량하고 흙먼지가 날리는 형편없던 황무지 땅을 1904년부터 부인이 구멍 난 곳에 흙을 덮고 나무와 꽃들을 심으면서 정원이 되었고, 나중에는 세계적인 명소가 된 것입니다. 인간 노력의 한계가 어디까지인지는 모르겠으나 그 힘은 헤아릴 수 없을 정도로 위대한 것 같습니다.

이 공원 안에는 각 나라들의 정원들이 있었는데, 한국식 정원은 규모 면에서는 물론 수종의 종류 면에도 다른 나라의 정원에 비하면 초라해 보였습니다. 국가의 품격과 이미지에 영향을 미칠 수 있다는 점을 고려할 때 정부에서는 이를 보완하는 조치가 있어야 할 것 같았습니다.

다음 날에는 이름을 알 수 없는 호수와 빅토리아 주 정부와 의사당 있는 시내와 해변을 둘러보았습니다. 여기서도 한국인 교포들을 반갑게 만날 수 있었습니다. 캐나다에서 한국인들이 생업에 종사하는 업종은 주로 편의점과 식당입니다. 이 섬에서 만난 한국 여성도 관광객이나 유학생을 상대로 한식당을 운영하고 있었습니다.

나는 딸 바보

이틀 밤이 지난 후 지현이와 아쉬운 작별을 해야 했습니다. 어쩌면 인생은 만남과 헤어짐의 연속인지도 모르겠습니다. 지금 생각해보면, 저도 어쩔 수 없는 딸 바보여서 지현이가 원하는 것이면 무엇이든지 해 주려고 했습니다. 그런데 지현이는 타고난 체력이 약해서인지 조금만 힘들어도 견디기 어려워할 만큼 힘이 너무 약한 아이였습니다.

숙대를 다닐 적에 남영역에서 내려 도보로 불과 20분이면 대학까지 걸어갈 수가 있었습니다. 그럼에도 당시 거주지가 연수구청 뒤 동아 아파트여서 집 앞에서 버스를 타고 주안역에서 전철로 환승하는 걸 유난히 힘들어했습니다. 그때만 하더라도 대중교통 수단이 발달하지 않아서 시내버스는 늘 만원이었고 전철 역시 숨이 막힐 정도였으며, 무엇보다 전철의 노선상 주안역부터 선 채로 남영역까지 가는 경우가 부지기수였습니다. 하차 후 다시 도보로 20분을 걸어야 했기에 건강한 체질이 아니라면 지치는 것도 무리는 아니었습니다.

그러나 인천에서 더 원거리에 해당하는 고대, 경희대, 서울여대,

한국 외대까지 힘들이지 않고 통학하는 학생들에 견주어 보면 그럭 저럭 견딜 만도 한 거리였건만 딸은 무척 힘들고 지친 모습을 보였습니다. 아비로써 그런 모습을 보고 있자니 여간 안쓰럽고 괴로운 게 아니었습니다. 그래서 결국 학교 앞에 하숙집을 얻어 대학 졸업할 때까지 내내 하숙 생활을 했습니다.

어렸을 때 운동으로 체력을 기르고 인내심을 배우도록 해야 했는데 자녀 양육 방법에 대한 무지와 인식 부족으로 운동을 시키지 못한 무척 후회됩니다. 이렇듯 부모는 자식에게 늘 미안하고 후회스러운 일이 많습니다.

딸아이도 이제는 40대 중반을 넘어 쉰을 바라보고 있습니다. 딸은 자신도 슬하에 두 딸아이를 두고 있는데, 한 녀석은 올해 고교 졸업하고 대학에 들어갔고 한 녀석은 중학교 3학년입니다. 딸은 두 아이가 사춘기를 거치면서 예민하게 반응하고 엄마의 기대치와는 달리 학교 성적도 오르지 않아서 속을 썩고 있는 눈치입니다. 회고해 보면, 지현이는 어렸을 때 부모의 뜻에 반하는 행동을 한 적이 없었고 비교적 순종하는 편이어서 사춘기라고 해서 특이한 언행은 없었습니다. 참으로 다행이고 고마운 마음이 듭니다.

딸의 딸들이 이렇게 컸으니 그동안 얼마나 많은 세월이 흘러갔는지 짐작은 가지만 여전히 아쉬움과 후회는 남습니다. 웃기는 생각이겠지만, 다시 옛날로 되돌아갈 기회가 주어진다면 부모 노릇을 정말 잘할 수 있을 것 같다는 부질없는 생각도 해 봅니다.

후회되는 순간들

지현이는 대학 졸업 후 인천시 계양구에서 7급직 사회복지공무원으로 근무하게 되었으나 체력의 저하로 불과 3개월 만에 그만두었습니다. 때마침 딸이 숙대에서 복지학을 전공하고 복지사 1급 국가 자격증을 소지하고 있었기에 쉽게 취업이 된 것입니다. 더구나 캐나다 어학연수를 마친 상태여서 외국인과의 소통이 가능한 스펙을 지녔기 때문에 특채로 임명된 것입니다.

요즘은 우리나라도 복지에 대한 개념이 바뀌고 선진국처럼 복지의 시대가 도래해 4년제 대학은 물론 전문대에도 복지 관련 학과들이 대폭 늘어났기 때문에 학생들을 가르칠 교수가 절대적으로 부족한 상태입니다. 그래서 복지학 학위를 받으면 대학 강단에서 교수직을 얻는 데는 어려움이 없었는데 그걸 깊이 생각 못 한 것입니다. 왜 그때 그러한 진취적인 생각을 하지 못했던 걸까? 혹시 절실함이 없었던 것은 아닐까? 여러 생각을 해 보지만, 지금도 이해할 수가 없습니다. 하지만 모두 돌이킬 수 없는 지나간 일이니, 그저 팔자라고 생각하기로 했습니다.

최근에는 집권 여당이든 야당이든 선진 복지 국가를 지향(指向)하는 정책들을 쏟아 내고 있어 복지의 수요는 날이 갈수록 늘어나고 그 분야도 다양합니다. 소아 복지, 청년 복지, 노년 복지, 사회 복지 등 여러 분야별 복지에 관하여 국가나 지방정부가 깊은 관심과 책임감을 바탕으로 사람이 태어나서 요람까지 행복한 삶을 살도록 해야 하는 때가 도래한 것입니다.

그런 시책을 앞두고 대학에서 복지학을 선택하고 국가에서 인정하는 사회복지사 1급 자격증을 얻었으면, 좀 더 전문적인 길인 학자나 정책 분야로 나가야 했는데, 아버지나 딸이나 미래를 더욱 보람 있게 만들기 위한 진지한 고민이 부족했던 게 아닌가 하는 생각을 해 봅니다.

이후 지현이는 학부 시절 전공인 복지학이 아닌 유아교육으로 중앙대학교 교육대학원에서 석사 학위를 취득하게 됩니다. 2004년 8월에 취득한 지현이의 석사 논문 제목은 「父母 間 養育 態度의 一致에 따른 幼兒의 自我 槪念 차이에 關한 硏究」입니다. 그렇다면 계속 공부하여 박사과정을 밟아 교수의 길을 걸었으면 좋았을 것을, 몸이 피곤하다는 이유로 공부를 접은 상태에서 곧바로 결혼하였습니다. 남달리 체력이 약하고 정신력(Mental)도 약한 걸 어찌하겠습니까? 그때 적극적으로 조언하지 못한 게 못내 아쉽습니다. 하지만 그래도 건강을 지킬 수 있어 다행이라고 자족할 수밖에요.

자식들에게 평소 고난을 참고 극복하기 위한 올바른 교육을 해주지 못한 잘못으로 아이들이 너무 쉽게 모든 걸 포기하는 건 아닌지 자문해 보지만 모두 지나간 일들입니다. 교육이란 참으로 어려운 것입니다. 그런데 이런 시행착오의 원인은, 대개 보통 사람들은 일정한 나이가 되면 부모가 될 준비나 교육받을 기회도 없는 가운데 무지한 상태에서 관습대로 결혼하고 아이를 낳은 데에 있다고 생각합니다. 양육이 맹자의 어머니처럼 현명하지 못하면 자식들은 부모가 바라는 대로 되지 않는 경우가 너무 많아 실망하게 됩니다.

2) 나의 사랑스러운 손자 손녀들

언론 보도에 의하면 한국인들의 출산율이 세계에서 가장 낮다고 합니다. 이를 일컬어 '인구 절벽 시대'라고 부릅니다. 결혼 적령기에 접어들어도 결혼을 최대로 미루고, 결혼하여도 아이는 낳으려 하지 않는다는 것입니다. 그 이유는 아이를 키우느라 고생하고 싶지 않다는 것입니다.

물론 아이를 키우는 일은 경제적, 정신적으로 힘든 일입니다. 그러나 아이들을 키우는 일은 기쁨이고 환희이기도 합니다. 당시는 정부의 인구 감산 정책으로 남매를 두었으나 더 낳아도 좋았을 것이란 생각입니다. 두 명의 내 자식들도 공교롭게 아들은 아들만 2명을, 딸은 딸만 2명을 두고 있습니다. 아들은 사춘기에 접어든 두 아들(나에게는 손자) 녀석들이 너무 말을 듣지 않아 속상하다며 볼멘소리합니다. 그래도 손주 녀석들은 한결같이 아랑곳하지 않고 제멋대로 행동합니다. 그중 큰 손녀 민영이는 내성적인 성격으로 독서를 좋아하고 성격이 차분합니다. 다만 운동을 별로 좋아하지 않아 체력이 약한 편이어서 걱정스럽습니다.

　15살 된 외손녀 채영이는 여자아이로 태어났으면서도 하는 짓은 꼭 사내아이들처럼, 그것도 과격한 권투나 태권도를 배우겠다며 체육관을 열심히 다니고 있습니다. 이 녀석은 3살 때부터 유치원을 졸업할 때까지 내 집에서 자랐습니다. 어렸을 때의 성격은 수줍고 연약한 아이여서 엘리베이터에서 만나는 사람들에게 인사조차 하지 못할 정도였습니다. 그런데 중학교 2학년이 되면서부터 스스로 외향적으로 변하려고 노력하더니 이제는 그 정도가 지나쳐 왈패에 가까워졌습니다.

　이런 걸 보면 성격이란 타고나기도 하겠지만 후천적으로 얼마든지 그 성향이 바뀔 수도 있는 것이 아닌가 싶습니다. 그래서 채영이는 제 엄마나 아빠보다 할멈을 더 따르고 좋아하여 하루에도 몇 번씩이나 전화 통화를 하고는 합니다. 더 웃기는 것은 장래 꿈이 프로권투선수가 되는 거라고 합니다. 그리고 드럼 연주자와 기타리스트가 되겠다고도 설치고 있습니다. 천방지축이라서 전혀 종잡을 수 없는 녀석입니다. 아무리 생각해도 돌연변이가 아니고서는 이해할 수가 없습니다.

　그 두 딸아이의 아버지이자 내 사위는 마음씨 좋은 동네 아저씨 같습니다. 자상하면서도 배려하는 마음이 누구보다 넓고 큽니다. 어찌 된 영문인지 사위 역시도 형과는 외모와 성격이 전혀 닮음이 없어 보입니다. 형은 영락없는 깐깐한 검사이고 인상도 그렇게 생겼습니다. 유전적인 정보를 가지고 남녀의 성별을 결정짓고 생김새 성격이 닮은 염색체가 돌연변이가 되어 형제가 서로 저리 다른 것인가 의문스럽습니다. 아무튼 내 사위는 소화기내과 전문의로 건강 검진을 하고 있는데 환자들을 편안하게 잘 대해 주고 정확한 진료로 신임이 두텁습니다.

공군에서 군의관으로 근무하고 있을 때 한국 최초의 우주인 이소연 씨가 우주에서 귀환하여 충남 공군병원에 입원했을 때, 나의 사위가 우주병 감염 여부 등 여타 내과 질환에 대한 정밀 검사를 하고 진료를 전담하기도 했습니다.

한편 아들은 한양대 법대를 졸업 후 삼성 계열의 모니터 패널을 제작 생산하는 회사에서 근무하다가 나이 40세가 될 무렵 뒤늦게 공무원 막차를 타서 중간 관리자로 일하고 있는데, 앞서 말했듯 아들만 둘을 두고 있습니다.

여기서도 손자인 형제들의 성격이나 생김새가 너무 다릅니다. 큰녀석 구성이는 키가 큰 편인데 태어날 때부터 심장이 약하여 심장 수술을 받는가 하면 정신력이 다소 약합니다. 그래서 반에서 꼴통 짓 하는 친구들에게 시달리기도 합니다. 요즘은 피아노를 즐겁게 배우고 있다는데, 무엇이든지 집중 잘하는 아이가 되었으면 합니다. 반면 늦게 태어난 유치원생 막내 구홍이는 성격이 활달한 개구쟁이

여서 누구하고도 잘 어울리는 것으로 보아 나중에 커서 무얼 해도 먹고사는 데는 걱정이 없을 것 같다는 생각입니다.

며느리는 미대를 나와 수채화와 웹툰에 조예가 있어 아이들을 상대로 미술 지도를 하고 있는데 어른에 대한 공경심이 깊고 심성이 착합니다. 그런대로 특별히 잘난 건 없어도 모두 제자리에서 주어진 일들을 하며 평범하게 살아가고 있습니다.

3) 손자 구성이와 함께한 말레이시아와 싱가포르 여행

말레이시아 여행

원래 이번 말레이시아와 싱가포르 여행은 아들 내외와 손자가 함께 떠나는 가족 해외여행 일정이었습니다. 그래서 중학교 2학년인 손자는 학교에 연락해 일주일간의 이번 여행을 체험학습으로 대체하기로 했고, 며느리는 운영하던 미술학원 원생 부모들께 양해를 구했으며, 아들은 그가 근무하는 회사에 1주일 동안 휴가를 내어 가족여행을 떠나기로 했던 것입니다.

그런데 아들이 근무하는 회사에 갑작스러운 일이 생겨 아들은 휴가를 낼 수가 없게 되었고, 부득이 아들 대신 저희 부부가 함께 여행하게 되었습니다. 사실 25년 전 과거에 이미 싱가포르를 여행하며 친구와 그곳에서 나흘간 머문 적이 있었기에 이번 여행에는 별 흥미가 없었습니다.

우리 일행은 2024년 6월 18일 화요일 오후 4시 반에 대한항공 KE671편으로 인천국제공항을 출발하여 같은 날 오후 10시 반에 쿠알라룸푸르 공항에 도착하였고, 비행시간은 약 6시간 30분 정도 걸렸습니다.

말레이시아는 말레이반도와 코타키나발루 사이에 넓은 바다를 끼고 있고 우리나라 면적의 약 3배에 달합니다. 기후는 적도에 가까운 곳에 있어 일 년 내내 비가 많이 오고, 덥고 습한 열대성 우림 기후이며 연간 평균 강수량은 2,500mm, 연평균 기온은 32℃ 입니다.

그리고 말레이시아 인구는 약 3,340만 명이고 인구 구성은 말레이인 58%, 중국인 25%, 인도와 파키스탄인 7%이고 언어는 말레이어와 영어를 공용어로 사용하고 있습니다. 이들은 제각각 전통적 문화와 종교, 언어, 사회관을 고집하고 있고 13개 주로 이루어져 있습니다.

말레이시아 수도 쿠알라룸푸르에 도착한 이튿날 말레이시아의 랜드마크에 해당하는 높이 451m에 88층 건물인 세계에서 가장 높은 쌍둥이 빌딩 페트로나스 트윈타워를 관람하였습니다. 이 타워를 건축할 당시의 말레이시아 총리인 모하마드는 값싸고 공사를 빠르게 완공시킬 묘책으로 한국과 일본 간의 민족감정을 이용했다고 합니다. 그래서 제1 타워는 일본건설업자에 공사를 맡겼고, 제2 타워는 삼성물산에 맡겼습니다.

삼성물산은 일본보다 늦은 1993년 11월에 공사를 시작했고, 신공법을 도입해서 공사를 진행하고 있었는데, 안타깝게도 1995년 6월 29일 오후 5시경 서울 서초구 서초동 삼풍백화점이 붕괴하여 사망자 502명과 부상자 937명이 발생하고, 재산 피해액이 무려 2,700억 원에 달하는 대형 사고가 발생하였습니다. 이 사실은 곧바로 전 세계에 알려지게 되었습니다.

그러자 이에 놀란 위 트윈빌딩 건설 영국인 감독자는 한국의 공사 기술을 의심하여 더욱 치밀하게 감독했다고 합니다. 그러나 한국인 근로자들은 휴가를 자진 반납하고 한국인 특유한 부지런함과 열정으로 공사에 매진하여 나쁜 여론은 잠재우고, 오히려 일본보다 공사 기간을 35일을 앞당겨 준공하여 일본을 머쓱하게 만들었고 한국의 기술력을 세계에 알리는 계기가 되었습니다.

말레이시아는 1504년부터 포르투갈, 그 이후에는 네덜란드, 영국, 일본 등으로부터 식민 통치를 겪었습니다. 이슬람 사원과 메르데카 광장 등이 있고 말라카라는 소도시에는 말라카 해협을 기점으로 지난 15세기와 16세기를 풍미했던 해상 실크로드의 동방 거점으로 이용되었던 모습들이 여기저기 산재해 있습니다. 현지인들에게는 1511년에 만들어진 에이 파모사(A Famosa)로 불리는 요새가 있는데 예전에는 난공불락의 요새지만, 네덜란드군과 영국군의 침공 시에 에이 파모사는 많은 부분이 부서졌고, 현재는 일부만이 보존되어 있었습니다.

쿠알라룸푸르 북쪽으로 13km 정도의 거리에 있는 웅장한 석회암으로 이루어진, '바투 동굴'이라는 거대한 동굴이 있는데, 입구에서부터 약 35도의 경사로 된 475단의 계단을 올라가면 커다란 불상이 세워져 있고 기도처로 이용되고 있습니다. 나는 급경사로 이루어진 이 계단을 오를 것인지, 오르기를 포기할 것인지 잠시 망설였습니다. 그러나 그동안 다년간에 걸친 등산 경험을 살려 이 정도 계단은 오를 수 있을 것 같아 끝까지 올랐는데, 기대와 달리 볼 것은 없었습니다.

다음은 말레이시아 주도이자 유라시아 대륙의 최남단 도시 조호르바루(Johor Bahru)에서 레고랜드 해변을 관광한 후 다음 날 싱가포르로 넘어갔습니다.

말레이시아는 광활한 대지상에 열대 지방의 상징적인 종려과 야자나무 숲이 우거져 있고 도처에 야자수가 널려 있습니다. 그런데 이 '야자수'는 중국식 이름이고, 유럽에서는 팜(Palm), 코코넛이라고 부릅니다. 과거 스페인 군대가 필리핀을 점령하였을 당시 야자수에 매달린 열매를 보고 사람의 해골인 줄 알고 기겁했다는 일화도 전해지고 있습니다.

말레이시아산 '팜'은 생산량의 70% 이상을 중국에 수출하고 있다고 합니다. 그런데 이 야자나무는 껍질부터 속살까지 다양한 쓰임새를 갖고 있는데, 팜유는 라면을 튀기는 기름으로 사용하며, 섬

유층은 카펫, 산업용 로프(Rope), 차량 시트를 만드는 데 사용하는 등 하나도 버릴 것이 없는 나무입니다. 디만 팜유는 포화지방산이 카놀라유, 대두 유에 비해 식물성 유지임에도 동물성 지방질이 많다는 것이 흠입니다. 그래서 팜유를 많이 섭취하면 고혈압, 심장병을 야기하고 몸에 나쁜 콜레스테롤을 높인다고 알려져 있습니다.

| 싱가포르 여행

싱가포르는 인구 564만 정도이고 면적 734㎢에 불과한 작은 나라이지만 GDP가 1960년에는 7억 달러이던 것이 2020년에는 3,484억 달러, 2022년에는 4,668억 달러, 2024년에는 5,252억 달러로, 64년 만에 무려 755배나 성장한 알찬 나라입니다. 싱가포르는 현재 1인당 국민소득이 64,103달러인 세계 2위의 부자 나라입니다.

싱가포르는 1819년 영국의 동인도 회사가 현 싱가포르 남부에 개발한 항구가 그 시초이며, 1963년에 말레이시아 연방의 일원으로 영국으로부터 독립하였고, 1965년에는 말레이시아 연방 정부와의 다툼 끝에 결국 연방을 탈퇴하여 독립 국가가 된 나라입니다.

말레이시아 연방에서 독립한 싱가포르처럼 스페인에서 두 번째로 큰 도시이자, 가장 큰 항구도시며 지중해에 접해 있는 카탈루냐 지방의 중심 도시로 1991년 올림픽을 개최한 바 있는 바르셀로나 역시 스페인으로부터 독립하고자 하는데 그 원인과 동력은 바로 강한 경제력입니다.

싱가포르의 군인은 약 30만 명이고 공군력은 동남아 국가에서 가장 강력하다고 합니다. 경제력이 급성장한 배경은 개방적이고 사업하기 좋은 환경에 있다고 할 것입니다.

무엇보다 부패하지 않고 투명하며 물가가 안정적입니다. 다른 선진국에 비하여 세금이 낮고(GDP의 14.2%) 강력한 법치가 확립되어 있기 때문입니다. 이 나라에는 제조업은 거의 없고 해상무역과 금융업이 주업을 이루고 있습니다.

국립싱가포르대학은 세계 대학 순위에서 11위, 아시아 내 1위를 차지하고 있습니다. 한국의 서울대학교 순위(2024년 44위)보다 훨씬 상위입니다. 싱가포르 대학의 재학생 비율은 영주권자와 유학생의 비율이 5:5이며, 특히 의과대학, 공과대학, 음악대학, 기숙사는 거의 완벽에 가깝다고 합니다.

2024년 6월 29일, 싱가포르 차이나타운 부근의 홍림 파크에서는 성 소수자 축제인 '핑크닷' 행사가 열렸습니다. 2009년에 시작되어 올해로 열여섯 번째 열린 이날 행사에는 수천 명의 성 소수자가 모여서 소통하고 교류하며 함께 공연을 즐겼습니다.

그런데 이 행사가 주목받게 된 이유는 제법 연조가 깊습니다. 1860년, 당시 인도를 식민 지배하던 영국은 인도 형법에 '자연의 질서에 반하는 성행위'를 범죄로 규정하는 '377' 조항을 만들어 넣었습니다. 이때부터 동성애는 하나의 범죄처럼 여겨졌던 것인데, 이후 이 법은 식민지가 된 다른 나라에도 그대로 전파되었으며 싱가포르도 그중 하나였습니다. 그런데 이 법이 시대에 뒤떨어진 법이라는 논란이 지속되자 싱가포르 정부는 2007년 이 처벌 규정을 삭제하게 됩니다. 성 소수자들의 오랜 요구가 이루어지는 순간이었던 것입니다.

싱가포르에서는 랜드마크 '가든스 바이 더 베이'라는, 자연을 주제로 한 인공적인 관광명소인 거대 식물원을 감상하였습니다. 식물이란 생물계를 구성하고 있는 것 중 세균, 균류, 동물을 제외한 세포벽과 엽록소를 가지고 광합성을 하는 생물로 정의하고 있습니다. 그리고 인류가 현재까지 발견한 식물의 종류에는 150만 종류가 있다고 하며, 그중 한국은 남북 합쳐 4천 종류의 식물이 분포되어 있다고 합니다.

요즘은 반려동물과 비슷한 의미로 정서적으로 가까이 두고 기르며 심신의 안정을 취하는 반려 식물이라는 이름을 붙여 가정마다 식물을 키우고 있습니다. 자생식물, 야생화로는 복수초, 변산바람꽃 갯버들, 영춘화, 돌단풍, 엘레지 등 수많은 식물이 산과 들에 널려 있어 이를 전문적으로 키우는 사람들이 있고 사진 촬영의 소재로 삼기도 합니다. 그만큼 식물은 인간에게는 없어서는 안 될 소중한 자원입니다.

저녁에는 밤하늘에 꽃봉오리를 수놓은 듯한 각양각색 전구들이 아름답게 반짝이는 슈퍼트리 야경을 구경했습니다. 정말 환상적인 광경이 아닐 수 없었습니다.

'가든스 바이 더 베이'의 거대 식물원과 슈퍼트리 가든 랩소디 쇼의 야경 외에 싱가포르에서 빼놓을 수 없는 또 하나의 즐거움은 센토사섬에서 남녀노소가 안전하게 스릴을 만끽하며 즐길 수 있는 체험형 스포츠의 일종인 '루지(Luge, 무동력 썰매)'를 타는 것입니다.

이 '루지'는 고카트와 터보건 썰매의 장점을 결합한 것으로 바퀴가 3개 달린 썰매 형태로 경사도 30도, 길이 2.6km의 아스팔트 경사길을 무동력으로 달리는 것인데, 핸들 바를 당기거나 미는 방식으로 브레이크와 액셀을 조절할 수가 있습니다.

'루지'의 코스는 경사면, 코너, 터널, 헤어핀 코너(급격히 휘어지는 구간) 등을 통과하는 것으로 설계되었는데, 이들 코스를 달리며 절경인 센토사섬을 눈에 담아 보며 짜릿한 모험을 즐길 수 있어 동행한 아이들은 자꾸만 더 타려고 했습니다.

처음에 루지를 타고 내려올 때는 익숙하지 않고 순발력도 모자라 조금은 떨렸으나 두 번째로 탈 때부터는 아이들처럼 코스를 신나게 통과했습니다. 요즘은 한국에서도 루지를 탈 수 있는 곳이 전국적으로 많이 생긴 것으로 알고 있습니다.

또 다른 싱가포르의 명소는 이 나라의 상징이기도 한 곳으로, 상반신은 흰 사자, 하반신은 흰 물고기의 꼬리가 달린 머라이언[17]이 입으로 물을 뿜는 '머라이언 공원'이 있는데, 이 공원과 센토사섬에서는 유럽 관광객들을 유난히 많이 볼 수 있었습니다.

덴마크 코펜하겐의 '인어공주 동상'은 길이 80cm의 작은 동상에 불과한데, 그 동상에 그럴듯한 인어공주 이야기를 결합하자 연간 150만 명의 관광객이 다녀가는 세계적인 관광 명물이 되었습니다. 브뤼셀에 있는 '오줌싸개 소년'은 인어공주 동상보다 더 작은 60cm의 청동상입니다. 이 오줌싸개 동상은 오른손으로 허리를 짚고 있고, 왼손으로는 성기를 잡고 오줌을 누는 분수 형태의 모양새입니다. 이 역시 소년이 적군의 머리를 향해 오줌을 누며 저항하고 있는 것이라는, 그야말로 믿거나 말거나 식의 이야기를 입혀 관광객을 끌어들이고 있습니다.

나 역시 이들 나라를 배낭여행(Backpack)할 때 동화책에 나오는 이야기를 연상하며 호기심에 가득 차 그 동상의 모양과 규모가 너무 궁금해서 물어물어 찾아간 적이 있었는데, 막상 현장에 도착해 동상들을 보았을 때의 실망감은 이루 말할 수 없었고, 심지어 이야기에 속았다는 생각까지 들어 다소 허탈했던 기억이 지금도 생생

---

17 머라이언(Merlion): 싱가포르의 상징으로 백사자의 머리에 흰 물고기의 꼬리가 달린 상상의 동물. 이름의 유래는 Mermaid(인어)와 lion(사자)의 합성어. 사자의 머리는 국명의 유래이기도 한 스리위자야 왕국의 상 닐라 우타마 왕자가 발견한 사자를, 물고기의 꼬리는 예로부터 싱가포르의 주요 산업이었던 해운업을 상징한다.

합니다.

　사실 이 정도의 조각상과 아름다운 자연의 풍경은 한국이 훨씬 훌륭하다고 해도 과언이 아닙니다. 예를 들자면, 세계 해전사에 위대한 업적을 세운 이순신 장군의 동상과 거북선, 경주의 석굴암, 불국사의 다보탑 등등 한두 개가 아닙니다.

　그동안 유럽 전역과 미국, 캐나다, 동남아시아 등 꽤 많은 국가를 여행하면서 느낀 점이 있습니다. 한국이 다른 여러 나라들에 비해 아름다운 풍경과 볼거리도 많고 치안도 안전하여 세계 속의 관광대국이 되어도 손색없을 것 같은데, 현실은 상당수의 중국인과 소수의 일본인을 제외하면 외국인 관광객 수가 그리 많지 않다는 것입니다. 그래서 한국의 관광 수입은 늘 적자이지요. 그건 아마도 유럽인과 미국인 관광객이 방문하지 않기 때문일 것입니다.

　유럽인들에게 돈을 버는 목적이 무엇인지를 물으면 그들은 한결같이 여행을 가기 위해서라고 말한다고 합니다. 그만큼 여행이 생활화되었다는 걸 의미합니다. 그런데 우리나라 전국 어느 관광지를 가도 서양인들을 보기가 쉽지 않은 게 사실입니다.

　따라서 정부 당국은 물론 한국관광공사가 그 원인을 정확히 분석하고 적절한 대책을 세워야 관광 흑자를 이루고 더 나아가 지역 경제를 활성화하는 데도 도움이 될 것이라 믿습니다. 그러기 위해서는 반드시 바가지요금, 불친절, 비양심적 매너, 고물가 등 관광지의 고질적 병폐를 근절하고, 아울러 세계 공용어라 할 수 있는 영어 확충, 풍경이나 건축물, 조각과 각종 조형물에 근사한 스토리텔링 입히기, 적극적 홍보 등이 선행되어야 할 것입니다.

여행의 목적과 시간의 다채로움

이번 여행에서 말레이시아와 싱가포르는 우리의 한강교 정도의 짧은 다리 하나만 넘으면 국경이 바뀌는 인접한 국가이지만 시간의 흐름이 다르고 국민의 성격이 전혀 다르다는 것을 알게 되었습니다.

여행 중에 쿠알라룸푸르(Kuala Lumpur)에서 '대박'이라는 상호로 한국식당을 경영하는 60대 중반 김민정 대표를 우연히 알게 되었는데, 그녀는 다음과 같은 말을 했습니다. 그녀가 처음 말레이시아에 오게 된 경위는 아이들의 교육을 위해서였다고 합니다. 애초 그녀의 계획은 영어가 공용어인 이곳에서 아이들이 중고교를 졸업하고 대학에 입학하게 되면 다시 한국으로 돌아갈 생각이었다고 했습니다.

그 후 아이들이 성장하여 모두 미국 명문 대학에 입학하였고, 미국에서 취업하여 잘 살고 있기에 이제 애초의 계획대로 한국으로 돌아가 살아 보려고 몇 년 전에 한국을 방문하였다고 합니다. 그런데 막상 한국에 와서 보니 사람들이 너무 예의가 없고 불친절하며 극단적인 이기주의에 빠져 기본적인 상식과 도덕을 지키지 않는 것을 보고 포기했다며, 언제부터 그런 험악한 나라가 되었냐며 반문하기도 했습니다. 순간 내 얼굴이 뜨거워졌습니다.

말레이시아는 국토의 면적에 비해 인구밀도가 낮고 국민의 성격도 느긋해 시내에서 자동차를 운전할 때 좀처럼 클랙슨(경적)을 울리지 않는다고 합니다. 또한 운전 속도도 느려 교통사고 발생률이 매우 낮다고 하는데, 사실 그건 단순히 인구밀도나 자동차 속도의 문제가 아니라 상대를 배려하는 마음일 겁니다.

한편 싱가포르 역시 교통사고 발생률이 매우 낮은데 그 이유는 말레이시아처럼 느긋해서가 아니라 철저한 교통법규 준수 때문입니다. 다리 하나를 사이에 둔 가까운 나라인데도 여러모로 참 많이 다르다는 것을 느꼈습니다.

싱가포르 법 적용이 매우 엄격하다는 사실은 이미 널리 알려진 사실입니다. 즉, 싱가포르에는 우리나라의 '경범죄 처벌에 관한 법률'과 유사한 '공중도덕과 소란 행위에 대한 기타 불법행위 처벌법'이 있는데, 그 규정이 아주 엄격하게 적용되고 있습니다. 예를 들어 껌은 외부로부터 반입되지 못할 뿐만 아니라 껌을 길거리에 버리는 행위, 휴지나 기타 오물을 벌이는 행위에도 과다할 정도의 범칙금이 부과되고, 심지어 공중화장실에서 물 내리는 버튼을 누르지 않고 나오는 행위에도 부담스러울 정도의 범칙금을 부과하고 있습니다. 그래서 거리와 공원 등 공공장소는 물론 육교 위 어느 곳에도 불결한 모습을 찾아 볼 수가 없습니다.

반면 한국은 교통사고 사망률이 OECD 국가 중에서도 매우 높은 편인데, 그 이유는 급한 성격으로 인한 과속과 난폭 운전, 신호 위반과 같은 교통법규 미준수 때문이라고 합니다. 이러한 한국인들의 이기심과 타인을 배려하지 않는 급한 성격의 문제점은 미국 교포들도 한결같이 느끼고 있었습니다.

필자가 고교를 다니던 1960년대에는 우리나라가 워낙 빈곤해서 해외 이민이 많았습니다. 이민국으로는 미국이 가장 많았고, 그다음은 캐나다, 남미의 브라질, 에콰도르 등이었고 나의 동창생 중에서도 35명이 고교 졸업 후 이민을 떠났습니다.

이들은 '여우는 죽을 때 머리를 태어난 언덕 쪽으로 향한다'라는 뜻의 사자성어 수구초심(首丘初心)의 심정으로 한국으로의 역(逆)이민을 생각하고 한국에 와서 한두 달 살아 보고는 한결같이 한국은 상식이 통하지 않고 배려심이 없다고 말하며, 이런 현실이 너무 실망스러워 역이민을 포기하겠다고 했습니다.

스튜어트 매크리디는 그의 저서 『시간의 발견(The Discovery of Time)』에서 시간의 측정은 인간의 본성이라고 했습니다. 시간은 우리가 어쩔 수 없는 영역입니다. 우리의 신체는 매일 해가 뜨고 지는 데서 생기는 빛과 어둠의 주기에 리듬을 맞추는 복잡한 생물학적 메커니즘을 갖고 있습니다.

이마누엘 칸트는 1781년 그의 저서 『순수이성비판』에서 "시간이란 우리가 우리의 경험을 이해하기 위해 세계 속에 투여하는 어떤 것이다."라고 말했습니다. 즉 그는 공간과 더불어 시간을 인간 오성의 주어진 한 형식으로 구분했던 것입니다. 시간이란 지극히 주관적인 측면을 가지고 있지 않을까 싶습니다.

철학자 하이데거는 『존재와 시간』에서 "인간은 원래 존재론적으로 이중적이다. 우리는 시간 속에 묻혀 살면서도 시간이 뭐냐고 묻는다면 시간이란 다의적이고 다차원적이어서 한마디로 정의할 수 없다. 시간은 일상적이기도 하고 추상적이기도 하며, 자연적인가 하면 인위적이기도 하다."라고 말했습니다.

그렇습니다. 시간은 선사 시대, 구석기 시대, 중세 시대, 현대에도 존재하였고, 하루는 24시간이었을 것입니다. 그러나 그 느낌은 같지 않았을 테죠. 우리는 너무나 시간에 쫓기며 바쁘게 사는 것은 아닌지 모르겠습니다. 그래서 경제적으로는 여유가 있으나 시간적(時間的)으로는 자신을 잃고 사는 때가 많은 것은 아닌지 뒤돌아볼 때가 아닌가 싶습니다.

생각건대, 우리 인간은 태어나서 먼 시간으로 여행하다가 생명의 시간이 멈추어질 때 한 줌의 먼지로 돌아가는 존재입니다.

이번 여행의 주목적은 손자 구성이가 조금이라도 국제 감각을 느끼고 매너, 공감 능력, 영어의 중요성을 깨닫게 하려는 데 있었습니다. 손자는 가끔 정서적인 불안증으로 인해 타인과의 소통이 어렵고, 타인의 의도를 예측하지 못하며, 집중력도 떨어져 학교에서 따돌림을 당하는 일이 있었기 때문입니다.

이번 여행을 통하여 마음속 깊이 숨어 있는 불안감을 해소하고 자신감을 얻기 위함이었는데 짧은 기간에 소기의 목적을 이루기는 어려울 것입니다. 하루속히 손자 녀석이 강박관념에서 벗어나 자유로워졌으면 좋겠습니다.

저는 나이가 들어 해외여행과 같이 먼 곳을 다녀오는 여행은 어려울 것 같아 이번 여행에 참석하지 않으려고 생각했습니다. 그런데 어느 한국인 할머니가 68세의 나이에 탄자니아 북동부에 있는 성층 화산 5,895m의 킬리만자로를 올랐다는 소식이 생각났습니다. 그리고 자궁암과 투병 중인 91세 나이에 미 대륙 4,888km를 걸어서 횡단하였다는 노마 진 바우어슈미트 할머니 소식도 생각이 났습니다. 그에 비하면 나는 아직 가슴이 떨리는 나이지 다리가 떨리는 나이가 아니라는 배짱으로 길을 나섰던 것입니다.

끝으로 평소 애송하던 미국의 사업가이자 시인, 인도주의자인 사무엘 울만(Samuel Ullman)이 78세에 쓴 「청춘(Youth)」이란 시를 소개해 봅니다.

청춘이란 인생의 어느 기간이 아니라
마음가짐을 뜻하는 말이라네
장밋빛 볼, 붉은 입술, 나긋나긋한 무릎이 아니라
씩씩한 의지, 풍부한 상상력과 왕성한 감수성
불타오르는 정열을 가리키는 것이라네
그리고 인생의 깊은 샘에서 솟아나는 신선함을 이르는 말이라네

청춘이란 두려움을 뿌리치는 용기,
그 탁월한 정신력을 뜻하는 것이니
안이함을 선호하는 마음을 뿌리치는 모험심을 의미한다네
때로는 20세 청년보다는 70세 노인이 더 청춘일 수 있다네
나이를 더해 가는 것만으로는 사람은 늙어 가지 않고,
이상을 잃어버릴 때 비로소 늙는 것이라네

세월은 피부에 주름살을 늘려 가지만
열정을 가진 마음을 시들게 하지는 못하지
근심과 두려움, 자신감을 잃는 것이
우리 기백을 죽이고 마음을 시들게 하는 것이라네
그대가 젊어 있는 한
예순이건 열여섯이건 인간의 가슴속에는
경이로움을 향한 동경심과 아이처럼 왕성한 탐구심과
인생에서 기쁨을 얻고자 하는 열망이 있는 법,

그대와 나의 가슴에는 이심전심의 안테나가 있어
사람들과 신으로부터 아름다움과 희망,
기쁨, 용기, 힘의 영감을 받는 한
언제까지나 청춘일 수 있네

영감이 끊기고,
정신이 냉소의 눈에 덮이고
비탄의 얼음에 갇힐 때
그대는 20세라도 늙은이가 된다네
그러나 머리를 높이 들고 희망의 물결을 붙잡는 한,
그대는 80세여도 늘 푸른 청춘으로 남는다네

이 시를 통하여 나의 사랑하는 아들 용호와 딸 지현, 그리고 손자 구성, 구흥, 외손녀 민영, 채영이가 어려울 때마다 용기와 희망을 얻었으면 좋겠습니다.

책을 마무리하며 — 인연을 생각하다

　소홀히 할 수 없는 것이 사람의 인연입니다. 지금도 친구와 나는 서로를 찾아왔기에 만날 수 있었습니다. 마음을 열고 발길을 내어서 스스로 원하는 곳을 찾아가고 만나고 싶은 사람을 만나야 인연도 유지되고 소중히 간직할 수 있는 것입니다.

　어떤 이는 인연이란 저절로, 우연히 다가오는 거라고 말하지만 내 생각은 다릅니다. 인연이란 것도 직접 마음을 내고 몸을 움직여야 비로소 만나게 되는 것입니다. 온종일 방 안에 틀어박혀 있다면 어찌 인연이 만들어질 수 있겠습니까?

　나는 이 시대의 젊은이들에게 전해 주고 싶습니다. 인연은 사전적인 의미로 그냥 저절로 주어지는 게 아니라 스스로 만들어 가는 것이라고, 그리고 젊은 그대들이 맺은 귀중한 인연에 따라 당신의 삶이 달라진다고, 한 치 앞도 알 수 없는 게 우리네의 인생이어서 인연 중엔 언젠가 다시 만날 사람도 있으나 다시는 영원히 만나지 못할 사람도 있다고, 그러니 마음의 문을 열고 발길 내는 것에 인색하거나 내일로 미루지 말라고…….

　여러모로 부족한 제가 책을 내기로 한 이유도 어쩌면 이미 만들어진 인연, 혹은 앞으로 만들어질 인연에 관한 이야기를 해 보고 싶었기 때문입니다. 이제 눈은 침침하고 기억력도 점차 흐려지는 팔십을 바라보는 나이가 됐습니다. 되돌아보면 자주 아쉬웠고 가끔 스스로 자랑스러웠습니다. 아쉬움도 자랑스러움도 이제는 더 이상 내 마음을 동요하게 하지는 못하지만, 그래도 부족했지만, 치열했던 나의 삶의 도정(道程)에 함께해 준 사랑하는 가족들과 친구들께 머리 숙여 고맙다는 마음을 전하고 싶습니다.

거칠고 난삽한 나의 글을 끝까지 읽어 주신 모든 분께 감사드립니다. 비록 장려하고 탁발한 문장은 아니더라도 77년을 고독과 싸우며 치열하게 살아온 노인의 혜안과 심려가 눈곱만큼이라도 여러분에게 전달되었다면 고맙겠습니다. 이제 온 길을 돌아보고 갈 길을 굽어보니, 그야말로 일모도원(日暮途遠), 할 일은 여전히 남아 있으나 시간이 그리 많지 않음이 안타까울 따름입니다. 이 책과 더불어 만들어진 여러분과의 인연을 남아 있는 날들 속에서 소중하게 간직하며 살아가겠습니다. 고맙습니다.